DIE WELTKRIEG II - FLUGZEUGE

Focke-Wulf Fw 200C-3

KENNETH MUNSON

Die Weltkrieg II-
Flugzeuge

ALLE FLUGZEUGE
DER KRIEGFÜHRENDEN MÄCHTE

MOTORBUCH VERLAG STUTTGART

Umschlag-Zeichnung: Carlo Demand.
Einband und Umschlag-Konzeption: Siegfried Horn.

Copyright © 1972 by Ian Allan, London.
Die englische Ausgabe ist dort erschienen unter dem Titel:
»Aircraft of World War II«.
Deutsche Übersetzung von

Hans-Georg Schimkus,
durchgesehen und bearbeitet von

Manfred Jäger.

ISBN 3-87943 - 302 - X

1. Auflage 1973.
Copyright © 1973 by Motorbuch Verlag, 7 Stuttgart 1, Postfach 1370.
Eine Abteilung des Buch- und Verlagshauses Paul Pietsch GmbH. & Co. KG.
Sämtliche Rechte der Verbreitung in deutscher Sprache
— in jeglicher Form und Technik — sind vorbehalten.
Gesamtherstellung:
Produktionsgemeinschaft Druckhaus Schwaben, Stuttgart/Heilbronn.
Printed in Germany.

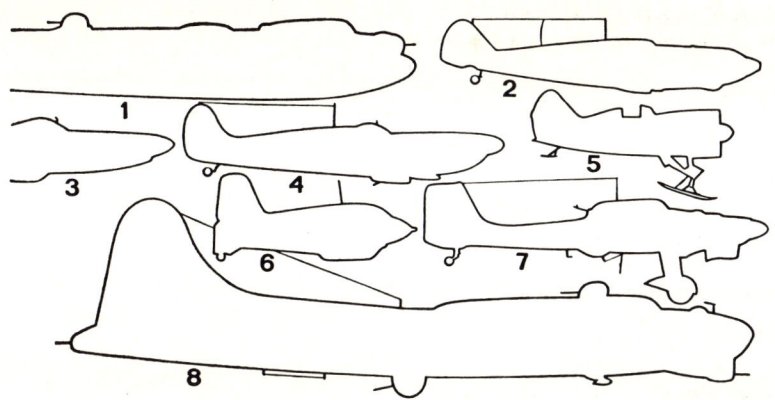

Der Schutzumschlag zeigt folgende Flugzeugtypen:

1 Lancaster B.I, No 150 Squadron, Hemswell, Lincs, 1944/45.

2 Messerschmitt Me 109E-3, JG 26 (Adolf Galland's Maschine) 1941.

3 North American P-51D Mustang F-6K-10-NT, Tactical Reconnaissance Squadron, 69th Tactical Reconnaissance Group, 9th Air Force.

4 Supermarine Spitfire Mk.IIA, 1942.

5 Polikarpov I-16, Typ 24, in V.—VS, 1941/42.

6 Messerschmitt Me 163B-OV41 (Major Wolfgang Späte) 13. 5. 1944, Ersteinsatz einer Me 163, Erprobungskommando 16, Bad Zwischenahn.

7 Junkers Ju 87B-2, 3/St.G.3, Balkan 1941.

8 Boeing B-17G ›Flying Fortress‹, 398th Bomb Group, 601st Bomb Squadron, 8th Air Force.

INHALT

ZU DIESEM BUCH   7

DIE VORGESCHICHTE
DER KRIEGFÜHRENDEN STAATEN   8

Deutschland   8
Großbritannien   11
Italien   18
Japan   19
Rußland   23
USA   25

BEZEICHNUNGEN DER KRIEGSFLUGZEUGE   30

Deutschland   30
Japan   31
Rußland   33
USA   34

HAUPTTYPEN   37

NEBENTYPEN   260

FLUGZEUGE DER NEBENMÄCHTE   389

ANDERE TYPEN   421

Deutschland   421
Großbritannien   428
Italien   434
Japan   436
Rußland   442
USA   444

TYPENREGISTER   451

ZU DIESEM BUCH

Der Verfasser und die Herausgeber sprechen den folgenden
Einzelpersonen und Organisationen für ihre freundliche Hilfe
bei der Bereitstellung der Fotos ihren Dank aus:
Air-Britain; Miss Jean Alexander; Richard M. Bueschel; dem
kanadischen Verteidigungsministerium; J. B. Cynk; Flight Inter-
national; James Gilbert; dem Imperial War Museum, London;
dem italienischen Luftwaffen-Attaché, London; dem italienischen Luftfahrtministerium; Neil A. Macdougall; dem französischen Luftwaffenministerium; dem englischen Verteidigungsministerium (RAF); P. J. R. Moyes; dem Musée de l'Air, Paris;
V. Nemecek; H. J. Nowarra; Stephen Peltz; Eino Ritaranta; der
Royal Canadian Air Force; der Königlich Niederländischen Luftwaffe; der Königlich Niederländischen Kriegsmarine; Hanfried
Schliephake; Christopher F. Shores; John W. R. Taylor; der
US Air Force und der US Navy.

DIE VORGESCHICHTE
DER KRIEGFÜHRENDEN STAATEN

Deutschland

Der Versailler Vertrag vom Juni 1919 verlangte von Deutschland die Übergabe seines gesamten, beträchtlichen Bestandes an Flugzeugen und Flugmotoren aus dem Ersten Weltkrieg und verbot ausdrücklich, sowohl neue Militärflugzeug-Muster herzustellen als auch den Bau von Flugzeugen jeder Art zu finanzieren. Die Herstellung von Zivilflugzeugen durch Privatunternehmen durfte bis zu einem bestimmten Ausmaß fortgesetzt werden, doch die Größe der Flugzeuge und das Ausmaß der Flugzeugindustrie wurde in ähnlicher Weise durch den Vertrag begrenzt.

Durch fortgesetzte Bemühungen erreichte Deutschland im Pariser Luftfahrtabkommen von 1926 die Zurücknahme all dieser Beschränkungen und begann sogleich, seine Zivilluftfahrt als Deckmantel für seine vormilitärische Betriebsamkeit auszudehnen. Die zahlreichen kleinen inländischen Fluglinien wurden zur Bildung der Deutschen Luft Hansa, des damals größten kommerziellen Luftfahrt-Unternehmens der Welt verschmolzen, und der wiedererstandene Luftsportverband, eine private Fliegerorganisation, diente mit dazu, von wohlhabenden Industriellen Geld zur Finanzierung der DLH heranzuziehen, um neue Flugplätze anzulegen und die Ausbildung von Piloten zu finanzieren.

Der nächste Schritt beim Wiederaufleben der deutschen Luftmacht war die Herausgabe von Spezifikationen an führende Hersteller für zivile Verkehrsflugzeuge, schnelle »Lufttaxis« und »Sport-Einsitzer«. Die Leichtigkeit, mit der diese Baumuster jeweils in Truppentransporter, Bomber und Jagdflugzeuge umgebaut werden konnten, wurde später so peinlich bekannt, daß dazu keine weiteren Ausführungen gemacht zu werden brauchen.

8

Der Aufstieg Adolf Hitlers und seiner nationalsozialistischen Partei zur Macht im Jahre 1933 gab der »getarnten« deutschen Luftmacht die Möglichkeit, an die Öffentlichkeit zu treten, und im März 1935 folgte die offizielle Bestätigung der Luftwaffe mit der Ernennung des Luftfahrtministers Hermann Göring zu ihrem ersten Oberbefehlshaber. Ende 1935 hatte die monatliche Flugzeugproduktion 300 Stück erreicht, und danach vergrößerte sie sich stetig.

Der Ausbruch des spanischen Bürgerkriegs im Juli 1936 ergab für die deutsche Luftwaffe eine willkommene Möglichkeit, ihre neu erworbene Luftmacht unter echten Kampfbedingungen zu erproben. Die Revolution war kaum einen Monat alt, als Hitler Flugzeuge vom Typ Junkers Ju 52/3m und Heinkel He 51 zur Unterstützung von General Franco nach Spanien entsandte, und im November wurde die berühmte Legion Condor der Luftwaffe eigens zwecks Teilnahme am spanischen Bürgerkrieg gebildet. Bei ihrer Rückkehr nach Deutschland Anfang 1939 hatte die Legion Condor eine Menge nützlicher Erfahrungen mit so wichtigen Baumustern wie Bf 109, He 111, Do 17 und Ju 87 gesammelt.

1938 besetzte Hitler Österreich und weitete die Flugzeugindustrie dieses Landes zur Vergrößerung der Produktion in Deutschland selbst aus. Im September 1939 hatte die gesamte Flugzeugproduktion für die Luftwaffe die erstaunliche Zahl von 1100 Maschinen pro Monat erreicht. Die Stärke der ersten Linie umfaßte 4840 Flugzeuge einschließlich 1750 Bomber und 1200 Jagdflugzeuge mit beinahe ebensovielen Reservemaschinen, was Hitlers Luftstreitkräften die Größe und Ausrüstung brachte, die er zum Erreichen seiner Ziele brauchte. Ohne in irgendeiner Weise die alliierten Flugzeuge, ihre Piloten oder die Strategie zu schmälern, kann offen ausgesprochen werden, daß die Unzulänglichkeit der Luftwaffe zum Schluß in einem beträchtlichen Ausmaß selbst verschuldet war. Hitler selbst hat bei diesem Vorgang eine nicht geringe Rolle gespielt.

Die Erfolge der deutschen Luftwaffe erreichten etwa Mitte 1940 ihren Höhepunkt, doch danach sanken sie in zunehmendem Maße ab, je länger der Krieg dauerte. Die in Spanien gesammelten Erfahrungen waren in vieler Hinsicht wertvoll, veranlaßten die Luftwaffe jedoch dazu, ihre Taktik im Zweiten Weltkrieg auf diese ziemlich leicht erkämpften Erfolge gegen den relativ schwächeren spanischen Gegner zu gründen. Die Nazipolitik hatte sich, irregeführt durch die Annahme, Luftmacht diene in erster Linie zur Unterstützung der kämpfenden Truppe, auf leicht bewaffnete Tagbomber mit kurzer Reichweite konzentriert, die in Verbindung mit den Bodentruppen wirkungsvoll, jedoch ohne diese Unterstützung weit weniger erfolgreich waren. Verschiedene Flugzeugtypen gerieten infolge dieser Tatsache später in Verruf. Die Ju 87 war hierfür ein typisches Beispiel.

Durch die Fortführung der Tagesangriffe auf das britische Inselreich, lange nachdem die Schlacht um England klar gezeigt hatte, wie unklug dieses Vorgehen war, wurde der Fehler noch verschlimmert; wäre die Luftwaffe Mitte 1940 auf Nachtangriffe übergegangen, als die britische Nachtabwehr praktisch noch nicht existierte, hätte der Krieg sehr viel anders verlaufen können. In Wirklichkeit verlor Deutschland etwa 2000 Flugzeuge und 5000 Flieger bei weiteren Tagesangriffen, bevor man endlich auf Nachteinsätze überging. Die letzte und vielleicht größte Torheit, welche die Luftwaffe schließlich zur Niederlage verdammte, war Hitlers unerklärliche Entscheidung, 1941 in Rußland einzumarschieren.

Mitte 1943 lag die Luftwaffenstärke der ersten Linie noch im Bereich von 4000 Flugzeugen, jedoch nur weil die Reserven auf weniger als ein Viertel des Umfanges von 1939 reduziert wurden. Nach der Lektion der Schlacht um England schlug sich das wechselnde Kriegsglück der deutschen Luftwaffe in der geänderten Einsatzverwendung ihrer Flugzeuge nieder. Jagdflugzeuge wurden an Verteidigungsaufgaben angepaßt, sogar ganz neue Konstruktionen wie die Fw 190, und zahlenmäßig übertrafen sie nun bei weitem die Bomber im Gesamtflugzeugbestand. Schwere Begleitjäger und Sturzkampfbomber verschwanden aus dem Blickfeld, an ihre Stelle traten Abfangjäger bzw. Nachtbomber wie die bereits erwähnte Fw 190, die Ju 88C und die Do 217. Unter Ausnutzung ihrer Luftüberlegenheit begannen die Alliierten gegen Mitte des Jahres 1943 einen großangelegten Luftkrieg gegen die Zentren der Industrieproduktion des Deutschen Reiches, der bis zur Invasion in der Normandie ein Jahr darauf anhielt und wahrscheinlich eine der großen Wendepunkte des Krieges in Europa war. Die Wirkung auf die deutsche Flugzeugproduktion war derart vernichtend, daß ganze Fliegerstaffeln von anderen Fronten, besonders aus Rußland, zur Heimatverteidigung zurückgerufen werden mußten. Nach der Invasion erreichte Deutschland durch Verlegung der Produktion und den Bau von unterirdischen Produktionsstätten eine Wiederbelebung der schwer getroffenen Flugzeugindustrie, die sich jetzt beinahe ausschließlich auf Abfangjäger solcher Baumuster wie die Fw 190D, die Ta 152, He 219 und Do 335 konzentrierte; alliierte Bomberangriffe forderten jedoch weiterhin ihren Tribut, und es war größtenteils dieser Tatsache zuzuschreiben, daß die drei letztgenannten Jagdflugzeuge die Luftwaffe nicht früher oder in größeren Stückzahlen erreichten. Die Entwicklung der vielversprechenden neuen Bauserie düsengetriebener Maschinen wurde in ähnlicher Weise durch die anglo-amerikanische Bomberoffensive beeinflußt, aber noch mehr durch Eigensinn und Dummheit von Hitler selbst behindert.

Die Luftwaffe war zum Schluß durch Kraftstoffmangel ziemlich mattgesetzt, wieder infolge der alliierten Bombenangriffe, und in den letzten Wochen des Krieges in Europa konnten die restlichen einsatzbereiten Maschinen der Luftwaffe meist nicht starten, weil kein Kraftstoff zum Auftanken da war.

Großbritannien

Nach dem Waffenstillstand von 1918 war die RAF die stärkste Luftmacht der Welt. Sie hatte 3000 Flugzeuge der ersten Linie (22 000 insgesamt) und über 290 000 Mann. Eine solche Größe war jedoch für eine Truppe in Friedenszeit unwirtschaftlich, und im folgenden Jahr wurde die Zahl der Maschinen und Mannschaften drastisch verringert. Danach begann die RAF wieder langsam zu wachsen; aber es dauerte bis Mitte der 30er Jahre, ehe eine Ausweitung im größeren Maßstab versucht wurde. Bis 1936 war der mit zwei Maschinengewehren bestückte Doppeldecker das Standard-Jagdflugzeug; die Bomberflotte setzte sich aus veralteten Doppeldeckern und schwergewichtigen Eindeckern mit geringen Fluggeschwindigkeiten, kurzen Reichweiten und bescheidenen Bombenlasten zusammen. Adolf Hitlers Aufstieg zur Macht im Jahre 1933 und die nachfolgende offizielle Bestätigung der Existenz der Luftwaffe schreckte die zuständigen Behörden mit der Erkenntnis auf, daß eine potentielle Gefahr von dieser Seite drohte. 1934 wurden deshalb Pläne zur realistischen Ausweitung der britischen Luft- und Marineluftstreitkräfte erörtert: das Aufrüstungsrennen war im Gange. Die Stärke der ersten Linie der RAF umfaßte 1933, zwei Jahre vor Aufstellung der deutschen Luftwaffe, 850 Flugzeuge; eine Reihe von Reaktivierungsplänen zielte letztlich darauf ab, diese Zahl auf 3500 zu erhöhen, mit etwa weiteren 6000 Flugzeugen in Reserve. Der Aufbau von »Schattenfabriken« setzte 1936 ein. Diese belieferten zusammen mit der britischen Motoren-Industrie die eigentlichen Flugzeugbaufirmen. Es dauerte jedoch zwei weitere Jahre, bis diese Produktion voll angelaufen war; finanzielle Überlegungen hatten sie immer wieder eingeschränkt.

Die Baumuster, mit deren Herstellung sich die ausgeweitete Flugzeugindustrie jetzt befaßte, bedeuteten jedoch eine wesentliche Verbesserung gegenüber früheren Maschinen. Die veralteten Bomber vom Anfang der 30er Jahre wurden bereits durch eine Familie zweimotoriger Eindecker ersetzt; anstelle der mit zwei Maschinengewehren bestückten Doppeldecker trat der erste mit acht Maschinengewehren bewaffnete Jagdeindecker; es wurden die Grundlagen für die ersten wirklich schweren Bomber, die viermotorigen Stirling, Halifax und Lancaster niedergelegt, die ab Mitte des Zweiten Weltkrieges in Erscheinung treten sollten. Die Marineflieger hinkten etwas hinter der RAF her, wie es beinahe seit ihrem Bestehen ihr Los gewesen war. Bei Ausbruch des Zweiten Weltkrieges hatten sie kein moderneres Jagdflugzeug aufzubieten als den Sea Gladiator. Die Klassen der Aufklärer und Torpedoflugzeuge wurden noch bis in das Kriegsjahr 1943 durch Maschinen wie den Swordfish-Doppeldecker vertreten. Jedoch konnten sich die Marineflieger mit den sieben neuen Flugzeugträgern, die 1938 bestellt waren, etwas trösten.

Als Großbritannien am 3. September 1939 in den Zweiten Weltkrieg eintrat, konnte sich die RAF einer Jagdflugzeugstärke — obwohl vergleichsweise geringer als die deutsche Luftwaffe — vor über 1000 Maschinen rühmen, von denen mehr als die Hälfte die neuen Baumuster Hurricane und Spitfire mit acht Bordkanonen waren. Das Bomberkommando war mit annähernd der gleichen Anzahl von Blenheim, Whitley, Wellington und Hampden ausgerüstet, wozu noch einige Staffeln einmotoriger Battle kamen. Das Küstenkommando war vergleichsweise arm dran, denn außer seinen Anson, einigen amerikanischen Hudson und einer geringen Zahl von Sunderland-Flugbooten waren die Aufklärungsstaffeln noch mit veralteten Stranraer und London-Flugbooten ausgerüstet, und die Torpedo-Bomber setzten sich aus antiquierten Vickers Vildebeest zusammen. Am 2. September, einen Tag bevor Großbritannien Deutschland den Krieg erklärte, wurde die A d v a n c e d A i r S t r i k i n g F o r c e in Frankreich mit zehn Fairey Battle-Staffeln, 2 Blenheim- und 2 Gladiator-Staffeln gebildet. Die zum britischen Expeditionskorps in Frankreich gehörenden Fliegerverbände umfaßten weitere vier Blenheim-Staffeln zusammen mit vier aus Hurricane und fünf aus Lysander gebildeten Staffeln. Inzwischen erhielt das Küstenkommando den Auftrag, die Nordsee mit Blenheim-Maschinen zu überwachen und mit besonders ausgerüsteten Wellingtons Minen zu entmagnetisieren. Am 17. Dezember 1939 wurde das berühmte E m p i r e A i r T r a i n i n g S c h e m e aufgezogen, um mit der enormen Aufgabe einer schnellen und umfassenden Flugzeugführer-Ausbildung für die rasch wachsende Zahl der jetzt gebauten Flugzeuge fertig zu werden. Kanada hatte bei weitem den größten Anteil an diesem Plan, gefolgt von Australien, Neuseeland und Südrhodesien. Schließlich, jedoch beträchtlich später, sollte sich die Schulung der alliierten Piloten auch auf die Vereinigten Staaten von Amerika ausdehnen.

Während dieser ersten Kriegsmonate — die später unter der Bezeichnung »P h o n e y W a r« bekannt wurden — ereignete sich auf keiner Seite besonders viel, von den Kämpfen zu Lande abgesehen. Die deutsche Hauptoffensive im Frühjahr 1940 drückte die Engländer unerbittlich in Richtung auf Dünkirchen zu. Mitte Juni trat Italien auf deutscher Seite in den Krieg ein. In jenen zwei Monaten allein verlor die RAF annähernd 1000 Flugzeuge, und die Maschinen, die auf der Insel waren, um sich der Luftwaffe zu stellen, waren zahlenmäßig im Verhältnis 2 : 1 unterlegen.

Am 18. Juni berichtete Winston Churchill dem Unterhaus: »Was General Weygand die Schlacht um Frankreich nannte, ist vorbei. Ich erwarte, daß nunmehr die Schlacht um England beginnt.« Zwei Monate später zeigte sich, daß er Recht hatte.

Trotz des wütenden Kampfes und der schweren Verluste waren jene zwei Monate eine wertvolle Pause, in der England nach Dünkirchen Atem holen und eine Modernisierung der Streitkräfte zur Heimatverteidigung erreichen konnte. Heute gehört es der Geschichte an, daß in den folgenden sieben Wochen der Himmel über Südengland voller Kondensstreifen und Pulverdampf von Luftkämpfen war, bei denen die deutsche Luftwaffe 1733 Maschinen und die RAF 915 verlor. Mit dem Rücken zur Wand, zahlenmäßig an Maschinen und Personal unterlegen, hatte die RAF der Welt bewiesen, daß die mächtige deutsche Kriegsmaschine besiegbar war. Einer der Männer, dem sie das — außer den Piloten selbst — zu verdanken hatte, war Air Chief Marshal Sir Hugh Dowding.

Hätte er sich nicht hartnäckig gegen alle Versuche gewehrt, die Jagdstaffeln in England für die Verlängerung des Kampfes auf dem europäischen Festland einzusetzen, wären die britischen Reserven für die dann in jenem Sommer einsetzende Luftschlacht noch geringer gewesen. Bereits am 16. Mai 1940 gab Dowding dem Luftfahrtministerium zu verstehen: »Wenn eine angemessene Jagdwaffe im Lande gehalten werden kann, wenn die Flotte erhalten bleibt, und die Heimatverteidigung für den Widerstand gegen eine Invasion organisiert wird, sind wir in der Lage, den Krieg eine Zeitlang, wenn nicht für immer, allein weiterzuführen. Wenn jedoch die Streitkräfte der Heimatverteidigung abgezogen werden, um verzweifelte Versuche zur Besserung der Lage in Frankreich zu machen, wird die Niederlage in Frankreich auch die endgültige, vollständige und unabänderliche Niederlage dieses Landes nach sich ziehen.

Nach der Luftschlacht um England mehrten sich die deutschen Luftangriffe auf England bei Tag und Nacht; viele andere Kriegsschauplätze begannen Forderungen an die britischen Luftstreitkräfte zu stellen: Der Krieg breitete sich zum Mittleren Osten hin aus, der Feind fiel in Griechenland ein. Doch ging das Jahr nicht ohne Ausgleich für die alliierte Sache zu Ende: Die Inselfestung Malta im Mittelmeer begann sich langsam von der Belagerung im Sommer zu erholen, und im November führten die britischen Marineflieger einen bemerkenswerten Schlag, als sie die italienische Flotte bei Taranto angriffen und schwer beschädigen konnten. England war nicht länger nur in der Defensive, und die Schlacht um England begann der Schlacht um Deutschland Platz zu machen. Das Bomberkommando schlug jetzt nachts gegen Ziele in Frankreich, Italien und Deutschland zurück — Tagesangriffe mit der bestehenden Ausrüstung hatten im Verlauf der ersten Kriegsmonate zu schweren Verlusten geführt. Langsam wuchs die Schlagkraft dieser Angriffe, und bis Jahresende hatten die Männer von »Bomber Harris« dem Feind einigen Stoff zum Nachdenken geliefert. Dies war aber nicht das einzige, denn am 7. Dezember 1941 startete Japan seinen mörderischen Angriff gegen die US-Flotte in Pearl Harbour. Amerika, das bereits mit der alliierten Sache sympathisierte, wurde als Großmacht in den Krieg gezwungen. Wie sich zum Schluß erwies, wog der Eintritt der Vereinigten Staaten in den Krieg auf alliierter Seite — trotz der anfänglichen Dezimierung ihrer riesigen Flottenstärke — die Vergrößerung der Achsenmächte durch Japan bei weitem auf, und Hitler selbst muß in einem seiner lichten Momente seinen neuen Freund mit gemischten Gefühlen betrachtet haben.

Mit Fortschreiten des Jahres 1942 schlug die amerikanische Luftwaffe im Pazifik bereits zurück und begann auch die alliierte Luftmacht auf dem europäischen Kriegsschauplatz zu verstärken. Ihre Bostons und Venturas gaben der Royal Air Force eine willkommene Verstärkung an mittelschweren Bombenflugzeugen gegen Deutschland; dazu kam in Form von de Havilland Mosquitos eine weitere Verstärkung aus den eigenen Reihen. Obwohl diese Angriffe erst etwa ein Jahr später zur Regel werden sollten, startete der erste berühmte Tausend-Bomber-Angriff gegen Köln in der Nacht vom 30. auf den 31. Mai 1942. Ab September 1942 galt folgendes Schema: die US-Luftwaffe führte Tagesangriffe durch, denen Nachtangriffe der RAF folgten, die jetzt allmählich die ersten eigenen viermotorigen Bombenflugzeuge erhielt. Eins der sehr nützlichen wenn auch zufälligen Ergebnisse der unabhängigen Flugzeugentwicklung in Großbritannien bzw. den Vereinigten Staaten während der vorangegangenen Jahre war, daß beide Länder spezialisierte Flugzeuge für besondere strategische und taktische Einsatzarten entwickelt hatten, die jedes Land aus seiner Sicht beurteilte. Daher besaß jedes Land Baumuster, über die das andere nicht verfügte, und der nachfolgende Austausch ergab eine ausgewogene Reihe individueller Flugzeugbaumuster, was bei einer einzelnen Luftwaffe nicht möglich gewesen wäre.

Einen weiteren großen Vorteil brachte der amerikanische Kriegseintritt durch die Vergrößerung der Transportflugzeugverbände. Bis zum Beginn des Jahres 1942 besaßen die Achsenmächte beinahe alle für militärische Einsatzzwecke geeigneten Transportflugzeuge. Diese Situation änderte sich jetzt; es wurde ein Abkommen getroffen, wonach Amerika sämtliche von den Alliierten benötigten Transportflugzeuge liefern sollte, wodurch sich die kleinere britische Flugzeugindustrie auf die Herstellung von Jagd-, Bomben- und Schulflugzeugen konzentrieren konnte. Zu dieser Zeit wurde etwa ein Drittel der gesamten amerikanischen Flugzeugproduktion mit der Herstellung von Transportflugzeugen ausgelastet.

1943 hatte sich die Wende im Kriegsverlauf angebahnt. Der Krieg in Afrika näherte sich seinem Ende, es folgte die Invasion Siziliens und des italienischen Festlandes, und die Kühnheit der alliierten Luftangriffe gegen deutsche Ziele wurde gekennzeichnet durch den glänzenden Angriff der 617. Bombenstaffel im Mai gegen die Staudämme von Möhne und Eder.

Zu dieser Zeit leistete auch die Marine-Luftwaffe ihrerseits einen glänzenden Beitrag, da sie beträchtliche neue Flugzeugträgerkapazitäten und eine angemessene Zahl von Überwachungsflugzeugen mit großer Reichweite erhalten hatte. Sie kämpfte ihren eigenen besonderen Kampf, die »Schlacht um den Atlantik« in Form von Geleitschutz, U-Boot-Bekämpfungseinsätzen und Störung der gegnerischen Schiffahrt allgemein. Im März 1943 wurde in Voraussicht der bevorstehenden Invasion des europäischen Festlandes das RAF-Transportkommando als Ersatz des früheren Überführungs-Kommandos gebildet; ein weiteres Zeichen für die kommende Zweite Front war die Bildung der S e c o n d   T a c t i c a l   A i r   F o r c e im November. Eine neue Waffe wurde ebenfalls in die RAF und FAA-Arsenale eingeführt: das Raketengeschoß. Ende 1943 und mehr noch im Jahr 1944 wurde der Krieg sowohl in Europa als auch im Fernen Osten auf das eigene Gebiete des Gegners zurückgetragen.

Die Invasion begann am 6. Juni 1944. Fünfzehn Staffeln des Transportkommandos, bestehend aus Dakota, Halifax, Stirling und Albemarle sowie englischen und amerikanischen Lastenseglern beteiligten sich an der Invasion der Normandie unter dem Schutz von nicht weniger als 171 Staffeln alliierter Jagdflugzeuge sowie unterstützt durch umgebaute Flugzeuge des Bomberkommandos und anderer Staffeln. Nun konnten Flugzeuge des Bomberkommandos ungestraft Tag und Nacht Angriffe gegen Deutschland führen, und je mehr der Krieg auf das europäische Festland vordrang, desto mehr kamen die zuerst in der Wüste in größerem Umfang eingesetzten Tiefflieger zur Anwendung. In der Hauptsache waren dabei Maschinen wie die Hawker Typhoon beteiligt, die durch die Vernichtung von Eisenbahnzügen und ähnliche Einsätze berühmt wurde, bei denen sowohl Bordkanonen als auch unter den Flügeln mitgeführte Raketengeschosse zur Anwendung kamen. Deutschland begann eine Reihe von letzten Versuchen zur Abwendung der endgültigen Niederlage, angefangen mit den V1-Angriffen gegen den Süden Englands. Viele dieser »fliegenden Bomben« gelangten durch die Luftverteidigungslinien, doch zum Schluß wurden auch sie durch wiederholte Bombenangriffe auf die Startrampen und durch die Tempest-Jäger des Fighter Command in der Luft geschlagen. Bei dieser Aufgabe wirkten auch Englands erste Düsenjäger, die Gloster Meteor, mit, die später zur Bekämpfung der deutschen Düsenjäger auf den europäischen Kontinent überführt wurden. Die über Deutschland abgeworfenen Bomben wurden immer größer, der Höhepunkt war die 10 000 kg-Bombe »Grand Slam« von Barnes Wallis, die nur an besonders umgebauten Lancaster Maschinen angebracht werden konnten. Schließlich kam der Krieg in Europa am 8. Mai 1945 zu seinem unvermeidbaren Abschluß.

Inzwischen hatte seit Ende 1944 das Südostasien-Kommando eine ständige und eindrucksvolle Erweiterung erfahren. Es war in die Offensive übergegangen und trug seine Angriffe trotz der wahnsinnigen und relativ erfolgreichen Selbstmordangriffe der japanischen Luftstreitkräfte näher und näher an das japanische Mutterland heran. Nach Ende des Krieges in Europa sammelte England noch einmal seine Luftmacht und bildete die »Tiger Force«, die etwas über zwanzig Bomberstaffeln umfaßte und in den Fernen Osten abkommandiert werden sollte, um dort das Ende des Krieges zu beschleunigen; doch im August 1945 machte der Abwurf zweier kleiner aber überaus wirkungsvoller Gegenstände aus amerikanischen B-29 Maschinen über Hiroshima und Nagasaki weitere Unternehmungen überflüssig. Der Krieg war vorbei.

Italien

Die im Ersten Weltkrieg auf alliierter Seite kämpfenden italienischen Fliegerverbände wurden nach 1918 schnell auf ein Minimum reduziert, und die Existenz einer Luftmacht großen Stils wurde erst von Mussolini wieder begründet, der Anfang 1923 die Regia Aeronautica aufbaute. In den folgenden zehn Jahren wurde die Stärke der Ersten Linie dieser Teilstreitkräfte auf etwa 1200 Flugzeuge angehoben, und die Bestrebungen während der frühen 30er Jahre auf dem Luftfahrtsektor in Italien folgten in vieler Hinsicht denen ihres zukünftigen Waffengefährten im Zweiten Weltkrieg: die Aufstellung verschiedener Flugzeug-Weltrekorde, die Besetzung kleinerer Länder, die Unterstützung General Francos im spanischen Bürgerkrieg. Als Italien am 10. Juni 1940 in den Zweiten Weltkrieg eintrat, konnte es zum mindesten nach Zahl seiner Flugzeuge als größere Luftmacht betrachtet werden. Italien hatte beinahe 1000 Bombenflugzeuge, annähernd ebenso viele Jagdflugzeuge und über 750 Aufklärungs- und Transportflugzeuge sowie andere Baumuster in seinem Bestand der Ersten Linie. Einschließlich der Reserven umfaßte seine gesamte Flugzeugstärke 5000 Maschinen, obschon nur weniger als die Hälfte als ernsthaft frontgeeignet angesehen werden konnte; das schwächste Glied war die Jagdwaffe, die sich aus veralteten Doppeldeckern und untermotorisierten Eindeckern zusammensetzte.

1940/41 unterstützten italienische Bomber, die von belgischen Flugstützpunkten aus starteten, einige Monate lang die deutsche Luftwaffe bei Tag- und Nachtangriffen gegen das britische Inselreich; sie wurden jedoch bald für Einsätze von der Heimat aus auf die Kriegsschauplätze des Mittelmeers zurückgenommen, um Rommels Afrikakorps Rückendeckung zu geben.

1942 und 1943 begann die Qualität der italienischen Jagdflugzeuge beträchtlich aus dem Erwerb flüssigkeitsgekühlter Daimler-Benz-Flugmotoren aus Deutschland zu profitieren — die Macchi C.202 Folgore und Fiat G.55 Centauro im besonderen waren sehr gute Maschinen — und der schwere Langstreckenbomber Piaggio P.108B kam in den Truppendienst. Die italienische Flugzeugindustrie konnte jedoch mit den Anforderungen (und Verlusten) der Regia Aeronautica nicht Schritt halten, und verschiedene deutsche Baumuster, besonders die Bf 109 und

Bf 110, die Do 217 und Ju 87 wurden zur Verstärkung geliefert. Am 8. September 1943 kapitulierte Marschall Badoglio vor den Alliierten. Staffeln der Regia Aeronautica im Südteil des Landes wurden umgebildet in die mitkriegführende italienische Luftwaffe, die mit einem gemischten Flugzeugbestand aus italienischen, britischen und amerikanischen Flugzeugen auf der Seite der Alliierten kämpfte. Der nördliche Teil des Landes befand sich noch unter deutscher Kontrolle und erhielt die Bezeichnung Repubblica Sociale Italiana. Die italienische Luftwaffe in diesem Teil des Landes setzte die Unterstützung der deutschen Luftwaffe als die A v i a z i o n e d e l l a R S I bis zur vollständigen Besetzung Italiens fort.

Japan

Die Militärluftfahrt in Japan begann im Jahre 1909; bereits 1911 nahmen Armee- und Marineluftwaffe Gestalt an. In den ersten Jahren machte die Armee-Luftwaffe etwas schnellere Fortschritte als die Marineflieger, doch bei Ausbruch des Ersten Weltkrieges waren beide Truppengattungen noch immer ziemlich klein, und ihre Teilnahme am Krieg war sehr begrenzt. Trotzdem sammelten sie beträchtliche Erfahrungen, die sie in den Jahren nach dem Krieg gut gebrauchen konnten.
1917 hatten die drei großen Industriekonzerne des Landes — Mitsubishi, Nakajima und Kawasaki — begonnen, sich näher mit der Luftfahrt zu befassen. Das 1884 begründete Mitsubishi-Unternehmen hatte ein Netz von Handelsniederlassungen im gesamten Fernen Osten; es stellte die »Hudson's Bay Company« des Pazifik dar und bestand aus Bankkaufleuten, Industriellen und Schiffsbauern. Die Nakajima-Gesellschaft wurde 1914 gegründet, und der größte Teil ihrer Erfahrung in der Herstellung von Flugzeugen ging auf den Lizenzbau europäischer und amerikanischer Konstruktionen — besonders die von Fokker und Douglas — zurück. Kawasaki war ebenfalls eine wichtige Schiffbaufirma, einer ihrer ersten »Stars« in der Flugzeugkonstruktion war der Deutsche Dr. Richard Vogt, der später durch seine Arbeit in der Flugzeugabteilung von Blohm & Voss in Hamburg bekannter wurde.
Diese drei Firmen wurden von einer französischen Mission für

Luftfahrtfragen, die auf Anforderung durch die Armee 1919 nach Japan gekommen war, und einer ähnlichen britischen Mission, die zwei Jahre später von der Marine angefordert wurde, beraten; sie bildeten das Rückgrat der jungen japanischen Flugzeugindustrie in den nächsten zehn bis fünfzehn Jahren. Anfangs waren sie hauptsächlich mit dem Erwerb und Lizenzbau ausländischer Konstruktionen beschäftigt, doch Mitsubishi brachte ein oder zwei, im eigenen Lande konstruierte grundlegende Militärflugzeugbaumuster heraus, die 1922/23 im Truppendienst waren; und Ende 1922 nahm die Marine den Bau ihres ersten Flugzeugträgers, der Hosho auf.

Zehn Jahre nach den Ersten Weltkrieg waren die beiden japanischen Truppenteile ziemlich fest begründet, obwohl sie, gemessen am Weltstandard, noch immer klein waren; vom September 1931 bis Februar 1932 hatten Besatzungen und Maschinen die Möglichkeit einer Erprobung unter Kampfbedingungen während der japanischen Invasion der Mandschurei. Jetzt war die japanische Marineluftwaffe der Armeeluftwaffe in der Entwicklung voraus, doch die von den Herstellerfirmen in der Heimat konstruierten Flugzeuge enttäuschten bislang, man mußte sich dauernd auf die Varianten ausländischer Baumuster verlassen, jetzt meist britische oder deutsche Maschinen. Vielversprechende einheimische Konstruktionen waren jedoch in Arbeit, und die ersten tauchten in den frühen 30er Jahren auf. Mitte der 30er Jahre kamen solche Maschinen wie der Mitsubishi A5M-Jäger und G3M-Bomber, die mit jedem bislang verwendeten ausländischen Baumuster vergleichbar waren, in den Truppendienst. Nach diesen Flugzeugen kam eine weitere Generation neuer und fortgeschrittener Flugzeug-Konstruktionen, darunter der berühmte A6M Zero-Jäger, gegen den die Alliierten bei Ausbruch des Zweiten Weltkrieges antreten mußten. In der Zwischenzeit war 1937 der Feldzug gegen China wieder aufgenommen worden, und 1938/39 gab es Zusammenstöße mit Rußland wegen der Grenzen der Manschurei und Mongolei.

1941 besaß Japan Armee- und Marineluftstreitkräfte, die mit ziemlich modernen Maschinen ausgerüstet waren, und deren Personal zu einem großen Prozentsatz Kriegserfahrung hatte. Eine weitere Generation neuer Flugzeuge war, gestützt auf beträchtlich größere Herstellungsaufträge als die Flugzeugindustrie je vorher gekannt hatte, in Arbeit. Die über jeden Zweifel erhabene Qualität der japanischen Luftstreitkräfte war eine der großen Überraschungen des Krieges. Zum Teil infolge eines Wunschdenkens, doch weitgehend auch wegen der erstaunlichen Unkenntnis der westlichen Länder hinsichtlich des tatsächlichen Stands der Luftfahrt des Landes, wurde allgemein angenommen, daß man die japanische Luftmacht nicht ernst zu nehmen brauche. Dieser Glaube wurde durch den Angriff der Kaiserlichen Japanischen Flotte auf den US-Marine-Stützpunkt in Pearl Harbour brutal erschüttert. Am 7. Dezember 1941 stach ein Kampfverband, bestehend aus den Flugzeugträgern Soryu, Hiryu, Zuikaku, Shokaku, Kaga und Akagi mit 17 anderen Kriegsschiffen in Richtung Hawaii in See. Von den sechs Flugzeugträgern aus startete ein kombinierter Verband von 353 Flugzeugen — Aichi D3A1 Sturzkampfbomber, Nakajima B5N2 Torpedo-Bomber und Mitsubishi A6M2-Flugzeuge zum Begleitschutz und Tiefangriff — gegen amerikanische Schiffe und Küsteneinrichtungen. Das Überraschungselement war so vollkommen, daß der Überfall erfolgreich mit dem Verlust von nur 29 japanischen Flugzeugen beendet werden konnte.

Ihrem durch die Dezimierung der US-Flottenstärke gewonnenen Vorteil folgend, starteten auf Formosa stationierte Kampfeinheiten nur ein paar Stunden nach dem Angriff auf Pearl Harbour zu Angriffen gegen die US-Befestigungen auf den Philippinen, und nach diesem Muster folgte eine Reihe ähnlicher Überraschungsangriffe auf Insel- und Festlandstützpunkte im Südwestpazifik. Innerhalb von sechs Monaten hatte Japan dieses Gebiet unter Kontrolle, was jedoch nicht ohne ziemlich schwere Verluste an Flugzeugen erreicht wurde; Verluste, mit denen die bestehende Produktionsmaschinerie kaum mehr Schritt halten konnte. Die japanischen Luftstreitkräfte waren also nicht in der Lage, aus ihren territorialen Eroberungen volles Kapital zu schlagen und eine vergleichbare Luftherrschaft über ihr stark erweitertes Hoheitsgebiet aufzubauen. Ebenso entgingen sie nicht einem wirksamen Vergeltungsschlag: ein einzelnes, aber bedeutsames Ereignis, nämlich der berühmte Doolittle-Angriff mit B-25 Bombern auf Tokio im April 1942, war ein böser Schlag für den Stolz und die Selbstzufriedenheit der Japaner, und die in den Sommer desselben Jahres fallende Schlacht um Midway kostete die japanische Marine vier Flugzeugträger und über 300 Flugzeuge.

Nach diesen und anderen Rückschlägen ging die Initiative Ende 1942 im Pazifik allmählich von den japanischen Streitkräften auf die Alliierten über, und die Inselstützpunkte wurden mit dem ständigen Vordringen der alliierten Offensive 1943 nacheinander zurückgewonnen. Als Ergebnis einiger Umstellungen, die dem Umschwung des vergangenen Jahres folgten, richtete sich das Interesse der Marine jetzt mehr auf Flugzeuge, die in der Lage waren, von Stützpunkten an der Küste aus zu operieren, statt von Flugzeugträgern auf See. Die neuen Flugzeuge, die vor dem Kriege entwickelt worden waren, traten jetzt in Erscheinung: das H8K-Flugboot, die D4Y und B6N-Torpedo-Bomber, der Mitsubishi G4M-Langstreckenbomber und verbesserte Muster des A6M Zero. Die Armee brachte ebenfalls neue Baumuster wie die Ki.45 und Ki.84 Jäger und die Ki.49 und Ki.67 Bomber in den Truppendienst.

Während der zweiten Hälfte 1944 erlitt die japanische Kriegsmaschine ihre bis dahin größten Rückschläge. Die Marine verlor weitere Flugzeugträger und einige 100 Flugzeuge beim Kampf um die Marianen und war nach den Kämpfen um die Philippinen so stark geschwächt, daß das, was von der japanischen See- und Luftmacht übriggeblieben war, nicht länger eine ernste Bedrohung darstellte. Ähnliche Schläge waren in der Zwischenzeit gegen die Verbände der japanischen Luftwaffe auf dem Mutterland, in Indien, Burma und China geführt worden.

Unter der drohenden Erschöpfung seiner Luftstreitkräfte nahm Japan zu extremen Maßnahmen Zuflucht — zu Selbstmordangriffen, um den alliierten Vormarsch aufzuhalten. Obwohl dieses Unternehmen mit den religiösen Vorstellungen und Traditionen Japans im Einklang stand, war es, unvoreingenommen betrachtet, noch unlogischer und verschwenderischer im Hinblick auf die vorhandenen Reserven als ein normaler Luftkampf.

Eine Zeitlang wurde das gewünschte Ziel mit einigem Erfolg erreicht. Das gab der Industrie in der Heimat eine Atempause, um bis zu einem gewissen Grad die bereits erlittenen schweren Verluste auszugleichen.

Der erste Selbstmordangriff wurde am 25. Oktober 1944 von einem Verband mit Bomben beladener Zero-Jäger auf den Philippinen mit Erfolg durchgeführt; ein amerikanischer Flugzeugträger wurde versenkt und vier andere beschädigt. Durch diesen Erfolg ermutigt, wurden während der nächsten drei Monate weitere Selbstmordangriffe auf die Philippinen durchgeführt und zahlreiche andere Baumuster für ähnliche Einsätze abgewandelt — tatsächlich gab es bei Kriegsende kaum ein Flugzeugmuster, das nicht für diesen Zweck eingesetzt worden wäre. Ganz abgesehen von dieser Anpassung bestehender Flugzeuge an Kamikaze-Einsätze tauchte Ende 1944 eine speziell für diese Rolle konstruierte Maschine auf: die bemannte Flugbombe Yokosuka MXY — 7 Ohka, die in ihrem Rumpfbug etwa eine Tonne hochexplosiven Sprengstoff mitführte, startete in der Luft von einem umgebauten G4M »Mutterflugzeug« aus. Diese und die »konventionellen« Selbstmordflugzeuge wurden wiederum in beträchtlicher Anzahl in den ersten Monaten des Jahres 1945 über Okinawa und Iwo Jima eingesetzt. Doch selbst die Schlagkraft dieser Angriffe konnte die massierte US-Invasionsflotte nicht mehr abschrecken.

Mit der Eroberung der Marianen verfügten die amerikanischen Superfortress Langstreckenbomber schließlich über vorgeschobene Stützpunkte, von denen aus fortgesetzte schwere Bombenangriffe gegen japanische Industriewerke und militärische Ziele auf dem Mutterland geführt werden konnten. Die japanische Luftmacht wurde auf die Verteidigung des Mutterlandes zurückgedrängt. In einem letzten Versuch, die Niederlage abzuwenden, wurden vorhandene Flugzeugbaumuster für Einsätze in großen Höhen oder für die Nachtjagd umgebaut, und übereilte Fertigungsaufträge für neue und halbentwickelte Muster erteilt, um eine angemessene Luftverteidigung aufzubauen, doch die Auslöschung von Hiroshima und Nagasaki durch Atombomben bewies die Zwecklosigkeit weiteren Widerstandes, und am 15. August 1945 gab Kaiser Hiro Hito schließlich den Alliierten seine Bereitschaft zur Kapitulation zu verstehen.

Rußland

Die Anfänge der Militärluftfahrt in Rußland glichen in vieler Hinsicht denen in den anderen Ländern; das Jahr 1910 sah die Gründung der Armee- und Marineflugschulen, und zwei Jahre später wurden die ersten Käufe ausländischer Flugzeugmuster — britische, französische und amerikanische — getätigt, auf die sich das kaiserliche russische Fliegerkorps gründete. Während Rußlands Teilnahme am Ersten Weltkrieg flogen diese ausländischen Flugzeuge Seite an Seite mit Konstruktionen rein russischen Ursprungs, unter denen Igor Sikorsky's viermotoriger Bomber »Ilja Muromets«, der erste seiner Art in der Welt, besonders herausragte. Nach der sozialistischen Revolution von 1917 liefen die Luftfahrtangelegenheiten eine Zeitlang etwas auseinander, doch die Grundlage für die zukünftige Rote Luftwaffe wurde im Jahre 1918 formuliert — obwohl die »Rote Luftwaffe der Arbeiter und Bauern«, wie sie genannt wurde, anfangs nur einen ziemlich buntscheckigen Haufen von Flugzeugen darstellte.

Mitte der zwanziger Jahre begannen sich die Verhältnisse zu festigen, und die Rote Luftwaffe hatte damit begonnen, zu gleichen Teilen mit neueren russischen und ausländischen Konstruktionen aufzustocken. Namen anderer bahnbrechender russischer Konstrukteure — unter ihnen Tupolew und Polikarpow — wurden bekannt, und die Leistung ihrer neuen Flugzeuge wurde durch Rekordflüge des einen oder anderen Baumusters überzeugend demonstriert. Die restlichen 20er und 30er Jahre und eine Folge von Fünfjahresplänen hindurch vergrößerte sich die russische Flugzeugindustrie, aus einer Reihe von Konstruktionsbüros bestehend, weiter: Die Rote Luftwaffe nutzte die Möglichkeit des spanischen Bürgerkrieges, um für ihre Flugzeuge und Besatzungen wirklichkeitsnahe Kampferfahrung zu sammeln. Weitere Erfahrung wurde aus Gefechten mit japanischen Verbänden bei den sibirischen Grenzstreitigkeiten von 1938/39 gesammelt.

Aus diesen Kämpfen ergab sich die Erkenntnis, daß die sowjetischen Konstruktionsideen noch immer hinter denen anderer großer Luftmächte herhinkten, und als Ergebnis dieser Überlegungen wurden verschiedene ausländische Konstruktionen untersucht, um verlorenen Boden aufzuholen. Zur Zeit des deutschen Einmarsches in Rußland im Juni 1941 war eine Anzahl vielversprechender neuer Konstruktionen in Arbeit, die meisten davon Jagdflugzeuge und — da die Rote Luftwaffe schon immer hauptsächlich als Unterstützung der Roten Armee angesehen wurde — Tiefangriffsflugzeuge.

Die im Fronteinsatz befindlichen Militärflugzeuge waren derzeit, obwohl in der Überzahl, technisch den Maschinen der deutschen Luftwaffe unterlegen, und diese Tatsache führte in Verbindung mit dem Überraschungseffekt des deutschen Angriffes zu einer anfänglichen Niederlage durch den Feind. Bevor der russisch-deutsche Krieg jedoch ein Jahr alt war, erreichten moderne Flugzeuge — die Yak-1, LaGG-3, MiG-1 und die MiG-3 Jagdflugzeuge sowie das berühmte Il-2 Sturmowik Schlachtflugzeug — die Staffeln der Roten Luftwaffe; ebenso erreichten nun im Rahmen des Pacht- und Leihabkommens Lieferungen amerikanischer Jagd- und Bombenflugzeuge zusammen mit ähnlichen Baumustern aus Großbritannien die UdSSR. Darunter befanden sich Jagdflugzeuge vom Typ Airacobra, Kingcobra, Warhawk, Thunderbolt, Spitfire und Hurricane, Bomber wie Havoc, Mitchell und Mosquito, Douglas C-47 Transportflugzeuge und Catalina See-Aufklärungs-Flugzeuge. Zwischen 1942 und 1944 lieferten die Vereinigten Staaten allein an Rußland beinahe 15 000 Flugzeuge, von denen annähernd zwei Drittel Jagdflugzeuge waren; die russische Flugzeugindustrie selbst produzierte zusätzlich im Verlauf des Krieges zwischen 30 000 und 40 000 Maschinen. Die russische Luftüberlegenheit war zum Schluß sowohl Ergebnis der russischen Taktik, als auch des Schwunds der Reserven der deutschen Luftwaffe, der infolge von Verlusten in Rußland und durch die Dezimierung der deutschen Staffeln durch Abkommandierungen an anderen Fronten entstanden war.

USA

Als der »Krieg zur Beendigung der Kriege« Ende November 1918 zu Ende ging, begannen die Vereinigten Staaten wie jedes andere bewaffnete Land, die Größe und Stärke ihrer militärischen Streitkräfte zu verringern. Wie auch in anderen Ländern entstand vor diesem Hintergrund ein unvermeidliches Tauziehen zwischen Armee und Marine um die Unterstellung der neu entstandenen Luftstreitkräfte; zur gleichen Zeit kämpften führende Persönlichkeiten, unter ihnen besonders William H. (»Billy«) Mitchell für die Einrichtung einer Luftwaffe als separate und unabhängige Teilstreitkraft, aber ohne Erfolg. Erst am 18. September 1947 strich die United States Air Force das

Wort »Army« aus ihrem Namen und wurde völlig selbständig, obwohl sie auch in den vorausgegangenen sieben Jahren bis zu einem gewissen Grad selbständig war. Wie die Ereignisse des Zweiten Weltkrieges jedoch beweisen sollten, wirkten sich die gemeinsamen Anstrengungen der beiden Luftwaffenzweige gut auf den Endsieg aus, denn obwohl Armeeflugzeuge den Gnadenstoß auf Japan durchführten, taten sie dies von Stützpunkten aus, die die Marinestreitkräfte unter großen Anstrengungen für sie erbaut hatten.

1920 wurde durch das Gesetz zur Reorganisation der Armee eine Fliegertruppe unter dem Oberbefehl der US-Armee aufgestellt, und im Juni des folgenden Jahres wurde ein Büro für Luftfahrt zur Beratung der Marine in Luftfahrtangelegenheiten gegründet. Politische und wirtschaftliche Einflüsse behinderten die 20er Jahre hindurch die Durchführung verschiedener Modernisierungsprogramme für beide Truppenteile, und obwohl eine gewisse Anzahl von Flugzeugen aus dem Ersten Weltkrieg am Ende der Dekade noch vorhanden war, hatte das Army Air Corps einen ansehnlichen Bestand von neuen Maschinen. Die Marine war etwas besser weggekommen. Der Umbau des Kohlenschiffs Jupiter zu ihrem ersten Flugzeugträger, der »Langley«, wurde 1922 beendet, acht Schlachtschiffe wurden zu Trägerschiffen für kleine Beobachtungsflugzeuge umgebaut, und am Ende der Dekade waren zwei weitere neue Flugzeugträger ausgeliefert worden, die »Saratoga« und die »Lexington«, die damals größten Schiffe ihrer Art in der Welt.

Mitte der 30er Jahre gab es eine Reihe fortschrittlicher Entwicklungen für beide Truppenteile: eine der wichtigsten, die später eine so bedeutende Rolle im bevorstehenden Konflikt spielen sollte, war das Konzept eines schweren strategischen Langstreckenbombers, wie er durch die Boeing B-17 und die Douglas XB-19 verkörpert wurde. Für die Marine liefen 1936 zwei weitere Flugzeugträger vom Stapel, und im Januar 1938 wurde eine Bestandserweiterung um 20 % genehmigt. Innerhalb weniger Monate setzte eine nochmalige Vergrößerung ein. Dank dieser Ausweitung der Armee- und Marine-Luftstreitkräfte und bedeutender Aufträge aus Großbritannien und dem übrigen Europa waren die Auftragsbücher der amerikanischen Flugzeugindustrie zu dieser Zeit ziemlich gefüllt, obwohl beim Ausbruch des Krieges in Europa die amerikanischen Heimatstreitkräfte noch immer relativ schlecht ausgerüstet waren. Mit dem schnellen Vorrücken Deutschlands auf dem Kontinent wurde jedoch das grüne Licht für einen schnelleren Aufbau der Heimatverteidigung gegeben, zusammen mit einem enormen Trainingsplan zur Ausbildung von Piloten, welche die zunehmenden Stückzahlen der vorgesehenen Flugzeuge fliegen sollten. Das berühmte Pacht- und Leihgesetz, welches im März 1941 verabschiedet wurde, umfaßte die Verteilung von vielen tausenden Flugzeugen zur Unterstützung der alliierten Sache, mit der Amerika schon immer offen sympathisiert hatte. Das US Army Air Corps erfuhr noch einmal Reorganisation und Aufwertung; am 20. Juni 1940 erhielt es die Bezeichnung »Unites States Army Air Force«. Im Dezember 1941 konnte sich die USAAF mit einer wachsenden Stärke an modernen Flugzeugbaumustern brüsten, und die Marine besaß sechs Flugzeugträger und über 5000 Flugzeuge verschiedener Bauart; weitere elf Flugzeugträger waren bestellt.

Am Morgen des 7. Dezember 1941 griff ein Verband japanischer Marinebomber den US-Flottenstützpunkt Pearl Harbour auf Hawaii an und führte einen vernichtenden Schlag gegen Amerikas Seemacht im Pazifik. Acht Schlachtschiffe wurden zusammen mit über 100 Flugzeugen, mehr als einem Drittel aller damals in diesem Gebiet stationierten Maschinen, entweder zerstört oder beschädigt. Angesichts des so schwer getroffenen Gegners überrannten die japanischen Truppen als Vorstufe ihres Angriffs auf das Festland unmittelbar danach die Inselstützpunkte im Südwestpazifik, und noch keine sechs Monate nach Pearl Harbour wurden die Flugzeugträger Langley und Lexington ebenfalls versenkt. Aber es verlief nicht alles nach den Plänen der Japaner. Mitte 1942 erlitten sie einen erheblichen Rückschlag bei ihrem vergeblichen Versuch, die Midway-Insel zu halten, wobei sie vier Flugzeugträger und über 250 Flugzeuge verloren. Schon im April dieses Jahres war das japanische Mutterland bereits Ziel des berühmten gemischten Army/Navy-Unternehmens, bei dem 16 B-25 Mitchell Landbombenflugzeuge unter Führung von Oberstleutnant J. H. Doolittle erfolgreich vom Flugzeugträger Hornet aus starteten, 1120 km weit flogen, um Tokio zu bombardieren und anschließend weiterzufliegen, um auf vorbereiteten Flughäfen in China zu landen. In der Zwischenzeit hatten die ersten Einheiten der USAAF die europäischen Kriegsschauplätze erreicht und bildeten nun die 8. Luftflotte. Ein Teil der 8. Luftflotte wurde später, im Herbst 1942, zur Bildung der 12. Luftflotte in den Mittleren Osten für den Krieg in Nordafrika abgezweigt. Der Lufttransportdienst der Marine wurde 1942 zur Unterstützung der Kämpfe im Pazifik formiert und umfaßte zum Schluß ein Fluglinennetz von 64 000 km Länge. Die Fertigungsstraßen in der Heimat warfen beträchtliche Stückzahlen hervorragender Jagdflugzeuge sowie schwerer und mittelschwerer Bomber aus, und am Ende des Jahres umfaßte die Gesamtzahl der im Truppendienst befindlichen US Flugzeuge des Dreifache gegenüber der Zeit von Pearl Harbour, obwohl die Verteidigung der Vereinigten Staaten selbst bis zu diesem Zeitpunkt etwas vernachlässigt war. Um dieser Situation abzuhelfen, nahm die US Navy aus einer Zwangslage heraus die Unterstützung der Army Air Force an, die Flugzeuge mit großer Reichweite für die See-Aufklärung zur Verfügung stellte, und dieser Beistand setzte sich bis Ende 1943 fort.

Im Verlauf des Jahres 1943 trat die Wende zugunsten Amerikas ein. Fortresses und Liberators der USAAF führten fortgesetzte Tagesangriffe gegen europäische Ziele durch. Die Verluste waren weiterhin schwer, doch die verstärkte Bewaffnung der Bomber und verbesserte Begleitjäger — die Lightning, Thunderbolt und besonders die überragende P-51 Mustang — erhöhten auch die Verluste der feindlichen Abfangjäger. Die Marine begann 1943 den Aufbau einer starken U-Boot-Abwehr, und Mitte des Jahres umfaßte ihre Gesamtstärke annähernd 30 Flugzeugträger und über 16 500 Flugzeuge. Die Taktik des »Inselspringens« zur Eroberung der pazifischen Luft-Stützpunkte bewährte sich, und die atlantischen Seestreitkräfte waren ebenfalls gegen die Unterseeboote auf den Geleitzugwegen äußerst aktiv.

Einer der größten Trümpfe für die alliierte Sache, der durch Amerikas Kriegseintritt eingebracht wurde, war die zur Verfügung stehende riesige Transportflugzeugflotte. Die vielleicht bedeutendste Leistung dieser Flugzeuge war — wenn man die wertvollen Beiträge wie die Unterstützung der Invasion in der Normandie außer Acht läßt — die langandauernde, aber in ihrem Wert unschätzbare Luftbrücke »over the Hump« zwischen Indien und China nach dem Fall Burmas. Im Zeitraum zwischen

Ende 1942 und Mitte 1945 beförderten Skytrains, Commandos, Skymasters und andere Flugzeuge Tausende von Tonnen Lebensmittel, Ausrüstungen und Medikamente sowie andere Versorgungsgüter über diese Route; zur selben Zeit, als die Landungen in der Normandie in Europa stattfanden, war auch eine der größten Schlachten des Pazifik im Gange: der Kampf um die Philippinische See. Es war der Versuch, die Marianen-Inseln Saipan, Tinian und Guam zurückzuerobern, die dringend als Luftstützpunkte für die neuen Bomber B-29 Superfortress benötigt wurden, die für den Angriff auf das japanische Mutterland vorgesehen waren. Die USAAF stellte die B-29 im Frühjahr 1944 in Dienst, und die ersten Bombenangriffe mit diesem Muster auf Japan erfolgten am 15. Juni; im November wurde Tokio durch einen Verband von über 100 B-29 angegriffen, und diese Angriffe wurden ununterbrochen weitergeführt. Inzwischen stand der Marine eine Überraschung bevor. Während der Schlacht im Golf von Leyte, die zur Entlastung des Kampfes um die Marianen dienen sollte, führte sie schwere Schläge gegen die schwindende japanische Seemacht, doch der Preis dafür war hoch; denn in diesem Kriegsstadium begannen die japanischen Kamikaze (»Götterwind«) ihre Selbstmordangriffe. So nutzlos diese Angriffe erscheinen mögen, waren sie zu ihrer Zeit ausgesprochen erfolgreich, und es gingen annähernd $1/4$ aller während des gesamten Krieges versenkten US Kriegsschiffe auf ihr Konto. Ihre Wirksamkeit wurde gegen Ende des Krieges, nach einer raschen Verstärkung der trägergestützten Jagdflugzeuge der US-Marine, beträchtlich vermindert.

Nach dem »Abstauben« der Inseln um den Südwest-Pazifik richtete die amerikanische Marine ihre Aufmerksamkeit auf die Invasion von Iwo Jima und Okinawa als Vorspiel von Angriffen auf das japanische Mutterland. Solche bereits von B-29 der Army Air Force geflogenen Angriffe hatten jedoch schon die gewünschte Wirkung. Zwischen den Kapitulationstagen in Europa und Japan waren die Flächenbombardierungen japanischer Städte und Einrichtungen mit konventionellen Spreng- und Brandbomben so groß, daß das Endergebnis niemals in Zweifel stand. Im August 1945 wurde es jedoch durch die Verwüstung von Hiroshima und Nagasaki mit Atombomben vorweggenommen. Pearl Harbour war gerächt.

BEZEICHNUNGEN DER KRIEGSFLUGZEUGE

Deutschland

Das deutsche System der Flugzeugbezeichnungen kann zu einer gewissen Verwirrung führen, wenn es nicht klar verstanden wird, obwohl es im wesentlichen methodisch angelegt war.

Die Grundbezeichnung bestand aus einer Buchstaben-Zahlenkombination unter Benutzung einer Kurzbezeichnung des Namens der Entwurfsfirma, gefolgt von einer Baumusternummer – z. B. Ju 88 = Junkers Flugzeug- und Motorenwerke A.G., Muster 88. Gelegentlich wurden Abweichungen von dieser Praxis gemacht. Gegen Ende des Krieges wurde manchmal eine Abkürzung des Konstrukteurnamens selbst benutzt; so wurde Kurt Tanks Entwicklung der Fw 190D mit einer neuen Baumusternummer gekoppelt, bekannt unter Ta 152. Die Flugzeuge, die die Baumusternummer 108, 109 und 110 trugen, erhielten davor die Kurzbezeichnung Bf von Bayerische Flugzeugwerke, dem Namen der Messerschmittwerke zur Zeit ihrer Konstruktion. Die Kurzbezeichnung Ha, die bei einigen frühen Blohm & Voss Baumustern verwendet wurde, weist darauf hin, daß sie aus dem Hamburger Werk dieser Firma kamen.

Dieser Grundbezeichnung folgte ein angehängter Buchstabe, der auf das Nachfolge-Baumuster (z. B. Ju 88A) hinwies, und schließlich eine Ziffer, welche die Baureihe (z. B. Ju 88A-6) bezeichnete. Mit einer Ausnahme wurden die Buchstaben für die Nachfolgemuster in richtiger Reihenfolge vergeben, obwohl die infrage kommenden Flugzeuge nicht unbedingt in dieser Reihenfolge in Dienst gestellt wurden. Zum Beispiel war die Ju 88A-5 vor der Ju 88A-4, die eine stark verbesserte Version darstellte, im Truppeneinsatz.

Der angehängte Buchstabe V wurde für Prototypen reserviert: die He 177V3 war der dritte Prototyp der Heinkel He 177. Man beachte, daß bei diesem Beispiel zwischen dem letzten Buchstaben und der Ziffer kein Bindestrich benutzt wird. Baumusterbezeichnungen wurden von der Zentrale im RLM (Reichsluftfahrtministerium) vergeben und ein und dieselbe Zahl wurde selten bei zwei verschiedenen Flugzeugbaumustern verwendet. Beharrliche Behauptungen über die Existenz eines »Fw 198«-Jagdflugzeuges hätten z. B. niemals Glauben finden dürfen, da diese Baumusterbezeichnung bereits für die Arado Ar 198 vergeben war. Es gab jedoch ein oder zwei Beispiele, in denen die Baumusterbezeichnungen für Flugzeug und Motor zusammenfielen wie im Fall der Me 323 und des Bramo 323. Ein weiterer häufiger Bestandteil der deutschen Flugzeugbezeichnungen war die Kurzbezeichnung »Trop« (wie in der Fw 190A-4/Trop), was darauf hinwies, daß das Flugzeug für den Tropeneinsatz umgebaut war.

Japan

Die Benennung und Bezeichnung von japanischen Kriegflugzeugen während der fünf Kriegsjahre war regellos und komplex, was einer der Hauptgründe des alliierten Code-Namensystems war, mit dem für Jagdflugzeuge und Wasserflugzeuge Vornamen von Buben und für die meisten anderen Baumuster (außer Schulflugzeugen) Mädchenvornamen vergeben wurde; Transportflugzeuge hatten weibliche Vornamen mit dem Anfangsbuchstaben T. Bis Mitte 1943 benutzten die Japaner ein schwerfälliges System, das auf dem japanischen Kalender basierte, der dem westlichen um 660 Jahre voraus ist. Zur Vereinfachung wurden solche Bezeichnungen in diesem Buch weggelassen; das spätere System wird im folgenden beschrieben. Die Baumuster der japanischen Landflugzeuge erhielten noch im Erprobungsstadium eine Serien-Nummer, vor der die Kurzbezeichnung Ki stand (von Hikoki = Flugzeug). Die Zahlen wurden chronologisch vergeben, ohne Berücksichtigung von Herstellerfirma und Einsatzzweck. Größere Änderungen während der Produktion wurden durch eine Modellziffer angezeigt (z. B. Ki.43-II). Vergleichsweise selten wurden Namen zusätzlich zu den Bezeichnungszahlen bei Landflugzeugen vergeben.
Das System der japanischen Marine-Luftwaffe war komplizier-

ter, obwohl es im ganzen dem von der US Navy benutzten nicht unähnlich war. Die Grundbezeichnung war eine Buchstaben-Ziffer-Kombination, wobei der erste Buchstabe den Einsatzzweck und der zweite den Hersteller angab.

Sie wurden wie folgt vergeben:

Buchstaben zur Kennzeichnung des Einsatzzwecks

A   Träger-Jagdflugzeug
B   Träger-Schlachtflugzeug
C   Träger-Aufklärungsflugzeug
D   Träger-Bombenflugzeug
E   Aufklärungs-Wasserflugzeug
F   Beobachtungs-Wasserflugzeug
G   Schwerer und mittelschwerer Bomber
H   Flugboot
J   Landgestütztes Jagdflugzeug
K   Schulflugzeug
L   Transportflugzeug
M   Spezialflugzeug
N   Wasserflugzeug für Jagdeinsatz
P   Landgestütztes Bombenflugzeug
Q   Flugzeug zur U-Boot-Bekämpfung
R   Landgestütztes Aufklärungsflugzeug
S   Nachtjäger

Buchstaben der Hersteller-Firmen

A	Aichi	N	Nakajima
D	Showa	P	Nippon
G	Tokio Gasu Denki	S	Sasebo
H	Hiro	W	Kyushu
K	Kawanishi		(früher Watanabe)
M	Mitsubishi	Y	Yokosuka

Die beiden Ziffern kennzeichneten jeweils die Reihenfolge des Eintritts der Flugzeugkonstruktion in den Truppendienst ohne

Berücksichtigung des Herstellers und der besonderen Flug-
zeugbaumusterziffer. Die Bezeichnung A6M2 gab an, daß der
Zero ein Trägerjagdflugzeug war (A), der sechste im Einsatz
bei der japanischen Marine (6), hergestellt bei Mitsubishi (M),
und daß es die zweite Version dieser Konstruktion war (2), die
hergestellt wurde. Wo eine Konstruktion später zur Erfüllung
eines anderen Einsatzzwecks umgebaut wurde, trat zu der
Grundbezeichnung der Buchstabe der neuen Einsatzart hinter
die Grundbezeichnung (z. B. A6M2-N).
Den größeren Marinekampfflugzeugen wurden sowohl Namen
wie Zahlen gegeben. Jagdflugzeuge wurden nach Wetterereig-
nissen benannt, Schlachtflugzeuge nach Bergen, Bombenflugzeuge nach Sternen und Sternbildern, Überwachungsflugzeuge
nach Meeren, Transportflugzeuge nach Himmelsnamen und
Schulflugzeuge nach Bäumen oder Pflanzen.

Rußland

Bis 1940 verwendete die Rote Luftwaffe einen Bezeichnungs-
code aus Buchstaben bestehend, die den Einsatzzweck der
Flugzeuge betrafen, gefolgt von einer Luftwaffen-Serien-Num-
mer. Die Kennzeichnungsbuchstaben für die Haupt-Einsatzart
waren: —

ARK Arktis-Dienst	I Jagdflugzeug
BB Kurzstreckenbomber	KOR Schiffsgestützt
DB Langstreckenbomber	PS Transportflugzeug
SB Mittelschwerer Bomber	U Schulflugzeug
TB Schwerer Bomber	UT Schulflugzeug

Ein vereinfachtes System wurde 1941 eingeführt, wodurch
neue Bezeichnungen vergeben wurden, bestehend aus einer
Kurzbezeichnung des Familiennamens des Konstrukteurs, gefolgt von einer Serien-Nummer des Konstruktionsbüros. Die
Konstrukteur-Namen wurden wie folgt abgekürzt: —

ANT	A. N. Tupolew	MiG	A. I. Mikojan und
Il	S. V. Iljushin		M. I. Gurewitsch
La	S. A. Lawotschkin	Pe	V. Petljakow

LaGG	Lawotschkin,	Po	N. Polikarpow
	Gorbunow und	Su	P. Suchoj
	Gudkow	Tu	A. N. Tupolew
		Jak	A. S. Jakowlew

Das Fortbestehen beider Systeme nebeneinander führte seiner-zeit unvermeidlich zu einer gewissen Verwirrung. Der schwere Bomber z. B., der seine Existenz als TB-7 begann, wurde spä-ter als ANT-42 bekannt, benannt nach Andrei Tupolew, da er in einem seiner Konstruktionsbüros entworfen wurde. Zum Schluß erhielt er die Bezeichnung Pe-8 in Anerkennung seines tatsächlichen Konstrukteurs Wladimir Petljakow.

USA

Die zuständigen Stellen der amerikanischen Luft- und Marine-luftwaffe verwendeten jeweils — noch bis 1962 — verschie-dene Codes zur Kennzeichnung ihrer Flugzeuge. Obwohl die beiden Systeme einige Gemeinsamkeiten haben, bestehen zwi-schen ihnen bezeichnende Unterschiede. Aus diesem Grunde und wegen weiterer Detailunterschiede zwischen den wäh-rend des Krieges und heute verwendeten Codes soll folgende zum Verständnis nützliche Erläuterung gegeben werden. Die Bezeichnung der Armee- wie auch der Marine-Flugzeuge be-gann mit einem oder mehreren Buchstaben zur Kennzeichnung ihrer Einsatzart wie folgt:

USAAF

A	Leichter Bomber
AT	Flugzeug für Fortgeschrittenenschulung
B	Mittelschwerer oder schwerer Bomber
BT	Flugzeug für Grundschulung
C	Transportflugzeug
CG	Lastensegler
F	Aufklärungsflugzeug
L	Verbindungsflugzeug
O	Beobachtungsflugzeug

OA   Amphibisches Beobachtungsflugzeug
 P   Jagdflugzeug
PT   Flugzeug für Anfängerschulung
 R   Drehflügler
TG   Segelflugzeug für Schulung
UC   Mehrzweckflugzeug für Transportaufgaben

US Navy und Marine Corps

B	Bombenflugzeug	N	Schulflugzeug
F	Jagdflugzeug	O	Beobachtungsflugzeug
G	Transportflugzeug	P	Überwachungsflugzeug
	(einmotorig)	R	Transportflugzeug
H	Drehflügler		(mehrmotorig)
J	Allgemeines	S	Erkundungsflugzeug
	Mehrzweckflugzeug	T	Torpedoflugzeug
L	Segelflugzeug		

Diesen Kennzeichnungsbuchstaben des Einsatzzwecks folgten im Falle der USAAF-Flugzeuge ein Bindestrich und eine Zahl zur Angabe des Baumusters. Die Zahlen liefen fortlaufend ohne Rücksicht auf den Hersteller durch jede Klasse: so waren die B-24 und B-25 aufeinanderfolgende Konstruktionen für die USAAF, wenn auch von verschiedenen Herstellern.
Kampfflugzeuge, die für andere Aufgaben umgebaut waren, erhielten manchmal ganz neue Kennzeichnungen wie im Fall der C-87, die eine Transportversion der B-24 war. Bei anderen wurde einfach der Kennzeichnungsbuchstabe ihres neuen Einsatzzwecks vor die ursprüngliche Bezeichnung gesetzt – z. B. war die TP-39 die Schulflugzeugversion der P-39 Airacobra.
Die Benutzung zweier oder mehrerer vorgestellter Kennzeichnungsbuchstaben (z. B. PB = Patrouillen-Bomber) wurde für Marineflugzeuge mit doppeltem Einsatzzweck praktiziert, der erste Buchstabe bezeichnete immer den Haupteinsatzzweck.
Der Buchstabenkennzeichnung folgte eine Ziffern-Buchstaben-Kombination zur Bezeichnung der Konstruktionsfolge und des Herstellernamens, dann ein Bindestrich und eine Schlußziffer, die etwaige Änderungen kennzeichnete. Die Bezeichnung PB4Y-2 ließ also erkennen, daß das Flugzeug ein Patrouillen-

bomber (PB), der vierte seiner Art (4), von Consolidated (Y) konstruiert und die zweite größere Variante (-2) dieser Konstruktion war. Die folgenden Buchstaben geben die wichtigsten Flugzeugherstellerfirmen im US Navy-System wieder: —

A   Brewster; Allied Aviation
B   Beech; Boeing; Budd
C   Curtiss-Wright; Cessna; Culver
D   Douglas; McDonnell
E   Bellanca; Gould; Piper; Edo
F   Grumman; Fairchild Canada
G   Goodyear
H   Howard; Hughes; Hall-Aluminium
J   North American
K   Fairchild; Fleetwings
L   Bell; Columbia; Langley
M   Martin; Eastern
N   Naval Aircraft Factory
O   Lockheed
P   Piper; P-V Engineering; Spartan
Q   Bristol
R   Ryan; Interstate; Aeronca; American Aviation
S   Sikorsky; Stearman; Schweizer
T   Northrop; Taylorcraft; Timm
U   Chance Vought
V   Vultee; Canadian Vickers; Vega
W   Waco; Canadian Car & Foundry
Y   Consolidated-Vultee

Der Buchstabe X zeigte sowohl bei Armee-Flugzeugen als auch bei Marine-Flugzeugen an, daß es sich bei der Maschine um einen Versuchs-Prototyp handelte; der Buchstabe Y bezeichnete Vorserienmaschinen für die Erprobung.

D3A-1

Aichi D3A

Ursprungsland: Japan
Einsatzzweck: Sturzkampfbomber

Konstrukteure: Aichi, Tokei, Denki K.K.
Im Kriegseinsatz: 1941/45

Die Aichi D3A (Codename Val) könnte man als Sinnbild für Japans Eintritt in den Zweiten Weltkrieg nehmen. Abgesehen von der Tatsache, daß hauptsächlich dieses Flugzeugmuster in den Verbänden vorherrschte, welche Pearl Harbour angriffen, gehörte es als Sturzkampfbomber in die unangenehmste Flugzeug-Kategorie, zugegebenermaßen nicht so furchteinflößend wie die Ju 87, doch deswegen nicht minder tödlich. Die Val verdankte deutschen Konstruktionsideen tatsächlich viel, und sie war von der Aichi Gesellschaft 1936 nach längeren Untersuchungen der Heinkel He 66, He 70 und He 74 konzipiert worden. Das Muster ging im Jahre 1937 als D3A1 in die Fertigung. Das Triebwerk war ein 1075 PS Kinsei 44 Sternmotor, und bis 1942 wurden insgesamt 478 D3A1 fertiggestellt. 1942 wurde sie auf den Fließbändern durch die leistungsstärkere D3A2 abgelöst, von der bis zum Ende der Produktion (1944) 816 Stück gebaut wurden. Die Val war Japans erster Sturzkampfbomber in Ganzmetallbauweise und Eindeckerausführung; in den ersten Kriegsjahren war sie in den Händen eines geschickten Piloten

37

überaus kampfstark; als solche Piloten jedoch immer seltener wurden, und modernere Maschinen als Ersatz zur Verfügung standen, schwand ihr Erfolg. Obwohl sie kein übermäßig leichtes Flugzeug und für die Sturzflug-Beanspruchung verstärkt ausgelegt war, besaß die D3A eine sehr gute Wendigkeit und war in der Lage, nach Abwurf ihrer Bomben den Luftkampf mit gegnerischen Jagdflugzeugen aufzunehmen.

Kurze technische Einzelheiten: (D3A2)

Triebwerk: Ein 1300 PS Mitsubishi Kinsei 54 Doppel-Sternmotor
Spannweite: 14,37 m
Länge: 10,25 m
Höhe: 3,33 m
Leergewicht: 2620 kg
Fluggewicht: 3800 kg

Besatzung: 2 Mann
Höchstgeschwindigkeit: 426 km/h in 5650 m Höhe
Dienstgipfelhöhe: 10 900 m
Größte Reichweite: 1550 km
Bewaffnung: Zwei 7,7 mm-MG; bis zu 370 kg Bomben

Airspeed Oxford

Ursprungsland: Großbritannien
Einsatzzweck: Fortgeschrittenen-Schulung und Sanitätsflugzeug
Hersteller: Airspeed (1934) Ltd.

Spezifikation: T. 23/36
Im Kriegseinsatz: 1939/45

Die Oxford tauchte zuerst im Jahre 1937 als militärische Weiterentwicklung des Zubringerflugzeugs Envoy von 1934 auf, war das erste zweimotorige Eindecker-Schulflugzeug in der Royal Air Force und Hunderten von RAF-Besatzungen als die »Ox-box« bekannt. Die ersten Oxfords trafen in der Central Flying School im November 1937 ein; zum Zeitpunkt des Ausbruchs des Zweiten Weltkrieges waren 400 Maschinen im Dienst. Die Produktion wurde später erhöht, Airspeed baute annähernd viereinhalb Tausend Oxfords, und mit den Lieferungen von de Havilland, Percival und Standard Motors kam die Gesamtzahl der fertiggestellten Oxfords auf 8751 Stück. Obwohl sie am verbreitetsten in ihrer vorgesehenen Rolle als Schulflugzeug verwendet wurde, verrichtete die Oxford wertvolle Dienste bei der Funk- und Fernmelde-Ausbildung und bei der Cooperation der Flugabwehr, in einigen Exemplaren wurde sie auch als Sanitätsflugzeug, besonders im Mittleren Osten,

Oxford Mk.I

verwendet. Als Schulflugzeug diente sie in Kanada, Australien, Neuseeland und Südrhodesien ebenso wie in England selbst. Äußerlich gab es im Erscheinungsbild der verschiedenen Varianten wenig Unterschiede, die hauptsächlichen Abweichungen betrafen Triebwerk und Innenausrüstung. Die Oxford I war ein Schulflugzeug für Bomben- und Bordschützen und hatte als besonderes Merkmal einen Armstrong-Whitworth-Drehturm auf dem Rumpfrücken — sie blieb die einzige Oxford, auf die dies zutraf. Die Mk.II hatte ähnliche Triebwerke und war zur Navigations- und Funkausbildung ausgerüstet. Das war auch der Einsatzzweck der Mk.III, die von zwei 425 PS Cheetah XV Motoren angetrieben wurde, was auch bei der normalen Sanitätsflugzeugversion der Fall war. Die Bezeichnung Mk.IV betraf nur eine einzige Oxford, die als Erprobungsträger für de Havilland Gipsy Queen Motoren diente, während die Mk.V, ein Standard-Schulflugzeug, von 450 PS Pratt & Whitney Wasp Junior Motoren angetrieben und hauptsächlich in Rhodesien und Kanada eingesetzt wurde. Während der Kriegszeit stand eine Anzahl Oxford-Flugzeuge auch im Dienst des Fleet Air Arm als Schulflugzeuge für Marine-Flugzeugbesatzungen.

Kurze technische Einzelheiten: (Mk. I)

Triebwerke: Zwei 355 PS Armstrong-
Siddeley Cheetah IX oder
X Sternmotoren
Spannweite: 16,24 m
Länge: 10,50 m
Höhe: 3,37 m
Leergewicht: 2440 kg

Fluggewicht: 3450 kg
Besatzung: 3 Mann
Höchstgeschwindigkeit: 292 km/h in
2530 m Höhe
Dienstgipfelhöhe: 5830 m
Normale Reichweite: 880 km

Arado Ar 196

Ursprungsland: Deutschland
Einsatzzweck: Aufklärung und U-Boot-
Bekämpfung

Hersteller: Arado-Flugzeugwerke
G.m.b.H.
Im Kriegseinsatz: 1939/45

Das wahrscheinlich erfolgreichste bei den deutschen Marine-
fliegern eingesetzte Wasserflugzeug war die Arado Ar 196, viele
Jahre hindurch das Standard-Katapultflugzeug der deutschen
Marine; 435 Flugzeuge dieses Baumusters wurden fertiggestellt. Die breite Palette seiner Einsatzmöglichkeiten auf See
umfaßte allgemeine Aufklärung, leichte Bombenangriffe und
U-Boot-Jagd — beim Kapern des britischen U-Bootes Seal
waren zwei Maschinen dieses Baumusters maßgeblich beteiligt.
Nicht weniger als vier dieser mit zwei Schwimmern ausgerüsteten Flugzeuge konnten gleichzeitig an Bord der größeren
Schlachtschiffe mitgeführt werden (die Ar 196V3 besaß nur

Ar 196A-2

einen Schwimmer, doch bei Serienflugzeugen wurde bald wieder zur Zweischwimmerausführung übergegangen); die ersten Ar 196 des Krieges wurden im Dezember 1939 an Bord des kurzlebigen »Westentaschen«-Schlachtschiffes »Graf Spee« beobachtet. Arado Ar 196 waren im Laufe ihres Einsatzes über jedem größeren Seegebiet der europäischen Kriegsschauplätze anzutreffen; außer zu See-Einsätzen wurden sie auch der Küstenüberwachung zugewiesen.

Kurze technische Einzelheiten: (Ar 196A-3)

Triebwerk: Ein 960 PS BMW 132 K
    Sternmotor
Spannweite: 12,47 m
Länge: 11,00 m
Höhe: 4,42 m
Leergewicht: 2090 kg
Fluggewicht: 3720 kg
Besatzung: 2 Mann
Höchstgeschwindigkeit: 309 km/h in
    4000 m Höhe

Dienstgipfelhöhe: 7010 m
Normale Reichweite: 1072 km
Bewaffnung: Zwei 20 mm MG FF
    Bordkanonen und zwei 7,9 mm
    MG 17 Maschinengewehre. Eine
    50 kg-Bombe unterhalb jedes
    Tragflügels

Armstrong Whitworth Whitley

Ursprungsland: Großbritannien
Einsatzzweck: Bomber
Hersteller: Sir W. G. Armstrong
    Whitworth Aircraft Ltd.

Spezifikation: B. 3/34
Im Kriegseinsatz: 1939/44

Die Whitley war im September 1939 eine der Hauptstützen des Bomberkommandos und hatte, obwohl sie im weiteren Kriegsverlauf von moderneren Bombertypen überschattet wurde, trotzdem einen ausgezeichneten Einsatzerfolg. Sie war der erste britische Bomber, der Berlin überflog, und die erste Maschine, die Bombenabwürfe sowohl über Deutschland als auch über Italien durchführte. Am Anfang des Krieges wurde sie als Nachtbomber und zum Abwurf von Flugblättern verwendet; später diente sie dem Küstenkommando zur Aufklärung und U-Boot-Bekämpfung, sie tat auch Dienst als Schleppflugzeug für Segelflugzeuge und als Schulungsflugzeug für Fallschirmjäger. Der Whitley-Prototyp (K 4586) machte im März 1936 seinen

Whitley Mk.V

Erstflug, ihm folgte ein zweiter Prototyp und die ersten Mk.I Serienmaschinen (795 PS Tiger IV), die im März 1937 in den Truppendienst kamen. Den 34 Mk.I folgten 46 Mk.II (920 PS Tiger VIII) und 80 Mk.III, die mit Ausnahme eines »Mülleimer«- Drehturms unter dem Rumpf den Vorgängern entsprachen. Nach den 40 Mk.IV (1030 PS Merlin IV) und IVA (1075 PS Merlin X) von 1938 kam 1939 die größere Serienversion, die Mk.V. Die Auslieferungen der Mk.V wurden bis Juni 1943 fortgesetzt, wobei in dieser Zeit 1476 Maschinen fertiggestellt wurden. Am Ende des ersten Kriegsmonats wurde eine Bomberstaffel zum Küstenkommando abgestellt, und im März 1941 kam eine Anzahl Whitley V zur U-Boot-Bekämpfung ebenfalls zum Küstenkommando. Einige dieser Maschinen wurden später unter der Bezeichnung G.R. VIII (es gab keine Mk.VI) zu Aufklärern umgebaut, und weitere 146 Flugzeuge, die gleich als Mk.VII hergestellt worden waren, hatten als erste Flugzeuge des Küstenkommandos die Langstrecken-Radar-Ausrüstung A.S.V. Mk.II. Im Sommer 1940 wurde eine Anzahl von Whitley II an die Fallschirmjägerschule Nr. 1 als Schulmaschinen sowie als Schleppflugzeuge für »Horsa«-Lastensegler geliefert, obzwar sie niemals für den letzteren Einsatzzweck verwendet wurden. Zwölf Mk.V wurden 1942 für den Zivileinsatz als Frachtflugzeuge bei den British Airways umgebaut.

Kurze technische Einzelheiten: (Mk. V)

Triebwerke: Zwei 1075 PS Rolls-
Royce Merlin X 12 Zyl.
V-Motoren
Spannweite: 25,60 m
Länge: 22,18 m
Höhe: 4,58 m
Leergewicht: 8780 kg
Fluggewicht: 12 800 kg

Besatzung: 5 Mann
Höchstgeschwindigkeit: 365 km/h
in 5420 m Höhe
Dienstgipfelhöhe: 5360 m
Normale Reichweite: 2400 km
Bewaffnung: Fünf 7,7 mm-Maschinen-
gewehre, bis zu 3180 kg Bomben-
zuladung

Avro Lancaster

Ursprungsland: Großbritannien
Einsatzzweck: Schwerer Bomber

Hersteller: A. V. Roe & Co. Ltd.
Im Kriegseinsatz: 1942/45

Abgesehen von vielen berühmten Kampfeinsätzen, in denen sie sich auszeichnete, erinnert man sich der Lancaster als des Flugzeugs, das mehr als ein anderes den Krieg in das Kerngebiet Deutschlands zurücktrug. Sie entstand aus der fallengelassenen zweimotorigen Manchester (siehe Seite 269). Der Prototyp Lancaster I (BT 308, der am 9. Januar 1941 seinen Erstflug machte) war ursprünglich die Manchester III mit dreifachem Seitenleitwerk usw. — für die vier 1130 PS Rolls-Royce Merlin X Triebwerke umgebaut. Die erste Serien-Maschine des Baumusters Mk.I flog neun Monate später mit Merlin XX Motoren ausgerüstet und mit MG-Türmen an der unteren und oberen Rumpfseite. Die bei Avro begonnene Produktion wurde auch an Vickers-Armstrong, Metropolitan-Vickers, Armstrong Whitworth und Austin Motors übertragen. Die Auslieferungen an die RAF begannen kurz nach Weihnachten 1941; die erste Staffel (Nr. 44) wurde Anfang 1942 mit diesem Baumuster ausgerüstet, im März 1942 erfolgte der erste Luftangriff mit Lancaster. Die gesamte Produktion von Lancaster Mk.I in Großbritannien überstieg schließlich die Zahl von 3500 Stück, und im Verlauf des Jahres 1942 wurde die Herstellung einem weiteren Unterlieferanten, der Victory Aircraft Ltd. in Malton, Ontario, übertragen, die im August 1943 die erste von über 400 in Kanada gebauten Lancaster auslieferte. Diese Maschinen trugen die Bezeichnung B. Mk.X und waren im allgemeinen mit der britischen Mk.I identisch, abgesehen von der Verwendung der bei

Lancaster Mk.I

Packard hergestellten Merlin 28, 38 oder 224 Triebwerke. Inzwischen erschien in England eine Version mit Stern-Motoren,
die Lancaster II. Sie wurde bei Armstrong Whitworth hergestellt
und mit 1725 PS Bristol Hercules VI oder XVI Triebwerken ausgerüstet — dies war eine Absicherung gegen mögliche Liefer-

Lancaster Mk.II

schwierigkeiten bei den Merlin-Triebwerken. Es ergab sich in der Folgezeit jedoch kein Mangel an Merlin-Motoren, und nur 300 Lancaster II wurden fertiggestellt. Die Fertigung lief mit der Mk.III weiter, der zweiten größeren Version, von der etwa 3000 gebaut wurden, die beinahe identisch mit der Lancaster I war; der Hauptunterschied bestand in den Packard-Merlin-Triebwerken. Die Mk.IV und V wurden schließlich zu Prototypen für den Lincoln Bomber, und nur wenige Mk.VI (Spezialumbauten einiger Mk.I und III) wurden fertiggestellt. Die Schlußserie der Lancaster bildete die Mk.VII, von der 180 Stück von Austin Motors gebaut wurden. Diese Maschinen wiesen einen Martin MG-Turm an der Rumpfoberseite auf, der weiter nach vorn verlegt war, anstatt des Nash Thompson-Turms früherer Lanca-

Lancaster Mk.I, umgeändert zur Aufnahme von »dambuster«
(Talsperren-)Bomben

ster. Varianten der Lancaster I waren die Mk.I (F.E.), die das japanische Mutterland mit der »Tiger Force« bombardieren sollten, jedoch zu spät zum Einsatz kamen, sowie die Mk.I (Special), die Bezeichnung für die Lancaster-Maschinen, die zur Aufnahme der 10 000 kg-Bombe »Grand Slam« umgebaut waren. Lancaster traten in vielen bemerkenswerten Unternehmungen des Zweiten Weltkrieges auf, aber die zwei berühmtesten Einsätze waren der Angriff auf die Staudämme 1943 und die Versenkung der Tirpitz im darauffolgenden Jahr. Die Sprengung der Möhne-, Eder- und Sorpe-Staudämme wurde in der Nacht des 17. Mai 1943 unter Verwendung der von Barnes Wallis be-

Lancaster Mk.I mit »Tallboy«-Bombe

sonders entwickelten »springenden« Bombe durchgeführt. In dieser Nacht gingen acht der neunzehn eingesetzten Lancaster verloren und zu den verschiedenen Auszeichnungen, die für die Durchführung des Unternehmens verliehen wurden, gehörte das Victoria-Kreuz, das der Chef der 617. Staffel, Wing Commander Guy Gibson, erhielt. Im Verlauf des Krieges wurden elf Lancaster Besatzungsmitglieder mit dem Victoria-Kreuz ausgezeichnet.

Die Tirpitz wurde schließlich am 12. November 1944 im Tromsö-Fjord von 31 Lancaster, die jeweils eine 5000 kg-Bombe »Tall Boy« (eine weitere Barnes Wallis Entwicklung) trugen, versenkt, obschon sie bei einem anderen Lancaster-Angriff zwei Monate vorher schwer beschädigt worden war.

Lancaster Transporter (BOAC)

Die Gesamtzahl der Lancaster-Produktion erreichte 7374 Flugzeuge, von denen viele bei der RAF weiter für Seenot-Rettungsdienst und See-Aufklärung eingesetzt wurden, lange nachdem der Krieg zu Ende war.

Kurze technische Einzelheiten: (Mk. I)

Triebwerke: Vier 1460 PS Rolls-Royce Merlin 20 oder 22 oder 1640 PS Merlin 24 12-Zyl.-Motoren
Spannweite: 31,09 m
Länge: 21,11 m
Höhe: 6,00 m
Leergewicht: 16 700 kg
Fluggewicht: 31 000 kg (31 800 kg mit der „Grand Slam"-Bombe)

Besatzung: 7 Mann
Höchstgeschwindigkeit: 460 km/h in 3500 m Höhe
Dienstgipfelhöhe: 7400 m
Größte Reichweite: 2660 km
Bewaffnung: Zehn 303 Browning-Maschinengewehre (7,6 mm) normal bis zu 6350 kg Bombenlast

Avro Anson

Ursprungsland: Großbritannien
Einsatzzweck: Aufklärungs- und Schulflugzeug
Hersteller: A. V. Roe & Co. Ltd.

Spezifikation: 18/35 (Erstproduktion)
Im Kriegseinsatz: 1939/45

Wenige Flugzeuge konnten ihrem Spitznamen so vollständig gerecht werden wie die »Treue Anni«. An einem Flugzeug kann wenig verkehrt sein, wenn es mehr als zwanzig Jahre lang in der Fertigung bzw. im Dienst war; das wurde durch die Tausende von Ansons, die den ganzen Zweiten Weltkrieg hindurch und viele Jahre nachher im Truppeneinsatz waren, bestätigt. Die Anson wurde im Jahre 1934 gemäß der Forderung nach einem zweimotorigen Aufklärungsflugzeug mit kurzer Reichweite entwickelt und entstand als militärische Version des Sechssitzers Avro 652 der Imperial Airways; sie verkörperte die Erfahrungen der Gesellschaft beim Bau der robusten Fokker F.VII. Im September 1934 wurde der Entwurf von Avro angenommen, und der erste Prototyp (K.4771) machte am 24. März 1935 seinen Erstflug. Vier Monate später wurden 174 Anson Mk.I bestellt, von denen die ersten im März 1936 in den Truppendienst kamen. Von diesem Zeitpunkt bis zum Kriegs-

RCAF Anson Mk.I

ausbruch wurden die Anson-Lieferungen in gleichbleibenden Stückzahlen weitergeführt, obwohl dann die Ablösung durch Hudsons aus den USA einsetzte. Trotzdem leisteten die Anson weiterhin gute Dienste beim Küstenkommando, konnten sogar eine Messerschmitt Bf 109 auf ihre Abschußliste setzen — und blieben bis 1942 für Aufklärungseinsätze bei der Truppe. Nun erst erwies sich ihr eigentlicher Wert als Schulflugzeug: 1939 erfolgte eine Bestellung für 1500 Anson-Schulflugzeuge, und im Dezember des Jahres wurde das Baumuster als größerer Bestandteil der Ausrüstung für den riesigen Commonwealth Air Training Plan festgelegt. Im weiteren Verlauf des Krieges ergaben sich daraus verschiedene neue Versionen, von denen viele in Kanada umgebaut oder ganz neu hergestellt worden waren. Die Anson II wurde in Kanada hergestellt und besaß zwei Jacobs-Triebwerke; die Mk.III war ein britischer Umbau mit Jacobs-Motoren; die Mk.IV ein britischer Umbau mit Wright Whirlwind Motoren. Um wichtiges Kriegsmaterial einzusparen, wurde bei den in Kanada gebauten Mk. V und VI (450 PS Wasp Junior) weitgehend die Sperrholzbauweise angewandt. In England umfaßten die zu leichten Transport- oder Sanitätsflugzeugen umgebauten Mk.I dann insgesamt 103 Mk.X, 90 Mk.XI und 246 Mk.XII, letztere hatten 425 PS Cheetah XV Triebwerke. Die gesamte Anson-Produktion in England (die im Mai 1952 eingestellt wurde) betrug 8138 Maschinen, von denen 6704 als Mk.I gebaut wurden. Kanadische Werke stellten 2882 Ansons her.

Kurze technische Einzelheiten: (Mk. I)

Triebwerke: Zwei 350 PS Armstrong Siddeley Cheetah IV Sternmotoren
Spannweite: 17,27 m
Länge: 12,88 m
Höhe: 3,99 m
Leergewicht: 2440 kg
Fluggewicht: 3640 kg

Besatzung: 6 Mann
Höchstgeschwindigkeit: 301 km/h in 2140 m Höhe
Dienstgipfelhöhe: 5800 m
Normale Reichweite: 1265 km
Bewaffnung: Zwei 7,6 mm-Maschinengewehre; bis zu 167 kg Bombenzuladung

Bell P-39 Airacobra

Ursprungsland: USA
Einsatzzweck: Jäger und Jagdbomber

Hersteller: Bell Aircraft Corporation
Im Kriegseinsatz: 1941/45

Die P-39 Airacobra wich dadurch von der herkömmlichen Jagdflugzeugkonstruktion ab, daß ihr Allison 12 Zylinder V-Motor unterhalb und hinter dem Pilotensitz angeordnet war und den Propeller über eine verlängerte Welle und ein Untersetzungsgetriebe in der Flugzeugnase antrieb. Außerdem war es eins der ersten in Serie hergestellten Jagdflugzeuge der Welt mit Dreibeinfahrgestell. Der Prototyp XP-39 machte 1939 seinen Erstflug; ihm folgte eine Vorserie von 13 YP-39 zur Erprobung, auf die allerdings keine US-Bestellungen eingingen. Die von der französischen Regierung erteilten ersten Aufträge wurden von der britischen Kommission für Flugzeugkäufe 1940 über-

P-39F

nommen, die ersten Airacobras erreichten die RAF im Juli 1941 und kamen drei Monate später zum Kriegseinsatz. Nach begrenzter Verwendung für Tiefangriffe wurde das Baumuster jedoch zurückgezogen, und die nicht ausgelieferten Flugzeuge wurden von der USAAF zur Pilotenschulung übernommen. Die erste ausdrücklich für US-Verwendung hergestellte Version war die P-39C mit der ursprünglichen Bezeichnung P-45, die im allgemeinen der Airacobra I und IA der RAF ähnelte. Die Fertigung der P-39C belief sich auf 80 Flugzeuge: von diesen wurden 60 später zu P-39D umgebaut, gefolgt von weiteren 863 P-39D mit selbstabdichtenden Kraftstoffbehältern. Außer drei XP-39E, die mit Laminar-Flügeln als Erprobungsflugzeuge für die P-63 Kingcobra fertiggestellt wurden, lief die Airacobra-Produktion in kleinen Serien weiter: P-39F (229), P-39J (25, Triebwerksänderung), P-39K (210, stärkerer Motor und zusätzliche Munition), P-39L (250) und P-39M (240). Es gab keine P-39H, und 1800 Flugzeuge, die ursprünglich die Bezeichnung P-39G erhalten sollten, wurden schließlich unter die Baumusterbezeichnungen K, L, M und N aufgeteilt. Bei weitem die größten Ausbringungszahlen der Airacobra erreichten die Muster P-39N und Q, von denen 2095 bzw. 4905 gebaut wurden, was die Gesamtproduktion bis Juli 1944 auf 9558 Maschinen brachte. Etwa 5000 Airacobras, meist die N- und Q-Muster, wurden unter dem Pacht- und Leihvertrag nach Rußland geliefert. Sowohl die N als auch die Q hatten ähnliche Triebwerke; die letztere war geringfügig schneller und hatte eine 37 mm-Kanone und vier 12,7 mm-MGs anstatt der 7,6 mm-MGs früherer Baumuster als Bewaffnung.

Kurze technische Einzelheiten: (P-39Q)

Triebwerk: Ein 1200 PS Allison
V-1710-85, 12 Zyl.-V-Motor
Spannweite: 10,38 m
Länge: 9,20 m
Höhe: 3,78 m
Leergewicht: 2560 kg
Fluggewicht: 3765 kg
Besatzung: 1 Mann

Höchstgeschwindigkeit: 617 km/h in
3355 m Höhe
Dienstgipfelhöhe: 10 690 m
Normale Reichweite: 1080 km
Bewaffnung: Eine 37 mm-Kanone und
vier 12,7 mm-MG; wahlweise eine
226 kg-Bombe

Blohm und Voss Bv 138

Ursprungsland: Deutschland　　　*Hersteller:* Blohm und Voss
Einsatzzweck: Aufklärungsflugzeug　　*Im Kriegseinsatz:* 1940/45

Eines der bezeichnendsten Produkte einer Herstellerfirma, die verschiedene unorthodoxe Flugzeuge herausbrachte, war die Bv 138, die sich bald aus offensichtlichen Gründen den Spitznamen »Der fliegende Schuh« verdiente. Es war eine Vorkriegskonstruktion von Dr. Richard Vogt; der Prototyp (D-ARAK) machte 1937 seinen Erstflug; es wurden jedoch beträchtliche Änderungen vor der Indienststellung des Flugzeuges bei der Truppe notwendig. Nebenbei handelt es sich um die einzige Blohm und Voss-Konstruktion, die im Zweiten Weltkrieg in die Serienherstellung ging. Die erste Serienversion war die Bv 138A-1 mit Jumo 205C Motoren. Die Fertigung wurde 1940 mit der Bv 138B-1, die mit stärkeren Jumo 205D Triebwerken ausgerüstet war und ein abgeändertes Rumpfende sowie eine neue Bewaffnung aufwies, fortgeführt, worauf die Bv 138C-1 folgte, die im wesentlichen gleich war. Die Bv 138 war den gesamten Krieg hindurch im allgemeinen Einsatz und flog in den späteren Kriegsjahren von Luftstützpunkten im besetzten Norwegen aus über der Nordsee und von Flughäfen in Deutschland über der Ostsee. Die Vielfalt ihrer Einsatzarten umfaßte Fernaufklärung, Geleitzugüberwachung und Zusammenarbeit mit U-Booten. Insgesamt wurden von allen Varianten 276 Flugzeuge hergestellt.

Kurze technische Einzelheiten: (Bv 138C-1)

Triebwerke: Drei 880 PS Junkers Jumo 205D, 6 Zylinder Doppelkolben-Zweitakt-Diesel-Reihenmotoren
Spannweite: 26,94 m
Länge: 19,83 m
Leergewicht: 8100 kg
Fluggewicht: 15 500 kg
Besatzung: 5 Mann

Höchstgeschwindigkeit: 272 km/h in 2500 m Höhe
Dienstgipfelhöhe: 5700 m
Größte Reichweite: 4270 km
Bewaffnung: Zwei 20 mm MG 151, ein 13 mm MG 131 und ein 7,9 mm MG 15. Bis zu sechs 50 kg-Bomben, vier Wasserbomben oder zwei Seeminen

Boeing B-17 Flying Fortress

Ursprungsland: USA
Einsatzzweck: Bomber
Hersteller: Boeing Aircraft Company

Andere US-Bezeichnungen: F-9, C-108, PB-1
Im Kriegseinsatz: 1941/45

Die »Fliegende Festung« B-17 war vom Beginn der amerikanischen Teilnahme am Zweiten Weltkrieg bis zum Kriegsende im Einsatz. Sie wurde 1934 für eine Ausschreibung des USAAC entworfen, und der Prototyp (mit vier 750 PS Pratt & Whitney Hornets) machte am 28. Juli 1935 seinen Erstflug. Dreizehn Y1B-17 und eine Y1B-17A (mit vier 930 PS Wright Cyclones)

B-17C / Fortress Mk.I

B-17E

wurden für die Erprobung bestellt; nach der Erprobung erhielten diese Maschinen die Bezeichnungen B-17 bzw. B-17A. Die erste Fertigungsserie von 39 B-17B hatte einen abgeänderten Rumpfbug, vergrößerte Seitenruder und verschiedene Änderungen im Flugzeuginneren und wurde Ende März 1940 ausgeliefert; inzwischen war ein weiterer Auftrag für 38 B-17C (mit vier 1200 PS Cyclones) erteilt worden, mit Bewaffnungs- und anderen geringfügigen Änderungen. Davon wurden 1941 zwanzig Maschinen als Fortress I an die RAF ausgeliefert, nach verschiedenen Verlusten wurden jedoch die restlichen Maschinen an das Küstenkommando oder zum Mittleren Osten abgestellt. Beim Kriegsausbruch im Pazifik war die B-17D im Dienst, von der 1942 zweiundvierzig Maschinen bestellt worden waren. Sie ähnelte im allgemeinen der B-17C, und die im Dienst be-

B-17F

findlichen C-Maschinen wurden später auf den D-Standard abgeändert. Die Neukonstruktion des Rumpfendes, Wahrzeichen späterer »Fliegender Festungen«, wurde mit der B-17E zusammen mit verbesserter Abwehrbewaffnung eingeführt, u. a. erstmalig mit einem Heckstand. Die RAF erhielt 1942 fünfundvierzig Maschinen des Baumusters B-17E als Fortress IIA; eine B-17E wurde zur Transportversion XC-108 zur Aufnahme von 38 Passagieren für General MacArthur umgebaut, eine weitere als XC-108A als Frachtflugzeug; noch eine B-17E erhielt unter der Bezeichnung XB-38 Allison-Triebwerke, dieses Projekt wurde später fallengelassen. Im April 1942 gelangte die B-17F mit weiteren Verbesserungen in die Serienfertigung; das britische Küstenkommando erhielt davon 19 als Fortress II. Einundsechzig Maschinen dieses Baumusters wurden zu Aufklärern umgebaut und erhielten die Bezeichnungen F-9, F-9A und F-9B. Das letzte gefertigte Fortress-Muster war die B-17G, von der bei Boeing, Douglas und Vega 8680 Stück fertiggestellt wurden. Ein Standardmerkmal (später auch bei einigen B-17F) war ein »Kinn«-Turm mit einem 12,7 mm-Zwillings-MG. Dieses Baumuster war die Fortress III der RAF, an die 85 Stück ausgeliefert wurden. Zehn B-17G wurden zu F-9C umgebaut; die amerikanische Marine und Küstenwacht setzte 24 PB-1W und 15 PB-1G für die

B-17G

Luftraumüberwachung ein, und etwa 130 Maschinen wurden, mit einem Rettungsboot unter dem Rumpf, zu B-17H bzw. TB-17H Seenot-Rettungsflugzeugen. Die gesamte B-17 Produktion überstieg 12 700 Maschinen.

Kurze technische Einzelheiten: (B-17G)

Triebwerke: Vier 1200 PS Wright GR-1820-97 Cyclone Doppelsternmotoren
Spannweite: 31,64 m
Länge: 22,26 m
Höhe: 5,80 m
Leergewicht: 14850 kg
Fluggewicht: 25000 kg
Besatzung: 10 Mann

Höchstgeschwindigkeit: 480 km/h in 9150 m Höhe
Dienstgipfelhöhe: 11400 m
Größte Reichweite: 2960 km
Bewaffnung: 13 Maschinengewehre Kaliber 12,7 mm; max. Bombenzuladung über kurze Reichweiten: 7850 kg

Boeing B-29 Superfortress

Ursprungsland: USA
Einsatzzweck: Schwerer Langstreckenbomber
Hersteller: Boeing Aircraft Company

Andere US-Bezeichnungen: F-13
Im Kriegseinsatz: 1943/45

Die Superfortress war das Ergebnis einer langen Reihe von Entwurfsstudien, die in den späteren 30er Jahren begonnen wurden, und sollte als »Superbomber« die Achsenmächte niederzwingen. 1940 wurde die Genehmigung zum Bau dreier Prototypen XB-29 dieses schwersten Kampfflugzeuges des Zweiten Weltkriegs, das als erste Maschine serienmäßig mit Druckkabine ausgestattet war, erteilt und im Anschluß an 14 YB-29 eine große Anzahl B-29 »vom Reißbrett weg« bestellt. Als die ersten XB-29 (vier 2200 PS Cyclone-Doppelsternmotoren) am 21. September 1942 ihren Jungfernflug machten, betrug die Gesamtzahl der bestellten Maschinen 1664, und die Fertigung wurde auf eine Anzahl von Werken verteilt. Mitte 1943 wurde nach Bildung der ersten Staffel entschieden, den Bomber ausschließlich gegen Japan einzusetzen, und während des Frühsommers 1944 flog dieses Baumuster die ersten Bombenangriffe im Fernen Osten. Der erste Angriff auf Tokio fand im Juni statt. Ab März 1945 wurden sowohl Tages- als auch Nacht-

angriffe geflogen, hauptsächlich mit Brandbomben, die bei den leichtgebauten japanischen Häusern äußerst wirksam waren. Die bis dahin produzierten Superfestungen umfaßten über 3600 Maschinen des Musters B-29 und B-29A, die alle über eine reichliche (und hauptsächlich ferngesteuerte) Abwehrbewaffnung verfügten; bei der kaum nennenswerten japanischen Jagdabwehr konnte diese Bewaffnung auf ein wirkliches Mindestmaß verringert werden, woraus sich eine Verbesserung der Flugleistung und Bombenzuladung ergab und was zum Bau weiterer 311 B-29B Superfestungen nur mit Heckstand führte. Am 6. August 1945 warf die in die Geschichte eingegangene B-29 »Enola Gay« unter dem Kommandanten Oberst Paul Tibbetts die erste Atombombe über Hiroshima ab und kündigte damit das Ende des Zweiten Weltkrieges an. Mit dem Tag der japanischen Kapitulation wurden weitere B-29 Aufträge gekürzt, die Produktion lief schließlich im Mai 1946 aus, nachdem 3970 Maschinen fertiggestellt worden waren. Durch während des Krieges vorgenommene Umbauten einer Anzahl von B-29 und B-29A entstanden die Foto-Aufklärungsmuster F-13A; verschiedene andere Umbauten sowohl während als auch nach dem Kriege betrafen die XB-39 (eine abgeänderte YB-29 mit Allison V 12-Motoren), die XB-44 (Erprobungsträger für die spätere B-50 Superfortress) und die SB-29 (Such- und Rettungsflugzeug), TB-29 (Schulflugzeug), WB-29 (Wetterkundung) und KB-29 (Tankflugzeug).

Kurze technische Einzelheiten: (B-29)

Triebwerke: Vier 2200 PS Wright
    R-3350-23 Cyclone Doppelstern-
    motoren
Spannweite: 43,08 m
Länge: 30,20 m
Höhe: 8,47 m
Leergewicht: 33600 kg
Fluggewicht: 54500 kg
Besatzung: 10—14 Mann

Höchstgeschwindigkeit: 572 km/h
    in 9150 m Höhe
Dienstgipfelhöhe: 10250 m
Normale Reichweite: 5200 km
Bewaffnung: Zwölf 12,7 mm-Maschi-
    nengewehre und eine 20 mm-
    Bordkanone; normale Bomben-
    zuladung 5450 kg

Bristol Beaufighter

Ursprungsland: Großbritannien
Einsatzzweck: Nachtjäger und
    Schiffsbekämpfung
Hersteller: Bristol Aeroplane Co. Ltd.

Spezifikation: F. 17/39
Im Kriegseinsatz: 1940/45

Die ersten vier Beaufighter Prototypen (R 2052) machten am 17. Juli 1939 ihren Erstflug; zwei Wochen vorher waren 300 Mk.IF bestellt worden. Die Konstruktion basierte auf der Beaufort (Seite 59). Im September 1940 erreichten die ersten Maschinen das »Fighter Command« und wurden zwei Monate später für die Nachtjagd mit A.I.-Radar ausgerüstet. Mit ihrer hohen Fluggeschwindigkeit, der Reichweite von 2400 km und einer Feuerkraft von 9600 Schuß pro Minute aus vier Bordkanonen und sechs Maschinengewehren war die Beaufighter ein hoch willkommener Zugang. Die Mk.IC kam im Frühjahr 1941

Beaufighter T.F. Mk.X

zum Küstenkommando. Ihr folgte in der Fertigung die Mk.IIF mit Höhenleitwerk in V-Stellung — angetrieben von zwei 1280 PS Rolls Royce Merlin XX, da das Stirling-Programm Vorrang bei der Belieferung mit Bristol Hercules Motoren hatte. Es wurden keine Mk.III oder IV und nur zwei Mk.V gebaut, die nächste größere Variante war die mit Hercules Motoren ausgerüstete Mk.VI, die 1942 in den Truppendienst ging. Mehr als 1000 Mk.VI wurden gebaut, darunter die erste Version mit Raketenwaffen (»Flakbeau«) und die erste als Torpedoträger (»Torbeau«). Im Januar 1943 erreichte die erste Mk.VI den Fernen Osten, wo ihr die Japaner bald den Spitznamen »Flüsternder Tod« gaben. Sie tat auch bei den Nachtjägerstaffeln der USAAF Dienst. Die Mk. VII, VIII und IX wurden nicht gebaut, und die Mk.XIC (163 hergestellte Maschinen) war eine Zwischenversion der VIC ohne Torpedo-Trägervorrichtung. Die letzte größere Version, von der 2231 Maschinen gebaut wurden, war die Mk.X, wahrscheinlich das beste Torpedo- und Angriffsflugzeug seiner Zeit, das viele U-Boote vernichtete. Bei dieser Version wurden die »Fingerhut«-Radar-Nase und eine obere Ausgleichsflosse zuerst eingeführt, die später auch bestimmte ältere Baumuster erhielten. Die australischen Luftstreitkräfte waren mit dem von Fairey gebauten Muster IC und den in Australien hergestellten Mk.21 ausgestattet. Letztere (denen auch die Mk.XX der neuseeländischen Luftstreitkräfte ähnelten) waren außer der 12,7 mm-Bordkanone mit der Mk.X identisch. Die Beaufighter-Produktion in Großbritannien und Übersee betrug insgesamt 5962 Maschinen; das Muster führte den letzten Einsatzflug des Zweiten Weltkrieges in Europa durch und blieb zuletzt als Ziel-Schleppflugzeug bis 1959 im Dienst der RAF.

Kurze technische Einzelheiten: (Mk. X)

Triebwerke: Zwei 1770 PS Bristol Hercules XVII Doppelsternmotoren
Spannweite: 17, 65 m
Länge: 12,70 m
Höhe: 4,82 m
Leergewicht: 7080 kg
Fluggewicht: 11540 kg
Besatzung: 2 Mann
Höchstgeschwindigkeit: 512 km/h in 3048 m Höhe

Dienstgipfelhöhe: 5800 m
Größte Reichweite: 2350 km
Bewaffnung: Vier 20 mm-Hispano-Bordkanonen, sechs 7,6 mm-Browning und ein 7,6 mm-Vickers-MG. Ein 750 kg oder 1250 kg-Torpedo, acht Raketengeschosse oder zwei 113 kg oder 227 kg-Bomben

Bristol Beaufort

Ursprungsland: Großbritannien
Einsatzzweck: Torpedobomber und
Aufklärungsflugzeug
Hersteller: Bristol Aeroplane Co. Ltd.

Spezifikation: M.15/35 und G.24/35
Im Kriegseinsatz: 1939/44

Die Bristol 152 Beaufort basierte auf der mit der Blenheim (Seite 60) gewonnenen Erfahrung, war der Standard-Torpedo-Bomber der Royal Air Force für die Dauer von vier Kriegsjahren und stand auf praktisch jedem Kriegsschauplatz im Einsatz. Insgesamt wurden 1120 Beaufort gebaut, von denen 955 Mk.I waren. Die Entwicklung sollte zwei Spezifikationen des Luftfahrtministeriums entsprechen; eine für einen Torpedoträger und die andere für einen Aufklärungsbomber. Die Konstruktionsarbeit an der Beaufort begann 1937; der erste Prototyp (L 4441) machte seinen Erstflug am 15. Oktober 1938. Die erste Serienmaschine (Mk.I) erhielt verschiedene Änderungen und trat im Dezember 1939 beim Küstenkommando in Dienst, nachdem ein erster Auftrag im August 1936 für 78 Maschinen erteilt worden war. Diese ersten Flugzeuge wurden von 1010 PS Bristol Taurus II Motoren angetrieben. Der Beaufort I folgte in der Fertigung die Mk.II, und von diesem Baumuster wurden 166 Maschinen mit zwei Pratt & Whitney Twin Wasp Sternmotoren hergestellt. Spätere Mk.II wurden als Schulflugzeuge gebaut, wobei der mit einem Zwillings-MG bestückte Drehturm auf dem Rumpfrücken nicht mehr zum Einbau kam. Beauforts

59

nahmen an verschiedenen denkwürdigen Unternehmungen des Zweiten Weltkrieges teil, darunter dem Versuch, im Februar 1942 den Durchbruch der deutschen Schiffe Scharnhorst, Gneisenau und Prinz Eugen durch den Ärmel-Kanal zu verhindern. Sie wurden schließlich im Jahre 1943 als Torpedobomber durch den »Torbeau«-Beaufighter abgelöst.

Kurze technische Einzelheiten: (Mk. I)

Triebwerke: Zwei 1130 PS Bristol Taurus VI Sternmotoren
Spannweite: 17,56 m.
Länge: 13,58 m
Höhe: 3,78 m
Leergewicht: 5970 kg
Fluggewicht: 9650 kg
Besatzung: 4 Mann

Höchstgeschwindigkeit: 424 km/h in 1830 m Höhe
Dienstgipfelhöhe: 5040 m
Normale Reichweite: 1658 km
Bewaffnung: Vier 7,6 mm-Maschinengewehre; bis zu 908 kg Bomben oder Minen oder ein 730 kg Torpedo als halbe Außenlast

Bristol Blenheim

Ursprungsland: Großbritannien
Einsatzzweck: Mittelschwerer Bomber
Hersteller: Bristol Aeroplane Co. Ltd.

Spezifikation: B.28/35
Im Kriegseinsatz: 1939/44

Bei ihrem Erscheinen galt die Blenheim als schnelles Flugzeug — sie war etwa 64 km/h schneller als die damals im Einsatz befindlichen Jagdflugzeuge — doch sie hatte keineswegs die erfolgreiche Laufbahn, die damals als sicher erschien. Dennoch leistete sie in der ersten Kriegshälfte wertvolle Dienste, als kaum etwas anderes zur Verfügung stand. Als eine Weiterentwicklung des Musters 142 »Britain First« konstruiert, wurde die Blenheim »vom Reißbrett weg« bestellt, die ersten zwei Serienflugzeuge dienten als Prototypen; davon gab die erste (K 7033) am 25. Juni 1936 ihr Debut. Der erste Auftrag wurde für 150 Mk.I (mit zwei 840 PS Mercury VIII) erteilt. Die Gesamtzahl für diese Version erreichte 1552 Stück, und die ersten Auslieferungen kamen im Januar 1937 zur RAF. In dieser Zeit wurde die Blenheim I in viele Länder exportiert oder in ausländischen Werken in Lizenz gebaut. Bei Ausbruch des Zweiten Weltkrieges wurde die kurznasige Blenheim I in England durch die Mk.IV abgelöst, obschon sie einige Zeit nachher in Nordafrika

Blenheim Mk.IV

noch weiterhin im Einsatz war. Inzwischen waren etwa 200 Mk.I als Mk.IF Nachtjäger umgebaut worden. Diese Maschinen hatten einen Waffenbehälter mit vier Maschinengewehren unter dem Bombenschacht und machten als erste im großen Maßstab Gebrauch von dem neuen A.I.-Radargerät. Die Blenheim IV begann im Laufe des Jahres 1938 die Mk.I in der Produktion abzulösen, und bei Kriegsausbruch flogen sechs Staffeln dieses Musters. Als stark verbessertes Flugzeug blieb die Blenheim IV solange beim Bomberkommando im Dienst, bis sie durch Bostons und Mosquitos im Jahre 1942 ersetzt wurde, im Mittleren und Fernen Osten blieb sie noch für wenigstens ein weiteres Jahr eingesetzt. Von der Mk.IV wurden insgesamt 1930

Blenheim Mk.IF

Maschinen hergestellt, von denen die ersten 68 umgebaute Mk.I waren. Eine großangelegte konstruktive Überarbeitung nach Spezifikation B.6/40 brachte die von Mercury-30-Motoren angetriebene Blenheim V (die zuerst unter der Kurzbezeichnung »Bisley« bekannt wurde) hervor, die 1941 zu ihrem Erstflug startete und der 940 Serienflugzeuge folgten. Obwohl dieses Baumuster viele Verfeinerungen aufwies, war seine Flugleistung nicht gerade bestechend und seine Popularität bei den Besatzungen nicht übermäßig groß; trotzdem blieb es bis Ende 1943 im Fernen Osten im Dienst, danach wurde eine Anzahl Maschinen mit Doppelsteuer zur Flugschulung ausgerüstet. Das in Kanada gebaute Muster Bolingbroke, ein Schwimmerflugzeug, basierte auf der ursprünglichen Blenheim I.

Kurze technische Einzelheiten: (Mk. IV)

Triebwerke: Zwei 905 PS Bristol Mercury XV Sternmotoren
Spannweite: 17,20 m
Länge: 12,98 m
Höhe: 2,99 m
Leergewicht: 4440 kg
Fluggewicht: 6125 kg
Besatzung: 3 Mann

Höchstgeschwindigkeit: 426 km/h in 3600 m Höhe
Dienstgipfelhöhe: 8320 m
Größte Reichweite: 2335 km
Bewaffnung: Fünf 7,6 mm-Browning Maschinengewehre; 454 kg Bombenzuladung

Bolingbroke Schwimmerflugzeug

Cant Z. 506 B Airone (Reiher)

Ursprungsland: Italien
Einsatzzweck: Torpedo-Bomber und
    Aufklärer

Hersteller: Cantieri Riuniti
    dell'Adriatico
Im Kriegseinsatz: 1940/45

Die ursprüngliche Cant Z.506 war ein kommerzielles Transport-Wasserflugzeug aus der Vorkriegszeit, aus der in späteren Jahren die militärischen Entwicklungen Z.506B, Z.506C und Z.506S hervorgingen. Von diesen Baumustern war die Z.506B zahlenmäßig am Kriegsgeschehen am meisten beteiligt; sie erschien zuerst im Jahre 1937 als Bomben- und Aufklärungsflugzeug. Als Italien in den Zweiten Weltkrieg eintrat, wurden zwei Geschwader der Regia Aeronautica mit dem Baumuster ausgerüstet, das in den Jahren der Teilnahme Italiens am Krieg im Einsatz war, hauptsächlich zur See-Überwachung, Aufklärung und Schiffsbekämpfung. Die Z.506B veraltete als Frontflugzeug gegen Ende der Feindseligkeiten und war bei Angriffen äußerst verwundbar, wenn sie nicht unter starkem Begleitschutz flog. Viele Maschinen dieses Baumusters wurden über ihren Haupteinsatzgebieten, dem Mittelmeer und den nordafrikanischen Kriegsschauplätzen, zerstört. Als Italien kapitulierte, blieb eine kleine Anzahl von Z.506B auf alliiertem Gebiet, wo sie dann von der mitkriegführenden italienischen Luftwaffe geflogen wurde. Nach dem Kriege flogen einige dieser Flugzeuge bis 1959 bei der neuen italienischen Luftwaffe in Seenot-Rettungseinsätzen.

Kurze technische Einzelheiten:

Triebwerke: Drei 750 PS Alfa Romeo 126 RC 34 Sternmotoren
Spannweite: 26,50 m
Länge: 19,24 m
Höhe: 6,73 m
Leergewicht: 6880 kg
Fluggewicht: 12700 kg
Besatzung: 5 Mann
Höchstgeschwindigkeit: 347 km/h in 4000 m Höhe

Dienstgipfelhöhe: 7850 m
Größte Reichweite: 2290 km
Bewaffnung: Ein 12,7 mm MG und drei 7,7 mm Breda-SAFAT-Maschinengewehre bis zu 1200 kg Zuladung an Bomben oder Torpedos

Cant Z. 1007 bis Alcione (Eisvogel)

Ursprungsland: Italien
Einsatzzweck: Mittelschwerer Bomber

Hersteller: Cantieri Riuniti dell'Adriatico
Im Kriegseinsatz: 1940/45

Das offizielle Interesse an dem dreimotorigen Z.1007 Bomber setzte ein, als erkannt wurde, daß Zappatas Alternativentwurf, die zweimotorige Z.1011, stark untermotorisiert war. Die Z.1007 wurde um 1935 konstruiert, und der erste Prototyp machte gegen Ende des Jahres 1937 seinen Erstflug. Weitere Maschinen folgten in den nächsten zwei Jahren, und die Serienfertigung begann 1939. Der Prototyp wurde von 840 PS Isotta-Fraschini Asso-Motoren angetrieben, aber die beträchtlich bessere Leistung des 1000 PS Piaggio P.IX führte dazu, dieses Triebwerk in die Serienflugzeuge einzubauen, welche die Bezeichnung Z.1007bis erhielten. Die bei der Verwendung der Piaggio-Motoren zusätzlich verfügbare Leistung ermöglichte eine geringfügige Vergrößerung der Z.1007bis gegenüber den Prototypen, mit einem größeren Gesamtgewicht und verbesserter Bewaffnung. Aber selbst so reichte die Abwehrbewaffnung der Alcione nicht aus und stellte einen der schwerwiegenden Mängel dieses Flugzeuges dar. Ein ungewöhnliches Merkmal der Alcione war die Produktion von Versionen mit einfachem

oder doppeltem Seitenleitwerk. Das Flugzeug fand bei verschiedenen Staffeln der Regia Aeronautica für Bomben- und
Schiffsbekämpfungseinsätze im Mittelmeergebiet Verwendung
und stand in seiner Bedeutung nur der S.M.79 Sparviero (s.
Seite 229) nach. Verbesserte Versionen waren die mit stärkerer Triebwerkleistung ausgestatteten Z.1007ter und Z.1015,
aber keines dieser beiden Muster wurde in größeren Stückzahlen hergestellt. Die wichtigste Weiterentwicklung, die 1943 ver-
spätete in Dienst gestellt wurde, war die zweimotorige Z.1018
(mit 1320 PS Paggio P.XII RC 35) mit verbesserter Gesamtflug-
leistung, Bombenlast und Abwehrbewaffnung.

Kurze technische Einzelheiten:

Triebwerke: Drei 1000 PS Piaggio
    P.XI RC 40 Doppelsternmotoren
Spannweite: 25,80 m
Länge: 18,34 m
Höhe: 5,17 m
Leergewicht: 8780 kg
Fluggewicht: 13000 kg
Besatzung: 5 Mann
Höchstgeschwindigkeit: 460 km/h
    in 5250 m Höhe

Dienstgipfelhöhe: 8100 m
Größte Reichweite: 2195 km
Bewaffnung: Zwei 12,7 mm und zwei
    7,7 mm Breda-SAFAT-MG;
    Bombenzuladung 1180 kg (max.
    2000 kg) oder zwei 454 kg
    Lufttorpedos

F4U-1D

Chance Vought F4U Corsair

Ursprungsland: USA
Einsatzzweck: Trägergestütztes Jagd-
    flugzeug
Hersteller: Chance Vought Aircraft
    Division, United Aircraft
    Corporation

Andere US-Bezeichnungen: FG, F3A
Im Kriegseinsatz: 1943/45

Die Corsair war zum Zeitpunkt ihres Erscheinens das Marine-
Jagdflugzeug mit der bisher stärksten Triebwerksleistung und
trug denselben Namen wie die O2U-1 von Vought aus dem
Jahre 1926; sie sollte der letzte mit Kolbenmotor angetriebene
Jäger sein, der in den USA gebaut wurde. Obwohl sie nur
während der zweiten Hälfte des Zweiten Weltkrieges voll ein-
satzfähig wurde, bedeutete sie einen außerordentlichen Zu-
wachs an Schlagkraft bei den alliierten Marine-Luftstreitkräften,
und am Tage der japanischen Kapitulation kamen von feindlichen Flugzeugen gut über 2000 Abschüsse auf das Konto von
Corsair-Maschinen, neben ihren Angriffen auf U-Boote und
Oberflächen-Wasserfahrzeuge; sie wurden der Bezeichnung
»Pfeifender Tod«, die ihnen die Japaner gaben, durchaus gerecht.
Die XF4U-1 wurde von dem neuen Double Wasp Motor angetrieben, der 1800 PS entwickelte, und sie machte ihren Erstflug
am 29. Mai 1940, weniger als zwei Jahre, nachdem sie von der
US Navy in Auftrag gegeben worden war. Im Sommer 1941 er-

hielt Vought den Fertigungsauftrag. Die erste Serien-F4U-1 (2000 PS Double Wasp) flog Ende Juni 1942, und im Februar 1943 startete das Muster zu seinem ersten Einsatzflug beim US Marine Corps, wobei die Maschinen anfangs noch auf Landstützpunkten an der Küste stationiert waren. Zwei andere Firmen wurden aufgefordert, sich an der Ausweitung des Corsair-Bauprogramms zu beteiligen; Brewster baute 735 Maschinen mit der Bezeichnung F3A-1 bis zur Streichung des Auftrages im Juli 1944, und Goodyear stellte 4000 Flugzeuge unter der Bezeichnung FG-1 und -2 fertig. Die gesamte Corsair-Produktion aus allen drei Herstellerfirmen erreichte die Zahl von 12 681 Flugzeugen. Varianten waren die F4U-1C, ein mit Kanonen bewaffneter Jäger, der Jagdbomber F4U-1D; der Nachtjäger F4U-2 und die Version für Höhenforschung F4U-3 sowie die Jägerversion F4U-4; der Foto-Aufklärer F4U-5P; das Schlachtflugzeug F4U-6 (später AU-1) und die auch an die französische Marine gelieferte F4U-7. Über 2000 Corsair wurden ab Mitte 1943 an die neuseeländische Luftwaffe und Marine geliefert, und 19 F.A.A.-Staffeln wurden schließlich mit diesem Muster ausgerüstet. Als Corsair I, II, III und IV entsprachen diese Maschinen den F4U-1, F4U-1A, F3A-1 und FG-1.

Kurze technische Einzelheiten: (F4U-4)

Triebwerk: Ein 2450 PS Pratt & Whitney R-2800-18W Double Wasp Doppelsternmotor
Spannweite: 12,47 m
Länge: 10,26 m
Höhe: 4,50 m
Leergewicht: 4180 kg
Fluggewicht: 5620 kg
Besatzung: 1 Mann

Höchstgeschwindigkeit: 714 km/h in 7940 m Höhe
Dienstgipfelhöhe: 12500 m
Größte Reichweite: 2500 km
Bewaffnung: Sechs 12,7 mm-Browning-Maschinengewehre; zwei 454 kg-Bomben oder wahlweise acht Raketengeschosse

B-24D

Consolidated B-24 Liberator

Ursprungsland: USA
Einsatzzweck: Langstreckenbomber
und Transportflugzeug

Hersteller: Consolidated-Vultee Aircraft Corporation
Andere US-Bezeichnungen: C-87, F-7, PB4Y-1
Im Kriegseinsatz: 1941/45

Das Leitwort für den Liberator hätte lauten können, »flieg überall hin und mach alles«, denn diese vielseitige Maschine zeigte eine beträchtliche Anpassungsfähigkeit. In ihrer bemerkenswerten Laufbahn bei den US Streitkräften und den Streitkräften Großbritanniens und des Commonwealth kam sie als Bomber, Passagier- und Frachtflugzeug, als Tank- und See-Überwachungsflugzeug, als Aufklärungs- und U-Boot-Bekämpfungsflugzeug zum Einsatz. Sie wurde in weit größeren Stückzahlen gebaut als die zur gleichen Zeit in Dienst gestellte B-17 Fortress — oder jedes andere US Flugzeug — und hat annähernd 635 000 t Bomben über europäische, afrikanische und pazifische Kriegsgebiete abgeworfen sowie 4189 Feindflugzeuge vernichtet. Der auf eine Ausschreibung des US Army Air Corps 1939 gemachte Entwurf zeichnete sich besonders durch den

PBY4-1

Davisflügel mit hohem Seitenverhältnis und das große Aufnahmevermögen des Rumpfes aus. Zum Zeitpunkt des Jungfernfluges der XB-24 (mit vier 1200 PS Twin Wasp) am 29. Dezember 1939 lagen Aufträge des US Army Air Corps (für sieben YB-24 und 36 B-24A zur Erprobung), von Frankreich (120) und Großbritannien (164) vor. Nach der Niederlage Frankreichs wurden die französischen Bestellungen nach England umgeleitet, und das erste halbe Dutzend Liberators (mit der Bezeichnung LB-30A) wurde der BOAC für den Transatlantik-Dienst übergeben; zwanzig weitere gelangten als Liberator I für den Patrouillen-Dienst abgeändert zum Küstenkommando. Die ersten US-Auslieferungen waren neun B-24A im Juni 1941, die ebenfalls als Transportflugzeuge verwendet wurden. Die Liberator II des Küstenkommandos (es gab kein entsprechendes amerikanisches Einsatzmuster) wies einen verlängerten Rumpfbug, zusätzliche Bewaffnung und eine Besatzung von zehn Mann auf. Einige der 139 ausgelieferten Maschinen wurden als LB-30 Transporter verwendet, eine war die Winston Churchill persönlich zur Verfügung stehende »Commando«. Die Mehrzahl kam jedoch wie die ersten Liberator-Maschinen als Bomber zum Einsatz. Dem Erstflug der XB-24B in Amerika, eines verbesserten Musters mit selbstabdichtenden Kraftstoffbehältern und

Triebwerken mit Turboaufladung, folgten neun B-24C und die erste größere Serienversion (und erste US-Bomberversion), die B-24B. Unter den 2738 gebauten Maschinen dieses Musters traten verschiedene Varianten in der Bewaffnung und Bombenzuladung auf, und einige der späteren Bauserien erhielten auch andere Triebwerke. Zur RAF gingen 260 B-24D (mit geringen Änderungen) als Liberator III und IIIA, und weitere 122 Maschinen wurden später mit Radareinbauten an der Rumpfunterseite und »Kinn«-Radomes sowie einem Leigh-Scheinwerfer zur Mk.V des Küstenkommandos. Im Sommer 1943 übernahm die US Navy von der USAAF jene B-24D-Maschinen, die bereits in der U-Boot-Bekämpfung eingesetzt worden waren, sowie eine weitere Anzahl derselben Version als PB4Y-1. Verschiedene B-24D kamen zu dieser Zeit zu den »Fliegenden Festungen« nach Europa, und andere waren im Mittelmeer und im Mittleren Osten in Dienst. Doch im Pazifik wurden die Liberator-Flugzeuge wegen ihrer konkurrenzlosen Reichweite besonders nützlich, und das trug unzweifelhaft zum Erfolg als Transportmaschine wie auch als Bomber bei. Der C-87 Liberator Expreß-Transporter erschien in der Kriegsmitte, 276 Stück wurden für die USAAF, 24 für die RAF und eine Anzahl als RY-2 für die US Navy gebaut; die C-87A und die RY-1 der Marine wurden besonders für die Reisen von VIP ausgerüstet. Andere Werke schlossen sich nun dem Kreis der Hersteller an, und die ge-

Liberator II

B-24H

meinsamen Bemühungen von Consolidated, Douglas und Ford erbrachten 791 B-24E, die der B-24D allgemein glichen. North American steuerte 430 Maschinen der verlängerten und mit Bugturm versehenen B-24G bei, und die 3100 B-24H hatten ebenfalls an gleicher Stelle einen Drehturm. Eine beträchtliche Anzahl von B-24H wurde als Liberator IV auf Bomberkommando, Küstenkommando sowie FEAF verteilt. Wieder sehr ähnlich zum G-Muster waren die B-24J, von denen 6678 Maschinen gebaut wurden. Etwa 1200 Flugzeuge dieses Baumusters wurden an die kanadische Luftwaffe ausgeliefert, und weitere Einheiten gingen zu anderen Commonwealth-Luftstreitkräften. Über 90 B-24H und J-Liberator wurden als Foto-Aufklärungsflugzeuge umgebaut und erhielten die Serien-Bezeichnung F-7. Die B-24L und M waren außer Abänderungen des Heckstandes mit früheren Varianten identisch. Es wurden davon 1667 bzw. 2583 Maschinen fertiggestellt. Die XB-24K wurde 1943 von der D abgeleitet und führte zu der B-24N mit einfachem Seitenleitwerk, von der allerdings nur acht Maschinen hergestellt wurden, ehe die B-24 Produktion im Mai 1945 auslief. Von mehr als 18 000 gebauten Liberator erhielt die US Navy 977 als PB4Y-1 und -1P zur U-Boot-Bekämpfung und Aufklärung; die PB4Y-2, die daraus entwickelt wurde, wird auf Seite 292 beschrieben.

Kurze technische Einzelheiten: (B-24J)

Triebwerke: Vier 1200 PS Pratt & Whitney R-1830-65 Twin Wasp Doppelsternmotoren
Spannweite: 33,55 m
Länge: 21,16 m
Höhe: 5,49 m
Leergewicht: 17250 kg
Fluggewicht: 26000 kg
Besatzung: 12 Mann

Höchstgeschwindigkeit: 480 km/h in 9150 m Höhe
Dienstgipfelhöhe: 8550 m
Normale Reichweite: 3360 km
Bewaffnung: Zehn 12,7 mm-Maschinengewehre, normale Bombenzuladung 2275 kg (5450 kg für kurze Reichweiten)

Consolidated PBY Catalina

Ursprungsland: USA
Einsatzzweck: See-Überwachungs- und Aufklärungsflugzeug
Hersteller: Consolidated-Vultee Aircraft Corporation

Andere US-Bezeichnungen: PB2B-1, PBN-1, PBV-1, OA-10
Im Kriegseinsatz: 1941/45

Die »Cat«, eines der berühmtesten und bekanntesten Flugzeuge seiner Zeit, kann auf eine ehrenvolle Laufbahn bei den amerikanischen und alliierten Luftstreitkräften auf vielen Kriegsschauplätzen zurückblicken. Es gab wenige Flugboote, die der Catalina an Robustheit und Zuverlässigkeit gleichkamen, ganz abgesehen von der Anpassungsfähigkeit dieser Maschine, deren ausgezeichnete Reichweite bemerkenswert war. Verschiedene zivile Baumuster (Modell 28) wurden in der Vorkriegszeit bei Expeditionsflügen berühmt, und die XP3Y-1 legte nach ihrer Flugerprobung die Rekordstrecke von 5500 km zurück. Der Erstflug der XP3Y-1 fand 1935 statt; die Marine bestellte 60 Stück vom Muster PBY-1. Als die ersten Maschinen am 5. Oktober 1936 flogen, wurden weitere Aufträge für 50 PBY-2 und 66 PBY-3 erteilt. Die PBY-4 erschien zuerst 1938 als längere und schwerere Ausführung mit 1200 PS Twin Wasp Doppelsternmotoren und als erste Maschine, die die berühmten verglasten »Blasen« im hinteren Rumpfteil auswies, die für allen späteren Catalinas kennzeichnend waren. Die PBY-5 war der -4 ähnlich, aber die PBY-5A (OA-10) bei der USAAF, die 1940 als Amphibien-Variante zum Einsatz in nördliche Gewässer kam, wurde mit einem Dreibeinfahrgestell ausgerüstet. Die letzten Baumuster, die PBY-6 und -6A, wiesen eine verbes-

72

PBY-6A

serte Bewaffnung und eine weiter vergrößerte Reichweite auf. Nach der Erprobung eines zivilen Baumusters (Modell 28), das 1939 gekauft wurde, bestellte die britische Regierung Nachfolgemuster der PBY-Versionen für die RAF, die schließlich über 650 Catalina erhielt. Die PBY-5 wurde in Kanada als die Canadian-Vickers PBV-1 und die Boeing (Kanada) PB2B-1 gebaut und war als »Canso« im Einsatz bei den kanadischen Luftstreitkräften. Eine weitere Version, die PBN-1 wurde von der Naval Aircraft Factory übernommen, um verschiedene Änderungen ohne Unterbrechung der Fließbänder zu untersuchen. Diese Änderungen wurden später bei der PBY-6A eingeführt und umfaßten einen überarbeiteten Rumpfbug, verstärkte Tragflächen und ein höheres Seitenleitwerk zusätzlich zur verbesserten Feuerkraft und Tankkapazität. Die Catalina wurde weithin im Pazifik, Atlantik und vor den Küsten Europas sowie Nord- und Südamerikas verwendet, und als Bomber, Torpedoträger, Begleitflugzeuge für Geleitzüge, zur U-Bootbekämpfung, als Seenotrettungsflugzeug, Post- und Frachtflugzeug und sogar als Schleppflugzeug für Lastensegler eingesetzt. Der größte Teil der Serienflugzeuge ging zur amerikanischen Marine, die 1196 der verschiedenen Flug-Boot-Muster und 944 Amphibien-Flugzeuge erhielt.

73

Triebwerke: Zwei 1200 PS Pratt &
  Whitney R-1830-92 Twin Wasp
  Doppelsternmotoren
Spannweite: 31,70 m
Länge: 19,46 m
Höhe: 6,15 m
Leergewicht: 9500 kg
Fluggewicht: 15420 kg

Besatzung: 8 Mann
Höchstgeschwindigkeit: 286 km/h
  in 2140 m Höhe
Dienstgipfelhöhe: 4480 m
Größte Reichweite: 4960 km
Bewaffnung: Fünf 12,7 mm-Maschinen-
  gewehre

Curtiss C-46 Commando

Ursprungsland: USA
Einsatzzweck: Transportflugzeug
Hersteller: Curtiss-Wright
  Corporation

Andere US-Bezeichnungen: R5C-1
Im Kriegseinsatz: 1943/45

Wie die meisten amerikanischen Militärtransportflugzeuge des Zweiten Weltkrieges war die Commando ursprünglich als ziviles Passagierflugzeug konstruiert und gebaut worden. Der Grundentwurf von 1936 wurde als CW-20 (Passagierflugzeug für 36 Insassen) fertiggestellt und machte am 26. März 1940 den Erstflug. Nach einigen militärischen Umbauten erhielt dieses Muster die Bezeichnung C-55 und kam später, für den Zivildienst wieder umgebaut, nach Großbritannien, wo es eine Zeitlang den Flugdienst zwischen England und Irland versah. Inzwischen wurde das Muster mit weiteren baulichen Veränderungen in großen Stückzahlen für die USAAF bestellt. Einer Vorserie von 25 C-46 Truppentransportern folgten 1491 C-46A Frachtflugzeuge mit einer einzelnen Ladeluke und 1410 C-46D mit Doppeltüren und abgeändertem Rumpfbug. Die mit Einzeltür ausgerüstete C-46E (17 gebaute Maschinen) und die doppeltürige C-46F (234 Maschinen) waren, abgesehen von geänderten Triebwerken, mehr oder weniger identisch, und 160 Commandos wurden als R5C-1 für das US Marine Corps fertiggestellt. Die XC-46B, XC-46C, C-46G, C-46H, XC-46K und XC-46L waren verschiedene Projekte, die sich nur in geringfügigen Details unterschieden und keine Serienreife erlangten. Die Commando spielte bei den amerikanischen »Marines« in den Kämpfen um die Pazifischen Inseln eine hervorragende Rolle beim Einfliegen

C-46A

von Versorgungsgütern und Ausfliegen von Verwundeten. Beim Lufttransportkommando, Luftdienstkommando und Truppentransportkommando der USAAF fand sie im Fernen Osten breite Verwendung als Truppentransporter, Sanitäts- und Frachtflugzeug. Typische Zuladungen waren Teile für leichte Artillerie, kleine Fahrzeuge, Kraftstoff und Munition sowie Ersatz-Flugmotoren. Das Muster wurde auch gelegentlich als Schleppflugzeug für Lastensegler verwendet. In Europa erschien die Commando erst im April 1945, als sie Fallschirmjäger zur Teilnahme an der Rheinüberquerung heranflog.

Kurze technische Einzelheiten:

Triebwerke: Zwei 2000 PS Pratt & Whitney R-2800-51 Double Wasp Doppelsternmotoren
Spannweite: 32, 93 m
Länge: 23,30 m
Höhe: 6,62 m
Leergewicht: 13400 kg
Fluggewicht: 21000 kg

Besatzung: 5 Mann (plus 36—40 Passagiere oder entsprechende Fracht)
Höchstgeschwindigkeit: 424 km/h in 3970 m Höhe
Dienstgipfelhöhe: 7470 m
Normale Reichweite: 2560 km
Bewaffnung: keine

P-40B

Curtiss P-40 Warhawk

Ursprungsland: USA
Einsatzzweck: Jäger und Jagdbomber

Hersteller: Curtiss-Wright
Corporation
Im Kriegseinsatz: 1941/45

Die Curtiss P-40 war der erste in Großserie hergestellte amerikanische Jagdeinsitzer und stellte in der ersten Kriegshälfte zusammen mit der Bell P-39 mehr als die Hälfte des Jagdflugzeug-
bestandes der USAAF; zusätzlich wurde sie in beträchtlichen
Stückzahlen an die RAF und andere alliierte Luftstreitkräfte geliefert. Es war kein bestechendes Flugzeug und in Technik und
Flugleistung vielen damaligen Maschinen unterlegen, doch erwarb sie sich mit Recht den Ruf eines robusten und zuverlässi-
gen Flugzeuges und wurde im weiteren Kriegsverlauf umfassend weiterentwickelt. Die XP-40 war von der P-36A (Modell
75) Hawk abgeleitet und wurde von einem 1160 PS Allison
V-1710-19 angetrieben; der Erstflug erfolgte im Herbst 1938,
und die P-40 ging im folgenden Jahr in Serie. (Es gab keine
YP-40, 3 P-40 wurden als Versuchsflugzeuge verwendet.) Die
P-40 wurde in bescheidenen Stückzahlen für die USAAF (als
die Tomahawk I, IA und IB) und für Frankreich hergestellt —

76

Tomahawk der American Volunteer Group, chinesische Luftwaffe

die letztgenannten Maschinen wurden schließlich von der RAF übernommen. Nur wenige P-40B (es gab keine P-40A) gingen zur USAAF, der Großteil der Produktion kam entweder zur RAF (Tomahawk IIA und IIB) oder nach Rußland; die P-40C und

Kittyhawk III

D (Kittyhawk I) wurden ebenfalls in vergleichsweise kleinen Stückzahlen hergestellt. Die P-40, P-40B und P-40C (1040 PS Allison V-1710-33) waren außer in der Bewaffnung und Änderungen im Flugzeuginneren grundsätzlich ähnlich. Die P-40D verwendete den 1150 PS V-1710-39 Motor, hatte einen etwas kürzeren Rumpf und eine Bewaffnung von vier 12,7 mm MGs, Aufhängevorrichtungen für einen Abwurftank oder eine einzelne 227 kg-Bombe unterhalb des Rumpfes und sechs 9 kg-Bomben unterhalb der Tragflächen. Die erste in Großserie hergestellte Muster war die P-40E (Kittyhawk IA), von der 2320 Maschinen gebaut wurden; diese Version ähnelte der D, hatte aber zusätzliche 12,7 mm MGs im Tragflügel und war eine deutliche Verbesserung gegenüber der P-40B, die sie ersetzte; eine geringe Anzahl wurde später als Schulflugzeug mit zwei Sitzen in Tandemanordnung umgebaut. Die erste von der USAAF mit Warhawk benannte Version war die P-40F (Kittyhawk II). Dieses Baumuster, von dem 1311 Maschinen hergestellt wurden, war durch einen Wechsel des Triebwerks (1300 PS Packard-Merlin-28-Motor) gekennzeichnet und wies später einen verlängerten Rumpf auf; die Bewaffnung war ähnlich wie bei der P-40E. Es gab nur eine P-40H, und das P-40J Projekt (aufgeladener Höhenmotor) wurde aufgegeben; die nächste größere Serienversion war die P-40K (Kittyhawk III). Dieses Muster hatte den 1325 PS V-1710-73 Motor und später den verlängerten Rumpf der

P-40N

TP-40N

P-40F. Eine Anzahl von P-40K wurden für den Einsatz mit der USAAF und RCAF in Alaska und auf den Aleuten »winterfest« gemacht. Dem K-Muster folgte die P-40L (Kittyhawk II) als eine leichtere F-Entwicklung mit Packard-Merlin-28 und längerem Rumpf; davon wurden 700 Stück fertiggestellt. Aus dem Fertigungslos P-40M (Kittyhawk III und IV), die dem K-Modell außer dem 1200 PS V-1710-81 Motor entsprachen, wurde eine Staffel der südafrikanischen Luftstreitkräfte ausgerüstet. Die letzte und häufigste Version der Warhawk war die P-40N (RAF-Kittyhawk IV), eine Weiterentwicklung der leichten P-40L. Insgesamt wurden mehr als 5200 P-40N fertiggestellt, wobei verschiedene Allison Triebwerke und Bewaffnungsvarianten zur Anwendung kamen. Diese Version erhielten verschiedene alliierte Luftstreitkräfte, darunter die neuseeländische, und sie wurde zum größten Teil auf dem pazifischen Kriegsschauplatz eingesetzt. Die Bezeichnung P-40R erfaßte auch die Umbauten von etwa 300 P-40F und L Warhawk von Packard bis zu Allison Triebwerken. Die Gesamtproduktion der P-40 Serien kam auf über 14 000 Flugzeuge, darunter eine Anzahl von Versuchsprojekten, die niemals Serienreife erlangten. Dazu zählten die XP-40Q (eine abgeänderte K mit 1425 PS V-1710-121 Motoren, verkürztem hinteren Rumpf und Vollsichtkanzel), die XP-46 (nur zwei fertiggestellt), die XP-60 (fünf Prototypen als Ablösung für eine P-40, mit verschiedenen V- oder Sternmotoren) und die XP-62 (eine Jagdbomberentwicklung der XP-60 mit Sternmotor).

Triebwerk: Ein 1200 PS Allison
   V-1710-99 V-Motor
Spannweite: 11,40 m
Länge: 10,19 m
Höhe: 3,76 m
Leergewicht: 2815 kg
Fluggewicht: 3780 kg
Besatzung: 1 Mann

Höchstgeschwindigkeit: 560 km/h
   in 4940 m Höhe
Dienstgipfelhöhe: 9450 m
Normale Reichweite: 1200 km
Bewaffnung: Sechs 12,7 mm-Browning-Maschinengewehre; bis zu
   drei 227 kg-Bomben

Curtiss SB 2 C Helldiver

Ursprungsland: USA
Einsatzzweck: Trägergestützter Sturz-
   kampfbomber
Hersteller: Curtiss-Wright
   Corporation

Andere US-Bezeichnungen: SBF,
   SBW, A-25
Im Kriegseinsatz: 1943/45

Der Einsatz der Helldiver begann am 11. November 1943 mit dem Angriff auf die von den Japanern gehaltenen Insel Rabaul. Doch unterschied sich diese SB2C-1 stark von der XSB2C-1, die ihren Erstflug im November 1940 gemacht hatte. Die Helldiver wurde 1939 entsprechend einer Ausschreibung der US Marine konstruiert und stand vor der Serienherstellung, als der Prototyp einige Tage vor dem Angriff auf Pearl Harbour bei einer Bruchlandung zerstört wurde. Die durch die Untersuchung dieses Unfalles aufgetretenen Verzögerungen und die Überarbeitung des offiziellen Sturzkampfbomberkonzepts aufgrund von Kampferfahrungen schob den Erstflug der ersten Serienmaschine bis 1942 hinaus. Bis dahin waren 889 größere und tausende kleinere Änderungen am ursprünglichen Entwurf vorgenommen worden, die hauptsächlich in zusätzlicher Bewaffnung, Panzerschutz für den Piloten und einer vollständig neuen Rumpfheckpartie resultierten. Eine beträchtliche Anzahl des Musters SB2C-1 (978) wurde fertiggestellt, ebenso ein Los von 900 Maschinen für Tiefangriffseinsätze der USAAF unter der Bezeichnung A-25A. Das Wasserflugzeug XSB2C-2 erreichte die Fertigungsreife nicht, doch wurde die Weiterentwicklung mit der SB2C-3 mit leistungsstärkerem Cyclone-Motor fortgesetzt. Die SB2C-4 besaß Vorrichtungen zur Aufhängung von Bomben oder Raketen unter dem Tragflügel und perfo-

SB2C-4

rierte Landeklappen. In der zweiten Hälfte des Krieges wurde die Produktion der Helldiver durch Vergabe der Fertigung an Fairchild (Kanada) und Canadian Car and Foundry Co. vergrößert, die 300 bzw. 894 Maschinen dieses Musters als SBF bzw. SBW bauten. Sechsundzwanzig von CC & F gebaute SBW-1B Helldiver wurden unter dem Pacht- und Leihabkommen an die englische Marinefliegerei geliefert, kamen aber nicht zum Kriegseinsatz; das Muster tat jedoch in bescheidenen Stückzahlen Dienst bei der australischen Luftwaffe. Trotz des ziemlich langsamen Starts spielte die Helldiver bei den Kämpfen um die Pazifischen Inseln eine bedeutende Rolle und war eine willkommene Ablösung der älteren Dauntless, welche den Hauptteil der in den ersten Tagen der amerikanischen Kriegsteilnahme geflogenen Sturzangriffe übernommen hatte.

Kurze technische Einzelheiten: (SB2C-3)

Triebwerk: Ein 1900 PS Wright R-2600-20 Cyclone-Sternmotor
Spannweite: 15,18 m
Länge: 11,18 m
Höhe: 4,01 m
Leergewicht: 4720 kg
Fluggewicht: 6380 kg
Besatzung: 2 Mann
Höchstgeschwindigkeit: 471 km/h in 5100 m Höhe

Dienstgipfelhöhe: 8950 m
Größte Reichweite: 3080 km
Bewaffnung: Zwei 20 mm-Kanonen und ein 12,7 mm-Maschinengewehr; bis zu 454 kg Bomben oder ein Torpedo im Flugzeugrumpf

81

Mosquito-Prototyp beim Start zum Erstflug, 25. November 1940

de Havilland Mosquito

Ursprungsland: Großbritannien
Einsatzzweck: Bomber, Jagdflugzeug,
  Tiefangriffs- und Aufklärungs-
  flugzeug

Hersteller: The de Havilland
  Aircraft Co. Ltd.
Spezifikation: B.1/40 (Erstproduktion)
Im Kriegseinsatz: 1941/45

Die äußerst vielseitige D.H.98 Mosquito war eines der herausragendsten Flugzeuge des Zweiten Weltkrieges und bewährte sich mit ausgezeichnetem Erfolg in soweit voneinander abweichenden Einsatzarten wie Tag- bzw. Nachtbomber für große und niedrige Flughöhen, Tag- und Nachtjäger mit großer Reichweite, Jagdbomber, Minenleger und Pfadfinderflugzeug, raketenbewaffnetes Tiefangriffsflugzeug, Schiffsbekämpfungs- und Fotoaufklärungsflugzeug für niedrige und große Flughöhen, Schul- und Transportflugzeug. Sie wurde 1938 als unbewaffneter Tagbomber konzipiert, doch das amtliche Interesse verdichtete sich erst im Dezember 1939; im März 1940 wurden 50 Flugzeuge in Auftrag gegeben. In der Zeit nach Dünkirchen wurde trotz des zeitweiligen Stops seitens des Flugzeugbauministeriums der Prototyp (W 4050) fertiggestellt, der seinen Erstflug im November 1940 machte. Die 50 bestellten Flugzeuge wurden schließlich als zehn Fotoaufklärer Mk.I, 30 Nachtjäger Mk.II und 10 Bomber Mk.IV verwirklicht, die zwischen Juli 1941

82

und März 1942 an die RAF zur Auslieferung kamen. Die Bezeichnung T.III wurde für eine Schulflugzeugversion reserviert, die später erschien, und die B. Mk.V ging nicht in Fertigung. Zu diesem Zeitpunkt wurden Fließbänder in den Werken von Percival, Airspeed und Standard Motors errichtet, und die Fertigung der Mosquito lief mit über 1000 F.B.VI weiter, der zahlenmäßig wichtigsten Version, die im Mai 1943 erstmals in den Truppendienst kam. Die F.B.VI wurde als Tages- und Nacht-Störflugzeug durch Zusatz von weiteren acht 27 kg-Bomben und Raketengeschossen zur bereits vorhandenen Bewaffnung zum Schiffsbekämpfungsflugzeug beim Küstenkommando. Diesem Baumuster folgten 27 F.B.XVIII, die acht Raketengeschosse und zwei 227 kg-Bomben tragen konnten und eine 5,7 cm-Kanone in einem getrennten Waffenbehälter unter dem Rumpfbug besaßen. Die erste Höhenbomberversion war die B.IX (1290 PS Merlin 72), von der 54 Maschinen fertiggestellt wurden, denen 327 B.XVI (Merlin 72/3 oder 76/7) folgten, die mit einer Druckkabine ausgestattet waren. Das Nachfolgemuster der B.XVI, die B.35, erreichte die RAF-Staffeln erst nach dem Tag der japanischen Kapitulation. Entsprechende Foto-Aufklärerversionen wurden ebenfalls gebaut und erhielten die Bezeichnung PR.IX, XVI und 34, mit Kameras und zusätzlichem Kraftstoff im Bombenschacht. Der ursprünglichen N.F.Mk.II folgte eine Anzahl

Mosquito B. Mk.XVI

von Nachtjägerversionen, darunter 97 Flugzeuge, die von Mk.II
bis Mk.VII umgebaut wurden und das neue A.I.-Radar, das im
Zentimeter-Wellen-Bereich in einer »Bullen«-Nase arbeitete, erhielten. Ein größeres Zuladungsgewicht und eine größere
Reichweite kennzeichneten die N.F.XIII, von der 270 Maschinen
gebaut wurden; weitere Mk.II wurden zur Mk.XVII mit Radar
aus der US Fertigung umgebaut; die N.F.XIX (220 gebaute Maschinen) verwendeten ebenfalls dieses Radar und entsprachen
sonst der Mk.XIII; es gab fünf N.F.XV, die durch Einbau von
Merlin 77 Triebwerken in B.IV entstanden. Der letzte Nachtjäger war die N.F.30, die der Mk.XIX entsprach und ebenfalls
verbesserte Merlin-Motoren hatte. Die kanadische Mosquito-
Produktion belief sich auf über 1000 Maschinen, die von
Packard-Merlin Motoren angetrieben wurden; es handelte sich
um die Bomber, die Mk.XX und 25, die Jagdbomber Mk.26 und
die Schulflugzeuge Mk.22 und 27. Vierzig in Kanada gebaute
Mosquito Aufklärer wurden an die USAAF geliefert, die den
Maschinen die Bezeichnung F-8 gab. Die australische Mosquito-
Fertigung verwendete ebenfalls Packard-Merlin Triebwerke
und erreichte insgesamt 178 Maschinen; die wichtigsten davon
waren die F.B.40, P.R.40 und T.43; 1943 wurde ein halbes Dutzend Mk.III und IV »entmilitarisiert« und von der BOAC zu vorrangigen Flügen für Fracht und Post verwendet. Die gesamte
Mosquito-Produktion erreichte 7781 Flugzeuge, von denen
6710 während des Krieges gebaut wurden.

Kurze technische Einzelheiten: (B. Mk. XVI)

Triebwerke: Zwei 1290 PS Rolls-
   Royce Merlin 73 V-12-Motoren
Spannweite: 16,54 m
Länge: 12,35 m
Höhe: 3,81 m
Leergewicht: 7050 kg
Fluggewicht: 8660 kg

Besatzung: 2 Mann
Höchstgeschwindigkeit: 635 km/h
   in 9740 m Höhe
Dienstgipfelhöhe: 11300 m
Normale Reichweite: 2195 km
Bewaffnung: bis zu 1815 kg Bomben-
   zuladung

Kurze technische Einzelheiten: (N. F. Mk. XIX)

Triebwerke: Zwei 1635 PS Rolls-
   Royce Merlin 25 V-12-Motoren
Spannweite: 16,54 m
Länge: 12,77 m
Höhe: 4,79 m
Leergewicht: 6350 kg
Fluggewicht: 8900 kg

Besatzung: 2 Mann
Höchstgeschwindigkeit: 604 km/h
   in 4025 m Höhe
Dienstgipfelhöhe: 10500 m
Normale Reichweite 2930 km
Bewaffnung: Vier 20 mm-Hispano-
   Kanonen

Mosquito F.B. Mk.XVIII

Do 17P-2

Dornier Do 17 und Do 215

Ursprungsland: Deutschland *Hersteller:* Dornier Werke GmbH
Einsatzzweck: Mittelschwerer Bomber *Im Kriegseinsatz:* 1939/45
  und Aufklärer

Die Dornier Do 17, der brühmte »Fliegende Bleistift« hatte
1934 ihr Debut. Sie war als schnelles Postflugzeug für die
Deutsche Lufthansa gedacht. Nach der Fertigstellung von drei
Maschinen (alle mit einfachem Seitenleitwerk) wurde das Muster von der DLH zurückgewiesen, und als Schnellbomber vom
deutschen Luftfahrtministerium im folgenden Jahr aufgegriffen.
Eine bestechende Vorführung gab diese Maschine vor der Öffentlichkeit beim Internationalen Militärflugzeug-Wettbewerb in
Zürich 1937, jetzt mit einem Doppelseitenleitwerk versehen. Zu
diesem Zeitpunkt waren Bomberstaffeln der deutschen Luftwaffe bereits mit den ersten beiden Serien-Baumustern, der Do
17E und F ausgerüstet, und 1938 nahmen diese beiden Versionen am spanischen Bürgerkrieg teil. Ebenfalls 1938 kam die
nächste größere Bauserie in die Fertigung, die Do 17M-1 mit
Bramo 323 Motoren, unmittelbar darauf die Aufklärerversion
Do 17P (mit BMW 132N Motoren). Nachdem kleine Stückzahlen
der Do 17S (Aufklärung) und DO 17U (Pfadfinder) mit DB 600 A
V12-Motoren gebaut worden waren, wurde 1939 bei der
Do 17Z wieder auf Bramo 323 Sternmotoren übergegangen.

Beim Ausbruch des Krieges hatte die Luftwaffe die Do 17M und Z Bomber im Dienst sowie die Do 17P und einige Do 17F zur Aufklärung.

Vor Ausbruch des Zweiten Weltkrieges hatte Jugoslawien im Jahre 1937 frühere Baumuster der Do 17 gekauft; das von diesem Lande später gezeigte Interesse an der Do 17Z gab Anstoß für die Bezeichnung Do 215, die ohne erkennbaren Grund der Do 17Z, die zu Demonstrationszwecken nach Jugoslawien geschickt wurde, zugewiesen wurde. Tatsächlich wurde keines dieser Baumuster dorthin verkauft, obwohl merkwürdigerweise ein paar Maschinen nach Rußland geliefert wurden. Das Muster ging jedoch in relativ wenigen Exemplaren als die Do 215A und B in den Truppendienst der Luftwaffe.

Kurze technische Einzelheiten: (Do 17Z-2)

Triebwerke: Zwei 1000 PS Bramo 323 P Sternmotoren
Spannweite: 18,02 m
Länge: 15,86 m
Höhe: 4,72 m
Leergewicht: 5200 kg
Fluggewicht: 8550 kg

Besatzung: 4—5 Mann
Höchstgeschwindigkeit: 419 km/h in 5000 m Höhe
Dienstgipfelhöhe: 8160 m
Größte Reichweite: 2975 km
Bewaffnung: Sechs 7,9 mm MG 15, bis zu 1000 kg Bombenzuladung

Dornier Do 217

Ursprungsland: Deutschland
Einsatzzweck: Bomber und Nachtjäger

Hersteller: Dornier Werke GmbH
Im Kriegseinsatz: 1940/45

Die Dornier Do 217 war eine progressive Weiterentwicklung der Do 17 und wies gegenüber der Do 215 abweichende äußere Merkmale auf. Der erste unbewaffnete Prototyp der Do 217 flog im August 1938 und stürzte einen Monat später ab — ein ungünstiger Beginn, der überhaupt nichts mit der späteren Laufbahn dieses Flugzeugs zu tun hatte. Die ersten größeren Serienversionen waren die Do 217E-O und E-1, die von BMW 801-A Motoren angetrieben wurden; diese und spätere E-Folgemuster erschienen zuerst 1941 bei den Staffeln der Luftwaffe und wurden für »legitime« Bombeneinsätze, als Torpedoträgerflugzeuge und für andere Schiffsbekämpfungseinsätze sowie

Do 217K-2

Aufklärungsflüge verwendet. Die letzte dieser Reihe, die Do 217E-5 war zur Aufnahme der Hs 293 Gleitbombe, ebenso wie gewisser späterer Bombenvarianten ausgerüstet. Die Do 217K war die nächste reine Bombenversion, die in Serie ging, und wurde durch einen vergrößerten und verbreiterten Rumpfbugquerschnitt gekennzeichnet; die K-2 wies eine vergrößerte Spannweite von 24,81 m auf. Inzwischen wurde als Vorsichtsmaßnahme gegen mögliche Lieferknappheit bei BMW-Motoren eine 12 Zylinder V-Motoren-Version der Do 217 entwickelt; als die Do 217M-1 mit 1750 PS DB 603A Motoren trat dieses Baumuster neben der K-1 in den Truppendienst, der sie sonst allgemein entsprach. Die Höchstgeschwindigkeit der M-1 war 556 km/h; die größte Bombenzuladung wurde auf 4000 kg erhöht. Die Vielseitigkeit der Grundkonstruktion Do 217 wurde durch weitgehende Verwendung in abgeänderter Form für Nachtjägereinsätze betont. Mit einem überarbeiteten »festen« Rumpfbug, in dem vier 20 mm-Kanonen und fünf 7,9 mm MG untergebracht waren, und einem zusätzlichen 13 mm MG an der Rumpfunterseite wurden zahlreiche E-2 Bomber im Jahre 1942 zu Nachtjägern umgebaut. Diese erhielten die Bezeichnung Do 217J-1 und J-2. Das erstere Baumuster konnte auch eine geringe Bombenlast mitführen, das letztere hatte keinen Bombenschacht, dafür aber eine Radar-Ausrüstung. Viele Do 217M Bomber wurden ebenfalls zu Do 217N Nachtjägern umgebaut. Etwa 1700 Do 217 aller Varianten wurden für die Luftwaffe gebaut.

Eine kleine Anzahl von Do 217J kam nach Italien zur Auslieferung.

Kurze technische Einzelheiten: (Do 217E-1)

Triebwerke: Zwei 1600 PS BMW
  801A Doppelsternmotoren
Spannweite: 19,00 m
Länge: 17,03 m
Höhe: 4,98
Leergewicht: 8600 kg
Fluggewicht: 15300 kg
Besatzung: 4 Mann

Höchstgeschwindigkeit: 522 km/h
  in 5250 m Höhe
Dienstgipfelhöhe: 9100 m
Größte Reichweite: 2400 km
Bewaffnung: Ein 15 mm MG 151 und
  fünf 7,9 mm MG 15 Maschinengewehre; Bombenzuladung bis
  zu 3000 kg

Douglas P-70, A-20 Havoc und Boston

Ursprungsland: USA
Einsatzzweck: Kampfbomber, Nacht-
  störflugzeug und Nachtjäger

Hersteller: Douglas Aircraft
  Company Inc.
Andere US-Bezeichnungen: P-70,
  F-3, BD
Im Kriegseinsatz: 1941/45

Obwohl ihre Laufbahn im Kriege weniger bestechend war als beispielsweise die der Mosquito oder der Ju 88, war die Havoc nicht weniger robust, vielseitig und zuverlässig, und in großem Maße ein »Flugzeug nach dem Herzen eines Piloten«. Ihre Entstehung ging auf die Douglas Modell 7A zurück, eine private Vorkriegsentwicklung, die in stark abgeänderter Form als DB-7 von der französischen Regierung als Tagbomber bestellt worden war. Der Erstflug dieses Musters erfolgte am 17. August 1939; bis Ende dieses Jahres war eine beträchtliche Anzahl an die Franzosen ausgeliefert worden, obwohl vergleichsweise wenige Maschinen vor der französischen Niederlage im Frühjahr 1940 zum Kriegseinsatz kamen. Der übrige Lieferumfang für Frankreich wurde zusammen mit einigen belgischen DB-7 von der RAF als Boston I (für Schulungszwecke) und Boston II übernommen. Viele Maschinen des letzteren Baumusters wurden im Verlauf des Jahres 1940 zur Nachtjagd und für Störeinsätze umgebaut und erhielten die neue Bezeichnung Havoc. Varianten waren die Havoc I und IV (Störflugzeug), Havoc III (Jagdflugzeug) und die mit einem Scheinwerfer im Rumpfbug ausgerüstete »Turbinlite Havoc«. Der verglaste Rumpfbug der

P-70

Havoc II wurde durch einen »festen« Rumpfbug britischer Konstruktion ersetzt, in dem zwölf Maschinengewehre vom Kaliber
7,6 mm untergebracht waren. Die RAF. bestellte auch eine Anzahl von Boston III für den Einsatz als Tagbomber. Die ersten
Flugzeuge dieser Bauart, die von der USAAF bestellt werden
sollten, waren 63 A-20; sie kamen nie als Bomber zum Einsatz,
60 Maschinen wurden später in P-70 Nachtjäger umgebaut (unter dem Kurznamen Night Hawk), die restlichen drei Maschinen
in F-3 Fotoaufklärer. Das dann folgende Muster A-20A (143 gebaute Maschinen) entsprach außer der Bewaffnung und den
Einzelausrüstungen der Boston III, einige dieser Baumuster
wurden als BD-1 an die US Navy geliefert, und weitere 17 erschienen später mit anderen Triebwerken ausgerüstet als
A-20E. Die ersten größeren Serienversionen der US Produktion
waren die A-20B und A-20C; 999 Maschinen des ersteren Baumusters wurden fertiggestellt (mit 1690 PS Double Cyclone
Doppelsternmotoren) und hatten erstmalig 12,7 mm-MG in
der Bewaffnung. Die US Navy erhielt acht Maschinen des Musters A-20B und gab ihnen die Bezeichnung BD-2. Die A-20C
entsprach allgemein der Boston III, kam 1941 in die Serienfertigung und erreichte eine Produktionszahl von 948 Flugzeugen,
von denen viele schließlich bei der sowjetischen Luftwaffe zum
Einsatz kamen. Mit dem Muster A-20C konnte die Havoc zum
erstenmal einen 908 kg-Torpedo als Außenlast tragen, und von
dieser Möglichkeit machten besonders die Russen Gebrauch.
Dreizehn A-20C wurden zu Nachtjägern (P-70A-1) umgebaut.
Die A-20D-Version wurde gestrichen, und das XA-20F Projekt
mit 3,7 cm-Bugkanonen sowie oberem und unterem Drehturm

90

Boston III, von Boeing gebaute A-20J

in Rumpfmitte war eine überarbeitete A-20A, welche die Daten für spätere Havoc lieferte. Das nächste — und wichtigste — Serienmuster war also die A-20G, von der schließlich 2850 Stück fertiggestellt wurden. Der größte Teil der ersten G-Baumuster ging nach Rußland, wo sie mit etwas abgeänderter Bewaffnung im Rumpfbug zur Erdkampfunterstützung eingesetzt wurden. Die normale A-20G Konfiguration umfaßte leistungsstärkere Triebwerke, eine Bewaffnung von vier 2 cm-Kanonen und zwei 12,7 mm MG im Rumpfbug oder sechs 12,7 mm MG, ein 12,7 mm MG im Rumpfboden und ein weiteres in der hinteren Flugzeugkanzel zur Abwehr nach hinten. Spätere G-Modelle besaßen anstelle des Maschinengewehrs in der hinteren Flugzeugkanzel einen Martin-Drehturm, und zum Merkmal aller späteren Havoc wurde ein Drehturm im Rumpfrücken. Ein Fertigungslos von 26 Maschinen des Musters A-20G wurde in Nachtjäger (P-70A-2) umgebaut. 1944 folgte dem Muster A-20G die A-20H (1700 PS Double Cyclone Doppelsternmotoren) in

A-20J

der Serienfertigung; die 412 gebauten Maschinen dieses Musters wurden neben älteren Versionen von der US Luftwaffe in England, dem Mittleren Osten und den Kriegsschauplätzen im Pazifik eingesetzt. Eine »Führungs-Flugzeug-Version« war die A-20J, von der 450 Maschinen aus dem Muster A-20G durch Einbau einer einteiligen »Perspex«-Nase abgewandelt wurden, und das letzte Serienmuster, die A-20K (413 Maschinen gebaut), kehrte wieder zu dem ursprünglich geplanten Einsatz als Bomber zurück. Sechsundvierzig Maschinen des Musters A-20J und K wurden zu Foto-Aufklärern umgebaut und erhielten die Bezeichnung F-3A. Die Produktion der A-20 lief im September 1944 aus, nachdem insgesamt 7385 Flugzeuge hergestellt worden waren. Annähernd 3000 Stück davon kamen zum Truppendienst nach Rußland, 455 wurden an die RAF geliefert, 28 an die niederländische Regierung und 31 an Brasilien. Letzte RAF -Versionen waren die Boston IV und V, die der A-20J bzw. A-20K entsprachen; elf Maschinen des letzten Baumusters wurden in den letzten Kriegstagen der kanadischen Luftwaffe übergeben.

Kurze technische Einzelheiten: (A-20G)

Triebwerke: Zwei 1600 PS Wright R-2600-23 Double Cyclone Doppelsternmotoren
Spannweite: 18,77 m
Länge: 14,60 m
Höhe: 5,18 m
Leergewicht: 7800 kg
Fluggewicht: 10900 kg
Besatzung: 3 Mann
Höchstgeschwindigkeit: 509 km/h in 3048 m Höhe

Dienstgipfelhöhe: 7600 m
Normale Reichweite: 1640 km
Bewaffnung: Neun 12,7 mm- oder fünf 12,7 mm-Maschinengewehre und vier 20 mm-Bordkanonen; bis zu 908 kg Bombenzuladung im Rumpfinnern und weiteren 908 kg Bomben als Außenlast

R4D-4 / US Navy

Douglas C-47 Skytrain und C-53 Skytrooper

Ursprungsland: USA
Einsatzzweck: Passagier- und Fracht-
flugzeug, Militärtransporter, Sani-
täts- und Schleppflugzeug
Hersteller: Douglas Aircraft
Company, Inc.

Andere US-Bezeichnungen: C-48, -49,
-50, -51, -52, -68, -84 und -117;
R-4D
Im Kriegseinsatz: 1941/45

Die DC-3, dieses berühmteste aller Transportflugzeuge ist unter dem von der RAF benutzten Namen »Dakota« in beinahe jedem Teil der Welt populär geworden. Als erste Maschine einer
langen Passagierflugzeug-Serie von Douglas wurde die DC-1
1932 entsprechend einer von TWA (Transcontinental & We-
stern Air, Inc.) herausgegebenen Spezifikation gebaut; ihre kla-
ren Konturen, ihr komfortabler Innenraum und die ausgezeichnete Flugleistung setzten einen Maßstab, der bei vielen späteren Entwürfen richtunggebend war. Die DC-1 erwies sich bei
ihren ersten Versuchsflügen (der Jungfernflug fand am 1. Juli
1933 statt) als so erfolgreich, daß sie überhaupt nicht in die
Fertigung ging — statt dessen wurde sie mit Detailverbesse-

rungen in die DC-2 weiterentwickelt, von der die TWA eine Flotte von 25 Maschinen bestellte. Später erhöhte sich diese Zahl auf 40. Die DC-2 war ein sofortiger Erfolg; gegen Ende 1935 fertigte Douglas alle drei Tage eine Maschine, insgesamt wurden 138 DC-2 gebaut. Die DC-3, die ihren Erstflug am 18. Dezember 1935 machte, war eine Weiterentwicklung der DC-2 mit drei Mann Besatzung und Platz für 21 Passagiere, die Hälfte mehr als bei der DC-1. Es war auch das erste Flugzeug, welches Schlafkojen vorsah; die DST (Douglas Sleeper Transport) Version bot 14 Passagieren die Möglichkeit, ausgestreckt zu schlafen. Die DC-3 war größer als die DC-2, 90 cm länger, hatte eine um 3 m größere Spannweite und eine um 1360 kg vergrößerte Nutzlast; später wurde die Passagierkapazität noch weiter vergrößert, es konnten 28 Passagiere untergebracht werden. Verschiedene Muster wurden mit Twin Wasp oder Cyclone Motoren angetrieben und als DC-3A bzw. DC-3B bekannt.

Vor Übernahme der DC-3 durch die US Streitkräfte wurde eine kleine Zahl DC-2 unter der Bezeichnung C-32 oder C-34 von der Armee bzw. unter der Bezeichnung R2D-1 durch die Marine erworben. Diesen folgten verschiedene Flugzeuge, die sowohl Merkmale der DC-2 als auch der DC-3 aufwiesen: die von Cyclone Motoren angetriebene C-38 (Personentransport) und C-39 (Fracht), und die C-41 (Personentransport; mit Twin Wasp Motoren). Alle diese Maschinen hatten die äußeren Tragflügelprofile der DC-3 kombiniert mit einem DC-2 Rumpf und -Innenflügelprofil. Die beiden wichtigsten militärischen Versionen der DC-3 waren jedoch die C-47 Skytrain und die C-53 Skytrooper, von denen die R4D als Gegenstück der Marine sich nur in unwesentlichen Einzelheiten unterschied; alle Maschinen wurden von Twin Wasp Motoren angetrieben. Die C-53 war, wie ihre Bezeichnung aussagte, hauptsächlich Truppentransporter und hatte den normalen Boden und die Eingangstür der DC-3; sie trat im Oktober 1941 in den Truppendienst. Im Januar 1942 folgte die C-47, die sowohl als Truppentransporter mit Klappsitzen als auch als schweres Frachtflugzeug mit verstärktem Boden und Fahrgestell und einer großen Ladeluke auf der linken Rumpfseite ausgerüstet werden konnte. Beide Maschinen konnten auch als Schleppflugzeuge für Lastensegler verwendet werden. Die C-49 (Marine-Version R4D-2) entsprach den obi-

XC-47C Versuchs-Ausführung mit Schwimmern

gen Versionen mit Ausnahme des Cyclone-Triebwerkes, wurde jedoch nicht in denselben Stückzahlen hergestellt. Zusätzlich zu den für militärische Zwecke gebauten Maschinen wurde eine Anzahl von DC-3 Flugzeugen aus dem Liniendienst vom US Lufttransportkommando übernommen, welche die Bezeichnungen C-68 und C-84 erhielten. Mehr als 1200 C-47 und C-53 wurden unter dem Pacht- und Leihabkommen an die Royal Air Force geliefert; das Muster war den ganzen Zweiten Weltkrieg hindurch die Hauptstütze sowohl der amerikanischen als auch britischen Transporteinheiten. Es spielte eine wichtige Rolle in jedem Kampfgebiet, vom Südpazifik bis zu den Landungen in der Normandie und wurde im beträchtlichen Ausmaß als Sanitätsflugzeug und Schleppflugzeug für Lastensegler angefordert, ebenso für Transporteinsätze. Die gesamte militärische Produktion erreichte 10 123 Maschinen, darunter Baumuster wie die C-47C mit zwei Edo-Schwimmern und die XCG-17, die mit ausgebauten Triebwerken erfolgreich als Lastensegler erprobt wurde. Der gute Ruf der DC-3 blieb nach Beendigung der Feindseligkeiten unvermindert erhalten, und das Muster versieht noch heute in großem Ausmaß wertvolle Dienste in der ganzen Welt.

Triebwerke: Zwei 1200 PS Pratt & Whitney R-1830 Twin Wasp Doppelsternmotoren
Spannweite: 29,98 m
Länge: 19,66 m
Höhe: 5,16 m
Leergewicht: 7700 kg

Fluggewicht: 13190 kg (max.)
Besatzung: 4 Mann
Höchstgeschwindigkeit: 368 km/h in 2680 m Höhe
Dienstgipfelhöhe: 7350 m
Normale Reichweite: 2160 km
Bewaffnung: keine

Douglas C-54 Skymaster

Ursprungsland: USA
Einsatzzweck: Transport- und Schleppflugzeug
Hersteller: Douglas Aircraft Company, Inc.

Andere US-Bezeichnungen: R5D
Im Kriegseinsatz: 1942/45

Die Douglas Skymaster war eine der Hauptstützen der amerikanischen Transportstaffeln während des Zweiten Weltkrieges. Später wurde sie als DC-4 Vorläufer einer langen Reihe viermotoriger Zivilflugzeuge von Douglas und natürlich noch mehr bekannt. Die ursprüngliche DC-4 wurde 1938 als zweiundfünfzigsitziges Passagierflugzeug, entsprechend der Ausschreibung der US-Luftfahrtgesellschaft, gebaut. Vor dem Eintreten in die zivile Produktion wurde die DC-4 auf 40—42 Sitze geändert, doch die Arbeit an der ersten Losgröße wurde 1941 durch die noch schwebende Anpassung an die Anforderungen des militärischen Transports der USAAF verzögert. Als 26sitzige C-54 wurde sie dann in beträchtlichen Stückzahlen für die US Army bestellt; die erste Serien-C-54 flog Anfang 1942, und Ende des Jahres begann der Eintritt dieses Musters in den Truppendienst. Später wurde die Skymaster als wichtigstes Flugzeugmuster für die Personen- und Frachtbeförderung über den Atlantik ausgewählt. Unter dem Pacht- und Leihabkommen wurde eine kleine Anzahl an das Transportkommando der RAF geliefert, das die Maschinen zu Überführungsflügen in den Fernen Osten verwendete; diese Maschinen kehrten nach dem Kriege nach Amerika zurück. Nach der ersten Losgröße von C-54 waren die hauptsächlichen Einsatzversionen (entsprechende Bezeichnungen der Marine in Klammern) die C-54A (R5D-1), C-54B

96

C-54G

(R5D-2), C-54D (R5D-3), C-54E (R5D-4) und C-54G (R5D-5). Die C-54C war ein Umbau als Reiseflugzeug für VIP's zur Verwendung von Präsident Roosewelt und seinem Stab. Zusätzlich zu den Transportsätzen wurde die Skymaster oft als Schleppflugzeug für Lastensegler angefordert. Eine begrenzte Produktion der Militärversion wurde eine Zeitlang nach dem Tag der japanischen Kapitulation fortgesetzt, obwohl der Nachkriegs-Ausstoß natürlich auf den kommerziellen Passagierflugzeugmarkt kam.

Kurze technische Einzelheiten: (C-54A)

Triebwerke: Vier 1350 PS Pratt & Whitney R-2000-7 Twin Wasp Doppelsternmotoren
Spannweite: 35,66 m
Länge: 28,65 m
Höhe: 8,40 m
Leergewicht: 16930 kg

Fluggewicht: 29850 kg
Besatzung: 6 Mann
Höchstgeschwindigkeit: 440 km/h in 4280 m Höhe
Dienstgipfelhöhe: 6860 m
Größte Reichweite: 6250 km
Bewaffnung: keine

SBD-3

Douglas SBD Dauntless

Ursprungsland: USA
Einsatzzweck: Leichter Bomber und
    Aufklärer
Hersteller: Douglas Aircraft
    Company, Inc.

Andere US-Bezeichnungen: A-24
Im Kriegseinsatz: 1941/45

Die Dauntless-Konstruktion wurde im Jahre 1939 konzipiert und war bereits zur Zeit des Angriffes auf Pearl Harbour veraltet; die Maschine wurde jedoch mangels geeigneter Nachfolgemuster zum Rückgrat des Luftkrieges im Pazifik und leistete ausgezeichnete Dienste als Bomber, Sturzkampfbomber, Erkundungs- und Aufklärungsflugzeug. Ihre Fähigkeit, beträchtliche Kampfbeschädigungen zu absorbieren, bezeugt die Tatsache, daß die Dauntless die kleinsten Verlustziffern aller trägergestützten Flugzeugbaumuster im Pazifik hatte. Die Dauntless war eine Weiterentwicklung der XBT-1 und -2 Konstruktionen von Northrop, einer Gesellschaft, die im Jahre 1937 zu Douglas kam, und erhielt ursprünglich die Torpedobomberbezeichnung XBTD-1. Nach einigen Änderungen, darunter der Einbau eines 1000 PS Cyclone Motors, wurde im Sommer 1939 die Serienfertigung des Musters SBD-1 für das US Marine Corps aufgenommen; 57 Maschinen wurden fertiggestellt. Es folgten 87 SBD-2

98

für die Marine, die einen Autopiloten sowie überarbeitete Tank-
und Bewaffnungseinbauten aufwiesen. Etwa zu gleicher Zeit
begann auch die Armee-Luftwaffe, an der Dauntless Interesse
zu zeigen; sie sicherte sich 78 Maschinen der ersten 252 Flugzeuge des Musters SBD-3 und gab ihnen die Bezeichnung A-24.
Weitere 170 A-24A und 615 A-24B folgten, sie entsprachen den
Mustern SBD-4 und -5 der Marine; Änderungen der erstgenannten Baumuster waren geringfügiger Natur, doch hatte die
SBD-5 einen leistungsstärkeren Cyclone-Motor und war mit
Radar ausgerüstet. Die Fertigung der Dauntless lief schließlich
am 22. Juli 1944 aus; bis zu diesem Zeitpunkt waren insgesamt
5936 Flugzeuge gebaut worden. Während des langen Dienstes
bei der Truppe leistete dieses Flugzeug, außer für den ursprünglichen Einsatzzweck, gute Arbeit in einer Reihe anderer
Einsatzarten. Es wurde mit Wasserbomben zur U-Boot-Bekämpfung ausgerüstet und war auch eines der ersten US-Flug-
zeuge, das Raketengeschosse tragen konnte. Im Januar 1945
kamen neun SBD-5 zum Fleet Air Arm, ohne jedoch je im
Kampf eingesetzt zu werden.

Kurze technische Einzelheiten: (SBD-5)

Triebwerk: Ein 1200 PS Wright
    R-1820-60 Cyclone Sternmotor
Spannweite: 12,65 m
Länge: 10,00 m
Höhe: 3,94 m
Leergewicht: 2965 kg
Fluggewicht: 4250 kg
Besatzung: 2 Mann
Höchstgeschwindigkeit: 403 km/h
    in 4210 m Höhe

Dienstgipfelhöhe: 7400 m
Größte Reichweite: 1785 km
Bewaffnung: Zwei 12,7 mm- und zwei
    7,62 mm-MG; zwei 45 kg- oder
    eine 227 kg- oder 454 kg-Bombe,
    oder zwei 113 kg Unterwasser-
    sprengladungen

Fairey Albacore

Ursprungsland: Großbritannien
Einsatzzweck: Torpedo-Bomber
Hersteller: Fairey Aviation Co. Ltd.

Spezifikation: S. 41/36
Im Kriegseinsatz: 1940/44

Die Fairey Albacore sollte als Ablösung ihrer berühmten Vorgängerin, der Swordfish (Seite 68), in den Truppendienst kom-

men. Tatsächlich war der Wert der Swordfish so bedeutend, daß sie neben diesem Muster im Truppendienst blieb und schließlich die jüngere Konstruktion überdauerte. Trotzdem erwies sich die Albacore als sehr nützliches Flugzeug, und auf dem Höhepunkt ihrer Laufbahn Mitte 1942 waren nicht weniger als 15 Staffeln mit diesem Muster ausgerüstet. Die Konstruktion der Albacore enthielt gegenüber der Swordfish verschiedene Verbesserungen, vor allem einen wesentlich leistungsstärkeren Motor, eine geschlossene Kabine für die Besatzung und hydraulisch betätigte Ruder. Der Prototyp (L.7074) machte am 12. Dezember 1938 seinen Erstflug, und nach Fertigstellung eines zweiten Prototyps begann 1939 die Produktion von 98 Maschinen. Die erste davon kam im März 1940 in den Truppendienst beim FAA, und in diesem ersten Jahr ihrer Laufbahn gingen die Einsatzflüge der Albacore nur von Flugstützpunkten an der Küste aus. In dieser Zeit wurden von der Albacore Schiffsbekämpfungs-Patrouillenflüge, Verminungseinsätze und Nachtbombenangriffe geflogen. Ihr erster trägergestützter Einsatz — die erste Gelegenheit, bei der Torpedos verwendet wurden — erfolgte im März 1941 bei der Schlacht von Kap Matapan von der H.M.S. Formidable aus. Albacore wurden später erfolgreich von Flugzeugträgern aus zum Geleitzugschutz in der Ostsee sowie zur U-Boot-Bekämpfung im Mittelmeer und Indischen Ozean eingesetzt. Andere landgestützte Einsätze waren Artillerie-Beobachtung und Zielmarkierung mit Leuchtsätzen bei den Kämpfen in Nordafrika. Die Fertigung lief 1943 aus, nachdem

803 Albacore gebaut worden waren, obschon Ende des Jahres alle Albacore-Staffeln (zwei ausgenommen) mit Barracudas oder amerikanischen Avengers ausgerüstet wurden. Eine dieser Staffeln übergab jedoch ihre Albacore der kanadischen Luftwaffe, die sie bei der Invasion der Normandie im Juni 1944 einsetzte.

Kurze technische Einzelheiten:

Triebwerk: Ein 1065 PS Bristol Taurus II oder 1130 PS Taurus XII Sternmotor
Spannweite: 15,23 m
Länge: 12,14 m
Höhe: 4,87 m
Leergewicht: 3295 kg
Fluggewicht: 4750 kg
Besatzung: 2 oder 3 Mann

Höchstgeschwindigkeit: 267 km/h in 1370 m Höhe
Dienstgipfelhöhe: 6300 m
Normale Reichweite: 1485 km
Bewaffung: Ein 7,6 mm-Browning und zwei 7,6 mm-Vickers-Maschinengewehre; sechs 113 kg- oder vier 227 kg-Bomben oder ein 730 kg-(45,7 cm) Torpedo

Fairey Barracuda

Ursprungsland: Großbritannien
Einsatzzweck: Torpedo-Bomber und Aufklärungsflugzeug
Hersteller: Fairey Aviation Co. Ltd.

Spezifikation: S. 24/37
Im Kriegseinsatz: 1943/45

Obwohl die Konstruktion der Barracuda 1937 begonnen wurde, kam das Flugzeug erst sechs Jahre später zum FAA in den Truppendienst. Infolge der Aufgabe des Rolls-Royce Exe Motors, für den die Maschine geplant war, wurde die Fairey Type 100 (wie das Flugzeug zuerst genannt wurde) zur Aufnahme des Merlin 30 Triebwerks umgebaut und der Prototyp (P 1767) gab am 7. Dezember 1940 sein Debut. Zu Kriegsbeginn konzentrierte sich der Flugzeugbau auf einige ausgewählte und bewährte Baumuster, wodurch sich die Serienfertigung der Barracuda bis Mai 1942 verzögerte, doch erfolgten Auslieferungen der Mk.I im folgenden September. Den 25 Mk.I folgte eine große Anzahl Mk.II, die von Fairey, Boulton Paul, Blackburn und Westland hergestellt wurden und einen neueren Merlin Motor enthielten. Nach zwölf Einsatzmonaten traten die Barracuda bei den Landungen in Salerno im September 1943 in Aktion. Ihr großer Tag war jedoch der 3. April 1944, als 42

Barracuda Mk.II

Maschinen — mit starkem Begleitjägerschutz von einem halben Dutzend Flugzeugträgern aus — das Schlachtschiff »Tirpitz« im Alten Fjord an der Nordküste Norwegens angriffen; weitere Angriffe auf das Schiff wurden von Barracuda des FAA den ganzen Sommer hindurch geflogen. Die letzte Kriegsversion war der Torpedo-Aufklärer Mk.III. Im allgemeinen entsprach er seinem Vorgänger, trug jedoch einen A.S.V. Mk.X Taster in einem Gehäuse unterhalb des hinteren Rumpfes. Die von Griffon Motoren angetriebene Mk.V (die Mk.IV wurde nicht hergestellt) erschien zu spät für ihren geplanten Einsatz auf dem pazifischen Kriegsschauplatz; sie wurde nach dem Kriege hauptsächlich für Schulungszwecke verwendet. Die gesamte Barracuda-Produktion während des Krieges kam auf 2582 Flugzeuge. Das Muster war der erste Eindecker-Torpedo-Bomber der Royal Navy, und in seiner gesamten Laufbahn führte er wie jedes Flugzeug eine Vielzahl verschiedener Außenlasten mit — Bomben, Minen, Wasserbomben, Torpedos, Rettungsboote und sogar Behälter zum Transport von vier »Passagieren« unter seinen Tragflächen. Die Barracuda wurde auch mit RATO Raketen-Startbooster ausgerüstet, um auch von kleineren Flugzeugträgern aus starten zu können.

Triebwerk: Ein 1640 PS Rolls-Royce
    Merlin 32 V 12-Motor
Spannweite: 14,97 m
Länge: 12,35 m
Höhe: 4,93 m
Leergewicht: 4250 kg
Fluggewicht: 6320 kg
Besatzung: 3 Mann
Höchstgeschwindigkeit: 365 km/h in
    534 m Höhe

Dienstgipfelhöhe: 5060 m
Normale Reichweite: 1100 km
Bewaffung: Zwei 7,6 mm-Vickers „K"
    Maschinengewehre; sechs
    113 kg-Bomben, vier 212 kg-
    Unterwassersprengladungen
    oder ein 735 kg-Torpedo

Fairey Firefly

Ursprungsland: Großbritannien
Einsatzzweck: Trägergestütztes Jagd-
    und Aufklärungsflugzeug
Hersteller: Fairey Aviation Co. Ltd.

Spezifikation: N. 5/40
Im Kriegseinsatz: 1943/45

Die Fairey Firefly wurde als Nachfolgemuster der Fulmar (siehe Seite 105) für den Marine-Einsatz konstruiert und
war eines der wenigen Flugzeuge des Zweiten Weltkrieges
mit mehr oder weniger ellipsenförmiger Tragflächenkontur. Ihr
Griffon-Motor, der hier erstmalig in einem für den Fleet Air Arm
konstruierten Jagdflugzeug eingebaut wurde, erbrachte eine
weitaus bessere Leistung als bei der Fulmar, und die Konstruktion der Firefly ergab ein sowohl in der Luft als auch an Deck
des Trägerschiffes viel leichter zu handhabendes Flugzeug. Es
wurden vier Prototypen gebaut, der erste davon (Z 1826)
machte am 22. Dezember 1941 seinen Erstflug. Der erste Produktionsauftrag umfaßte 200 Firefly Mk.I, obschon diese Zahl
sich später noch wesentlich erhöhte. Fairey baute 297 F. Mk.I,
und weitere 132 Maschinen dieser Version wurden von General Aircraft Limited fertiggestellt. Auslieferungen der F. I. begannen im März 1943, und im Oktober des Jahres ging das
Baumuster in den Truppeneinsatz, gefolgt von 376 Jagd/Aufklä-
rungsflugzeugen F.R. Mk.I. Eine verlängerte Rumpfnase kennzeichnete den Nachtjäger N.F. Mk.II, es wurden jedoch nur 37
dieser Maschinen fertiggestellt, bevor ihre Aufgabe von Maschinen übernommen wurde, die von F.R. I in N.F. I umgebaut
worden waren. Einer der Einsätze der Firefly war der Foto-Auf-

Firefly F. Mk.I

klärungsflug über dem deutschen Schlachtschiff Tirpitz, der zum letzten Angriff und zur Versenkung dieses wichtigen Kriegsschiffes führte. Das Muster war während des Krieges hauptsächlich auf dem pazifischen Kriegsschauplatz eingesetzt, und einer seiner größten Erfolge war der Angriff auf die von Japanern besetzten Ölraffinerien auf Sumatra. Insgesamt hatte die Firefly eine Einsatzlaufbahn von dreizehn Jahren, obschon der größte Teil dieser Zeit auf die Nachkriegsjahre entfiel. Mitte 1946 wurden die mit den ersten Baumustern ausgerüsteten Staffeln aufgelöst, und die Fertigung wurde auf die Mk.IV umgestellt; damit und mit späteren Varianten verwendete der Fleet Air Arm die Firefly weiter bis 1956.

Kurze technische Einzelheiten: (F.Mk. I)

Triebwerk: Ein 1730 PS Rolls-Royce Griffon II B oder 1990 PS Griffon XII V 12-Motor
Spannweite: 13,57 m
Länge: 11,47 m
Höhe: 3,98 m
Leergewicht: 4425 kg
Fluggewicht: 6450 kg
Besatzung: 2 Mann

Höchstgeschwindigkeit: 505 km/h in 4270 m Höhe
Dienstgipfelhöhe: 8540 m
Größte Reichweite: 1714 km
Bewaffnung: Vier 20 mm-Kanonen; zwei 454 kg-Bomben oder wahlweise acht 27 kg-Raketengeschosse

Fairey Fulmar

Ursprungsland: Großbritannien
Einsatzzweck: Trägergestütztes Jagd-
flugzeug
Hersteller: Fairey Aviation Co. Ltd.

Spezifikation: 0.8/38
Im Kriegseinsatz: 1940/45

Die erste Einsatzmeldung über die Fulmar erfolgte im September 1940 nach dreimonatigem Truppeneinsatz; das Muster war eine sehr brauchbare Bereicherung der Flugzeugstärke im Fleet Air Arm, als er diesen bereits bei der Royal Air Force eingeführten, mit acht Bordkanonen ausgerüsteten Jäger erhielt. Der Fulmar-Prototyp (N 1854) machte am 4. Januar 1940 seinen Erstflug und wurde aus dem Muster Fairey P. 4/34 von 1937 entwickelt, mit dem es große Ähnlichkeit aufwies, und kam schnell zur Serienfertigung. Erste Auslieferungen der Fulmar Mk.I, von der 250 Stück gebaut wurden, traten ab Juni 1940 in den Truppendienst, dann löste die MK.II (1300 PS Merlin 30 und Tropenausrüstung) dieses Muster auf den Taktstraßen ab; 350 Mk.II wurden fertiggestellt. Mitte 1942 waren 14 Staffeln mit der Fulmar ausgerüstet, die sich während ihrer Laufbahn in einer Reihe verschiedener Einsatzarten bewährte, wie Aufklärung, Begleitschutz, Geleitzugunterstützung und nächtliche Störflüge.

Zu ihrer wertvollen Feuerkraft kam bei der Fulmar die ausgezeichnete Wendigkeit, Flugleistung und Reichweite; ihr einziger Mangel war die relativ niedrige Fluggeschwindigkeit infolge zusätzlichen Gesamtgewichts durch das Trägerflugzeugzubehör und das zweite Besatzungsmitglied. Trotz dieses Nachteils ergaben sich gute Kampfleistungen gegen jeden Gegner. Besonders erfolgreich kämpfte sie gegen die Italiener. 1943 begann die Seafire (Seite 238) die Fulmar abzulösen, die jedoch bis 1945 in abnehmenden Stückzahlen im Truppeneinsatz blieb und sich in dieser Zeit auf eine weitere Einsatzart — die Nachtjagd — konzentrierte. Die Fulmar war in Europa und im Mittleren und Fernen Osten ein wertvoller Bestandteil des Fleet Air Arm, obwohl sie nur in vergleichsweise geringen Stückzahlen hergestellt wurde.

Kurze technische Einzelheiten: (Mk. I)

Triebwerk: Ein 1080 PS Rolls-Royce Merlin VIII V 12-Motor
Spannweite: 14,12 m
Länge: 12,27 m
Höhe: 3,25 m
Fluggewicht: 4450 kg

Besatzung: 2 Mann
Höchstgeschwindigkeit: 448 km/h
Dienstgipfelhöhe: 7930 m
Normale Reichweite: 1280 km
Bewaffnung: Acht 7,6 mm-Browning Maschinengewehre

Fairey Swordfish

Ursprungsland: Großbritannien
Einsatzzweck: Torpedo-Bomber und Jäger
Hersteller: Fairey Aviation Co. Ltd.

Spezifikation: S. 15/33
Im Kriegseinsatz: 1939/45

Die Fairey Swordfish war allgemein unter dem Namen »Drahtsack« bekannt und kam auf eine annähernd zehnjährige verdienstvolle Einsatzlaufbahn bei der Royal Navy, zum Schluß überdauerte sie die als ihr Nachfolgemuster vorgesehene Albacore (Seite 99). Der Prototyp der Swordfish (K 4190) wurde aus der privaten Entwicklung Fairey T.S.R.1 abgeleitet und zuerst als die T.S.R.2 bekannt, die am 17. April 1934 von einem 690 PS Pegasus III M.3-Motor angetrieben ihren Erstflug machte. Der erste Auftrag für 86 Swordfish MK.I ging im April 1935 ein, und das Muster trat im Juli 1936 in den Truppendienst

Swordfish III mit A.S.V Mk.X-Radar, hergestellt von Blackburn

des FAA. Beim Ausbruch des Zweiten Weltkrieges waren dreizehn Frontlinien-Staffeln mit Swordfish-Maschinen ausgerüstet, und während der Kriegsjahre wurden zwölf weitere gebildet. Spätere Varianten waren die Mk.II (Pegasus III M.3 oder 750 PS Pegasus 30) mit verstärkter unterer Tragfläche zum Tragen von acht Raketengeschossen, und die Mk.III, die zuerst mit einer ASV Mk.X Radar-Einrichtung in einem Gehäuse an der Rumpfunterseite ausgerüstet war; beide Muster erschienen 1943. Einige Umbauten, wie die Mk.IV, zur Verwendung in Kanada hatten geschlossene Pilotenkanzeln. Die gesamte Swordfish-Fertigung umfaßte 2391 Maschinen; 1700 von Blackburn und 691 von Fairey. Die Swordfish nahm als Torpedo-Bomber an vielen in die Geschichte eingegangenen Kämpfen des Zweiten Weltkrieges teil: die Dezimierung der italienischen Flotte bei Taranto im November 1940, die Schlacht von Kap Matapan im März 1941, die Lahmlegung der Bismarck und der Durchbruch der deutschen Schlachtschiffe durch den Ärmelkanal im Februar 1942 und eine lange Reihe von Schiffsversenkungen von Luftstützpunkten auf Malta aus. Mit Fortschreiten des Krieges wurde die Swordfish zum Begleitschutz von Geleitzügen und für Patrouillenflüge gegen U-Boote eingesetzt. Ihre zahllosen guten Flugeigenschaften veranschaulicht folgende Begebenheit: eine von Flakbeschuß beschädigte Maschine flog trotz

Ausfall eines Tragflügels praktisch als Eindecker von Nordafrika zur Reparatur nach England zurück.

Kurze technische Einzelheiten: (Mk.I)

Triebwerk: Ein 690 PS Bristol Pegasus III M. 3 Sternmotor
Spannweite: 13,86 m
Länge: 10,89 m
Höhe: 3,76 m
Leergewicht: 2145 kg
Fluggewicht: 3419 kg
Besatzung: 2 oder 3 Mann
Höchstgeschwindigkeit: 221 km/h in 1525 m Höhe

Dienstgipfelhöhe: 5870 m
Normale Reichweite: 874 km
Bewaffnung: Zwei 7,6 mm-Maschinengewehre; ein 730 kg-Torpedo, eine 680 kg-Mine oder entsprechende Bombenzuladung (Mk. II acht 27 kg-Raketengeschosse anstelle des Torpedos oder der Bomben).

Fiat B.R. 20 Cicogna (Storch)

Ursprungsland: Italien
Einsatzzweck: Mittelschwerer Bomber

Hersteller: Aeronautica d'Italia S.A. (Fiat)
Im Kriegseinsatz: 1940/44

Die Fiat B.R.20 erschien im Jahre 1936 als Bomberkonstruktion und wurde während des spanischen Bürgerkrieges zur Unterstützung der Truppen General Francos nach Spanien geschickt. In geringem Ausmaß wurde dieses Muster an die japanische Armee-Luftwaffe geliefert. Die beim Kampfeinsatz in diesen ersten Jahren zu Tage tretenden Mängel wurden bis zu einem gewissen Grad bei der späteren B.R.20 M Version ausgebügelt, und beim Eintritt Italiens in den Krieg waren zwischen 100 und 150 B.R.20 im Truppendienst bei der Regia Aeronautica. Im Oktober 1940 wurde ein Verband von 75 B.R.20 nach Brüssel geflogen, von wo aus einige Nachtangriffe auf England gemacht wurden; diese Flugzeuge wurden jedoch nach etwa drei Monaten wieder zurückgenommen, um den italienischen Luftüberfall auf Griechenland zu verstärken. Im Herbst 1942 wurde ein weiterer B.R.20 Verband zur Unterstützung der deutschen Luftwaffe an die russische Front abkommandiert, und in diesem Zeitraum wurden Cicognas auch zur Partisanenbekämpfung auf dem Balkan eingesetzt. Die Verluste waren schwer, und zum Zeitpunkt der italienischen Kapitulation 1943 war nur noch eine Handvoll B.R.20 übriggeblieben. Die gesamte Cicogna-

B.R. 20

Produktion umfaßte einschließlich der verbesserten B.R.20 bis etwa 600 Maschinen.

Kurze technische Einzelheiten: (B.R. 20M)

Triebwerke: Zwei 1000 PS Fiat A. 80 RC 41 Sternmotoren
Spannweite: 21,60 m
Länge: 16,16 m
Höhe: 4,75 m
Leergewicht: 6500 kg
Fluggewicht: 10 100 kg
Besatzung: 4 Mann

Höchstgeschwindigkeit: 408 km/h in 4100 m Höhe
Dienstgipfelhöhe: 7200 m
Größte Reichweite: 2979 km
Bewaffnung: Vier 7,7 mm Breda-SAFAT Maschinengewehre; bis zu 1600 kg Bombenzuladung

Fiat C.R. 42 Falco (Falke)

Ursprungsland: Italien
Einsatzzweck: Jagdflugzeug

Hersteller: Aeronautica d'Italia S.A. (Fiat)
Im Kriegseinsatz: 1940/45

In den 30er Jahren brachte die Divisione Aviazione der Fiat-Werke eine Reihe ansprechender Doppeldeckerkonstruktionen in der C.R.-Serie heraus, hier sei an die C.R.30, C.R.32, C.R.33 und C.R.40 erinnert. Alle diese Maschinen zeichneten sich durch hervorragende Flugleistung und sehr gute Manövrierfähigkeit aus; die Kunstflugvorführungen, besonders der C.R.32

waren seinerzeit Höhepunkte vieler Luftfahrtschauen, und dieses Baumuster war auch im spanischen Bürgerkrieg eingesetzt. 1936 erschien das aus dieser Reihe abgeleitete Doppeldeckerjagdflugzeug mit der Bezeichnung C.R.41. Das Muster wurde von einem 900 PS Gnôme-Rhône 14 Sternmotor angetrieben, kam aber trotz seiner ziemlich guten Flugleistung nicht in die Serienproduktion; es wurde jedoch zu einem guten Teil Grundlage zur Konstruktion und Entwicklung des letzten C.R.-Doppeldeckers von Fiat, des C.R.42, ebenfalls eines Jagdeinsitzers. Die C.R.42 wurde 1939 gebaut, der Prototyp hatte die allgemeinen — beinahe traditionellen baulichen Merkmale seiner Vorgänger, enthielt jedoch die neuesten technischen Verbesserungen und moderne Werkstoffe. Die C.R.42 blieb den ganzen Krieg hindurch im aktiven Truppendienst und wurde in vielen Einsatzarten wie Begleitschutz, Nachtjagd, als Jagdbomber, zusätzlich zum geplanten Einsatzzweck als Abfangjäger verwendet. Als Jagdbomber konnte die Maschine zwei 100 kg-Bomben unter den Tragflügeln mitführen. Eine Wasserflugzeugversion, die I.C.R.42, und eine Entwicklung, die von einem DB 601 Motor angetrieben wurde, die C.R.42B, wurden 1940 bzw. 1941 hergestellt. Insgesamt wurden 1781 Maschinen des Musters C.R.42 und aller seiner Varianten gebaut, ehe die Produktion 1942 auslief; sie flogen bei den Luftstreitkräften von Belgien, Schweden und Ungarn ebenso wie bei der Regia Aeronautica.

Kurze technische Einzelheiten:

Triebwerk: Ein 840 PS Fiat A.74 RC 38 Sternmotor
Spannweite: 9,69 m
Länge: 8,28 m
Höhe: 3,58 m
Leergewicht: 1720 kg
Fluggewicht: 2290 kg
Besatzung: 1 Mann

Höchstgeschwindigkeit: 426 km/h in 5320 m Höhe
Dienstgipfelhöhe: 9900 m
Normale Reichweite: 768 km
Bewaffnung: Zwei 12,7 mm Breda-SAFAT Maschinengewehre wahlweise zwei 100 kg-Bomben

Fiat G. 50 Freccia (Pfeil)

Ursprungsland: Italien
Einsatzzweck: Jagdflugzeug

Hersteller: Aeronautica d'Italia S.A. (Fiat)
Im Kriegseinsatz: 1940/45

Nach seinem Erstflug am 26. Februar 1937 durchlief der Jagdeinsitzer »Freccia« im folgenden Jahr die Erprobung im spanischen Bürgerkrieg. Die dabei gewonnenen Erkenntnisse wur-

G. 50bis

den in der abgeänderten G.50 bis verwendet, die ihren Erstflug im Herbst 1940 machte und als eine der Änderungen gegenüber der G.50 statt des geschlossenen,ein offenes Cockpit aufwies (siehe auch die Macchi C.200, Seite 178). Ein Geschwader der Regia Aeronautica war beim Eintritt Italiens in den Krieg am 10. Juni 1940 mit G.50 ausgerüstet, die kurze Zeit später durch G.50bis Maschinen ersetzt wurden. Insgesamt wurden 450 Flugzeuge der letztgenannten Version gebaut, wovon einige zusammen mit 280 G.50 auch exportiert wurden. Die Freccia war ein ansprechendes Flugzeug, das einige Ähnlichkeit mit seiner Zeitgenossin, der zur gleichen Zeit im Dienst befindlichen Macchi C.200 Saetta, hatte, jedoch unter dem allgemeinen Problem zu schwacher Triebwerksleistung litt; ihre Flugleistung kam nie an die damaliger alliierter oder deutscher Jagdflugzeuge heran. Die im Grunde brauchbare Konstruktion wurde durch die nachfolgende Weiterentwicklung der G.50 in die G.55 Centauro bewiesen, einer zweisitzigen Schulflugzeugversion in Tandemanordnung (100 gebaute Maschinen), welche die Bezeichnung G.50B erhielt.

Kurze technische Einzelheiten (G.50bis)

Triebwerk: Ein 840 PS Fiat A.74 RC 38 Sternmotor
Spannweite: 10,73 m
Länge: 7,80 m
Höhe: 2,96 m
Leergewicht: 1960 kg
Fluggewicht: 2400 kg

Besatzung: 1 Mann
Höchstgeschwindigkeit: 421 km/h in 4500 m Höhe
Dienstgipfelhöhe: 10 700 m
Normale Reichweite: 672 km
Bewaffnung: Zwei 12,7 mm Breda-SAFAT Maschinengewehre;

Fieseler Fi 156 Storch

Ursprungsland: Deutschland
Einsatzzweck: Allgemeines Verbindungs- und Aufklärungsflugzeug

Hersteller: Gerhard Fieseler Werke G.m.b.H.
Im Kriegseinsatz: 1939/45

Der Fieseler Storch ging nach seiner Konstruktion im Jahre 1935 und dem im darauffolgenden Jahr durchgeführten Erstflug gradewegs als Fi 156A-1 in die Serienherstellung für die Luftwaffe. Die Fi 156B war als ziviles Gegenstück geplant, jedoch

112

nicht verwirklicht, und die Fertigung wurde mit der C-Reihe für die Dauer des Jahres 1939 fortgesetzt. Die Fi 156 diente den ganzen Krieg hindurch in einer Vielzahl von Einsatzarten, darunter Transportflügen für die Truppenstäbe (Fi 156C-1), Nahaufklärung (Fi 156C-2), Kooperation mit der Infanterie (verschiedene Baumuster) und als Sanitätsflugzeug (Fi 156D); die Versuchsmaschine Fi 156E hatte ein besonderes geländegängiges Fahrgestell für Behelfspisten. Wegen der vorrangigen Bedeutung des Baues von Frontlinienflugzeugen waren die Fieseler-Flugzeugwerke hauptsächlich mit Lieferungen für den Abfangjäger Fw 190 beschäftigt, und die Fertigung der Fi 156 wurde an von Deutschen kontrollierte Werke in Puteaux im besetzten Frankreich und Mraz in der Tschechoslowakei vergeben. In Puteaux entwickelten die Morane-Saulnier Werke eine Zeitlang eine vergrößerte Version, die Fi 256, die fünf Passagiere befördern konnte, doch war dies im wesentlichen ein ziviles Projekt und wurde schließlich aufgegeben. Die gesamte Produktion des Storchs belief sich in der Kriegszeit auf 2549 Flugzeuge, von denen viele im Truppendienst der Luftstreitkräfte der mit Deutschland verbündeten Mächte sowie bei der deutschen Luftwaffe selbst eingesetzt waren.

Triebwerk: Ein 240 PS Argus As 10C
    hängender, luftgekühlter
    8-Zylinder V-Motor
Spannweite: 14,27 mm
Länge: 9,90 m
Höhe: 3,00 m
Leergewicht: 930 kg
Fluggewicht: 1320 kg

Besatzung: 2 Mann
Höchstgeschwindigkeit: 175 km/h in
    Meereshöhe
Dienstgipfelhöhe: 4600 m
Normale Reichweite: 377 km
Bewaffnung: Ein 7,9 mm-MG 15 in der
    hinteren Kanzel

Focke-Wulf Fw 189

Ursprungsland: Deutschland
Einsatzzweck: Aufklärungs-, Ver-
    bindungs- und Schulflugzeug

Hersteller: Focke-Wulf Flugzeugbau
    GmbH
Im Kriegseinsatz: 1940/45

Die Einsatzarten, für die die Fw 189 ursprünglich konstruiert wurde, waren Erdkampfunterstützung und leichte Bombenangriffe, und der erste Prototyp gab sein Debut Anfang 1938. Verschiedene Änderungen, besonders an der Kabinenvorderseite, wurden an der zweiten und dritten Maschine vorgenommen. Letztere wurde für Aufklärungs- und Verbindungszwecke ausgerüstet; mit der Annahme der Henschel Hs 129 (siehe Seite 325) als Spezialflugzeug für Tiefangriffe ging die Fw 189 schließlich als Aufklärungsflugzeug für die Luftwaffe im Jahre 1939 in die Serienfertigung. Gegen Ende 1940 kam das Muster

Fw 189A-1

in den Truppendienst (Fw 189A-1). Die Fertigung wurde mit den im allgemeinen identischen Nachfolgemustern Fw 189A-2 und A-3 bis 1944 fortgesetzt, in dieser Zeit wurden 846 Flugzeuge aller Versionen gebaut. Das Muster wurde in großem Ausmaß in Rußland eingesetzt, obwohl es auf den meisten anderen Kriegsschauplätzen in Europa ebenfalls anzutreffen war. Obwohl sie vorzüglich für Nahaufklärungsflüge ausgestattet war — die Sicht aus der stark verglasten Kabine war ausgezeichnet — zeigte die Fw 189 keine blendenden Flugleistungen und war Zielscheibe der feindlichen Abfangjäger. Aus diesem Grunde wurde sie mit Fortschreiten des Krieges zu weniger gefährlichen Einsätzen wie Verbindungsflügen, Ausfliegen von Verwundeten und Schulung in der Etappe herangezogen.

Kurze technische Einzelheiten: (Fw 189A-1)

Triebwerke: zwei 465 PS luftgekühlte Argus As 410A-1 hängende 12 Zylinder V-Motoren
Spannweite: 18,40 m
Länge: 12,00 m
Leergewicht: 2695 kg
Fluggewicht: 3950 kg
Besatzung: 3 Mann

Höchstgeschwindigkeit: 354 km/h in 2600 m Höhe
Dienstgipfelhöhe: 8400 m
Normale Reichweite: 688 km
Bewaffnung: Zwei 7,9 mm MG 17 und zwei 7,9 mm MG 15; wahlweise zwei 50 kg-Bomben

Focke-Wulf Fw 190

Ursprungsland: Deutschland
Einsatzzweck: Jagd- und Tiefangriffsflugzeug

Hersteller: Focke-Wulf Flugzeugbau G.m.b.H.
Im Kriegseinsatz: 1941/45

Die Focke-Wulf Fw 190 wurde von beiden kriegführenden Seiten als das wahrscheinlich beste Jagdflugzeug angesehen, das Deutschland im Zweiten Weltkrieg hervorgebracht hat; sie war als »zweite Geige« gegenüber der Messerschmitt Bf 109 gedacht. Der Prototyp machte seinen Erstflug am 1. Juni 1939. Trotz einigen Mißtrauens des Reichsluftfahrtministeriums in bezug auf luftgekühlte Sternmotoren wurde der BMW 139 14 Zylinder Doppelstern-Motor in den ersten Prototypen sehr erfolgreichen Flugversuchen unterzogen, und die Fw 190 wurde Deutschlands erster von einem Sternmotor angetriebener Jagdeindecker. Ihre

Fw 190F-8

späteren Flugleistungen hätten sicherlich alle Zweifel des RLM zerstreut, aber man war beim anfänglichen Einsatz des Musters vorsichtig, und so wurde die Maschine nicht vor August 1941 über England gesichtet. Die ursprüngliche Serie (Fw 190A) wurde mit dem leistungsstärkeren BMW 801 Doppelsternmotor ausgerüstet. Die Nachfolgemuster unterschieden sich hauptsächlich in der Feuerkraft. Die nächste größere Serie betraf die Fw 190D, die von einem Junkers Jumo 213 12 Zylinder V-Motor angetriebene »Langnasen«-Version, die 1943 in den Truppendienst kam. Der Einbau des flüssigkeitsgekühlten Jumo-V-Motors brachte verschiedene Änderungen der Zelle mit sich, obwohl die ringförmige Kühlerführung des Jumo den Eindruck eines mit Sternmotor angetriebenen Flugzeuges beibehielt. Tragflächen und Leitwerk der A-Serie blieben unverändert, der Rumpf wurde jedoch auf 10,30 m verlängert und die Höhenflosse etwas verbreitert. Es wurden Vorkehrungen zum Einbau einer 30 mm MK 108 Kanone im V-Motor der Fw 190D-12 und -13 getroffen, die durch die Propellernabe feuern sollte. Der Einbau des MW 50 Laders brachte eine weitere Leistungserhöhung: die Fw 190D-12 hatte eine Höchstgeschwindigkeit von 725 km/h in 11 300 m Höhe. Die weitere Entwicklung der von Jumo angetriebenen D-Reihe wurde später unter der neuen Bezeichnung Ta 152 fortgesetzt (siehe Seite 311). Es gab keine Fw 190E, und die Fw 190F wurde aus der A entwickelt mit zusätzlicher Panzerung für Tiefangriffseinsätze und Wegfall der

116

äußeren Flügelkanonen. Die Fw 190G war ein Jagdbomber, der im Normalfall eine 500 kg-Bombe oder eine 1000 kg-Bombe unter der Rumpfmitte tragen konnte.

Kurze technische Einzelheiten: (Fw 190A-8)

Triebwerk: Ein 1800 PS BMW 801D-2 14 Zylinder Doppelsternmotor
Spannweite: 10,52 m
Länge: 8,85 m
Höhe: 3,96 m
Leergewicht: 3180 kg
Fluggewicht: 4430 kg
Besatzung: 1 Mann

Höchstgeschwindigkeit: 715 km/h in 6180 m Höhe
Dienstgipfelhöhe: 11 400 m
Normale Reichweite: 800 km
Bewaffnung: Vier 20 mm MG 151 Kanonen und zwei 13 mm MG 131 Maschinengewehre

Focke-Wulf Fw 200 C Condor

Ursprungsland: Deutschland
Einsatzzweck: Langstrecken- Seeaufklärungsbomber

Hersteller: Focke-Wulf Flugzeugbau G.m.b.H.

Obwohl sie ursprünglich ein Zivilflugzeug war, das für militärische Zwecke umgebaut wurde, bewährte sich die Fw 200 Condor im Zweiten Weltkrieg als See-Aufklärungsbomber. In dieser Eigenschaft arbeitete sie mit U-Booten zusammen und bildete eine der wirksamsten Kampfgemeinschaften der Luftwaffe während des Krieges, und manch ein Geleitzug beklagte den Augenblick, in dem eine Condor über dem Horizont gesich-

Fw 200C-3U1

tet wurde. Der Prototyp des zivilen Transportflugzeuges Fw 200 machte 1937 seinen Erstflug, gefolgt von einigen Fw 200A und der ersten größeren Serienversion, der Fw 200B. Die Arbeit an der Umkonstruktion zum Bomber begann 1939 auf Ersuchen der an einem solchen Projekt interessierten japanischen Armeeluftwaffe. Diese Version hatte stärkere Triebwerke und erhielt die Bezeichnung Fw 200C; der Krieg war jedoch vor Fertigstellung der ersten Maschine ausgebrochen, und das Projekt wurde sofort von der deutschen Luftwaffe für den Einsatz als See-Aufklärer aufgegriffen. In der Zwischenzeit wurden die zivilen Fw 200B und die wenigen O-Serienmaschinen der C-Reihe als Transportmaschinen in den Truppendienst geholt. Die Serienfertigung wurde bis Anfang 1944 mit den Nachfolgemustern C-1, -2, -3, -4 und -6 fortgesetzt, von allen Varianten wurden zusammen 263 Condor gebaut. Gegen Kriegsende, als die Überfalltaktik der Fw 200 an Wirksamkeit verlor, wurden einige Condor wieder zu Transporteinsätzen für Hitler und seinen Stab abkommandiert. Eine geplante Entwicklung mit größerer Spannweite und V-Motoren größerer Leistung, die Fw 300, kam über das Entwurfsstadium nicht hinaus.

Kurze technische Einzelheiten: (Fw 200C-3)

Triebwerke: Vier 1000 PS Bramo 9 Zylinder Sternmotoren 323R-2
Spannweite: 33,02 m
Länge: 23,87 m
Höhe: 7,13 m
Leergewicht: 14 180 kg
Fluggewicht: 22 600 kg
Besatzung: 8 Mann

Höchstgeschwindigkeit: 384 km/h in 3970 m Höhe
Dienstgipfelhöhe: 8760 m
Größte Reichweite: 6320 km
Bewaffnung: Eine 20 mm MG FF Kanone und fünf 7,9 mm MG 15 Maschinengewehre; 1500 kg Bombenzuladung

Gloster Gladiator

Ursprungsland: Großbritannien
Einsatzzweck: Jagdflugzeug
Hersteller: Gloster Aircraft Co. Ltd.

Spezifikation: F.7/30
Im Kriegseinsatz: 1939/41

Als private Weiterentwicklung der Gauntlet, der sie außer dem geschlossenen Cockpit und dem leistungsstärkeren Triebwerk in sehr starkem Maße glich, war die Gladiator das letzte Jagd-

Gladiator Mk.II

flugzeug in Doppeldeckerauslegung im Dienst der RAF. Im Juli 1935, wenig mehr als ein Jahr nach dem Erstflug des ersten Prototyps (K 5200) wurden 23 Gladiator MK.I vom Air Ministry bestellt; ein weiterer Auftrag von 186 Maschinen folgte zwei Monate später, und im Frühjahr 1940 war die Produktion mit einem zusätzlichen Fertigungslos von 60 Stück für den FAA als Sea-Gladiator gebaute Flugzeuge abgeschlossen. Letztere wurden vom Mercury VIIIA Motoren angetrieben ebenso wie die Gladiator Mk.II, die auch andere Verbesserungen aufwies. Die Gladiator kam im Januar 1937 in den Truppendienst der RAF und die Sea-Gladiator im Februar 1939 zur Royal Navy. Zu den 60 als solchen gebauten Sea-Gladiator kamen 38 weitere umgebaute Maschinen von der RAF. 1939 bzw. 1940 wurden diese Flugzeuge größtenteils durch modernere Muster abgelöst, doch wurden sie in geringerer Anzahl in und um Europa in der Schlacht um England und nicht zuletzt bei der heldenhaften Verteidigung Maltas eingesetzt.

Kurze technische Einzelheiten: (Mk. I)

Triebwerk: Ein 840 PS Bristol
    Mercury IX Sternmotor
Spannweite: 9,83 m
Länge: 8,36 m
Höhe: 3,14 m
Leergewicht: 1578 kg
Fluggewicht: 2159 kg
Besatzung: 1 Mann

Höchstgeschwindigkeit: 405 km/h in
    4420 m Höhe
Dienstgipfelhöhe: 10 090 m
Normale Reichweite: 656 km
Bewaffnung: Vier 7,6 mm-Browning
    Maschinengewehre

Meteor F. Mk.III

Gloster Meteor

Ursprungsland: Großbritannien
Einsatzzweck: Jagdflugzeug
Hersteller: Gloster Aircraft Co. Ltd.

Spezifikation: F.9/40
Im Kriegseinsatz: 1944/45

Englands erster — und einziger Düsenjäger der Alliierten, der noch im Zweiten Weltkrieg eingesetzt wurde, war die Gloster Meteor, die erstmals im letzten Kriegsjahr zum Truppendienst kam, obwohl ihre Entwicklung bereits in den ersten Kriegstagen begonnen hatte. Die Meteor, eine Konstruktion W. G. Carters und seines Teams, war zweistrahlig ausgelegt, um genügend Schub aus dieser neuen Antriebsart zu erhalten; bei ihrem Entwurf nutzte man auf jede nur erdenkliche Art alle mit der Gloster G.40 gemachten Erfahrungen (einsitzige Maschine entsprechend Spezifikation E.28/39, Erstflug im Mai 1941). Im September 1941 kam ein Auftrag für acht Prototypen und die bescheidene Serienfertigung von 20 Meteor Mk.I. Es ist wenig bekannt, daß das Flugzeug zu jener Zeit und bis März 1942 »Thunderbolt« genannt wurde; die spätere Namensänderung sollte Verwechslungen mit dem amerikanischen Jagdflugzeug P-47, das den gleichen Namen trug, vermeiden. Der Erstflug der Meteor fand am 5. März 1943 mit dem fünften Prototyp (DG 206) statt, diese und die zweite Maschine wurde von Düsentriebwerken Halford H.1 (680 kp-Schub) angetrieben,

120

Vorläufer der später in die Vampire eingebauten de Havilland Goblin. Ein weiterer Prototyp erhielt Metrovick F.2 Triebwerke, doch die übrigen Maschinen wurden mit einer Vielzahl von Weiterentwicklungen der Whittle Turbine angetrieben. Das erste Serienflugzeug Meteor F. Mk.I kam im Austausch für ein Exemplar von Amerikas erstem Düsenflugzeug, der P-59 Airacomet, zu Studienzwecken in die Vereinigten Staaten, und nur 16 der 20 Mk.I fanden ihren Weg zum Truppendienst der RAF. Die ersten Maschinen (773 kp Schub Welland I) wurden im Juli 1944 an die 616. Staffel ausgeliefert und machten Ende des Monats ihre ersten Einsatzflüge gegen V-1. Anfang 1945, als die Mk.III ebenfalls im Truppendienst war, begannen die Meteor ihre Unternehmungen auf das europäische Festland zu erweitern, um den deutschen Me 262 entgegenzutreten. Wenige Exemplare der 280 gebauten Meteor III hatten außer zusätzlicher Kraftstoffkapazität und einer abgeänderten Flugzeugkanzel verlängerte Triebwerksverkleidungen, die bei allen Meteor-Baumustern nach dem Kriege eingeführt wurden.

Kurze technische Einzelheiten: (Mk. III)

Triebwerke: Zwei Rolls-Royce Derwent I TL-Triebwerke mit 908 kp Schub
Spannweite: 13,21 m
Länge: 12,57 m
Höhe: 3,97 m
Leergewicht: 4000 kg
Fluggewicht: 6040 kg

Besatzung: 1 Mann
Höchstgeschwindigkeit: 789 km/h in 9150 m Höhe
Dienstgipfelhöhe: 13 420 m
Normale Reichweite: 2145 km
Bewaffnung: Vier 20 mm-Hispano-Kanonen

Grumman F4F Wildcat

Ursprungsland: USA
Einsatzzweck: Trägergestützter Jäger und Jagdbomber
Hersteller: Grumman Aircraft Engineering Corporation

Andere US-Bezeichnungen: FM-1 und -2
Im Kriegseinsatz: 1940/45

Die faßförmige Grumman Wildcat war zur Zeit des amerikanischen Kriegseintritts der Standard-Jagdeinsitzer der US Navy, und war als die Martlet beim Fleet Air Arm mehr als ein Jahr

F4F-4

vor diesem Zeitpunkt im Einsatz. Die Martlet war das erste amerikanische Flugzeug im britischen Truppendienst, das einen deutschen Bomber abschoß. Der Prototyp wurde aus einer langen Reihe von Grumman Doppeldeckern (Marine-Jagdflugzeugen) entwickelt und erhielt die Bezeichnung XF4F-2; Antrieb durch einen 1050 PS R-1830-66 Wasp Motor, der Erstflug erfolgte am 2. September 1937. Nach umfassenden Änderungen wurde 1939 ein Auftrag für 78 F4F-3 erteilt, dem ein weiterer Auftrag von 243 F4F-4 sowie eine Anzahl von F4F-5 im Jahre 1941 folgten. Nach diesem ersten US-Auftrag wurde die G-36A Exportversion der F4F-3 von der Royal Navy erworben, ab Oktober 1940 traten 85 als mit Cyclone Motor angetriebene Martlet I in den Truppendienst. Diesen Maschinen folgten 1941 90 Mk.II und 40 Mk.III, beide Muster von Twin Wasp angetrieben, die erste Lieferung jedoch mit Klappflügeln zum besseren Abstellen an Deck der Flugzeugträger. Unter dem Pacht- und Leihabkommen wurden die Auslieferungen an die Royal Navy mit 220 Martlet IV, 312 Mk.V und 370 Mk.VI fortgesetzt. Grumman baute bis Mai 1943 1971 Wildcat, dann wurde der Bau an die Eastern Aircraft Division von General Motors übertragen. Die von Eastern gebauten Wildcat — insgesamt 5972 — erhielten die Bezeichnungen FM-1 und FM-2, denen auch die britischen Mk.V und VI entsprachen; die Merkmale der FM-2 waren größere Höhe von Seitenflosse und -ruder und eine etwas verlängerte Motorverkleidung. Die britischen Martlet, die im

Januar 1944 wieder in Wildcat umbenannt wurden, operierten sowohl von Trägerbasen der Kriegs- als auch der Handelsmarine im Atlantik und Mittelmeer; sie machten Flüge zum Schutz von Geleitzügen, zur U-Boot-Bekämpfung und Erdkampfunterstützung. Bei der US Navy im Pazifik hatte die Wildcat trotz oft zahlenmäßig überlegener japanischer Gegner und verschiedener aerodynamischer Nachteile gute Kampferfolge.

Kurze technische Einzelheiten: (F4F-3)

Triebwerk: Ein 1200 PS Pratt & Whitney R-1830-76 Twin Wasp Doppelsternmotor
Spannweite: 11,60 m
Länge: 8,79 m
Höhe: 3,63 m
Leergewicht: 2425 kg
Fluggewicht: 3181 kg

Besatzung: 1 Mann
Höchstgeschwindigkeit: 525 km/h in 6400 m Höhe
Dienstgipfelhöhe: 11300 m
Größte Reichweite: 1840 km
Bewaffnung: Vier 12,7 mm-Maschinengewehre; zwei 45 kg-Bomben wahlweise

Grumman F 6 F Hellcat

Ursprungsland: USA
Einsatzzweck: Trägergestütztes Jagdflugzeug
Hersteller: Grumman Aircraft Engineering Corporation

Im Kriegseinsatz: 1943/45

Nach dem Erfolg des vorangehenden Wildcat-Jagdflugzeuges, das selbst aus einer langen Reihe von Marine-Kampfflugzeugen stammte, wurde im Frühjahr 1941 damit begonnen, eine noch weiter verbesserte Version herauszubringen. Das Ergebnis dieser Untersuchung, die XF6F-3 Hellcat, machte am 26. Juni 1942 ihren Jungfernflug. Als logische Weiterentwicklung der Wildcat war es ein aerodynamisch besser ausgebildetes Flugzeug, trotz größerer Abmessungen und Gewichte zeigte es beträchtlich bessere Flugleistungen. Auf den Taktstraßen von Grumman löste es die F4F in der zweiten Jahreshälfte 1942 ab, die ersten Auslieferungen für den Truppendienst (die F6F-3) waren im Januar 1943. Von diesem Zeitpunkt bis zum Auslaufen der Hellcat-Produktion im November 1945 kamen 12 272 Flugzeuge aus den Grumman-Werken. Die wichtigsten Serienversionen

F6F-3

waren die F6F-3 (4423 Stück gebaut) und die F6F-5 (6436 Stück gebaut). Von ihrem ersten Kampfeinsatz über Marcus Island im Dienst der US-Pazifik-Flotte wurde am 1. September 1943 berichtet, obwohl sie gleichzeitig zum Dienst im Fleet Air Arm kam. Die ersten Hellcat I des Fleet Air Arm waren F6F-3; davon wurden 252 Maschinen ausgeliefert, die eine Zeitlang unter dem Namen Gannet bekannt wurden. Spätere Maschinen waren die F6F-5 (Hellcat II), eine verbesserte Version: von diesen Maschinen erhielt der Fleet Air Arm 930 Stück, von denen später 75 mit in die Tragflügel montiertem Radar für die Nachtjagd ausgerüstet wurden, parallel zu den F6F-5N der US Navy. Nach dem Tag der japanischen Kapitulation wurden alle britischen Hellcat an die USA zurückgegeben. In den späteren Kriegsjahren erhöhte sich die Kampfkraft der Maschinen durch die Möglichkeit zum Tragen von jeweils einem Paar 454 kg-Bomben oder Raketengeschossen.

Kurze technische Einzelheiten: (F6F-3)

Triebwerk: Ein 2000 PS Pratt & Whitney R-2800-10 Double Wasp Doppelsternmotor
Spannweite: 13,05 m
Länge: 10,10 m
Höhe: 3,97 m
Leergewicht: 4100 kg
Fluggewicht: 5160 kg

Besatzung: 1 Mann
Höchstgeschwindigkeit: 602 km/h in 5280 m Höhe
Dienstgipfelhöhe: 11720 m
Normale Reichweite: 1745 km
Bewaffnung: Sechs 12,7 mm-Browning Maschinengewehre

Grumman TBF Avenger

Ursprungsland: USA
Einsatzzweck: Torpedo-Bomber
Hersteller: Grumman Aircraft
    Engineering Corporation

Andere US-Bezeichnungen: TBM
Im Kriegseinsatz: 1942/45

Einer der erfolgreichsten Torpedo-Bomber des Zweiten Weltkrieges — und viele weitere Jahre danach — war die Grumman Avenger, die als XTBF-1 1941 den Erstflug machte und die
Douglas Devastator ablösen sollte. Es handelte sich um eines
der ersten amerikanischen Serienflugzeuge mit einem kraftbetätigten Drehturm und eine der wenigen Maschinen, die einen
55,8 cm-Torpedo im Rumpfinneren mitführen konnten. Die
Avenger ließ sich, obwohl sie nach den damaligen Flugzeug-
trägernormen eine große Maschine war, an Bord gut handhaben und kam zuerst im Frühjahr 1942 in den Truppendienst.
Vor ihrem ersten Kriegseinsatz über Midway berichtete man im
Juni 1942. Nach einem Jahr wurde die Fertigung der Avenger
der Eastern Aircraft Division von General Motors übertragen,
nachdem Grumman 2290 TBF-1 gebaut hatte. Von Eastern gebaute Avengers erhielten die Bezeichnung TBM-1 (2882 Maschinen) und TBM-3 6664 Stück fertiggestellt), und diese beiden
Grundversionen überdauerten schließlich die TBF im US-Trup-
pendienst. Annähernd 1000 Avengers verschiedener Muster
wurden ab Anfang 1943 an den Fleet Air Arm geliefert. Die ersten 402 TBF-1 wurden bis zur Festlegung des amerikanischen
Namens als Norm im Januar 1944 als die Tarpon bekannt; spätere Auslieferungen von 334 TBM-1 und 222 TBM-3 erhielten
die Benennung Avenger II bzw. III. Infolge der Schwierigkei-

TBF-1

ten, britische Torpedos in den amerikanischen Maschinen unterzubringen, verwendete der Fleet Air Arm die Avenger meistenteils als Bomber, Minenleger oder Flugzeuge für Raketenangriffe, Aufgaben, die sie mit nicht geringem Erfolg durchführte. Avenger waren nebenbei die ersten Flugzeuge des Fleet Air Arm, die im Juli 1945 das japanische Mutterland angriffen; andere Maschinen wurden gegen Landziele in Deutschland eingesetzt. Das letzte Serienmodell mit verbessertem Double Cyclone-Motor war die TBM-4.

Kurze technische Einzelheiten: (TBF-1)

Triebwerk: Ein 1850 PS Wright R-2600-8 Double Cyclone-Doppelsternmotor
Spannweite: 16,50 m
Länge: 12,20 m
Höhe: 5,00 m
Leergewicht: 4580 kg
Fluggewicht: 6200 kg
Besatzung: 3 Mann

Höchstgeschwindigkeit: 434 km/h in 3660 m Höhe
Dienstgipfelhöhe: 7005 m
Normale Reichweite: 1630 km
Bewaffnung: Drei 12,7 mm- und zwei 7,62 mm Maschinengewehre; bis zu 908 kg Bomben, einen 874 kg-Torpedo oder acht Raketengeschosse

Handley Page Halifax

Ursprungsland: Großbritannien
Einsatzzweck: Schwerer Bomber
Hersteller: Handley Page Ltd.

Spezifikation: P.13/36
Im Kriegseinsatz: 1940/45

Die Halifax war das Erzeugnis der ersten GmbH für Flugzeugherstellung in Großbritannien und der zweite viermotorige schwere Bomber, der nur einige Monate nach der Stirling in den Truppendienst kam. Sie wurde für dieselbe Spezifikation entwickelt, nach der die Avro Manchester (Seite 269) entstand, und die Herstellung der beiden Prototypen begann im Januar 1938. Die erste Maschine (L 7244) flog im Oktober 1939; 13 Monate später wurde die erste Halifax-Staffel des Bomberkommandos gebildet. 1941 wurde die Produktion ausgedehnt, und »Satelliten«-Fabriken waren English Electric (die 2145 Maschinen bauten), Rootes (1070), Fairey (661) und die London Aircraft Production Group (710). Die Reihenfolge begann mit der Mk.I Reihe I und setzte sich mit der Reihe II (höheres Flugge-

Halifax Mk.I

wicht), Reihe III (zusätzlicher Kraftstoff), Mk.II Reihe I (Drehturm auf dem Rumpfrücken, keine Bugwaffen, 1390 PS Merlin
XX), Mk.II, Reihe I Spezial (Drehtürme in Rumpfbug und Rumpfrücken entfernt) und die Mk.II, Reihe IA (überarbeitet, und länger verglaster Rumpfbug, neuer Drehturm auf Rumpfrücken,
1390 PS Merlin XXII). Mit späteren Modellen des letztgenannten Baumusters wurden rechtwinklige Flossen und Ruderklap-
pen eingeführt. Es folgte der Bomber/Aufklärer Mk.V, der im
allgemeinen der Mk.II entsprach. Mitte 1943 erschienen bei der
Halifax III Sternmotore als Antrieb, ein einziehbares Spornrad
und eine gegenüber dem ursprünglichen Modell vergrößerte
Spannweite von 30,15 m. Kurz vor Kriegsende erschien die

Halifax Mk.II Serie I

Halifax B. Mk.VI

verbesserte Mk.VI (1800 PS Hercules 100, zusätzlicher Kraftstoff) und VII (Hercules XVI). Einige Halifax III, V und VII waren
für den Fallschirmjägertransport, zum Betrieb als Schleppflugzeug und zum Absetzen von Agenten eingerichtet. Gerade
noch vor Kriegsende in den Truppendienst kam die Mk.VIII als
Transportflugzeug mit stromlinienförmig verkleideten Waffen-
einbauten und einem demontierbaren Frachtbehälter von 3640
kg Tragkraft unter dem Rumpf; die letzte Version war der
Nachkriegstransporter Mk.IX. Die gesamte Halifax-Produktion
von 6176 Flugzeugen umfaßte 2050 Mk.I/II, 2060 Mk.III, 916
Mk.V, 480 Mk.VI, 395 Mk.VII, über 100 Mk.VIII; die übrigen Maschinen waren Mk.IX. Zu den Einsätzen über den europäischen
Kriegsschauplätzen beim Bomber- und Küstenkommando kam
auch der erfolgreiche Dienst im Mittleren Osten, wo die Halifax
als einziger britischer viermotoriger Bomber im Einsatz war.

128

Kurze technische Einzelheiten: (Mk. III)

Triebwerke: Vier 1650 PS Bristol Hercules XVI Doppelstern-motoren
Spannweite: 31,75 m
Länge: 21,37 m
Höhe: 6,32 m
Leergewicht: 17400 kg
Fluggewicht: 24700 kg

Besatzung: 7 Mann
Höchstgeschwindigkeit: 435 km/h in 4110 m Höhe
Dienstgipfelhöhe: 7320 m
Normale Reichweite: 1650 km
Bewaffnung: Neun 7,7 mm-Browning-Maschinengewehre; bis zu 5900 kg Bombenzuladung

Handley Page Hampden

Ursprungsland: Großbritannien
Einsatzzweck: Mittelschwerer Bomber
Hersteller: Handley Page Ltd.

Spezifikation: B.9/32
Im Kriegseinsatz: 1939/44

Als ein leicht zu fliegendes Flugzeug, das schneller als die Whitley oder Wellington war und eine gute Reichweite mit einer ansehnlichen Bombenzuladung besaß, hätte die Handley Page Hampden größere Anerkennung verdient, als es tatsächlich der Fall war. Trotz einer Anzahl von Mängeln leistete diese Maschine nützliche Dienste und war beim Ausbruch des Zweiten Weltkrieges einer der »schweren« Standard-Bomber der RAF zu jener Zeit. Als erste Bomberkonstruktion in Eindeckerauslegung von Handley Page wies die Hampden verschiedene neue Merkmale auf, wovon das wichtigste ihr »Kaulquappen«- oder »Bratpfannen«-Rumpf war, der an der dicksten Stelle nur 90 cm breit war. Nur zwei Monate nach dem Erstflug des Prototyps (K 4240) am 21. Juni 1936 wurde ein Fertigungsauftrag für 180 Hampden erteilt. Gleichzeitig wurden 100 Hereford (siehe Seite 319) bestellt. An den Serien-Hampden wurden einige Änderungen durchgeführt, darunter neue Pegasus-Triebwerke, Bewaffnungsänderungen und eine neue durchsichtige Perspex-Rumpfnase; die Auslieferungen dieser Maschinen begannen im August 1938. Bei Kriegsausbruch waren acht RAF Staffeln mit dem Baumuster ausgerüstet, das anfangs für Tageseinsätze verwendet wurde. Einer der schwersten Mängel der Hampden war ihre unzureichende Abwehrbewaffnung, die sich schnell in großen Verlusten bei Feindflügen niederschlug, und das Muster wurde bald den weniger gefährlichen Nachtangriffen zuge-

Hampden Mk.I

wiesen. Obwohl eine geringe Anzahl von Hampden am ersten
Tausend-Bomber-Angriff auf Köln Ende Mai 1942 teilnahm, war
das Flugzeug zu dieser Zeit bereits veraltet, und Mitte September flog es seinen letzten Einsatz beim Bomberkommando. Es
sollte jedoch eine neue Aufgabe unter dem Küstenkommando
als Minenleger und Torpedobomber übernehmen. Für letzteren
Einsatzzweck, bei dem die Hampden keinen geringen Erfolg
hatte, wurde der Torpedo in einem erweiterten Bombenschacht
transportiert. Die Serien-Fertigung der Hampden Mk.I (es gab
nur zwei Mk.II) umfaßte 500 von Handley Page gebaute Maschinen, 770 von English Electric und 160 von Canadian Asso-
ciated Aircraft Ltd; einige Hereford wurden durch Triebwerks-
umbau auch auf Hampden-Standard gebracht.

Kurze technische Einzelheiten: (Mk. I)

Triebwerke: Zwei 965 PS Bristol
Pegasus XVIII Sternmotoren
Spannweite: 21,10 m
Länge: 16,33 m
Höhe: 4,34 m
Leergewicht: 5350 kg
Fluggewicht: 8525 kg
Besatzung: 4 Mann

Höchstgeschwindigkeit: 426 km/h in
4740 m Höhe
Dienstgipfelhöhe: 6920 m
Normale Reichweite: 3190 km
Bewaffnung: Sechs 7,7 mm-
Maschinengewehre; bis zu
1835 kg Bombenzuladung

Hawker Hurricane

Ursprungsland: Großbritannien
Einsatzzweck: Jäger und Jagdbomber
Hersteller: Hawker Aircraft Ltd.

Spezifikation: F.36/34
Im Kriegseinsatz: 1939/45

Als erstes Jagdflugzeug der RAF in Eindeckerauslegung und als ihre erste Maschine, die in der Lage war, schneller als 480 km/h zu fliegen, bewies die Hurricane den ganzen Krieg hindurch hohe Anpassungsfähigkeit und Vielseitigkeit. In der Luftschlacht um England waren mehr als 60% der Jagdstaffeln mit ihr ausgerüstet; mehr als die Hälfte der im ersten Kriegsjahr auf deutscher Seite verlorenen Flugzeuge wurden von Hurricane abgeschossen; in Nordafrika war sie ein leistungsfähiger leichter Bomber und Panzerknacker; auf See gab sie wertvollen Schutz für Geleitzüge, im Fernen Osten diente sie als Nachtjäger, und in Rußland leistete sie bei den sowjetischen Streitkräften vollwertige Arbeit. Sydney Camm hat die Hurricane Anfang 1934 konzipiert, und am 21. Februar 1935 wurde ein Auftrag über ein Flugzeug erteilt. Dieser Prototyp (K 5083) flog am 6. November desselben Jahres und erreichte bei den Flugversuchen eine Geschwindigkeit von 504 km/h. Im November 1936 erfolgte ein Fertigungsauftrag über 600 Stück, und der Name Hurricane wurde übernommen; die erste Serie Mk.I (Merlin II Motor) kam im Dezember 1937 in den Truppendienst zur 111. Staffel, und bei Kriegsausbruch waren annähernd 500

Hurricane Mk.I

Maschinen bei achtzehn Staffeln im Truppendienst. Während der Schlacht um England war ihre Fluggeschwindigkeit etwas schlechter als die der Bf 109E, die Hurricane konzentrierten sich hauptsächlich auf die Abfangjagd der angreifenden Bomber. Die Produktion wurde in Jahresmitte 1940 auf die Mk.IIB (zwölf 7,7 mm-Maschinengewehre) und IIC (vier 20 mm-Kanonen umgestellt; diese Versionen erreichten die Staffeln im Laufe des Jahres 1941. Im Oktober 1941 erschienen die »Hurri-Bomber«-Versionen der IIB und IIC, die zwei 113 kg-Bomben unter dem Tragflügel mitführen konnten, und Mitte 1942 erschien die Mk.IID mit verstärkten Tragflügeln für zwei 4 cm-Bordkanonen für Tiefangriffe; obwohl ihre Geschwindigkeit auf 457 km/h verringert wurde, und jeder Schuß mit den 4 cm-Kanonen die Flugzeugnase um 5 Grad herabzog, so daß das Ziel vor dem nächsten Schuß wieder neu anvisiert werden mußte, hatte die Hurricane IID trotzdem einen nicht geringen Einsatzerfolg bei der Panzerbekämpfung.

Im März kam die Hurricane IV (1620 PS Merlin 24 oder 27) in den Truppendienst und der folgende September sah die Lenkwaffenträgerversionen der IIB, IIC und IV im Kriegseinsatz.

Die Sea-Hurricane IA, volkstümlich die »Hurricat«, war eine umgebaute Hurricane I, die mit einer Katapultvorrichtung (Catapult Aircraft Merchantmen) starten konnte; wenigstens 800 Umbauten zur Sea-Hurricane IA wurden in Auftrag gegeben. Sie erschien 1941 bei der Merchant Ship Fighter Unit auf Winston Churchill's Befehl hin, um die Geleitzüge gegen die angreifenden deutschen Fw 200C Condor durch Flugzeuge zu schützen. Es

See-Hurricane Mk. IA an Bord eines C.A.M.-Schiffes

Hawker Tempest

Ursprungsland: Großbritannien
Einsatzzweck: Jäger und Jagdbomber
Hersteller: Hawker Aircraft Ltd.

Spezifikation: F.10/41
Im Kriegseinsatz: 1944/45

Vorschläge für eine MkII Version der Typhoon (Seite 137) mit verbesserter Sicht aus der Kanzel und verbessertem Rumpfheck, einem verbesserten Sabre Triebwerk, mit vierblättriger Luftschraube und dünnem elliptischen Tragflügel wurden dem Luftfahrtministerium im August 1941 vorgelegt. Bei Erörterung dieses Vorschlages wurde ein mit Centaurus-Motor angetriebener Tornado Prototyp fertiggestellt, aber mit Streichung des Tornado wurde das Centaurusprogramm auf die Typhoon übertragen; der Bristol Motor paßte nicht in die Typhoon I, daher wurde er in das Mk.II Projekt einbezogen. Hawker war bereits aufgefordert worden, zwei Prototypen zu bauen, einen mit Sabre II und einen mit Rolls-Royce Griffon Triebwerk, und um Irrtümer zu vermeiden, wurde der Name Tempest für das neue Vorhaben übernommen. Im Juni 1942 schlug das Flugzeugministerium sechs Prototypen vor: einen mit Sabre IV (Tempest I); zwei mit Centaurus (Mk.II); zwei mit Griffon (Mk.III und IV); und einen mit Sabre II (Mk.V). Hawker entschied sich jedoch zur Konzentration auf die Mk.I, II und V. Die Prototypen dieser drei Versionen machten ihre jeweiligen Erstflüge am 24. Februar 1943, 28. Juni 1943 und 2. September 1942. Da das Sabre II-Triebwerk bereits erprobt war, ging die Tempest V zuerst in Produktion, und sie war dann auch die einzige Version,

Tempest F. Mk.V

die zum Kriegseinsatz kam. 805 Mk.V wurden fertiggestellt. Die ersten Maschinen kamen im Januar 1944 in den Truppendienst. Obwohl die Tempest ebenso wie die Typhoon auf Eisenbahnzüge überall in Europa angesetzt wurde, erinnert man sich am ehesten an ihre Bekämpfung der V1 über Südengland und dem Ärmelkanal, als in den drei Monaten Juni bis September 1944 von Tempest-Staffeln 648 dieser Flugbomben abgeschossen wurden. Bei der zweiten taktischen Luftflotte auf dem europäischen Kontinent ermöglichte die ausgezeichnete Flugleistung der Tempest die Vernichtung der beträchtlichen Zahl von 20 Me 262. Die Tempest II (2500 PS Centaurus V oder VI) kam im August 1944 in die Fertigung. Die Zahl der gebauten Maschinen erreichte zuletzt 450 Stück, die jedoch erst drei Monate nach Kriegsende die Staffeln der RAF erreichten. Ihnen folgten 142 Tempest VI (2700 PS Sabre VA).

Kurze technische Einzelheiten: (Mk. V)

Triebwerk: Ein 2420 PS Napier Sabre IIB H-Motor
Spannweite: 12,50 m
Länge: 10,21 m
Höhe: 4,90 m
Leergewicht: 4200 kg
Fluggewicht: 5240 kg
Besatzung: 1 Mann

Höchstgeschwindigkeit: 696 km/h in 5180 m Höhe
Dienstgipfelhöhe: 11110 m
Größte Reichweite: 2445 km
Bewaffnung: Vier 20 mm-Hispano-Kanonen; zwei 454 kg-Bomben oder acht Raketengeschosse

Hawker Typhoon

Ursprungsland: Großbritannien
Einsatzzweck: Jagd- und Tiefangriffsflugzeug
Hersteller: Hawker Aircraft Ltd.

Spezifikation: F.18/37
Im Kriegseinsatz: 1941/45

Obwohl die Typhoon in ihrer ursprünglich konzipierten Rolle als Abfangjäger nicht besonders erfolgreich war, wurde sie später das wahrscheinlich beste Tiefangriffsflugzeug beider kriegführenden Seiten im Zweiten Weltkrieg. Die Konstruktion begann im März 1937, und am 30. August 1938 wurde ein Auftrag für vier Prototypen — zwei »Type N« (mit Napier Sabre) und zwei »Type R« (mit Rolls-Royce Vulture) erteilt, die

Typhoon Mk.IB

später Typhoon und Tornado genannt wurden. Die Tornado
wurde ein Opfer der Produktionseinschränkung des Vulture-
Motors, und nur eine Maschine wurde außer den beiden Prototypen fertiggestellt. Der Typhoon-Prototyp (P 5212) machte am
24. Februar 1940 seinen Erstflug, aber die erste Typhoon IA
flog erst am 26. Mai 1941. Die IA (zwölf 7,6 mm-Maschinengewehre) wurde im Juli 1941 an die RAF-Staffeln ausgeliefert. Inzwischen forderte das Flugzeugministerium im Oktober 1940
dringend die Herstellung eines Jagdflugzeuges gegen die Überraschungsangriffe von Fw 190, die sogar den Spitfire davonflo-
gen. Die Typhoon hatte die notwendige Fluggeschwindigkeit,
und Hawker stellte nun die Mk.IB her, die mit vier 20 mm-Kanonen bewaffnet im September 1941 in den Truppendienst kam.
Für den Rest des Jahres und im Jahr 1942 leistete die neue
»Tiffy« wertvolle Arbeit gegen die Fw 190; sie war auch die erste Maschine, die eine Me 210 abschoß; ihr Einsatz erfuhr eine
stetige Steigerung auch über dem Kontinent im Ausland, besonders bei Tiefangriffen auf die Kanalschiffahrt und Boden-
ziele auf dem europäischen Kontinent. Beweis dieser Tiefflüge
waren die Reste von Zweigen an den Tragflächen vieler zu-
rückkehrender Typhoon. Die Reichweite der Typhoon wurde
durch Außentanks vergrößert, und spätere Flugzeuge trugen
zwei 454 kg-Bomben — die schwerste damalige Bombenlast
eines einmotorigen Flugzeugs — oder acht Raketengeschosse.
Am Tag der Invasion in der Normandie verfügte die RAF über
26 Staffeln mit Typhoon IB; sie ermöglichten in nicht geringem
Maße den Durchbruch zum Rhein, und an einem Tage — dem

7. August 1944 — zerstörten Typhoon-Maschinen allein 135 feindliche Panzer. »Taxi auf Abruf«-Angriffe von Typhoon-Wellen, die sich bis zur Bekanntgabe eines Zieles ständig in der Luft aufhielten, wurden alltägliche Routine. Die zum größten Teil von Gloster Aircraft Co. Ltd. übernommene Fertigung betrug insgesamt 3330 Flugzeuge, die alle außer den ersten wenigen hundert Maschinen Mk.IB waren.

Kurze technische Einzelheiten: (Mk. IB)

Triebwerk: Ein 2200 PS Napier Sabre IIA H-Motor
Spannweite: 12,67 m
Länge: 9,73 m
Höhe: 4,66 m
Leergewicht: 4100 kg
Fluggewicht: 5100 kg
Besatzung: 1 Mann

Höchstgeschwindigkeit: 656 km/h in 6250 m Höhe
Dienstgipfelhöhe: 10730 m
Größte Reichweite: 1570 km
Bewaffnung: Vier 20 mm-Hispano-Kanonen, zwei 227 kg- oder 454 kg-Bomben oder acht Raketengeschosse

Heinkel He 111

Ursprungsland: Deutschland
Einsatzzweck: Mittelschwerer Bomber

Hersteller: Ernst Heinkel AG
Im Kriegseinsatz: 1939/45

Die Heinkel He 111 wurde 1935 offensichtlich als ziviles Transportflugzeug konstruiert, doch im Jahre 1936 wurde die He 111B an die Luftwaffe ausgeliefert, und sie nahm im folgenden Jahr am spanischen Bürgerkrieg teil. Der B-Reihe folgte die mit DB 600 angetriebene He 111D und die mit Jumo 211 angetrieben He 111E. Die 111P (DB 601) war die nächste größere Version, die etwa sechs Monate vor Ausbruch des Zweiten Weltkrieges in den Truppendienst kam. Die He 111P hatte erstmalig die asymmetrisch angeordnete »Blase«, in der das Rumpfbug-Maschinengewehr untergebracht war, Kennzeichen aller späteren He 111. Trotz einer Vielzahl von P-Nachfolgemustern war die Produktion dieser Serie nicht groß, und 1939 wurde sie von der vielversprechenderen He 111H mit Jumo 211F abgelöst. Daß sie den zweitklassigen spanischen Luftgegnern davonfliegen konnte, verleitete die Luftwaffe dazu, die Maschine mit wenig oder gar keinem Begleitschutz nach England fliegen zu lassen; aber in der Luftschlacht um England mußte die He 111

He 111H-16

beträchtliche Schläge hinnehmen. Eilig eingebaute Panzerung und Maschinengewehre vermochten wenig auszurichten, und der He 111 wurden weniger gefährliche Flüge wie Nachtangriffe, Minenlegen und Torpedoangriffe übertragen — bei der letztgenannten Einsatzart war sie ziemlich erfolgreich. Zur Kriegsmitte war die He 111 veraltet, doch mangelnder Erfolg ihrer potentiellen Nachfolgemuster, besonders der He 177 (siehe Seite 141) zwangen dazu, sie bis 1944 weiter herzustellen. Die in dieser Zeit gebauten Versionen waren die He 111H-6, H-16, H-20 und H-23 — das letzte Baumuster wurde wieder Transportflugzeug für den Einsatz als Fallschirmjäger-Transporter. He 111 wurden auch für Aufgaben wie den Transport von HS-293 und FZG-76 Flugbomben und als Schleppflugzeuge verwendet. Die letztere Aufgabe übernahm die He 111Z Zwilling, von der elf Maschinen gebaut wurden. Sie setzte sich aus zwei He 111H-6 Flugzeugen zusammen, die jeweils Flügel an Flügel miteinander verbunden waren, die Mitte des so entstandenen neuen Flugzeuges war ein fünfter Jumo 211 Motor, die Spannweite betrug 35,25 m.

Triebwerke: Zwei 1340 PS Junkers
Jumo 211F-2 hängende
12 Zylinder V-Motoren
Spannweite: 22,63 m
Länge: 16,63 m
Höhe: 4,18 m
Leergewicht: 6540 kg
Fluggewicht: 11350 kg
Besatzung: 5 Mann

Höchstgeschwindigkeit: 414 km/h in
5000 m Höhe
Dienstgipfelhöhe: 7780 m
Größte Reichweite: 2780 km
Bewaffnung: Eine 20 mm MG
FF Kanone, fünf 7,9 mm MG 15
und ein 7,9 mm MG 17; bis zu
2500 kg Bombenzuladung

Heinkel He 115

Ursprungsland: Deutschland
Einsatzzweck: Aufklärung und
Schiffsbekämpfung

Hersteller: Ernst Heinkel A.G.
Im Kriegseinsatz: 1939/45

Der erste Prototyp der im Jahre 1939 konstruierten Heinkel He 115V1 mit dem zivilen Kennzeichen D-AEHF stellte am 20. März 1938 für seine Klasse acht Geschwindigkeits-Weltrekorde auf und erreichte über 1000 km und 2000 km Strecke mit verschiedenen Zuladungen 328 km/h. Diese Rekordflüge wurden mit Aufträgen für Heinkel zur Lieferung einer Anzahl von Flugzeugen dieses Musters an die norwegischen und schwedischen Luftstreitkräfte belohnt; diese Exportversion erhielt die Bezeichnung He 115A-2. Inzwischen gingen die He 115A-0,

He 115C-1

He 115A-1 und He 115B für die deutsche Marineluftwaffe in Serienfertigung, und bei Ausbruch des Zweiten Weltkrieges war eine
Anzahl von He 115 bereits im Truppendienst, wo sie hauptsächlich für See-Aufklärungseinsätze verwendet wurden. Spätere
Einsätze der He 115 einschl. der He 115C und E, die der B in
der Fertigung folgten, waren Torpedo-Angriffe und Minenlegen,
und dieses Flugzeug war tatsächlich die erste Maschine, die
für den Transport der neuen Magnet-Seemine eingerichtet war.
In Kooperation mit U-Boot-Einheiten waren He 115 bei Geleit-
zugangriffen im Ärmelkanal beteiligt, als die Schlacht um England ihren Höhepunkt erreicht hatte. Insgesamt wurden über
300 He 115 gebaut.

Kurze technische Einzelheiten: (He 115B)

Triebwerke: Zwei 960 PS BMW 132K
    9 Zylinder Sternmotoren
Spannweite: 23,10 m
Länge: 17,40 m
Höhe: 7,12 m
Leergewicht: 6700 kg
Fluggewicht: 10400 kg
Besatzung: 4 Mann

Höchstgeschwindigkeit: 317 km/h in
    3400 m Höhe
Dienstgipfelhöhe: 5200 m
Normale Reichweite: 2085 km
Bewaffnung: Zwei 7,9 mm MG 15,
    bis zu 1000 kg Bomben, Minen
    oder Torpedos

Heinkel He 177 Greif

Ursprungsland: Deutschland
Einsatzzweck: Schwerer Bomber

Hersteller: Ernst Heinkel A.G.
Im Kriegseinsatz: 1942/45

1938 forderte das deutsche Luftfahrtministerium einen schweren
Bomber mit großer Reichweite, der für Schiffsbekämpfungseinsätze geeignet war. Die Konstruktion von Heinkel wies viele
fortgeschrittene Baumerkmale auf, darunter Doppelmotoren,
die aneinandergekoppelt waren und auf eine einzige Propeller-
welle arbeiteten sowie ferngesteuerte MG-Stände. Letztere
wurden jedoch bald zugunsten bemannter Drehtürme aufgegeben, was zusammen mit gewichtsträchtigen baulichen Änderungen (die daraus entstanden, dieses riesige Flugzeug für den Sturzflug auszulegen!) beträchtliche Eingriffe in die ursprünglichen opti-
mistischen Leistungserwartungen der He 177 verursachte. Die
Entwurfsidee und Konstruktionsarbeit an der He 177 waren

Erbeutete He 117A-5 mit britischen Hoheitszeichen

gut, aber das war auch alles. Als äußerst anfällige und von ihren Besatzungen nicht gern geflogene Maschine kam sie, noch bevor ihre schlimmsten Fehler behoben worden waren, in den Truppeneinsatz. Kein anderer schwerer Bomber wurde während des Zweiten Weltkrieges von Deutschland hergestellt, ob jedoch die Laufbahn der He 177 einen Einfluß auf die spätere Einstellung zum schweren Bomber genommen hat, kann nur vermutet werden. Der erste Prototyp wurde von zwei 2600 PS DB 606 (DB 601 Doppelmotor) angetrieben und machte im November 1939 seinen Jungfernflug; bald stellten sich Schwierigkeiten durch heißlaufende Motoren ein; die zweite und vierte Maschine zerbrach in der Luft; die Motoren der fünften fingen Feuer und brachten das Flugzeug zum Absturz; ähnliche Störungen bei späteren Prototypen brachten der He 177 schnell aber gerechtfertigt den unwillkommenen Spitznamen »Brennender Sarg« ein. Aber trotz ihrer unzuverlässigen Triebwerke und anderer Mängel ging die Arbeit an den Vorserienmustern 177A-0 und dem Serienmuster 177A weiter.

Empfehlungen für Triebwerksänderungen, die wahrscheinlich viele Anfangsprobleme des Flugzeugs gelöst hätten, wurden unverantwortlicherweise bis zur Fertigstellung und Übernahme von einigen hundert Flugzeugen in den Truppendienst ignoriert, damals gingen mehr Flugzeuge durch Triebwerksbrände als durch Feindeinwirkung verloren. Im Mai 1944 wurde die mit Doppelseitenleitwerk ausgelegte He 177B-5 vorrangig in die

Serienfertigung genommen, doch zwei Monate später wurde der Baustop angeordnet, und die wenigen fertiggestellten B-Serien-Flugzeuge sahen sich nie im Einsatz. Insgesamt wurden über 1000 He 177 aller Varianten gebaut.

Kurze technische Einzelheiten: (He 117A-5)

Triebwerke: Zwei 2950 PS Daimler-Benz DB 610A/B (bestehend aus je 2 gekoppelten, verbesserten DB 605) mit ringförmiger Motorverkleidung
Spannweite: 31,44 m
Länge: 21,90 m
Höhe: 6,65 m
Leergewicht: 16800 kg
Fluggewicht: 31000 kg

Besatzung: 6 Mann
Höchstgeschwindigkeit: 473 km/h in 5180 m Höhe
Dienstgipfelhöhe: 8080 m
Größte Reichweite: 3650 km
Bewaffnung: Zwei 20 mm MG 151 Kanonen, drei bis fünf 13 mm MG 131 und ein 7,9 mm MG 81; bis zu 6000 kg Bombenzuladung

Iljuschin Il-2

Ursprungsland: Rußland
Einsatzzweck: Erdkampfbomber

Konstruktionsbüro: S. W. Iljuschin
Im Kriegseinsatz: 1941/45

Das vielleicht berühmteste Flugzeug der Roten Luftwaffe während des Zweiten Weltkrieges war die Il-2, die ein neues Wort

Il-2, zweisitzige Version

im Vokabular über Tiefangriffe und Bodenunterstützung ein-
führte: Sturmowik. Dieses Flugzeug war eine Spezialkonstruk-
tion für solche Einsätze und gab sein Einsatzdebut als Einsitzer
1941. Es war gut bewaffnet — zwei 2 cm-Kanonen und zwei
7,62 mm-Maschinengewehre — und gut gepanzert mit Panzer-
platten hinter und unter dem Pilotensitz sowie auf jeder Seite.
Trotz dieses Schutzes erwies sich die Il-2 jedoch verwundbar
durch Angriffe von hinten, und 1942 erschien eine neue Version, bei der die Flugzeugkanzel zur Unterbringung eines zweiten Besatzungsmitgliedes verlängert war, das ein zusätzliches
12,7 mm MG zur rückwärtigen Verteidigung bediente. Diese
Änderung erwies sich als äußerst erfolgreich und die Il-2 beendete den Krieg mit den niedrigsten Verlustzahlen aller russischen Flugzeuge, abgesehen von ausgezeichneten Erfolgen bei
Tiefangriffen, Angriffen auf Eisenbahnzüge und ähnlichen Ein-
satzflügen, wobei sie, nebenbei bemerkt, als eines der ersten
Kriegsflugzeuge Raketengeschosse verwendete. Die Angaben
beziehen sich auf die Zweisitzerversion.

Kurze technische Einzelheiten:

Triebwerk: Ein 1770 PS Mikulin
    AM-38F V 12-Motor
Spannweite: 14,60 m
Länge: 11,60 m
Fluggewicht: 5510 kg
Besatzung: 2 Mann
Höchstgeschwindigkeit: 412 km/h
    in 2000 m Höhe

Bewaffnung: Zwei 20 mm-Kanonen,
    ein 12,7 mm- und zwei 7,62 mm-
    Maschinengewehre; bis zu 400 kg
    Bombenzuladung oder acht
    25,4 kg-Raketengeschossen

Iljuschin Il–4

Ursprungsland: Rußland
Einsatzzweck: Mittelschwerer Lang-
    streckenbomber

Konstruktionsbüro: S. W. Iljuschin
Im Kriegseinsatz: 1941/45

Dieses Flugzeug war den ganzen Zweiten Weltkrieg hindurch
ein mittelschwerer Standardbomber der Roten Luftwaffe und
stellte eine Weiterentwicklung der DB-3 (oder ZKB-30) dar, die
1936 erschien. Im Laufe jenes Jahres hatte die DB-3 Erfolg bei
der Aufstellung einer Reihe von Höhenflugrekorden in ihrer

II-4 (DB-3F) Torpedo Bomber

Klasse und erhielt später einen Großserienauftrag. Die im Kriege am meisten verwendete Version war die ursprünglich als DB-3F bekanntgewordene Maschine, auf welche sich die unten angegebenen Daten beziehen; dank ihrer ausgezeichneten Reichweite waren Flugzeuge dieses Baumusters die ersten sowjetischen Maschinen, die Berlin bombardierten. Obwohl sie ursprünglich als Horizontalbomber gebaut wurde, hatte die II-4 später beinahe denselben Erfolg als Torpedobomber, besonders im Ostseeraum. Die letzte Einsatzversion hatte trotz ihrer stärkeren M-82 Motoren (je 1600 PS) geringere Flugleistungen als ihre Vorläuferin, konnte aber eine weitaus höhere Bombenlast bis maximal 2700 kg tragen. Andere Zuladungen waren 1000 kg Seeminen oder ein 46 cm Torpedo von 920 kg. Die Bewaffnung wurde um eine 12,7 mm Beresin und vier 7,62 mm MG vermehrt. Die II-4 blieb nach Kriegsende im Truppendienst, obschon sie später hauptsächlich als Schul- und Schleppflugzeug verwendet wurde.

Triebwerke: Zwei 1000 PS M-88B
 Sternmotoren
Spannweite: 21,40 m
Länge: 14,84 m
Besatzung: 3—4 Mann
Höchstgeschwindigkeit: 424 km/h
 in 6100 m Höhe

Dienstgipfelhöhe: 9350 m
Größte Reichweite: 4000 km
Bewaffnung: Drei 7,62 mm-Maschinen-
 gewehre; bis zu 2000 kg Bomben-
 zuladung oder ein 46 cm
 Torpedo

Junkers Ju 52/3m

Ursprungsland: Deutschland
Einsatzzweck: Allgemeines Transport-
 und Schleppflugzeug

Hersteller: Junkers Flugzeug und
 Motorenwerke A.G.
Im Kriegseinsatz: 1939/45

Die erste Ju 52 war ein einmotoriges Frachtflugzeug, das 1930 erschien. Die bekanntere dreimotorige Ju 52/3 m erschien zwei Jahre später, als große Stückzahlen für die Deutsche Lufthansa und ausländische private Halter, besonders in Südamerika, gebaut wurden. Sie wurden zuerst von der neuen Luftwaffe als Bomber verwendet und bildeten den Kern der »schweren« Staffeln, die erstmalig im spanischen Bürgerkrieg zum Einsatz kamen. Mit der Ankunft spezialisierterer Bombermuster wurde die Ju 52/3m jedoch bald als Bomber aufgegeben und in einen Militärtransporter verwandelt. Obwohl sie für Jagdflugzeuge leicht abzuschießen und ihre Verluste schwer waren, erwies sich die Ju 52/3m sonst in ihrer neuen Einsatzart als sehr erfolgreich und nahm bei den Landungen und Vormärschen der Wehrmacht auf vielen Kriegsschauplätzen teil, darunter Lybien,

Kreta und Holland. Im April 1940 kam sie bei der Besetzung Norwegens zum Großeinsatz als Truppentransportflugzeug. Die »Tante Ju«, wie die Ju 52/3m volkstümlich benannt war, blieb beinahe bis zum Ende der Kampfhandlungen in Serienproduktion, obwohl verschiedene potentielle Nachfolgemuster auftauchten. Darunter waren Junkers' eigene Ju 252, die nur in geringen Stückzahlen gebaut wurden, und Ju 352, beide auf Seite 328 erwähnt. Die Gesamtproduktion des Musters einschließlich einer Anzahl von in Lizenz in Spanien hergestellter Maschinen betrug 3500 Stück. Für Transportaufgaben fliegen sie noch immer bei der spanischen Luftwaffe, und einige flogen unmittelbar nach dem Kriege eine Zeitlang für die British European Airways.

Kurze technische Einzelheiten: (Ju 52/3 mg 7e)

Triebwerke: Drei 660 PS BMW 132T
  9 Zylinder Sternmotoren
Spannweite: 29,25 m
Länge: 18,90 m
Höhe: 4,51 m
Leergewicht: 6500 kg
Fluggewicht: 11000 kg
  (größte Zuladung)

Besatzung: 2 oder 3 Mann (und zusätzlich bis zu 18 Soldaten)
Höchstgeschwindigkeit: 264 km/h
  in Meereshöhe
Dienstgipfelhöhe: 5490 m
Normale Reichweite: 1280 km
Bewaffnung: Ein 13 mm MG 131 und
  zwei 7,9 mm MG 15

Junkers Ju 87

Ursprungsland: Deutschland
Einsatzzweck: Sturzkampfbomber und
  Tiefangriffsflugzeug

Hersteller: Junkers Flugzeug und
  Motorenwerke A.G.
Im Kriegseinsatz: 1939/45

Die Ju 87 warf aus beinahe senkrechtem Sturzflug und mit heulender Sirene ihre Bomben ab, die psychologische Wirkung, welche dieses ungewöhnliche, geierähnliche Flugzeug dabei erzeugte, umwob es mit einem Ruf, der weit über seine tatsächlichen Möglichkeiten hinausging. Die Maschine wurde allgemein Stuka genannt, eine Abkürzung für »Sturzkampfflugzeug«, womit alle Sturzbomber bezeichnet wurden — und sie war doch verhältnismäßig langsam, schwer zu handhaben und weit offen für gegnerische Angriffe. Trotzdem war sie im Anfangsstadium

Ju 87D-1

des Krieges sehr erfolgreich, als sie heulend und Bomben werfend über Polen, Frankreich und den Niederlanden gegen wenig oder gar keinen Widerstand ihre Einsätze flog. In der Luftschlacht um England gegen den härteren Widerstand seitens der RAF-Jäger wurden jedoch zahlreiche Maschinen abgeschossen.

Die Ju 87V1 hatte ein doppeltes Seitenleitwerk und flog 1935 mit einem Rolls-Royce Kestrel-Motor, 1936 folgte die Ju 87V2 mit einfachem Seitenleitwerk und einem Jumo Motor. Innerhalb eines weiteren Jahres war die Ju 87A für die Luftwaffe in Serienfertigung gegangen, 1938 machte sie der verbesserten Ju 87B Platz (1200 PS Jumo 211D). Die B-Reihe blieb für etwa zwei Jahre in Serienfertigung, in dieser Zeit wurden große Stückzahlen an Deutschlands Verbündete ebenso wie an die deutsche Luftwaffe ausgeliefert. Die Bezeichnung Ju 87C erhielten ein paar Ju 87B, die für den nie zu Ende gebrachten Flugzeugträger »Graf Zeppelin« umgebaut wurden. Inzwischen hatte die Verfügbarkeit des verbesserten Jumo 211J die Junkers Konstrukteure dazu gebracht, die Ju 87 im Hinblick auf die Verwendung dieses Triebwerks abzuändern. Das Ergebnis erschien 1940 mit der Ju 87D — ein immer noch häßliches, aber aerodynamisch verfeinertes Flugzeug mit sauberer Linienführung für Kanzel und Motorverkleidung. Die Ju 87D-3 und D-4 verzeichneten mit verschiedenen unter dem Tragflügel angebrachten Waffenbehältern mit MG's den ersten Spezialeinsatz des Musters als Tiefangriffsflugzeug. Die Ju 87G (die F wurde nicht hergestellt) war eine zur Panzerbekämpfung umgebaute

148

D-5 mit zwei 3,7 cm-Kanonen unter dem Flügel; die Ju 87H war ein zweisitziges Schulflugzeug. Wie andere frühe Flugzeuge der Luftwaffe blieb die Ju 87, lange nachdem sie veraltet war, im Truppendienst, da es kein erfolgreicheres Ersatzflugzeug gab. Sie blieb bis Ende 1944 in der Fertigung, und es wurden etwa 5700 Maschinen der verschiedenen Nachfolgemuster gebaut.

Kurze technische Einzelheiten: (Ju 87D-1)

Triebwerk: Ein 1420 PS Junkers Jumo 211J-1 hängender 12 Zylinder V-Motor
Spannweite: 13,82 m
Länge: 11,52 m
Höhe: 3,84 m
Leergewicht: 2760 kg
Fluggewicht: 5720 kg
Besatzung: 2 Mann

Höchstgeschwindigkeit: 408 km/h in 4120 m Höhe
Dienstgipfelhöhe: 7320 m
Normale Reichweite: 1000 km
Bewaffnung: Zwei 7,9 mm MG 81 und zwei 7,9 mm MG 17; bis zu 1800 kg Bombenzuladung oder zusätzlich MG 81 oder MG 151 unter dem Tragflügel

Junkers Ju 88

Ursprungsland: Deutschland
Einsatzzweck: Bomben-, Jagd-, Tiefangriffs- und Aufklärungsflugzeug

Hersteller: Junkers Flugzeug und Motorenwerke A.G.

1935 wurde die Junkers Ju 88 auf eine offizielle Ausschreibung für einen schnellen mittelschweren Bomber hin konzipiert, und sie sollte der vielseitigste und am häufigsten gebaute deutsche Bomber des Zweiten Weltkrieges werden. Owohl es bei weitem nicht das einzige deutsche Flugzeug war, das Aufgaben erfüllte, für die es ursprünglich nicht geplant war, gab es wenige Maschinen, die mit solchem Erfolg »falsch verwendet« wurden. Der Prototyp Ju 88V1 flog unmittelbar vor Weihnachten 1936, nur elf Monate nach Beginn der Konstruktionsarbeit, und er wurde von zwei 1000 PS DB 600A V-Motoren mit ringförmiger Motorverkleidung angetrieben. In den nächsten ein oder zwei Jahren wurden weitere Prototypen fertiggestellt, die — wie viele andere Flugzeuge der deutschen Luftwaffe in dieser Zeit — einen oder zwei Weltrekorde aufstellten. Die Fertigung der ersten Bomberserien begann 1938, und beim Ausbruch des

Ju 88D-0

Krieges befanden sich die ersten Ju 88A-1 zusammen mit den wenigen A-0 Vorserienmaschinen im Truppendienst. Von zwei 1200 PS Jumo 211B/G-Motoren angetrieben, hatten die Ju 88A-1 eine Höchstgeschwindigkeit von 450 km/h und eine normale Bombenzuladung von 1800 kg, der größte Teil davon als Außenlast. Die A-1, die im allgemeinen entsprechende A-2 und das A-3-Schulflugzeug hatten alle eine Spannweite von 18,38 m, aber dieses Maß und einige andere Einzelheiten wurden aufgrund von Einsatzerfahrungen in der Ju 88A-5 abgeändert. Die Spannweite wurde um 1,70 m vergrößert, eine beträchtliche Zusatzbewaffnung eingebaut und die Bombenlast beinahe verdoppelt; und 1942 erhielt die A-4/R den 1420 PS Jumo 211FJ als Triebwerk. Viele spätere A-Nachfolgemuster wurden fertiggestellt, darunter die A-5 (vor der A-4 hergestellt, aber mit gleicher Tragfläche und Bombenzuladung), die A-8 mit Kappvorrichtung für Fesselballons, die A-12 (Schulflugzeug mit Doppelsteuer), das Tiefangriffsflugzeug A-13 und der Torpedo-Bomber A-17. Parallel mit der Herstellung der A-Reihe entwickelte die Junkers die Ju 88B als Zelle für zwei BMW 801 MA Triebwerke; diese Reihe kam nicht in die volle Serienfertigung, aber den neuen Rumpfbug der B-1 erhielt die spätere Ju 188, für die ein weiteres B-Nachfolgemuster den Prototyp stellte. Um die Flugleistungen der Ju 88 gegenüber späteren Konstruktionen zu halten, begannen Junkers-Ingenieure in den Jahren um die Kriegsmitte eine ausgedehnte Überarbeitung, aus der die Ju88 S-Bomber hervorgingen. Der Antrieb erfolgte durch zwei BMW 801D Doppelsternmotoren von je 1800 PS; Merkmale der S-1 waren ein sphärisch verglaster neuer Rumpfbug und drastisch verringerte Bombenzuladung und Abwehrbewaffnung; die S-2 und S-3 entsprachen ihr allgemein außer den Änderungen an Triebwerk und Bewaffnung sowie der langen hölzernen Bombenwanne bei der S-2. Insgesamt wurden mehr als 9000 Bomber der verschiedenen Versionen der Ju 88 gebaut.

Parallel mit der Entwicklung der Junkers Ju 88 als mittelschwerer Bomber wurde das Muster auch einer Vielzahl anderer Einsatzarten angepaßt, besonders als Nachtjäger, zur Erdkampfunterstützung sowie zur Aufklärung. Annähernd 6000 Maschinen der Ju 88 wurden gebaut, die nicht als Bomber verwendet wurden, und die Dauer und Vielseitigkeit der Laufbahn dieses Flugzeuges fordern zu einem interessanten Vergleich mit der britischen de Havilland Mosquito heraus. Die ersten Ju 88 Jagdflugzeuge, die in Serie gehen sollten, waren die Ju 88C, vergleichbar mit dem A-Bomber und angetrieben von V12-Motoren Jumo 211 oder BMW 801 Doppelsternmotoren. Die Ju 88C-1 hatte eine geringere Spannweite als die ersten A-Muster, aber beginnend mit der C-2 wurde die vergrößerte Spannweite der Ju 88A-4 übernommen. Die ersten C-Muster hatten eine Besatzung von 3 Mann und eine Bewaffnung von drei 7,9 mm-Maschinengewehren und einer 20 mm-Kanone — in einer Glattblechnase — mit zwei weiteren 20 mm-Kanonen in einem abnehmbaren Waffenbehälter unterhalb des Rumpfbugs. Im Rumpfinnern wurde Transportraum für 500 kg Bomben vorgesehen, ersatzweise ein zusätzlicher Kraftstofftank. Aus dem C-Muster wurde die Ju 88G entwickelt, ein Spezialnachtjäger (mit einem zusätzlichen Besatzungsmitglied), der 1944 in den Truppendienst kam. Eine weitere »Parallele« zum A-4 Bomber erschien

Ju 88S-1

mit dem Fernaufklärer Ju 88D-1 mit Kraftstoff und Kameras im Bombenschacht und weiterem Kraftstoff in Abwurftanks unter dem Tragflügel. Insgesamt wurden beinahe 2000 D-1, -2 und -3 Flugzeuge gebaut. Ein weiteres Langstreckenbaumuster war die Ju 88H, sowohl die H-1 (Aufklärer) als auch die H-2 (Jäger) hatten einen 17,65 m bzw. 18,25 m langen Rumpf. Verschiedene Ju 88H Flugzeuge beendeten ihre Existenz als unterer Teil eines »Mistel«-Huckepackpaares, einem Sprengkopf statt der Kanzel und einer Bf 109 oder Fw 190 als Steuerflugzeug über dem Rumpf. Die überall anzutreffende A-4 kam zu einer weiteren spezialisierten Weiterentwicklung in Form der Ju 88P zur Panzerbekämpfung mit einer großkalibrigen Bordkanone (im Fall der P-2 mit zwei kleineren) in einem besonderen Waffenpack unter dem Rumpf. Die letzte Foto-Aufklärer-Variante, die Ju 88T, war eine Entwicklung aus dem S-Bomber.

Mit einer Gesamtzahl von mehr als 15 000 Flugzeugen aller Baumuster mit Einsatzarten als Bomber, Sturzbomber, Minenleger, Torpedo-Träger, Foto-Aufklärer, Tagjäger, Nachtjäger, Tiefangriffs- und Kampfeinsatz-Trainingsflugzeug war die Junkers Ju 88 eines der wirklich herausragenden Flugzeuge beider Seiten im Zweiten Weltkrieg.

Kurze technische Einzelheiten: (Ju 88A-4/R)

Triebwerke: Zwei 1420 PS Junkers Jumo 211F/J hängende 12 Zylinder V-Motoren mit Ringkühlerverkleidungen
Spannweite: 20,08 m
Länge: 14,36 m
Höhe: 4,85 m
Leergewicht: 8600 kg
Fluggewicht: bis 13 590 kg
Besatzung: 4 Mann

Höchstgeschwindigkeit: 460 km/h in 5340 m Höhe
Dienstgipfelhöhe: 8500 m
Normale Reichweite: 2480 km
Bewaffnung: Verschiedene Kombinationen von 20 mm MG FF Kanonen, 13 mm MG 131 und 7,9 mm MG 81; bis zu 1800 kg Bombenzuladung

(Ju 88C-6)

Triebwerke: Zwei 1420 PS Junkers Jumo 211J hängende 12 Zylinder V-Motoren mit Ringkühlerverkleidungen
Spannweite: 20,08 m
Länge: 14,96 m
Höhe: 5,10 m
Leergewicht: 8560 kg
Fluggewicht: 11850 kg

Besatzung: 3 Mann
Höchstgeschwindigkeit: 498 km/h in 6000 m Höhe
Dienstgipfelhöhe: 9920 m
Normale Reichweite: 3380 km
Bewaffnung: Drei 20 mm MG FF und zwei 20 mm MG 151 Kanonen, ein 13 mm MG 131 und drei 7,9 mm MG 17

Ju 188E-1

Junkers Ju 188

Ursprungsland: Deutschland
Einsatzzweck: Bomben- und
   Aufklärungsflugzeug

Hersteller: Junkers Flugzeug und
   Motorenwerke A.G.
Im Kriegseinsatz: 1942/45

Die Junkers Ju 188 war eine logische »Streckung« der Ju 88 Basis-Konstruktion und wurde erstmals als Prototyp in der zweiten Hälfte des Jahres 1940 geflogen. Charakteristisch war der große blasenförmige »Glashaus«-Rumpfbug und die spitzen Tragflügel mit 21,98 m Spannweite. 1941 kam die erste größere Version, die Ju 188E-1 in die Serienfertigung; die Maschine wurde von zwei 1800 PS BMW 801G Doppelsternmotoren angetrieben und hatte eine Bombenzuladung bis zu 3000 kg, sie war im folgenden Jahr zusammen mit dem ihr entsprechenden Aufklärer-Gegenstück, der Ju 188F, im Kriegseinsatz. Ihnen folgte die Ju 188A, die bis zur Verfügbarkeit des ursprünglich geplanten Triebwerks (1750 PS Junkers Jumo 213A) zurückgehalten wurde. Abgesehen vom geänderten Triebwerk und einer verringerten Bombenlast entsprachen die Ju 188A-1 und A-2 weitgehend der E-Reihe, obwohl sie etwas schneller waren. Eine versuchsweise Bomberentwicklung des A-Musters war die Ju 188C mit einem ferngesteuerten Heckturm, in dem zwei 13 mm MG 131 untergebracht waren; obwohl dieses Muster die Fertigungsreife nicht erlangte, wurde eine Weiterentwicklung dar-

153

aus in kleinen Stückzahlen unter der Musterbezeichnung Ju 188G gebaut. Die Ju 188D war eine voll bewaffnete Aufklärungsausführung des Ju 188A Bombers; die Ju 188H war ein weiteres Aufklärungsprojekt auf der Grundlage des G-Musters, wurde aber nicht verwirklicht. Andere Entwicklungen, die bald wieder aufgegeben wurden, waren die Ju 188M zur Fernaufklärung, der Nachtjäger Ju 188R und der Fotoaufklärer Ju 188T. Die letzte Einsatz-Version, die Ju 188S war ein schneller Höhenbomber mit ziemlich eindrucksvoller Flugleistung. Ausgestattet mit einer stromlinienförmigeren Druckkabine für die Besatzung und von zwei 2000 PS Jumo 213E Motoren angetrieben, hatte die unbewaffnet fliegende Ju 188S eine Dienstgipfelhöhe von über 11 600 m; bei Angriffen feindlicher Jäger verließ sie sich auf ihre hohe Fluggeschwindigkeit (annähernd 690 km/h), um zu entkommen. Die Ju 188S wurde auch für Tiefangriffe umgebaut, eine Version der S-1 hatte eine 5 cm BK 5 Kanone für Tiefangriffe in der Rumpfunterseite.

Kurze technische Einzelheiten: (Ju 188A-2)

Triebwerke: Zwei 1750 PS Junkers Jumo 213A hängende 12 Zylinder V-Motoren mit Ringkühlerverkleidung
Spannweite: 22,00 m
Länge: 14,95 m
Höhe: 5,38 m
Fluggewicht: 14500 kg
Besatzung: 4 Mann

Höchstgeschwindigkeit: 520 km/h in 6250 m Höhe
Dienstgipfelhöhe: 10100 m
Max. Reichweite: 2480 km
Bewaffnung: Eine 200 mm MG 151 Kanone, zwei 13 mm MG 131 und zwei 7,9 mm MG 81; bis zu 1360 kg Bomben

Junkers Ju 290

Ursprungsland: Deutschland
Einsatzzweck: See-Überwachungsbomber und Transportflugzeug

Hersteller: Junkers Flugzeug und Motorenwerke A.G.
Im Kriegseinsatz: 1941/45

Die Junkers Ju 290 war eine Fortentwicklung des zivilen Transportflugzeugs Ju 90 aus der Vorkriegszeit. Der Prototyp Ju 290V1 war die Ju 90V1, die mit vier BMW 801 Motoren umgerüstet war und ihren Erstflug im Jahre 1941 machte. Als Nachfolgemuster für die Fw 200C erlangte die Ju 290 in Wirklichkeit den Ruf dieser Maschine nicht, obwohl sie in einigen Stückzahlen über dem Mittelmeer und dem Atlantik im Kriegseinsatz anzutreffen war. Als Schiffsbekämpfungsflugzeug konnte sie eine Reihe von Bordwaffen mitführen, darunter ein Paar Gleitbomben Henschel Hs 293. Da sie für einen schweren Bomber etwas untermotorisiert war, wurde sie Aufklärungs- und Transportflügen zugewiesen. Die Ju 290A-1 diente zuerst als Transportflugzeug, 1943 wurde eine Anzahl zu Aufklärern umgebaut; andere A-Nachfolgemuster wurden ebenfalls für See-Einsatzflüge verwendet, darunter auch zur Kooperation mit Unterseebooten. Als Transporter konnte die Ju 290 etwa 40 vollbewaffnete Soldaten aufnehmen. Die Ju 290B war ein schwerer bewaffnetes Bomberprojekt mit verstärktem Rumpf und abgeändertem Rumpfbug; dem entsprach die Ju 290C, außer ihren BMW 801E-Triebwerken, und diese Maschine war eine weitere Transporter-Aufklärervariante. Der Langstreckenbomber Ju 290D kam nicht in die Fertigung, und die Ju 290E war eine spätere Nachtbomberentwicklung auf der Grundlage der 290C.

Kurze technische Einzelheiten: (Ju 290A-5)

Triebwerke: Vier 1800 PS BMW 801D 14 Zylinder Doppelsternmotoren
Spannweite: 42,00 m
Länge: 28,64 m
Fluggewicht: bis 41 600 kg
Besatzung: 4—6 Mann

Höchstgeschwindigkeit: 448 km/h in 5490 m Höhe
Dienstgipfelhöhe: 6000 m
Größte Reichweite: 6060 km
Bewaffnung: Drei 20 mm MG 151 Kanonen und zwei 7,9 mm MG 81

Ju 290A-5

Kawanishi N1K2-J Shiden
(Violetter Blitz)

Ursprungsland: Japan   *Konstrukteure:* Kawanishi Kokuku K.K.
Einsatzzweck: Jäger und Jagdbomber   *Im Kriegseinsatz:* 1944/45

Für ein landgestütztes Jagdflugzeug hatte die Shiden eine etwas ungewöhnliche Geschichte (sie wurde aus dem N1K1 Rex
Wasserflugzeug — Seite 331 entwickelt) und war in ihrer letzten Einsatzversion eins der besten japanischen Marine-Jagdflug-
zeuge des Krieges. Jedoch wurde ihr Erfolg nicht ohne anfäng-
liche Rückschläge erreicht. Die Konstruktionsarbeit begann im
November 1942; Ende Juli 1943 waren vier Prototypen fertiggestellt, und am Jahresende 1943 war das Muster unter der Bezeichnung N1K1-J in Produktion. Den Alliierten als George 11
bekannt, war die N1K1-J ab Anfang 1944 in zunehmender Zahl
auf den meisten pazifischen Kriegsschauplätzen anzutreffen.
Kawanishi und Himeji fusionierten, um 1007 Maschinen dieses
Musters mit einer von drei Standard-Bewaffnungen herzustellen: zwei 7,7 mm-Maschinengewehre im Rumpf und vier 20 mm-
Kanonen (zwei im Tragflügel eingebaut, zwei unter dem Tragflügel) in der N1K1-J; lediglich vier Bordkanonen nur in dem
Muster -Ja und vier Kanonen in den Tragflächen der -Jb. Spätere Änderungen waren eine Bombenvorrichtung unter dem
Rumpf, und einige Flugzeuge wurden versuchsweise mit einer
Rakete für zusätzlichen Schub ausgerüstet. In der Zwischenzeit
hatte die ursprüngliche Firma die Grundkonstruktion überarbei-

tet und vereinfacht mit dem Ergebnis der ausgezeichneten N1K2-J Shiden-KAI (George 21), die, wie viele japanische Jagdflugzeuge eine äußerst hohe Steiggeschwindigkeit und erstklassige Wendigkeit besaß. Es kamen nur zwei Drittel der Konstruktionsteile der N1K1-J zur Verwendung, wodurch das Gesamtgewicht um beinahe 238 kg verringert wurde. Sie wich im Aussehen erheblich von ihrer Vorgängerin ab. Statt der Mitteldeckeranordnung wurde die Tiefdeckeranordnung gewählt, der Rumpf wurde verlängert und aerodynamisch ausgebildet, das Leitwerk neu entworfen. Die Aufträge für ein kleines Fertigungslos von Prototypen — von denen die ersten am 31. Dezember 1943 flogen — wurden schnell ausgeführt. Doch trotz der Verteilung der Fertigung auf acht verschiedene Montagewerke wurde die Zahl der fertiggestellten Shiden-KAI durch B-29 Angriffe auf japanische Industrieziele auf 428 Stück beschränkt. Andere projektierte Jagdflugzeugentwicklungen erreichten die Serienreife nicht vor der japanischen Kapitulation, obschon einige zweisitzige Schulflugzeuge des Musters N1K2-K fertiggestellt wurden.

Kurze technische Einzelheiten: (N1K2-J)

Triebwerk: Ein 1990 PS Nakajima Homare 21 Sternmotor
Spannweite: 12,00 m
Länge: 9,35 m
Höhe: 3,96 m
Leergewicht: 2660 kg
Fluggewicht: 4100 kg

Besatzung: 1 Mann
Höchstgeschwindigkeit: 590 km/h in 5600 m Höhe
Dienstgipfelhöhe: 10780 m
Normale Reichweite: 1710 km
Bewaffnung: Vier 20 mm-Kanonen, zwei 250 kg Bomben wahlweise

Kawasaki Ki. 45 Toryu

Ursprungsland: Japan
Einsatzzweck: Nachtjäger und Tiefangriffsflugzeug

Konstrukteure: Kawasaki Kokuku Kogyo K.K.
Im Kriegseinsatz: 1942/45

Die Ki.45 — Codename Nick — war eins der erfolgreichsten Flugzeuge, die von der japanischen Luftwaffe für die Nachtjagd verwendet wurde. Ihr Ursprung kann auf die Ki.38 Konstruktion für eine Ausschreibung der japanischen Luftwaffe im Jahre 1937 zurückgeführt werden, obwohl so viele Änderungen von

der Truppe verlangt wurden, daß der überarbeitete Entwurf die neue Bezeichnung Ki.45 erhielt. Sechs Prototypen des zuletztgenannten Musters wurden produziert und erprobt, wobei Schwierigkeiten im Fahrgestell-Mechanismus und enttäuschende Betriebsergebnisse mit den Ha.20B Triebwerken festgestellt wurden, die ursprünglich für das Flugzeug ausgewählt worden waren. Im Frühjahr 1940 entschied die japanische Luftwaffe, die zuverlässigeren Ha.25 Motoren in die drei Prototypen einzubauen. Obwohl die Erprobung mit diesen und späteren mit Ha.25 Motoren angetriebenen Maschinen nicht ganz zufriedenstellend war, kam das Muster schließlich mit weiteren Änderungen im Oktober 1941 als die Ki.45-KAI in die Serienfertigung, offiziell als »schweres« Jagdflugzeug. Das leistungsstärkere Ha.102 Triebwerk, das aus dem Ha.25 entwickelt wurde, schien bessere Ergebnisse zu liefern, und ab Mitte 1942 wurde es als das Standard-Triebwerk in die Ki.45 — Serien eingebaut. Die Toryu trug eine furchterregende Bewaffnung: es gab verschiedene Varianten, wie eine Version, die eine 75 mm-Kanone für Schiffsangriffe besaß; die meisten Muster hatten eine 37 mm-Kanone. Ein verbessertes Muster mit stärkeren Triebwerken wurde 1942 unter der Bezeichnung Ki.45-II begonnen; dieses wurde später in den einsitzigen schweren Jäger Ki.96 weiterentwickelt, ein vielversprechendes Projekt, das zum Schluß aber aufgegeben wurde, obwohl Bauteile davon später in dem Schlachtflugzeug Ki.102 »Randy« (Seite 335) Verwendung fanden. Die Toryu kam zu zahlreichen Einsätzen im Südwest-Pazifik und bei der Verteidigung des japanischen Mut-

terlandes, und war eins jener Baumuster, die zu Selbstmord-
angriffen in den späteren Kriegsjahren benutzt wurden. Die
Gesamtproduktion betrug einschließlich der Prototypen 1698
Maschinen.

Kurze technische Einzelheiten: (Ki.45-KAlc)

Triebwerke: Zwei 1080 PS Mitsubishi
   Ha.102 Typ 1 Sternmotoren
Spannweite: 15,06 m
Länge: 11,02 m
Höhe: 3,70 m
Leergewicht: 4000 kg
Fluggewicht: 5500 kg

Besatzung: 2 Mann
Höchstgeschwindigkeit: 544 km/h
   in 7000 m Höhe
Dienstgipfelhöhe: 10000 m
Größte Reichweite: 1490 km
Bewaffnung: Eine 37 mm und zwei
   20 mm-Kanonen

Kawasaki Ki. 61 Hien (Schwalbe)

Ursprungsland: Japan
Einsatzzweck: Jäger und Jagdbomber

Konstrukteure: Kawasaki Kokuku
   Kogyo K.K.
Im Kriegseinsatz: 1942/45

Infolge des vollständigen Fehlens von Jagdflugzeugen mit Rei-
hen- bzw. V-Motoren bei der japanischen Luftwaffe und bedingt
durch die zahlreichen erstmals angetroffenen Stückzahlen
wurde zunächst angenommen, daß der Ki.61 (Tony) Jäger eine
Lizenzbauversion der Messerschmitt Bf 109 war. Beute-Maschi-
nen ließen erkennen, daß diese Annahme irrig war, obwohl der
Ha.40 Motor, mit dem die Hien angetrieben wurde, eine Leicht-
bauversion des deutschen DB 601 Motors darstellte, und das
Jagdflugzeug anfangs in großem Ausmaß die Bordkanone Mau-
ser MG 151 benutzte. Der erste von einem Dutzend Ki.61 Prototypen wurde im Dezember 1941 eingeflogen und erreichte im
Spätsommer 1942 die Staffeln der japanischen Luftwaffe. Die
Bewaffnung wurde bei nachfolgenden Fertigungslosen stetig
verbessert, aber mit dem Ausbleiben der Lieferungen der deutschen Maschinengewehre wurden in Japan gebaute 20 mm-
Kanonen bei der Ki.61-Ic eingeführt. Die Ki.61-Id hatte 30 mm-
Flügelkanonen. Spätere Ki.61-I Muster blieben bis Anfang 1945
in Serienfertigung, aber inzwischen hatte im Herbst 1942 die
Entwicklung der Ki.61-II begonnen. Dieses Baumuster wurde
von dem 1500 PS Ha.140 Motor angetrieben und hatte eine grö-

Ki-61-Ib

ßere Spannweite und eine abgeänderte Pilotenkanzel; Trieb-werksschwierigkeiten beschränkten jedoch die Zahl der gebau-ten Maschinen auf acht Stück. Eine vollständige Überarbeitung wurde für die Ki.61-II-KAI vorgenommen, und 99 Maschinen die-ses Musters wurden als Ki.61-IIa und -IIb gebaut. Das Ki.61-III Projekt mit einem verkürzten hinteren Rumpf und Vollsicht-haube erreichte die Serienreife nicht und wurde vom Ki.100 Projekt abgelöst, das auf Seite 334 beschrieben wird. Die ge-samte Ki.61-I und -II Produktion betrug 2753 Flugzeuge.

Kurze technische Einzelheiten: (Ki.61-Ic)

Triebwerk: Ein 1775 PS Kawasaki
   Ha.40 Type 2 V 12-Motor
Spannweite: 12,00 m
Länge: 8,95 m
Höhe: 3,70 m
Leergewicht: 2630 kg
Fluggewicht: 3480 kg
Besatzung: 1 Mann

Höchstgeschwindigkeit: 556 km/h
   in 5000 m Höhe
Dienstgipfelhöhe: 10000 m
Größte Reichweite: 1900 km
Bewaffnung: Zwei 20 mm-Kanonen
   oder zwei 12,7 mm-Maschinengewehre; wahlweise
   zwei 250 kg-Bomben

160

de Havilland Mosquito B35/TT35

Fairey Swordfish

Fiat C.R. 42

Messerschmitt Bf 109E

Curtiss P-40N Warhawk

Kawasaki Type 5 Modell IB (Ki-100-IB)

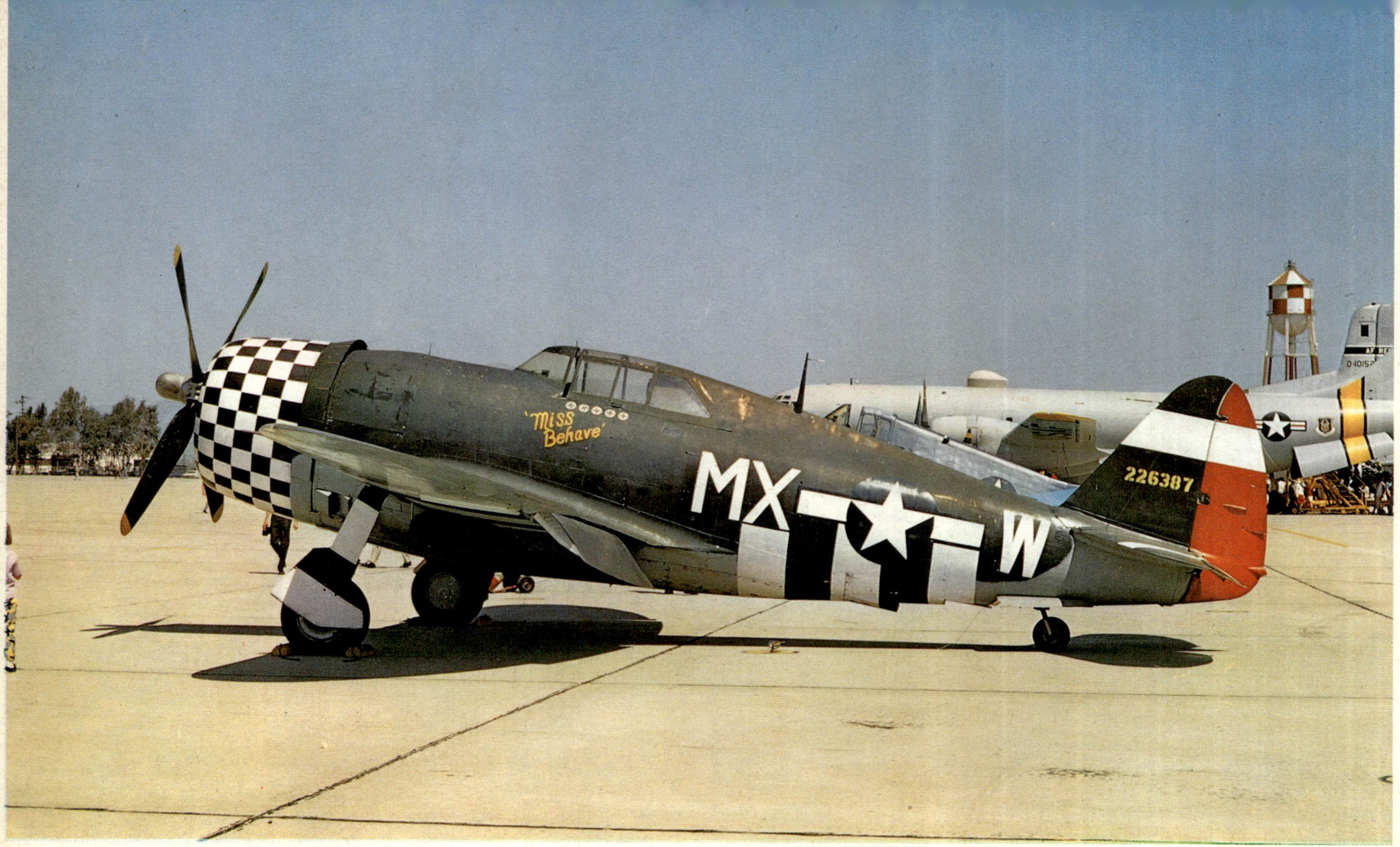

P-47G-15 CU Thunderbolt

Westland Lysander

LaGG-3 mit finnischen Hoheitszeichen

Lawotschkin LaGG-3

Ursprungsland: Rußland   *Konstruktionsbüro:* S. A. Lawotschkin
Einsatzzweck: Jäger und Jagdbomber   *Im Kriegseinsatz:* 1941/45

Bei seinem Erscheinen wurde dieses Flugzeug unter dem früheren russischen Bezeichnungssystem als I-22 bekannt und als solches machte es seinen Jungfernflug am 30. März 1939. In etwas abgeänderter Form kam es 1940 als die LaGG-1 in die Serienfertigung, die neue Bezeichnung wies auf die Zusammenarbeit von Gorbunow und Gudkow mit Lawotschkin bei der Konstruktion des Flugzeuges hin. Die Produktion der LaGG-1 war jedoch verhältnismäßig begrenzt und nach weiterer Verfeinerung von Zelle und Steuerung — und Erprobung eines neuen Prototyps der I-301 — wurde sie 1941 von der verbesserten LaGG-3 auf den Taktstraßen abgelöst, die bis Mitte 1942 in Serienfertigung blieb. Die LaGG-3 war ganz in Holzbauweise gefertigt und eine äußerst robuste Maschine, sie war jedoch nicht sehr wendig und etwas untermotorisiert, obschon sie der an ihrer Seite eingesetzten MiG-3 noch als überlegen angesehen wurde. Das Flugzeug sah weitverbreiteten Truppeneinsatz in den ersten Jahren in der Mitte des Krieges, bevor es später der La-5 Platz machte. Eine Vielzahl von Standard-Bewaffnungen konnte eingebaut werden, eine Version war mit drei 12,7 mm- und zwei 7,62 mm-Maschinengewehren zum Einsatz als Begleitjäger für die Il-2 Sturmowik ausgerüstet.

Kurze technische Einzelheiten:

Triebwerk: Ein 1100 PS Klimov M-105 V 12-Motor
Spannweite: 9,78 m
Länge: 8,88 m
Höhe: 2,69 m
Leergewicht: 2620 kg
Fluggewicht: 3190 kg
Besatzung: 1 Mann
Höchstgeschwindigkeit: 556 km/h in 5000 m Höhe

Dienstgipfelhöhe: 9000 m
Normale Reichweite: 648 km
Bewaffnung: Eine 20 mm SchWAK Kanone, eine 12,7 mm Beresin und zwei 7,62 mm SchKAS MG; bis zu 220 kg Bomben oder sechs Raketengeschossen

Lawotschkin La-5 und La-7

Ursprungsland: Rußland
Einsatzzweck: Jäger und Jagdbomber

Konstruktionsbüro: S. A. Lawotschkin
Im Kriegseinsatz: 1942/45

Die La-5 war das Ergebnis der Ende 1941 getroffenen Entscheidung, die Flugleistung der LaGG-3 durch Einbau des leistungsstärkeren 1600 PS ASch-82A Sternmotors zu verbessern, und in dieser Form wurde die Maschine Anfang 1942 zuerst geflogen. Da die Flugerprobung zufriedenstellend war, kam die La-5 schnell in die Serienfertigung, und die ersten Maschinen behielten die Pilotenkanzel und den hinteren Rumpf des vorhergehenden Baumusters. Die Konstruktion brachte LawotschK in den Titel »Held der sozialistischen Arbeit« ein, und die La-5 gab ihr Kriegseinsatzdebut im Oktober 1942 bei der Schlacht um Sta-

La-7R

lingrad. Weitere bauliche Verbesserungen, darunter eine leistungsstärkere Version des ASch-82, die Verkürzung des hinteren Rumpfes zur Verbesserung der gesamten Rundsicht aus der Pilotenkanzel brachte die La-5FN im Jahre 1943; diese Version kämpfte in der Schlacht von Kursk und wurde in ziemlich großen Stückzahlen produziert. 1943 flog auch eine weitere Entwicklung aus der La-5AV, die La-7, die einen 1775 PS ASch-82FN Sternmotor und eine zusätzliche 20 mm SchWAK Kanone aufwies; bei nur geringfügig höherem Gesamtgewicht als die La-5FN hatte die La-7 eine Höchstgeschwindigkeit von 653 km/h. Varianten der nicht in Großserie gebauten La-7 waren das zweisitzige Aufklärungs- und Verbindungsflugzeug La-7U und eine Abfangjägerversion mit einem kleinen Raketenmotor zur Schuberhöhung im Luftkampf. Eine noch mehr verbesserte Weiterentwicklung war die La-9, deren 1870 PS ASch-82FNV Motor die Höchstgeschwindigkeit auf 685 km/h in Meereshöhe ansteigen ließ: sehr wenige dieser Maschinen wurden vor Kriegsende eingesetzt, blieben aber mit der letzten Weiterentwicklung, der La-11, einige Jahre nach dem Kriege im russischen Truppeneinsatz.

Kurze technische Einzelheiten: (La-5FN)

Triebwerk: Ein 1850 PS Schwezow ASch-82FN Doppelsternmotor
Spannweite: 9,79 m
Länge: 8,51 m
Höhe: 2,81 m
Leergewicht: 2750 kg
Fluggewicht: 3360 kg
Besatzung: 1 Mann

Höchstgeschwindigkeit: 644 km/h in Meereshöhe
Dienstgipfelhöhe: 11000 m
Größte Reichweite: 845 km
Bewaffnung: Zwei 20 mm-SchWAK-Kanonen wahlweise 150 kg Bombenzuladung

RAF Hudson Mk.I

Lockheed A-28, A-29 und Hudson

Ursprungsland: USA
Einsatzzweck: See-Aufklärungs-
    bomber und Aufklärer

Hersteller: Lockheed Aircraft
    Corporation
Andere US-Bezeichnungen: AT-18,
    PBO-1
Im Kriegseinsatz: 1939/45

Dieses erste US Flugzeug, das sich im Zweiten Weltkrieg im Truppeneinsatz befand, war eine militärische Entwicklung des zivilen Verkehrsflugzeugs Lockheed Model 14 und diente den Luftstreitkräften der USA, Großbritannien, Kanadas, Australiens, Neuseelands, der Niederlande und Chinas auf allen Kriegsschauplätzen. Es war ursprünglich nach britischen Ausschreibungen entwickelt, und der erste Auftrag für 200 (später auf 350 Stück erhöht) wurde im Juni 1938 durch die britische »Purchasing Commission« für die RAF erteilt, die ihr den Namen Hudson gab. Die ersten RAF Hudson I flogen am 10. Dezember 1938, und diese Version kam im folgenden Sommer in den Dienst des Küstenkommandos; zu den über 800 von England gekauften Hudson wurden etwa 1170 weitere unter dem Pacht- und Leihabkommen ausgeliefert, d. h. insgesamt über 2000 Stück. Zu den Unternehmungen der Hudson des Küstenkommandos zählte die Einweisung der Royal Navy zum Angriff auf die »Altmark« im Februar 1940 und die erste Versenkung eines U-Bootes mit Raketengeschossen im Mai 1943. Beträchtliche Stückzahlen dieses Flugzeugs wurden auch 1942 und 1943 an

172

die US Streitkräfte ausgeliefert; die meisten davon waren entweder A-28 (1050 oder 1200 PS Pratt & Whitney Twin Wasp) oder A-29 (1200 PS Wright Cyclone) Baumuster, die PBO-1 der US Navy entsprach der A-29. Die Fertigung lief mit der letzten Lieferung an die USAAF am 30. Juni 1943 aus. In den späteren Kriegsjahren, als modernere Muster verfügbar waren, leistete diese anpassungsfähige Maschine weiterhin wertvolle Dienste als Truppentransporter, Übungs-, Ziel-Schlepp- und Seenotrettungsflugzeug. Die AT-18, von der 217 Stück gebaut wurden, war ein Ziel-Schlepp-Flugzeug entsprechend der A-29A; die AT-18A (83 gebaut) hatte den Drehturm auf dem Rumpfrücken abmontiert und war als Navigations-Trainer ausgerüstet.

Kurze technische Einzelheiten: (A-29)

Triebwerke: Zwei 1200 PS Wright R-1820-87 Cyclone Sternmotoren
Spannweite: 19,95 m
Länge: 13,52 m
Höhe: 3,62 m
Leergewicht: 5825 kg
Fluggewicht: 9320 kg
Besatzung: 5 Mann

Höchstgeschwindigkeit: 405 km/h in 4570 m Höhe
Dienstgipfelhöhe: 8100 m
Größte Reichweite: 4480 km
Bewaffnung: Fünf oder sieben 7,62 mm-Maschinengewehre; bis zu 635 kg Bombenzuladung

Lockheed C-56 Lodestar

Ursprungsland: USA
Einsatzzweck: Transportflugzeug
Hersteller: Lockheed Aircraft Corporation

Andere US-Bezeichnungen: C-57, -59, -60 und -66; R50
Im Kriegseinsatz: 1941/45

Obwohl die Maschine nie in der Art wie die Douglas Skytrain oder die Curtiss Commando verwendet wurde, leistete die Lodestar dennoch wertvolle Dienste während des ganzen Zweiten Weltkrieges als Reiseflugzeug der Truppenführung, Fracht-, Fallschirmjäger- und Sanitätstransporter, Schleppflugzeug für Lastensegler und fliegendes Laboratorium. Wie bei manchen Zeitgenossinnen lagen ihre Anfänge in einem zivilen Vorkriegsflugzeug, der Lockheed Model 18 Lodestar, und viele der zuerst verwendeten Flugzeuge waren in Wirklichkeit Zivilmaschinen, die man dem Truppendienst angepaßt hatte. Alle Maschinen der C-56-Reihe bis zu C-56E wurden so für die Truppe

erworben; als einzige unterschied sich die C-56A durch ihre Hornet-Triebwerke. Alle Muster konnten 18 Passagiere unterbringen außer der C-56E, die im Normalfall 22sitzig war. Es gab nur sieben einsatzbereite C-57, die mit C-57B bezeichnet wurden und 18 Soldaten unterbringen konnten; der Erwerb von Zivilmustern als C-57A wurde gestrichen und die drei C-57C und eine C-57D wurden Versuchsflugzeuge. Zehn C-59 und 36 C-60 waren wieder zivile Umbauten. Die militärische Fertigung der Lodestar konzentrierte sich auf die C-60A, von der 325 als Standard-Transporter für Armee- und Marinefallschirmjäger gebaut wurden; ein Auftrag für 691 C-60C, einer verbesserten Version, wurde später gestrichen. Die entsprechenden Maschinen zu den C-56, C-59, C-60 und C-60A der US Navy erhielten die Bezeichnungen R50-1, -2, -5 und -6; die R50-3 und -4 wurden vier- und siebensitzige Reiseflugzeuge für die Truppenführung. Eine weitere zivile Lodestar, die in den Truppendienst kam, war die C-66. Eine Anzahl C-56, C-59 und C-60 Lodestar wurden an die RAF als Lodestar I, IA und II für vier Staffeln des Transportkommandos im Mittleren Osten, als Sanitätsflugzeug sowie für allgemeine Transportflüge ausgeliefert. Mit den wachsenden Stückzahlen der in Großserie gefertigten Militärtransporter, die gegen Kriegsende zur Verfügung standen, wurden viele beschlagnahmte Zivilflugzeuge ihren Eigentümern zurückgegeben, und sehr wenige dieser Umbauten blieben über Ende 1944 hinaus im Dienst der Truppe.

Kurze technische Einzelheiten: (C-60A)

Triebwerke: Zwei 1200 PS Wright
   R-1820-87 Cyclone Sternmotoren
Spannweite: 19,98 m
Länge: 15,20 m
Höhe: 3,62 m
Leergewicht: 5480 kg

Fluggewicht: 8400 kg
Besatzung: 4 Mann
Höchstgeschwindigkeit: 411 km/h
   in 5180 m Höhe
Dienstgipfelhöhe: 9150 m
Größte Reichweite: 2660 km

Lockheed P-38 Lightning

Ursprungsland: USA
Einsatzzweck: Langstreckenjäger
   und Jagdbomber

Hersteller: Lockheed Aircraft
   Corporation
Andere US-Bezeichnungen: F-4 u. F-5
Im Kriegseinsatz: 1941/45

Obwohl sie in geringeren Stückzahlen als andere US Jäger der Frontlinie des Zweiten Weltkrieges produziert wurde, machte die Lightning eine Vielzahl verschiedener Einsatzflüge auf jedem Kriegsschauplatz und zerstörte mehr japanische Flugzeuge im Pazifik als jedes andere Jagdflugzeug. Die Konstruktion begann im Jahre 1937 entsprechend einer im vorangegangenen Jahr herausgegebenen Ausschreibung; die XP-38 flog am 27. Januar 1939, stürzte jedoch 14 Tage später bei einer Landung ab. Trotz dieses unglücklichen Anfangs folgte ein Auftrag für 13 YP-38 Versuchsflugzeuge, die beträchtlich überarbeitet und mit 1150 PS Allison Motoren und verbesserter Bewaffnung ausgerüstet war. Vor Jahresmitte 1940 wurden zwei Aufträge für 673 Flugzeuge erteilt, und Mitte 1941 folgten den YP-38 30

P-38L

Serienmaschinen P-38. Die XP-38A, P-38B und -C-Projekte wurden nicht verwirklicht, jedoch begann die Auslieferung von 36 P-38D im August 1941. Nachfolgeversionen der Lightning waren 210 P-38E (geänderte Bewaffnung); 527 P-38F (1325 PS Allison, erste Version mit Anhängevorrichtungen für Kraftstofftanks, Torpedos oder 454 kg-Bomben unter dem Tragflügel); 1082 P-38G (weitere Triebwerkswechsel); 601 P-38H (1425 PS Allison, Bewaffnungsänderungen und Vorrichtungen für zwei 725 kg-Bomben unter dem Tragflügel); 2970 P-38J (weitere Triebwerks- und Bewaffnungsänderungen); 3923 P-38L (Einführung von Unterflügel-Racks für Raketengeschosse); und schließlich der zweisitzige mit Radar ausgerüstete Nachtjäger P-38M, der im letzten Stadium des Krieges im Pazifik in den Truppendienst kam. Die gesamte Lightning-Produktion betrug 9923 Maschinen, von denen über 1000 in Foto-Aufklärungsflugzeuge umgebaut wurden, die anstelle der Maschinengewehre eine Batterie von Kameras (normalerweise fünf) im Rumpfbug hatten. Darunter waren die F-4 (P-38E), F-4A (P-38F), F-5, -5A und -5B (P-38G), F-5C (P-38H), F-5E und -5F (P-38J), F-5G (P-38L). Eine Anzahl von P-38J und L Lightning in Europa wurden als Leitflugzeuge für einen zusätzlichen Bombenschützen, der in einem verlängerten Perspex-Rumpfbug untergebracht war, umgebaut; und einige P-38F wurden 1942 als zweisitzige Kampf-Trainer umgebaut. Die RAF verwarf das Muster, nachdem sie drei der 143 bestellten P-38E Lightning Mk.I geliefert erhielt und strich später eine Bestellung für 524 Mk.II, die auf der P-38G basierten. Diese wurden von der amerikanischen Luftwaffe zur eigenen Verwendung übernommen.

Kurze technische Einzelheiten: (P-38L)

Triebwerke: Zwei 1475 PS Allison V-1710-111/113 V 12-Motoren
Spannweite: 15,88 m
Länge: 11,55 m
Höhe: 2,99 m
Leergewicht: 5800 kg
Fluggewicht: 7950 kg
Besatzung: 1 Mann
Höchstgeschwindigkeit: 663 km/h in 7620 m Höhe

Dienstgipfelhöhe: 13390 m
Größte Reichweite: 3620 km
Bewaffnung: Eine 20 mm-Hispano-Kanone und vier 12,7 mm Browning Maschinengewehre; bis zu 1820 kg Bombenzuladung oder 12,7 cm Raketengeschosse

PV-1

Lockheed PV-1 Ventura

Ursprungsland: USA
Einsatzzweck: Patrouillenbomber
Hersteller: Lockheed Aircraft
      Corporation

Andere US-Bezeichnungen: B-34, B-37
Im Kriegseinsatz: 1942/45

Als militärische Entwicklung des zivilen Transportflugzeuges
Model 18 Lodestar von Lockheed wurde die Ventura ursprünglich entsprechend britischen Forderungen für ein Nachfolgemuster der Hudson produziert. Erste Aufträge für das Muster wurden im Sommer 1940 erteilt, und die ersten Ventura I (1850 PS
Double Wasp) kamen zwei Jahre später in den Dienst des
Bomberkommandos. 1943 wurden diese Maschinen zum Küstenkommando abkommandiert, für das die späteren Ventura II und
IIA verschiedene Änderungen der Bewaffnung und Ausrüstung
enthielten, und die von 2000 PS Double Wasp angetrieben wurden. Etwa 400 Ventura I und II wurden an die RAF ausgeliefert.
Eine Version der Ventura II wurde als die B-34 von der USAAF
für die Küstenüberwachung, Fortgeschrittenen-Schulung und
Ziel-Schleppflugzeug übernommen, und den 200 fertiggestellten
B-34, die später auf B-34A Standard verbessert wurden, folgten
weitere 133 B-34A und 117 Navigationsschulflugzeuge B-34B.

Von den späteren B-37 (1700 PS Wright Cyclone) wurden nur 18 fertiggestellt, die restlichen 550 bestellten Maschinen wurden gestrichen. Das Hauptserienmuster der Ventura war jedoch die PV-1 der US Navy; etwa 1600 Maschinen dieser Version wurden gebaut. Der am meisten ins Auge springende Unterschied gegenüber früheren Ventura war der etwas verlängerte »feste« Maschinengewehrrumpfbug, der Bombenschacht wurde für den Transport von Bomben, Unterwasser-Sprengladungen oder einen einzelnen Torpedo umgebaut, und die Reichweite des Flugzeuges wurde durch vergrößerte Kraftstoffkapazität verbessert. Die PV-1, die noch 1944 in Produktion war, wurde im großen Maßstab auf dem pazifischen Kriegsschauplatz eingesetzt, wo ihr schließlich die PV-2 Harpoon folgte (siehe Seite 213). Eine Anzahl von PV-1 sah sich als Ventura IV und V im Dienst der RAF.

Kurze technische Einzelheiten: (PV-1)

Triebwerke: Zwei 2000 PS Pratt & Whitney R-2800-31 Double Wasp Doppelsternmotoren
Spannweite: 19,96 m
Länge: 15,77 m
Höhe: 4,01 m
Fluggewicht: 12000 kg
Besatzung: 4 Mann
Höchstgeschwindigkeit: 505 km/h in 4640 m Höhe

Dienstgipfelhöhe: 8390 m
Normale Reichweite: 1760 km
Bewaffnung: Sechs 12,7 mm-Maschinengewehre; bis zu 1590 kg Bomben oder Unterwasser-Sprengladungen oder ein 56 cm Torpedo

Macchi C.200 Saetta (Pfeil)

Ursprungsland: Italien
Einsatzzweck: Jagdflugzeug

Hersteller: Aeronautica Macchi
Im Kriegseinsatz: 1940/45

Als Produkt eines der berühmtesten Konstrukteure Italiens, Mario Castoldi, war die Macchi C.200 Saetta wie die Spitfire das Endergebnis einer Serie von Rennflugzeugen (Wasserflugzeugen). Wie praktisch bei jedem italienischen Jagdflugzeug in dieser Zeit war die Konstruktion brillant, die Wendigkeit und die allgemeine Flugeigenschaften ließen wenig zu wünschen übrig — außer einem guten Triebwerk. Die schlechte Kampflei-

stung italienischer Jagdflugzeuge war durch den Mangel an ausreichenden Flugmotoren bedingt; an die schwerfälligen untermotorisierten Sternmotoren mit hohem Luftwiderstand gefesselt (alles was die italienische Industrie anbieten konnte), waren die ersten Jagdflugzeuge der Regia Aeronautica nicht in der Lage, die Leistungen zu erbringen, deren sie von der Konstruktion her fähig gewesen wären. Als geeignete deutsche Triebwerke eingeführt und in diese Zellen eingebaut wurden, war der Krieg für diese Maschinen zu weit fortgeschritten, als daß sie noch hätten ihre Rolle darin spielen können. Die Saetta wurde 1936 entworfen, flog 1937 und wurde sofort in die Serienfertigung gegeben. Bei Kriegseintritt Italiens waren an die Regia Aeronautica 156 Saetta ausgeliefert, die mit zahlreichen veralteten Fiat C.R.42 Doppeldeckern (siehe Seite 109) das Rückgrat der Jagdflugzeuge bildeten. Serien-C.200, die an allen Fronten eingesetzt wurden, erhielten die Bezeichnungen C.200A1 und A2, die letztere besaß einen verstärkten Tragflügel zum Transport zweier kleiner Bomben wie die C.202 zum Einsatz als Jagdbomber. Ein interessantes Merkmal der C.200 Entwicklung war, daß die geschlossene Pilotenkanzel der ersten Maschinen bei späteren Serienmaschinen zugunsten eines offenen Cockpits aufgegeben wurde. Etwa 1000 Saetta wurden insgesamt gebaut.

Kurze technische Einzelheiten:

Triebwerk: Ein 840 PS Fiat A.74 RC 38
    Sternmotor
Spannweite: 10,60 m
Länge: 8,19 m
Höhe: 3,51 m
Leergewicht: 1890 kg
Fluggewicht: 2300 kg
Besatzung: 1 Mann

Höchstgeschwindigkeit: 501 km/h
    in 4500 m Höhe
Dienstgipfelhöhe: 8900 m
Normale Reichweite: 566 km
Bewaffnung: Zwei 12,7 mm Breda-
    SAFAT Maschinengewehre; zwei
    100 kg oder 160 kg Bomben
    wahlweise

Macchi C.202 Folgore (Blitz)

Ursprungsland: Italien
Einsatzzweck: Jagdflugzeug

Hersteller: Aeronautica Macchi
Im Kriegseinsatz: 1941/45

Die Macchi C.202 zeigte den Beginn der Phase an, als mit der Verfügbarkeit der flüssiggekühlten Daimler-Benz-Motoren mit hoher Leistung und niedrigem Luftwiderstand aus Deutschland italienische Jagdflugzeuge den Versuch unternahmen, die Leistungsfähigkeit der zeitgenössischen anderen Jagdflugzeuge zu übertreffen. Zum großen Teil blieben diese Bemühungen erfolglos, und wirklich erstklassige Maschinen kamen nicht vor dem Zeitpunkt, als Italiens Kriegsteilnahme praktisch zu Ende war, in die Serienfertigung. Trotzdem bedeutete die Ankunft der deutschen Triebwerke eine sehr willkommene Spritze für die Jagdflugzeuge der ersten Kriegsjahre bei der Regia Aeronau-

C.202 Serie III

tica. Der erste DB 601 wurde 1940 an die Firma Macchi geliefert und unmittelbar darauf in eine Standard C.200 Saetta Zelle
eingebaut und wurde so im August desselben Jahres geflogen.
Die Flugerprobungen mit dieser Maschine verliefen sehr befrie-
digend und parallel mit der Entscheidung, das deutsche Triebwerk in Italien in Lizenz zu bauen, kam die mit dem DB 601 angetriebene Saetta unter der neuen Bezeichnung C.202 in die
Serienfertigung. Die Saetta-Taktstraßen wurden für den Bau
des neuen Jagdflugzeuges eingerichtet, und die Folgore kam
1941 in den Truppendienst. Die Bewaffnung wurde fortlaufend
in der neuen Maschine verbessert, und die allgemeine Flugleistung war der der besten alliierten Jäger nähergerückt, obwohl
sie immer noch etwas niedriger lag. Die Kombination der C.202
Zelle mit dem DB 605 Triebwerk ließ schließlich die C.205 Veltro entstehen, die auf Seite 339 beschrieben wird.

Kurze technische Einzelheiten:

Triebwerk: Ein in Lizenz gebauter
    Daimler-Benz 1175 PS DB 601A
    12 Zylinder V-Motor
Spannweite: 10,26 m
Länge: 8,86 m
Höhe: 2,99 m
Leergewicht: 2200 kg

Fluggewicht: 2750 kg
Besatzung: 1 Mann
Höchstgeschwindigkeit: 590 km/h
    in 5200 m Höhe
Dienstgipfelhöhe: 10500 m
Bewaffnung: Zwei 12,7 mm- und zwei
    7,7 mm-Breda-SAFAT- MG

Martin B-26 Marauder

Ursprungsland: USA
Einsatzzweck: Mittelschwerer Bomber
Hersteller: Glenn L. Martin Co.

Andere US-Bezeichnungen: JM-1
Im Kriegseinsatz: 1942/45

Die Marauder hatte eine etwas schillernde Karriere: in ihrer
Anfangszeit war »Witwenmacher« einer der noch verhältnismäßig zurückhaltenden Namen, der ihr gegeben wurde. Die
Weiterführung der Produktion wurde wenigstens viermal ver-
worfen. Sie hatte ihre Fehler, war jedoch in den Händen eines
erfahrenen Piloten, wie sich später mit Erfolg herausstellte,
eine ausgezeichnete Waffe. Am Ende des Krieges in Europa
hatten die Marauder die niedrigsten Verluste aller US-Flug-
zeuge. Sie wurde Anfang 1939 entworfen und in einer Stück-

B-26G

zahl von 1000 Maschinen im September des Jahres »vom Reißbrett weg« bestellt. Es gab also keine XB-26, der Erstflug fand
am 25. November 1940 mit den ersten von 210 B-26 statt, die
von zwei 1850 PS Double Wasp Doppelsternmotoren angetrieben wurden. Die meisten der 139 folgenden B-26A besaßen ein
neueres Triebwerksmodell — obschon es eine ähnliche Leistung hatte — aber zur Zeit des Überfalls auf Pearl Harbour
war nur eine US Einheit mit diesem Baumuster ausgerüstet.
Drei Marauder wurden damals zur Beurteilung an die RAF geschickt, und diese Maschinen waren die Vorläufer von 52 Marauder I (B-26A), 19 Mk.IA (B-26B), 100 Mk.II (B-26C) und 350
Mk.III (B-26F und G), die schließlich an die RAF und die süd-
afrikanische Luftwaffe ausgeliefert wurden, und die ab 1943 in
den Kriegseinsatz kamen. Einige Varianten von Triebwerk,
Bombenlast, Bewaffnung und anderer Ausrüstung waren unter
den 1883 fertiggestellten B-26B anzutreffen, und die Verteidigung nach hinten wurde durch einen Zwillingsdrehturm verbessert; einige Maschinen der späteren B-Reihe mit 12,7 mm-Maschinengewehren waren beinahe so schwer bewaffnet wie die
B-17 Fortress; andere wurden als B-26C fertiggestellt, von der
1235 Maschinen gebaut wurden. Die US Navy übernahm einige
Marauder als Ziel-Schlepp- und Aufklärungsflugzeuge mit den
Bezeichnungen JM-1 und -1P; ihre späteren JM-2 waren einige
der 57 TB-26G, die für denselben Einsatzzweck in der Armee-
Luftwaffe hergestellt wurden. Einige der ersten B-26 Bomber

wurden auch als AT-23 Trainer gebaut. Die XB-26D, XB-26E und XB-26H waren Forschungsflugzeuge der jeweiligen Bauserie. Letzte Marauder waren die B-26F (300 gebaut) und B-26G (843 gebaut). Insgesamt wurden 5157 Marauder hergestellt.

Kurze technische Einzelheiten: (B-26G)

Triebwerke: Zwei 1920 PS Pratt & Whitney R-2800-43 Double Wasp Doppelsternmotoren
Spannweite: 21,65 m
Länge: 17,12 m
Höhe: 6,20 m
Leergewicht: 11500 kg
Fluggewicht: 17300 kg

Besatzung: 7 Mann
Höchstgeschwindigkeit: 553 km/h in 1530 m Höhe
Dienstgipfelhöhe: 6040 m
Normale Reichweite: 1760 km
Bewaffnung: Elf 12,7 mm-Maschinengewehre; bis zu 1815 kg Bombenzuladung

Messerschmitt Bf 109

Ursprungsland: Deutschland
Einsatzzweck: Jagdflugzeug

Hersteller: Messerschmitt A.G.
Im Kriegseinsatz: 1939/45

Professor Willi Messerschmitt trat 1927 in die Bayrischen Flugzeugwerke ein, die 1938 in die Messerschmitt A.G. übergingen. Nach verschiedenen Verkehrsflugzeugen entwickelte

Bf 109E-4/N Trop

er für den Europarundflug 1934 die Bf 108; dieser viersitzige Eindecker ist auf Seite 342 beschrieben. Damals wurden die ersten flüssigkeitsgekühlten Hochleistungs-V-Motoren, der Junkers Jumo 210 und der DB 600, entwickelt, und unter dem Deckmantel der zivilen Verwendung wurde eine abgeänderte Bf 108 Zelle unter Anwendung des neuen Triebwerks in Wirklichkeit der Prototyp für eine kleine Serie von Jagdflugzeugen. Der erste Prototyp Bf 109 (695 PS Rolls-Royce Kestrel) flog im September 1935; 1936 und 1937 gefolgt von späteren Prototypen, die von dem 670 PS Jumo 210A angetrieben wurden. Die Bf 109 folgte einer Entwicklung, wie sie für so viele andere deutsche Flugzeuge dieser Zeit üblich war: im Militärflugzeug-Wettbewerb 1937 in Zürich gewannen Bf 109 drei Flugkonkurrenzen und am 11. November jenes Jahres stellte eine mit einem besonders aufgeladenen DB 601 von 1650 PS angetriebene Maschine einen neuen Geschwindigkeits-Weltrekord von 611 km/h auf, der zwei Jahre lang bestand. In der Zwischenzeit kam die Bf 109B-1 (680 PS Jumo 210D) in die Fertigung und fand bei der Legion Condor im spanischen Bürgerkrieg ihre Feuertaufe, dazu kam später die Bf 109C. Die bei diesem Kriegseinsatz gemachte Erfahrung führte zu weiteren Abänderungen, besonders in der Bewaffnung, und 1939 löste die Bf 109E die nur in kleinen Stückzahlen gebaute Bf 109D ab und kam in die Serienpro-

Bf 109G-2

duktion, angetrieben durch den 1175 PS DB 601A und bewaffnet mit zwei 20 mm-Kanonen und zwei 7,9 mm-Maschinengewehren. Die Bf 109E löste bald alle früheren Bf 109 im Truppendienst der deutschen Luftwaffe ab und blieb der Standard-Jagdeinsitzer der ersten drei Kriegsjahre. Schwere Verluste in der Luftschlacht um England und auf anderen Kriegsschauplätzen zwangen die deutschen Stellen jedoch zu Überlegungen, die Bf 109 als Jagdflugzeug zur Luftraumverteidigung statt für offensive Zwecke einzusetzen. Das Ergebnis war die Bf 109F (1275 PS DB 601N), die eine verfeinerte und aerodynamisch besser ausgebildete Zelle und verringerte Bewaffnung — eine 20 mm-Kanone und zwei 7,9 mm-Maschinengewehre — aufwies. (Nach Einführung der späteren G-Reihe wurden die F-Muster zum Tragen von Raketengeschossen an der Flügelunterseite umgebaut und als Tiefangriffs-Flugzeuge im Truppendienst behalten.) Die nächste Entwicklung, die Bf 109G »Gustav«, die zuerst im Sommer 1942 in Rußland und Nordafrika eingesetzt wurde, fand in großem Maßstab auf allen Kriegsschauplätzen bis zur Kapitulation Verwendung, und sie wurde in größeren Stückzahlen hergestellt als alle anderen Bf 109 Versionen zusammen. Die Bf 109G-1 (1475 PS DB 605A) hatte eine Druckkabine und eine Bewaffnung von einer 20 mm-Kanone und zwei 7,9 mm-Maschinengewehren. Die Bf 109G-6 war schwerer bewaffnet mit einer im Motor eingebauten 30 mm MK 108 Kanone, zwei 13 mm-Maschinengewehren im Rumpfbug und zwei 20 mm-Kanonen als Gondelbewaffnung unter der Tragfläche. Einige G-6 wurden als Tiefangriffsflugzeuge mit Raketenbewaffnung eingesetzt. Die Bf 109G-8 war eine Foto-Aufklärervariante mit verringerter Bewaffnung und die Bezeichnung Bf 109G-12 betraf bestimmte G-1 Zellen, die als Schulflugzeuge mit zweisitziger Kabine abgeändert waren. Spätere Varianten waren die Bf 109H, ein Höhenjägerprojekt mit großer Spannweite, das nicht in den Truppendienst kam (zugunsten der Ta 152H aufgegeben); die Bf 109K, die allgemein der G außer geringfügigen baulichen Änderungen entsprach, war beschränkt im Truppeneinsatz; und die Bf 109L, die eine Zelle der G-Muster hatte, von einem Junkers Jumo 213E Motor angetrieben war und eine größere Spannweite aufwies, war ein Projekt, das bei Kriegsende noch nicht fertiggestellt war. Eine weitere interessante Variante, die nicht in den Truppendienst kam, war die Bf 109T, ein Spezialbaumuster für Decklandungen mit vergrößerter Flügelfläche, 1940 umgebaut aus der Bf 109E.

Bf 109 Maschinen, die ursprünglich 1937 von Deutschland geliefert und später von der Firma Hispano gebaut wurden, blieben bis zum heutigen Tage bei der spanischen Luftwaffe im Truppeneinsatz — jetzt als Ironie des Schicksals von dem Motor angetrieben, der dazu beitrug, sie 1940 abzuschießen — dem Rolls-Royce Merlin!

Kurze technische Einzelheiten: (Bf 109G-10/U4)

Triebwerk: Ein 1435 PS Daimler-Benz
Spannweite: 9,97 m
Länge: 8,95 m
Höhe: 2,34 m
Leergewicht: 1970 kg
Fluggewicht: 3500 kg
Besatzung: 1 Mann
     DB 605D hängender 12 Zylinder
     V-Motor

Höchstgeschwindigkeit: 684 km/h
   in 7400 Höhe
Dienstgipfelhöhe: 12500 m
Normale Reichweite: 560 km
Bewaffnung: Eine 30 mm MK 108
   Kanone, die durch die Propellerachse feuerte (wahlweise), zwei 30 mm MK 108 Kanonen in einer Gondel unter dem Rumpf

Messerschmitt Bf 110

Ursprungsland: Deutschland
Einsatzzweck: Tag- und Nachtjäger,
   Jagdbomber

Hersteller: Messerschmitt A.G.
Im Kriegseinsatz: 1939/45

Obwohl sich die Bf 110 bei ersten Begegnungen mit britischen Jagdflugzeugen als nicht besonders gut erwies, war sie den ganzen Krieg hindurch ununterbrochen im Einsatz, und die Fertigung ging über fünf Serien von B bis G. In ihren verschiedenen Einsatzarten wurde die Bf 110 umfassend verwendet, und sie war ein leistungsfähigeres Flugzeug als viele annahmen; der Produktionsausstoß wurde tatsächlich aufgrund des Versagens der späteren Messerschmitt Me 210 vergrößert, und hätte sie nicht so eine Mädchen-für-alles-Arbeit übernommen, hätte die Bf 110 eine hervorragende Laufbahn in einer der Rollen gehabt, für die sie am besten geeignet war. Es war das erste von Willi Messerschmitt entworfene zweimotorige Militärflugzeug und wurde ursprünglich 1934 projektiert, der Prototyp flog am

186

Bf 110G-2

12. Mai 1936. Einige Verzögerung entstand dadurch, daß Triebwerke mit angemessener Leistung gekauft werden mußten, und als diese zur Verfügung standen, kam die Bf 110 für den spanischen Bürgerkrieg zu spät, in dem viele damalige Maschinen wertvolle Kampfeinsatzerfahrungen sammelten. Die Bf 110C kam Anfang 1939 zur deutschen Luftwaffe und sah sich erstmalig während des Polen-Feldzuges im Kriegseinsatz, wo sie als Tiefangriffsflugzeug zur Unterstützung der eindringenden Truppe diente. Ihre erste Berührung mit der RAF war gegen Wellington-Bomber über der Helgoländer Bucht am 14. Dezember 1939, jedoch traf sie bis zur Luftschlacht um England im folgenden Jahr nicht auf britische Jagdflugzeuge, wobei sich erst verschiedene Mängel zeigten. Daraus ergab sich, daß viele Bf 110C für andere Zwecke wie Abfangjagd und Einsatz als Schleppflugzeug umgebaut wurden. Die Bf 110D-1 sollte als Langstreckenjabo mit stark vergrößerter Tankkapazität fliegen, blieb jedoch nicht lange im Truppeneinsatz. Die Bf 110E wurde die erste größere Bomberversion. Die maximale Bombenzuladung der E-2 erreichte 2000 kg; ihr entsprach außer der verringerten Bewaffnung der E-3 Foto-Aufklärer. Die ersten F-Serienmaschinen entsprachen, abgesehen von der höheren Triebwerksleistung (1350 PS DB 601F) wieder den vorhergehenden Mustern, doch mit der F-4 begann sich die Eignung der Bf 110 als Nachtjäger zu zeigen. Mit der G-Reihe erfolgte der zeitweilige Einsatz im Jahre 1943 als Jagdbomber, jedoch wurden die G-4

187

und spätere Muster für die Nachtjagd bestimmt, um in einem vergeblichen Versuch gegen die wachsende alliierte Bomber-Offensive über Deutschland anzugehen.

Kurze technische Einzelheiten: (Bf 110G-2)

Triebwerke: Zwei 1475 PS Daimler-Benz DB 605B hängende 12 Zylinder V-Motoren
Spannweite: 16,27 m
Länge: 12,64 m
Höhe: 3,99 m
Leergewicht: 5100 kg
Fluggewicht: 9400 kg

Besatzung: 3 Mann
Höchstgeschwindigkeit: 546 km/h in 7000 m Höhe
Dienstgipfelhöhe: 7940 m
Größte Reichweite: 2085 km
Bewaffnung: Zwei 30 mm MK 108 und zwei 20 mm MG 151 Kanonen und zwei 7,9 mm MG 81

Messerschmitt Me 163B Komet

Ursprungsland: Deutschland
Einsatzzweck: Abfangjäger mit sehr kurzer Reichweite

Hersteller: Messerschmitt A.G.
Im Kriegseinsatz: 1944/45

Als unkonventionelles Raketenflugzeug, das im Zweiten Weltkrieg in den Truppendienst der deutschen Luftwaffe kam, war die Me 163 ein Jagdflugzeug zur Heimatverteidigung mit ultrakurzer Reichweite, bei dem alles zugunsten der Fähigkeit, in kürzest-möglicher Zeit angreifende alliierte Bomber zu stellen, geopfert wurde. Auf jede mögliche Weise wurde Gewicht eingespart. Das betraf auch das Fahrgestell, welches unmittelbar

Me 163B-1, im Deutschen Museum, München

nach dem Start abgeworfen wurde. Die Flugdauer war kurz —
nur etwa 10 Minuten mit voller Leistung — aber die Komet
konnte in 2 1/2 Minuten auf 9150 m steigen. Infolge ihrer radika-
len Konzeption und erschwert durch Unstimmigkeiten ihrer Er-
bauer war die Entwicklung der Me 163 ungewöhnlich schwie-
rig, und obwohl das Flugzeug im August 1941 seinen ersten
Flug mit eigenem Antrieb machte, wurde die erste Luftwaffen-
Versuchsgruppe erst Ende 1944 gebildet, die mit Me 163B-1
(die Me 163A war eine Version ohne Triebwerk, die in begrenzten Stückzahlen für Trainingszwecke hergestellt wurden)
ausgerüstet war. Die hohe Fluggeschwindigkeit, Steig- und
Kurvenflugleistung der Komet zwang sowohl die eigenen Piloten als auch ihre Gegner zu neuen Taktiken, aber unter den
erstgenannten hatte die Me 163 bald den Ruf erlangt, eine To-
desfalle zu sein. Die Komet hielt sich zu buchstabengetreu an
ihren Namen, oft schlug sie mit solcher Kraft auf ihren Lande-
schlitten, daß sich Treibstoffreste entzündeten und sie in einem
Feuerball explodierte. Tatsächlich gingen mehr Me 163 auf
diese Weise als im Kampfeinsatz verloren. Zur Zeit der Kapitulation waren über 350 Me 163 gebaut worden, und es lagen
Projekte für eine größere leistungsstärkere Me 163C vor. Das
Me 163D-Projekt mit normalem einziehbarem Fahrgestell und
größerer Flugdauer erhielt später wieder die Bezeichnung Me
263, kam aber über die Flugerprobung nicht hinaus.

Kurze technische Einzelheiten: (Me 163B-1)

Triebwerk: Ein 1600 kp-Schub Walter
   HWK 109-509A-1 Flüssigkeits-
   raketenmotor
Spannweite: 9,33 m
Länge: 5,92 m
Höhe: 2,74 m
Leergewicht: 1908 kg

Fluggewicht: 4310 kg
Besatzung: 1 Mann
Höchstgeschwindigkeit: 955 km/h
   in 9150 m Höhe
Dienstgipfelhöhe: 16500 m
Bewaffnung: Zwei 30 mm MK 108
   Kanonen

Me 210A-1

Messerschmitt Me 210 und Me 410

Ursprungsland: Deutschland
Einsatzzweck: Jagdbomber und
    Aufklärungsflugzeug

Hersteller: Messerschmitt A.G.
Im Kriegseinsatz: 1941/45

Fritz Wendel, der Cheftestpilot der Messerschmitt A.G. sagte über die Me 210, daß sie die am wenigsten wünschenswerten Eigenschaften hatte, die ein Flugzeug besitzen konnte und schätzte sie nach der He 177 als die größte Fehlentwicklung der Luftwaffe im ganzen Krieg ein. Sogar die überarbeitete Me 410 »erfüllte nicht alle unsere Hoffnungen«. Die Me 210, eine sauber aussehende Konstruktion, die der de Havilland Mosquito ähnelte, wurde Ende 1941 an der russischen Front eingesetzt, über Westeuropa erschien sie jedoch erst im Sommer 1942; damals wurde eine Maschine von einer Typhoon über der englischen Südküste abgeschossen. Die erste Serienversion, die Me 210A, wurde von zwei 1395 PS DB 601F 12 Zylinder V-Motoren angetrieben, an deren Stelle in der Me 210C DB 605B Triebwerke traten. Man machte zahlreiche Versuche, um mit verschiedenen Rumpflängen und Leitwerksanordnungen die Mängel des Flugzeugs zu beheben, jedoch mit wenig Erfolg. Trotz ihrer Tücken wurde die Maschine als Jagd-, Tiefangriffs- und Aufklärungsflugzeug in den Truppendienst gepreßt, doch nach zahlreichen tödlichen Abstürzen mußte sogar das RLM die Unbrauchbarkeit zugeben und die Produktion stoppen.

190

Nach weitgehender Überarbeitung und mit DB 603 Motoren als neuem Triebwerk tauchte das Flugzeug in der zweiten Hälfte des Jahres 1942 als die Me 410 Hornisse wieder auf. Die Me 410A kam in die Serienfertigung und Anfang 1943 in den Truppendienst; die wichtigsten Nachfolgetypen waren der A-1 Jagdbomber mit einer Vorrichtung zur Aufnahme von 2000 kg Bomben, die »schweren« Jäger A-1/U2 und B-2 mit zwei zusätzlichen 20 mm-Kanonen oder einer 50 mm BK 5 Kanone im Bombenschacht, sowie der A-3 Aufklärer mit Kameras und zusätzlichem Kraftstoff im Bombenschacht. Die gesamte Me 410 Produktion betrug 1213 Flugzeuge; zusammen mit der Me 210 (325 gebaut) wurde sie in weit größerem Maßstab verwendet als sie es aufgrund ihrer Eigenschaften verdient hätte.

Kurze technische Einzelheiten: (Me 410A-1/U2)

Triebwerke: Zwei 1750 PS Daimler-Benz DB 603A 12 Zylinder hängende V-Motoren
Spannweite: 16,37 m
Länge: 12,48 m
Höhe: 4,27 m
Leergewicht: 6150 kg
Fluggewicht: 10680 kg

Besatzung: 2 Mann
Höchstgeschwindigkeit: 611 km/h in 6700 m Höhe
Dienstgipfelhöhe: 10000 m
Bewaffnung: Vier 20 mm MG 151 Kanonen und zwei 7,9 mm MG 17

Messerschmitt Me 262A Sturmvogel

Ursprungsland: Deutschland
Einsatzzweck: Jäger und Jagdbomber

Hersteller: Messerschmitt A.G.
Im Kriegseinsatz: 1944/45

1938 wurde die Messerschmitt A.G. aufgefordert, um die neu entwickelten Turbo-Triebwerke von Junkers und BMW eine Zelle zu konstruieren. Diese stellten sie im folgenden Jahr fertig, und Anfang 1940 wurde die Firma beauftragt, eine kleine Anzahl von Prototypen zu bauen. Aus verschiedenen Gründen erwiesen sich die ersten Düsentriebwerke für das Flugzeug als ungeeignet, und die offizielle Begeisterung ebbte ab, doch im Juli 1942 zeigte die Me 262 mit dem Erscheinen der Jumo Stahltriebwerke von 940 kp Schub ihre wahren Chancen als Jagdflugzeug. Das RLM jedoch blieb der Auffassung, daß der Krieg mit konventionellen Jagdflugzeugen gewonnen werden könne

Me 262 V3

und gab der Me 262 eine sehr niedrige Entwicklungspriorität.
Trotz erfolgreicher Flugversuche und der Begeisterung seiner
Ratgeber verweigerte Hitler die Mengenfertigung, bis er nach
einer persönlichen Vorführung im November 1943 gegen ein-
dringlichen Rat entschied, das Muster als »Schnellbomber«
weiterlaufen zu lassen. Die Serienfertigung der Me 262A-1
Schwalbe — als Jagdflugzeug — begann im Mai 1944, doch als
Hitler dies nach ein oder zwei Monaten entdeckte, ordnete er
sofort an, die bis dahin gebauten Maschinen in Bomber umzubauen. Die Bomberversion wurde unter der Bezeichnung Me
262A-2 Sturmvogel bekannt und war zum Tragen von zwei 500-
kg-Bomben oder einer 1000-kg-Bombe eingerichtet — ein Um-
stand, der ihre Fluggeschwindigkeit sofort auf den Bereich alliierter Jäger mit Kolbenmotorantrieb herabsetzte. Dieses typische Beispiel von Hitlers Starrsinn kostete die Luftwaffe wertvolle Monate, während der sie die Me 262 als Jagdflugzeug
hätte einsetzen können, statt sie für einen Einsatz umzubauen,
für den sie nicht geeignet war. Ironischerweise gab Hitler, als
der Ausgang des Krieges sich immer deutlicher abzeichnete,
der Me 262 als Abfangjäger den absoluten Vorrang vor allen
anderen in Deutschland gefertigten Flugzeugen; aber von über
400 hergestellten Maschinen wurden wahrscheinlich nur etwa
200 tatsächlich gegen die Alliierten eingesetzt. Andere Varianten waren die Me 262B-1, als Schulflugzeug mit Doppelsteuer,
die B-2, als Nachtjäger, die Me 262C als Jagdflugzeug mit zusätzlichem Raketenschub und die Me 262D und E als raketenbe-
waffnete Abfangjäger.

Triebwerke: Zwei Junkers Jumo 004B-1
Strahlturbinen mit 890 kp Schub
Spannweite: 12,51 m
Länge: 10,60 m
Höhe: 3,83 m
Leergewicht: 4420 kg
Fluggewicht: 6401 kg

Besatzung: 1 Mann
Höchstgeschwindigkeit: 865 km/h
in 6000 m Höhe
Dienstgipfelhöhe: 11450 m
Größte Reichweite: 1042 km
Bewaffnung: Vier 30 mm MK 108
Kanonen

Messerschmitt Me 321 Gigant und Me 323

Ursprungsland: Deutschland
Einsatzzweck: Schweres Transportflugzeug

Hersteller: Messerschmitt A.G.
Im Kriegseinsatz: 1942/45

Als eines der größten Flugzeuge des Zweiten Weltkrieges mit einer Spannweite, welche sogar die des sechsmotorigen Flugbootes BV 222 übetraf, wurde die Messerschmitt Me 321 Ende 1940 als Lastensegler konstruiert und der erste Prototyp im März 1941 erprobt. Zu jener Zeit war die Junkers Ju 90 das einzige Flugzeug, das in der Lage war, sie in die Luft zu schlep-

Me 323E-1

pen. Später wurden jeweils drei Bf 110 dazu verwendet, den Giganten vom Boden hochzuschleppen, wobei sie durch Starthilferaketen unterstützt wurden, die im Lastensegler eingebaut waren. Schließlich wurde das Problem des mit ausreichender Triebwerksleistung ausgestatteten Schleppflugzeuges für die Me 321 durch die Entwicklung der Heinkel He 111Z gelöst (siehe Seite 138).

Inzwischen schritt die Entwicklung einer mit Triebwerken ausgerüsteten Version des Lastenseglers voran. Die großen Abmessungen und das Gewicht dieser Maschine erforderten zum Start eine sehr große Triebwerksleistung und erste Versuche mit vier 990 PS Gnôme-Rhône Motoren hatten nicht den gewünschten Erfolg. Schließlich entschied man sich für den Einbau von sechs Gnôme-Rhône Motoren, welche insgesamt annähernd 6000 PS entwickelten. Der mit Motorkraft ausgestattete Lastensegler, der Ende 1941 seinen Erstflug machte, erhielt die neue Bezeichnung Me 323. Er erwies sich später als eins der erfolgreichsten Transportflugzeuge des Krieges — obwohl am Steuer ein starker Pilot benötigt wurde! Die wichtigsten Nachfolgemuster der Me 323 waren die D und E; die Produktion der Me 321 und Me 323 kam insgesamt auf die Zahl von etwa 200 Flugzeugen.

Kurze technische Einzelheiten: (Me 323E)

Triebwerke: Sechs 1180 PS Gnôme-Rhône 14R Sternmotoren
Spannweite: 55,24 m
Länge: 28,50 m
Höhe: ~ 8 m
Leergewicht: 29600 kg
Fluggewicht: 45000 kg

Besatzung: 5—7 Mann (zusätzlich bis zu 130 Soldaten oder 9760 kg Fracht)
Höchstgeschwindigkeit: 285 km/h in Meereshöhe
Dienstgipfelhöhe: 4800 m
Normale Reichweite: 1095 km
Bewaffnung: Fünf 13 mm MG 131

Mitsubishi A5M

Ursprungsland: Japan
Einsatzzweck: Trägerjagdflugzeug

Konstrukteure: Mitsubishi Jukogyo K.K.
Im Kriegseinsatz: 1941/42

Obwohl die Serienfertigung der Maschine 1940 auslief und zur Zeit des japanischen Kriegseintritts in den Zweiten Weltkrieg

A5M2b

veraltet war, blieb dieses kompakte kleine Flugzeug den größten Teil des ersten Kriegsjahres hindurch der Standard-Jäger der japanischen Marine-Luftwaffe. Tatsächlich war es der erste einsatzfähige Jäger der japanischen Marine in Eindecker-Ausführung. Das Flugzeug hatte als Prototyp am 4. Februar 1935 seinen Erstflug mit einem 550 PS Nakajima Kotobuki 5 Sternmotor als Antrieb gemacht. Der Knickflügel dieses Prototyps wurde bei der zweiten Maschine durch einen »geraden« Tragflügel ersetzt, und als Triebwerk wurde der 560 PS Kotobuki 3 eingebaut; ein weiterer Triebwerkswechsel war der Einbau des 585 PS Kotobuki 2 in die erste Serienversion, die A5M1. Die A5M2a und die A5M2b folgten 1937, letztere Maschine versuchsweise mit geschlossener Pilotenkanzel, die sich jedoch im Truppendienst nicht bewährte und bei späteren Serienmustern weggelassen wurde. Nach dem Versuchsmuster A5M3 (690 PS Hispano-Suiza V12-Motor) kam die A5M4, welche die Standard-Version zur Zeit von Pearl Harbour war; eine Schulflugzeug-Variante dieses Musters wurde unter der Bezeichnung A5M4-K bekannt. Die Gesamtproduktion der A5M-Reihe (»Claude« im alliierten Code-System) lag nahe bei tausend Flugzeugen, von denen 200 von den Sasebo und Watanabe Konzernen fertiggestellt wurden.

Kurze technische Einzelheiten: (A5M4)

Triebwerk: Ein 710 PS Nakajima Koto-
buki 41 Sternmotor
Spannweite: 11,24 m
Länge: 7,56 m
Höhe: 3,06 m
Leergewicht: 1220 kg
Fluggewicht: 1670 kg
Besatzung: 1 Mann

Höchstgeschwindigkeit: 437 km/h
in 3000 m Höhe
Dienstgipfelhöhe: 9800 m
Größte Reichweite: 1193 km
Bewaffnung: Zwei 7,7 mm Maschinen-
gewehre; wahlweise zwei 30 kg
Bomben

Mitsubishi A6M Zero-Sen

Ursprungsland: Japan
Einsatzzweck: Jäger und Jagdbomber

Konstrukteure: Mitsubishi Jukogyo K.K.
Im Kriegseinsatz: 1941/45

Wenn man sich auch kaum an japanische Kriegswaffen des
Zweiten Weltkrieges erinnert, dann hat man aber sicher vom
Zero-Jäger gehört. In fernöstlichen Kreisen war der Ruhm dieses
Flugzeugs beinahe so groß wie jener der Spitfire oder Fw190
in Europa — und das mit gutem Recht, denn zur Zeit seiner
Einführung war es allen anderen Jagdflugzeugen der japanischen Marine und vielen damals im Truppendienst befindlichen
Maschinen der Armee-Luftwaffe bei weitem überlegen. Obwohl im weiteren Kriegsverlauf Änderungen und Verbesserungen notwendig wurden, um die Stellung des Zero als Frontli-
nien-Jäger beizubehalten, sicherte ein gewaltiges Produktions-
programm den Nachschub als träger- und landgestütztes Jagdflugzeug, Jagdbomber, Sturzbomber und »Kamikaze«-Flugzeug.
(Die Zero war tatsächlich das erste japanische Flugzeug, das

Erbeutete A6M2, geflogen von der Allied Tactical Air Intelligence Unit

A6M3

vorsätzlich für Selbstaufopferungs-Angriffe gegen Schiffe eingesetzt wurde). Die Zero-Sen — oder Zeke, um den alliierten Codenamen zu nennen — wurde aufgrund einer 1937 von der japanischen Marine herausgegebenen Spezifikation entworfen, die so extreme Forderungen enthielt, daß nur Mitsubishi den Versuch unternahm, sie zu erfüllen. Das Flugzeug sollte die A5M (Seite 194) ablösen und wurde von einem Konstruktionsteam unter Führung von Jiro Horikoshi entworfen. Der Prototyp der Zero machte am 1. April 1939 seinen Jungfernflug, angetrieben von einem 780 PS Mitsubishi Zuisei 13 Leichtbau-Doppel-Sternmotor; es wurden zwei Prototypen fertiggestellt, die die Bezeichnung A6M1 erhielten, und die beide vor Ablauf des Jahres 1939 von der japanischen Marine-Luftwaffe angenommen wurden. Im Januar 1940 wurde die dritte Maschine geflogen, die aufgrund ihres neuen Triebwerks, des 925 PS Nakajima NK 1C Sakae Sternmotors, die Bezeichnung A6M2 erhielt, und im weiteren Verlauf jenes Jahres wurden einige wenige A6M2 erfolgreich in China eingesetzt. Von dieser Version, der A6M2, Modell 11, wurden 64 Flugzeuge gebaut, der größere Teil der Produktion blieb der A6M2, Modell 21, vorbehalten, die Faltflügel zur Abstellung auf Flugzeugträgern hatte. Etwa zwei Drittel der letzten Fertigung von 740 Maschinen des Modells 21 (zusammen mit Nakajima) waren bei Eintritt Japans in den Krieg bereits im Truppendienst. 1942 wurden 508 zweisitzige Schulflugzeuge mit der Bezeichnung A6M2-K von den Firmen Hitachi

197

und Sasebo hergestellt. Inzwischen war die A6M3 Zero mit dem 1130 PS Nakajima Sakae 21 Motor als Antrieb erschienen. Obschon dieses Muster eine verbesserte Fluggeschwindigkeit und Reichweite besaß, führten während der Flugversuche aufgedeckte Mängel dazu, die Faltflügel um 50,80 cm zu verkürzen, bevor das Muster A6M3 Modell 32 in Produktion ging. Verschiedentlich mit dem Codenamen Hap und Hamp benannt, bevor ihre Identität als Zero-Variante (Zeke 32) erwiesen war, kam dieses Muster 1942 in den Kriegseinsatz; 343 Maschinen wurden von der Mutterfirma gebaut. Weitere 560 Maschinen A6M3, Modell 22 mit normaler voller Spannweite wurden auch von Mitsubishi gebaut.

1943 zeigte sich jedoch die Notwendigkeit einer stark verbesserten Flugleistung, und die A6M5, Modell 52 — die schließlich mehr als die Hälfte der gesamten Zero-Produktion ausmachte — wurde zur Erfüllung dieser Forderung hergestellt. Man wählte die kurze Spannweite der Zeke 32, jedoch mit abgerundeten Flügelenden, und der Sakae 21 Motor wurde abgeändert, um eine Höchstgeschwindigkeit von 572 km/h zu erreichen, und erhielt einen zweistufigen Höhenlader. Zahlreiche Verfeinerungen dieses Musters führten zur A6M5a, 5b und 5c, mit verschiedenen Abstufungen der Feuerkraft, Panzerung sowie anderen Merkmalen. Eine Schulflugzeugversion, die A6M5-K, kam über das Vorserienstadium nicht hinaus. Die vom Sakae 32 angetriebene A6M6 erfüllte die in sie gesetzten Erwartungen nicht, aber ein weiterer Umbau der A6M5 brachte die A6M7, die beim Ende der Kampfhandlungen auf dem europäischen Kriegsschauplatz in Produktion ging, um als Sturzbomber eingesetzt zu werden. Lieferschwierigkeiten bei Sakae Triebwerken ermöglichte es Mitsubishi, Ende 1944 den eigenen

A6M5

1560 PS Kinsei 62 Motor in die letzte Zero-Variante, die A6M8, einzubauen; aber obwohl der Bau vieler tausender Maschinen dieser Version geplant war, flogen nur die beiden Prototypen. Die gesamte Zero-Produktion betrug — 327 Rufe-Wasserflugzeuge (Seite 348) nicht gerechnet — 10611 Flugzeuge, von denen Mitsubishi 3879 und Nakajima 6215 baute.

Kurze technische Einzelheiten: (A6M5b)

Triebwerk: Ein 1130 PS Nakajima
 Sakae 21 Doppelsternmotor
Spannweite: 12,00 m
Länge: 9,07 m
Höhe: 2,80 m
Leergewicht: 1895 kg
Fluggewicht: 2940 kg
Besatzung: 1 Mann

Höchstgeschwindigkeit: 561 km/h
 in 6000 m Höhe
Dienstgipfelhöhe: 10700 m
Größte Reichweite: 1560 km
Bewaffnung: Zwei 20 mm-Kanonen,
 ein 12,7 mm- und ein 7,7 mm-MG;
 bis zu 318 kg Bomben wahlweise

Mitsubishi G3M

Ursprungsland: Japan
Einsatzzweck: Mittelschwerer Bomber

Konstrukteure: Mitsubishi Jukogyo K.K.
Im Kriegseinsatz: 1941/45

Als Japan in den Zweiten Weltkrieg eintrat, bildete die G3M das Rückgrat des mittelschweren Bomberbestandes der japanischen Marine-Luftwaffe mit 250 im Truppendienst befindlichen Maschinen. Obwohl in den späteren Jahren modernere Konstruktionen zur Verfügung standen, wurde die G3M (Codename Nell) bis zur Kapitulation geflogen, wobei sie in ihren letzten Tagen als Transportflugzeug zum Einsatz kam. Das Flugzeug entstand aus verschiedenen Versuchsentwürfen in der ersten Hälfte der dreißiger Jahre; der erste Prototyp (G3M1) wurde von zwei 600 PS Hiro Typ 93 Sternmotoren angetrieben und machte im Juli 1935 seinen Erstflug. Drei weitere Prototypen mit ähnlichen Triebwerken wurden fertiggestellt, ehe der Wechsel zu dem 825 PS Kinsei 2 Motor erfolgte, der eine verbesserte Leistung bot. Einundzwanzig G3M1 erhielten jedoch nur dieses Triebwerk, bevor der 840 PS Kinsei 3 eingeführt wurde; vom 56. Serienflugzeug ab wurde der Kinsei 45 übernommen und das Flugzeug in G3M2 umbenannt. Eine geringe Anzahl von G3M1 Maschinen, die als Transportflugzeuge

G3M3

für zehn Passagiere umgebaut wurden, erhielten die neue Bezeichnung L3Y1. Die Gesamtproduktion der G3M-Reihe, die 1100 Maschinen umfaßte, enthielt die mit Kinsei 42 angetriebene G3M2b, das Transportflugzeug G3M2d (L3Y2) und schließlich als Bomber die G3M3 mit 1300 PS Kasei 51 Triebwerken. Obwohl die Fertigung der Nell schon bei Kriegsbeginn zugunsten der G4M Betty (gegenüberliegende Seite) auslief, sah das Muster verbreiteten Truppeneinsatz während des ganzen Krieges. Zu ihren ersten erfolgreichen Einsätzen gehört die Versenkung der Schiffe Prince of Wales und Repulse am 10. Dezember 1941.

Kurze technische Einzelheiten: (G3M2)

Triebwerke: Zwei 1000 PS Mitsubishi Kinsei 45 Doppelsternmotoren
Spannweite: 25,00 m
Länge: 16,48 m
Höhe: 3,65 m
Leergewicht: 5200 kg
Fluggewicht: 8000 kg
Besatzung: 7 Mann

Höchstgeschwindigkeit: 382 km/h in 3000 m Höhe
Dienstgipfelhöhe: 9120 m
Bewaffnung: Eine 20 mm-Kanone und zwei 7,7 mm-Maschinengewehre; bis zu 1000 kg Bomben oder ein 800 kg-Torpedo

Mitsubishi G4M

Ursprungsland: Japan
Einsatzzweck: Mittelschwerer Bomber

Konstrukteure: Mitsubishi Jukogyo K.K.
Im Kriegseinsatz: 1941/45

Zahlenmäßig gesehen war die G4M (Betty) eines der Hauptbombermuster des Krieges bei der japanischen Marine. Ihre ausgezeichnete Reichweite wurde jedoch nur auf Kosten angemessener Schutzmaßnahmen für die Besatzung und die Kraftstoffzuladung erreicht. Infolgedessen war sie bei Angriffen verwundbar, und die Verluste waren hoch. Die Konstruktion wurde Ende 1937 als Folgemuster der G3M2 begonnen, und der Prototyp des G4M1 Bombers flog im Oktober 1939. Im selben Monat jedoch brachte die japanische Marine-Luftwaffe das Muster in entsprechend abgeänderter Form als Begleitjäger mit der Bezeichnung G6M1 in die Produktion; jedoch waren nur verhältnismäßig wenige Maschinen fertiggestellt worden, bevor dieses Unterfangen als undurchführbar aufgegeben wurde, und die Maschinen schließlich als Schul- oder Transportflugzeuge zum Einsatz kamen. Im April 1941 ging die G4M1 in Serienfertigung; annähernd 200 Maschinen waren zur Zeit des Angriffs auf Pearl Harbour im Truppendienst. Die G4M1 wurde oft ohne ihre Bombenschacht-Klappen geflogen, was der Maschine ein merkwürdiges deformiertes Aussehen in Rumpfmitte gab. Bei Beginn des Pazifik-Krieges wurde das Muster verbreitet so-

wohl für Torpedo- als auch für normale Bombenangriffe eingesetzt. Im November 1942 machte der stark verbesserte G4M2
Prototyp seinen Erstflug. Im Jahre 1943 wurde die G4M1 zu
Transport-, Aufklärungs-, Schul- und ähnlichen Einsätzen freigegeben und wurde in den Bomberstaffeln durch die G4M2 abgelöst. Dieser folgte ab Sommer 1944 die von Kasei 25 angetriebene G4M2a. Spätere Versuchsmuster waren das Höhenflug-
zeug G4M2b (Kasei 27), G4M2c (Kasei 25b) und der Strahl-
triebwerkserprobungsträger G4M2d. Die G4M2e wurde in begrenztem Umfang produziert, sie war für den Transport der bemannten Flugbombe Ohka (Seite 257) hergerichtet, und ein
paar Maschinen des Musters G4M2 brachte die japanische De-
legation bei den Kapitulationsverhandlungen nach Iwo Shima
am 19. August 1945. Andere Projekte waren die G7M1 Taizan
(Großer Berg), die 1944 zugunsten der ähnlichen G4M3 aufgegeben wurde: dieses Flugzeug hatte eine kürzere Reichweite
und besseren Schutz für Besatzung und Kraftstoff. Sechzig
G4M3B wurden fertiggestellt; die G4M3d (mit Turboaufladung)
kam zu spät für den Kriegseinsatz. Die gesamte G4M-Bomber-
produktion erreichte 2479 Maschinen.

Kurze technische Einzelheiten: (G4M2a)

Triebwerke: Zwei 1850 PS Mitsubishi
    Kasei 25 Doppelsternmotoren
Spannweite: 24,90 m
Länge: 19,62 m
Höhe: 4,10 m
Leergewicht: 8400 kg
Fluggewicht: 12500 kg
Besatzung: 7 Mann

Höchstgeschwindigkeit: 435 km/h in
    4600 m Höhe
Dienstgipfelhöhe: 9050 m
Normale Reichweite: 3620 km
Bewaffnung: Vier 20 mm Typ 99
    Kanonen und ein 7,7 mm Typ 97
    Maschinengewehr; bis zu 1000 kg
    Bomben oder ein 800 kg-Torpedo

Mitsubishi Ki. 21

Ursprungsland: Japan
Einsatzzweck: Mittelschwerer Bomber

Konstrukteure: Mitsubishi Jukogyo K.K.
Im Kriegseinsatz: 1941/45

Obwohl die Ki.21 Sally bereits lange vor Kriegsende als veraltet galt, blieb sie die gesamten Kampfhandlungen hindurch eine
Säule der Bomberstaffeln der japanischen Armee-Luftwaffe;
zur Zeit von Pearl Harbour war sie das Standard-Bombermu-

Ki-21-IIb

ster. Ihre lange Brauchbarkeit war zweifellos der ursprünglichen im Februar 1936 herausgegebenen Armee-Spezifikation zuzuschreiben, einer der exaktesten aller japanischen Normen jener Zeit. Mitsubishi stellte fünf Ki.21 Prototypen fertig, jeden mit verschiedener Bewaffnungsanordnung, alle jedoch mit zwei 850 PS Kinsei Ha.6 Sternmotoren angetrieben; der erste Prototyp wurde 1937 geflogen. Die Konstruktion wurde akzeptiert, sollte jedoch mit dem Nakajima Zuisei Ha.5 ausgerüstet werden. Sie ging als »Ki.21-Ia« im Herbst 1937 in Serienfertigung, und kam Anfang des folgenden Jahres in den Truppendienst. Ende 1938 war Nakajima mit dem verbesserten Muster Ki.21-Ib in die Produktion gegangen, das erhöhte Bombenzuladung und vermehrte Abwehrbewaffnung aufwies; Schul- und Transportflugzeug-Varianten wurden ebenfalls entworfen. Die Ki.21-IIa wurde 1939/40 als größere militärische Version entwickelt, und die hauptsächlichen Änderungen umfaßten leistungsstärkere Ha.101 Triebwerke und eine größere Flügelspannweite; die spätere Ki.21-IIb wurde mit einem Drehturm auf der Rumpfoberseite ausgerüstet. Die letzte projektierte Version, die Ki.21-III wurde schließlich zugunsten der Ki.67 Peggy (Seite 206) aufgegeben, und im September 1944 lief die Produktion der Ki.21 nach Fertigstellung von mehr als 1800 Maschinen aus.

Kurze technische Einzelheiten: (Ki.21-IIb)

Triebwerke: Zwei 1490 PS Mitsubishi Ha.101 Doppelsternmotoren
Spannweite: 22,19 m
Länge: 16,00 m
Höhe: 4,85 m
Leergewicht: 6070 kg
Fluggewicht: 9750 kg
Besatzung: 7 Mann

Höchstgeschwindigkeit: 475 km/h in 4000 m Höhe
Dienstgipfelhöhe: 10000 m
Normale Reichweite: 2160 km
Bewaffnung: Ein 12,7 mm- und fünf 7,7 mm Maschinengewehre bis zu 1000 kg Bombenlast

Mitsubishi Ki. 46

Ursprungsland: Japan
Einsatzzweck: Aufklärungsflugzeug

Konstrukteure: MitsubishiJukogyo K.K.
Im Kriegseinsatz: 1941/45

Die Ki.46 (Dinah) war bei weitem das wichtigste Aufklärungsmuster, das bei den japanischen Luftstreitkräften eingesetzt war, und war vom aerodynamischen Standpunkt aus auch eines der vollkommensten Flugzeuge der am Zweiten Weltkrieg beteiligten Länder. Mit angemessenen Triebwerken lag die Flugleistung so weit über der alliierter Jäger, daß sie in der Lage war, mit der einzelnen ursprünglich mitgeführten Abwehrkanone auszukommen. Der Prototyp (der im November 1939 seinen Erstflug machte) und das erste Serien-Muster Ki.46-I wurden von den 850 PS Ha.26-I Motoren angetrieben, die den Flug-

Ki-46-III-KAI

zeugen die relativ bescheidene Höchstgeschwindigkeit von 500 km/h in 8000 m Höhe gaben. Diese Triebwerke wurden jedoch bald durch die Ha.102 ersetzt, die eine weitaus überlegene Leistung boten. Die Ki.46-II (mit dem Ki.46-II-KAI Schulflugzeug) war die Haupteinsatzvariante und der mit diesem Flugzeug erzielte Erfolg war derart, daß eine technische Kommission aus Deutschland ernsthaft die Aussichten einer Lizenzfertigung in Betracht zog. Eine weitere Version, die Ki.46-IIIA, erschien mit Beginn des Frühjahrs 1943, und von diesem Muster wurden schließlich 654 Maschinen fertiggestellt. Die Ki.46-IIIA hatte einen überarbeiteten, ganz verglasten Rumpfbug, welcher der oberen Rumpfkontur einen nicht unterbrochenen Verlauf gab, und eine beträchtlich erhöhte Kraftstoffkapazität. Die höchste Reichweite dieser Version war 3980 km und ihre 1500 PS Ha.112-II Motoren brachten die Höchstgeschwindigkeit auf 635 km/h. Andere Varianten der Dinah waren das Störflugzeugmuster Ki.46-III-KAI (»fester« Rumpfbug, Bewaffnung mit einer 37 mm-Kanone und zwei 20 mm Kanonen oder 12,7 mm-Maschinengewehren) und die im allgemeinen entsprechende Ki.46-IIIB für Tiefangriffe. Die Fertigung aller Versionen erreichte eine Gesamtzahl von 1738 Flugzeugen einschließlich von drei Ki.46-IVA, die auf den IIIA basierten und Triebwerke mit Abgasturboladern aufwiesen. Die Ki.46-IVB, eine Parallel-Entwicklung für den Erdkampfeinsatz wurde nicht verwirklicht.

Kurze technische Einzelheiten: (Ki.46-II)

Triebwerke: Zwei 1050 PS Mitsubishi Ha.102 Doppelsternmotoren
Spannweite: 14,70 m
Länge: 11,05 m
Höhe: 3,30 m
Leergewicht: 3600 kg
Fluggewicht: 5050 kg

Besatzung: 2 Mann
Höchstgeschwindigkeit: 600 km/h in 5800 m Höhe
Dienstgipfelhöhe: 10700 m
Größte Reichweite: 2460 km
Bewaffnung: Ein 7,7 mm Maschinengewehr

Ki-67-Ib

Mitsubishi Ki. 67 Hiryu

Ursprungsland: Japan

Einsatzzweck: Mittelschwerer Bomber

Konstrukteure: Mitsubishi Jukogyo K.K.

Im Kriegseinsatz: 1944/45

Obwohl die Hiryu (oder »Peggy«) nur in den letzten zehn oder elf Kriegsmonaten voll im Kriegseinsatz war, bewies sie in dieser Zeit, daß sie der bei weitem beste Bomber der japanischen Luftwaffe war. Die Maschine flog auch als Torpedo-Bomber, Aufklärer, Kamikaze-Bomber und Abfangjäger. Ihre Konstruktion begann 1941; der erste Prototyp flog im Januar 1943. So erfolgreich die ersten Erprobungsflüge auch waren, bedeuteten notwendige Verbesserungen bei den späteren Prototypen, daß im Frühjahr 1944 erst 21 Flugzeuge fertiggestellt waren. Dann konnten die dringenden Forderungen der japanischen Luftwaffe jedoch nicht länger abgelehnt werden, und die Hiryu kam in die Serienfertigung. Verhältnismäßig wenige Ki.67-Ia wurden fertiggestellt, bevor sie von der Ki.67-Ib abgelöst wurden, die bis zum Kriegsende hergestellt wurde. Merkwürdigerweise wurden die ersten Ki.67, die im Oktober 1944 zur Truppe kamen, bei Marine-Einheiten eingesetzt, und verschiedene Maschinen wurden mit improvisierten Torpedo-Trägern für Schiffsangriffe ausgerüstet. Drei andere Firmen — Kawasaki, Nippon

206

und Rikugun — wurden zur Herstellung herangezogen, bauten aber nur etwas über einhundert Flugzeuge; damit stellte also die Mutterfirma den größten Anteil der etwa 700 gefertigten Maschinen her. Die Ki.67 wurde zusätzlich als Tiefangriffs- und Kamikaze-Flugzeug verwendet, und verschiedene andere Versionen wurden projektiert oder gebaut. Darunter waren ein Trägerflugzeug für eine im Teststadium befindliche Lenkwaffe, ein Triebwerkserprobungsträger für weiterentwickelte Versionen des Ha.104 und ein Begleitjäger (Ki.69 und Ki.122). Versuche mit einer 75-mm-Kanone im Projekt Ki.104 eines »schweren Jagdflugzeuges« führten zu 44 Maschinen des Musters Ki.109, die 1944/45 als Abfangjäger gegen hochfliegende Superfortress Bomber gebaut wurden, doch war diese Aktion nicht besonders erfolgreich.

Kurze technische Einzelheiten: (Ki.67-Ib)

Triebwerke: Zwei 2000 PS Mitsubishi Ha.104 Doppelsternmotoren
Spannweite: 22,46 m
Länge: 18,60 m
Höhe: 4,80 m
Leergewicht: 8950 kg
Fluggewicht: 13790 kg
Besatzung: 6 oder 8 Mann

Höchstgeschwindigkeit: 535 km/h in 6080 m Höhe
Dienstgipfelhöhe: 9500 m
Größte Reichweite: 3770 km
Bewaffnung: Eine 20 mm-Kanone und vier 12,7 mm-Maschinengewehre; normal bis zu 800 kg Bomben oder 800 kg-Torpedo

Nakajima B6N Tenzan (Himmlischer Berg)

Ursprungsland: Japan
Einsatzzweck: Torpedo-Bomber und Aufklärer

Konstrukteure: Nakajima Hikoki K.K.
Im Kriegseinsatz: 1944/45

Die Nakajima Tenzan (im alliierten Codenamen-System »Jill«) kam erst im Sommer 1944 uneingeschränkt zum Truppeneinsatz, wurde dann aber schnell der wichtigste Torpedo-Bomber der japanischen Marine-Luftwaffe. Die Maschine entstand aufgrund der Forderung nach einer Ablösung des veraltenden Musters B5N2 (»Kate«) und wurde zuerst als Prototyp im März 1942 geflogen. Das für das erste Serien-Muster, die B6N1, ausgewählte Triebwerk war der 1870 PS Mamoru II Doppelstern-

B6N1

motor. Trotz einer Reihe von Schwierigkeiten mit diesem Motor wurden 498 B6N1 fertiggestellt; in der B6N2 erwies sich der Einbau des Kasei 25 Motors als die weitaus zufriedenstellendere Lösung, und die Produktion dieser Version erreichte 70 Flugzeuge, was die Gesamtzahl auf 1268 brachte. Zu der weiteren Verwendung als Aufklärungsflugzeug kam der Einsatz der Tenzan als führendes japanisches Flugzeug bei den Kamikaze-Angriffen auf alliierte Schiffe im Pazifik.

Kurze technische Einzelheiten: (B6N2)

Triebwerk: Ein 1850 PS Mitsubishi Kasei 25 Doppelsternmotor
Spannweite: 14,89 m
Länge: 10,88 m
Höhe: 3,80 m
Leergewicht: 3010 kg
Fluggewicht: 5650 kg
Besatzung: 3 Mann

Höchstgeschwindigkeit: 479 km/h in 5100 m Höhe
Dienstgipfelhöhe: 8140 m
Größte Reichweite: 1440 km
Bewaffnung: Zwei 7,7 mm-Maschinengewehre; ein 800 kg Torpedo oder sechs 100 kg Bomben als Außenlast

Nakajima C6N Sajun (Farbige Wolke)

Ursprungsland: Japan
Einsatzzweck: Fernaufklärer und
   Torpedo-Bomber

Konstrukteure: Nakajima Hikoki K.K.
Im Kriegseinsatz: 1944/45

Die Sajun (Codename »Myrt«) war das erste japanische Flugzeug, das speziell als schiffsgestützter Aufklärer konstruiert war, und das sich im Truppendienst als bemerkenswert erfolgreiche Maschine erwies. Am Tage der japanischen Kapitulation war nur eine verhältnismäßige geringe Stückzahl (498) fertiggestellt, und das Muster machte seinen ersten Einsatzflug erst, als das Kriegsende schon in Sicht war, jedoch war die Flugleistung der Sajun gut genug, um in abgewandelter Version als die zweisitzige C6N1-S mit zusätzlichen zwei 20 mm-Kanonen in ihrer Bewaffnung als Nachtjäger gegen hochfliegende B-29 Superfortress eingestzt zu werden, welche Ziele in Japan angriffen. Bei dem Versuch, die Sajun schnell in den Truppendienst zu bringen, wurden nicht weniger als 23 Prototypen gebaut, um die Erprobungszeit zu verkürzen, und viele dieser Maschinen wurden vor Ablauf des Jahres 1942 fertiggestellt; Serienflugzeuge wurden ab August 1944 an die japanische Marine-Luftwaffe ausgeliefert, obschon einige der Prototypen bereits etwa zwei Monate zuvor in den Kriegseinsatz gepreßt wurden. Andere Varianten der Sajun waren die C6N1-B Torpedo-Bomber-Version und die C6N2 mit dem Homare 24 Motor, von der nur zwei Prototypen gebaut wurden. Eine weitere projektierte Entwicklung, die nicht verwirklicht wurde, war die

C6N3, welche mit aufgeladenem 2000 PS Homare NK9L Motor angetrieben werden sollte.

Kurze technische Einzelheiten: (C6N1)

Triebwerk: Ein 1990 PS Nakajima Homare 21 Doppelsternmotor
Spannweite: 12,50 m
Länge: 11,16 m
Höhe: 3,96 m
Leergewicht: 1955 kg
Fluggewicht: 4500 kg

Besatzung: 3 Mann
Höchstgeschwindigkeit: 606 km/h in 6100 m Höhe
Dienstgipfelhöhe: 10750 m
Größte Reichweite: 5280 km
Bewaffnung: Ein 7,9 mm-Maschinengewehr

Nakajima J1N Gekko (Mondschein)

Ursprungsland: Japan
Einsatzzweck: Nachtjäger, Aufklärer und leichter Bomber

Konstrukteure: Nakajima Hikoki K.K.
Im Kriegseinsatz: 1943/45

Die J1N1 (»Irving«) wurde im Frieden als Jagdflugzeug herausgebracht, kam im Kriege als Aufklärungsflugzeug in die Fertigung und wurde schließlich als Abwehrjäger in den Truppendienst gepreßt — ganz zum Schluß stellte sie einen der besten Nachtjäger dar, den die japanische Industrie gebaut hat. Die Konstruktionsarbeit begann 1938 entsprechend einer Ausschreibung der Marine für einen Langstreckenbegleitjäger; der Prototyp J1N1 machte im Mai 1941 seinen Erstflug. Flugversuche ergaben die mangelnde Eignung zum Jagdflugzeug, aber

J1N1-C-KAI

im Juli 1942 kam die Maschine als Aufklärer in die Serienproduktion und Anfang 1943 gab sie ihr Debut in dieser Rolle unter der Bezeichnung J1N1-C. Wenig später setzten sich die Notwendigkeiten des Krieges gegenüber anderen Überlegungen durch, und verschiedene J1N1-C Flugzeuge wurden mit abgeänderter Bewaffnung für den Noteinsatz als Nachtjäger umgebaut. Diesen folgten einige mit Drehturm versehene J1N1-F Flugzeuge und später die J1N1 Gekko, die von Anfang an als Nachtjäger gebaut wurde; einige dieser Maschinen trugen in der Schlußphase des Krieges als die ersten japanischen Flugzeuge ein primitives A.I.-Radar. Die Gesamtproduktion der J1N1 betrug einschließlich der Prototypen 479 Maschinen, einige davon wurden zu Bombenflügen eingesetzt, da sie eine Zuladung von 1100 kg Bomben aufnehmen konnten.

Kurze technische Einzelheiten: (J1N1-S)

Triebwerke: Zwei 1130 PS Nakajima Sakae 21 Doppelsternmotoren
Spannweite: 17,00 m
Länge: 12,19 m
Höhe: 4,00 m
Leergewicht: 4850 kg
Fluggewicht: 7250 kg

Besatzung: 2 Mann
Höchstgeschwindigkeit: 504 km/h in 5800 m Höhe
Dienstgipfelhöhe: 9300 m
Größte Reichweite: 2535 km
Bewaffnung: Vier 20 mm Typ 99 Kanonen

Nakajima K. 27

Ursprungsland: Japan
Einsatzzweck: Jäger und Nachtbomber

Konstrukteure: Nakajima Hikoki K.K.
Im Kriegseinsatz: 1940/44

Als Standard-Jagdflugzeug-Muster der japanischen Marine-Luftwaffe von Mitte 1937 bis zu ihrer Ablösung durch die Ki.43 Hayabusa etwa Ende 1942 war die Ki.27 (»Nate«) eines der wichtigsten japanischen Flugzeuge der ersten Kriegsjahre. In den mehr als drei Jahren, in denen sie ununterbrochen in Serienfertigung war, wurden 3386 Ki.27a und Ki.27b Versionen gebaut, eine weitaus größere Stückzahl als bei irgend einem anderen japanischen Vorkriegsmuster. Die Ki.27 war auch das erste japanische Jagdflugzeug, das als Tiefdecker ausgelegt war und eine geschlossene Pilotenkanzel besaß. Der erste der drei Ki.27 Prototypen flog am 15. Oktober 1936 und wurde von

Ki-27a

einem 650 PS Nakajima Ha.1a Sternmotor angetrieben; nach
einem weiteren Fertigungslos von zehn Erprobungsmaschinen
kam die Ki.27a 1937 in die Reihenfertigung und ging noch vor
Ablauf des Jahres in die Mandschurei zum Kriegseinsatz. 1939
folgte die Ki.27b in der Produktion; die Maschine wurde in
ziemlich großen Stückzahlen vor Japans Eintritt in den Zweiten
Weltkrieg in China verwendet. Dann erschien sie bei zahlreichen Einsätzen über den Philippinen und anderen Kriegsschauplätzen im Südwest-Pazifik. Die Ki.27b hatte eine besser ausgebildete Pilotenkanzel und einige andere Verbesserungen sowohl außen wie im Flugzeuginnern. Drei Maschinen einer verbesserten Ki.27-KAI wurden 1940 fertiggestellt, aber infolge
des Programms für die neue Ki.43 wurde dieses Muster nicht
weiterentwickelt. Die Manchurian Aircraft Manufacturing Company war zur Unterstützung der Mutterfirma am Bau einiger
Ki.27 Maschinen beteiligt.

Kurze technische Einzelheiten: (Ki.27b)

Triebwerk: Ein 710 PS Nakajima Ha.lb
 Sternmotor
Spannweite: 11,32 m
Länge: 7,53 m
Höhe: 2,80 m
Leergewicht: 1220 kg
Fluggewicht: 1795 kg
Besatzung: 1 Mann

Höchstgeschwindigkeit: 458 km/h in
 5000 m Höhe
Dienstgipfelhöhe:
Größte Reichweite: 624 km
Bewaffnung: Zwei 7,7 mm-Maschinengewehre, bis zu 100 kg Bombenzuladung

212

Ki-43-IIa

Nakajima Ki. 43 Hayabusa (Wanderfalke)

Ursprungsland: Japan
Einsatzzweck: Jagdflugzeug

Konstrukteure: Nakajima Hikoki K.K.
Im Kriegseinsatz: 1941/45

Die Ki.43 Hayabusa (Codename »Oskar«) war das am meisten produzierte Jagdflugzeug der japanischen Armee-Luftwaffe, obwohl sie in der Flugleistung von späteren Konstruktionen weit übertroffen wurde. Sie war während des ganzen Krieges auf allen pazifischen Kriegsschauplätzen eingesetzt. Nach dem Bau von drei Prototypen, von denen der erste Anfang 1939 seinen Jungfernflug machte und weiteren zehn abgewandelten Vorserienmaschinen kam die Ki.43-Ia Anfang 1941 in die Fertigung, und zur Zeit des Angriffs auf Pearl Harbour war eine geringe Anzahl Maschinen dieses Musters im Truppendienst. Es wurden relativ wenige Flugzeuge fertiggestellt, bevor die fortschrittlichen und besser bewaffneten Ki.43-Ib und -Ic kamen. Trotz ihrer guten Wendigkeit und Überlegenheit über die Ki.27, die sie ablöste, war die Ki.43-I Serie etwas untermotorisiert, und im Februar 1942 wurde der Bau einiger Prototypen der Ki.43-IIa begonnen, die von dem leistungsstärkeren Ha.115 Motor angetrieben wurden und verschiedene Verbesserungen enthielten. Diese Version wurde auch von der Firma Tachikawa hergestellt. Im Spätsommer 1942 wurden drei weitere Prototypen — in diesem Falle der Ki.43-IIb — fertiggestellt, die einen kürzeren »abgeschnittenen« Tragflügel und weitere Änderungen aufwiesen; diese Version trat Mitte 1943 in den Truppendienst. Mit einer durch den 1250 PS Ha.112 weiter verbesserten Leistung begannen Nakajima und Tachikawa im Dezember 1944 das letzte Muster für den Kriegseinsatz, die Ki.43-IIIa herzustellen; die letzte Version war die von Tachikawa entwickelte Ki.43-IIIb, die erste und einzige Version mit nur einer 20 mm-Kanone in ihrer Bewaffnung, von der aber nur zwei Maschinen bis zum Tage der japanischen Kapitulation fertiggestellt worden waren. Die Gesamtfertigung aller Versionen einschließlich 3200 von Nakajima und 2629 von Tachikawa gebauten Maschinen betrug 5878 Flugzeuge.

Kurze technische Einzelheiten: (Ki.43-IIb)

Triebwerk: Ein 1130 PS Nakajima Ha.115 Doppelsternmotor
Spannweite: 10,85 m
Länge: 8,92 m
Höhe: 3,08 m
Leergewicht: 1730 kg
Fluggewicht: 2420 kg
Besatzung: 1 Mann

Höchstgeschwindigkeit: 512 km/h in 6000 m Höhe
Dienstgipfelhöhe: 11200 m
Normale Reichweite: 1600 km
Bewaffnung: Zwei 12,7 mm Typ 1 Maschinengewehre; zwei 250 kg Bomben wahlweise

Nakajima Ki. 84 Hayate (Sturm)

Ursprungsland: Japan
Einsatzzweck: Jäger und Sturzbomber

Konstrukteure: Nakajima Hikoki K.K.
Im Kriegseinsatz: 1944/45

Obwohl sie erst ein Jahr vor Kriegsende in den Truppendienst kamen, wurden die Hayate (Codename »Frank«) in großen Stückzahlen gefertigt und waren trotz Triebwerksschwierigkeiten einer der gefürchtetsten Gegner der Alliierten im Fernen Osten. Einige Male kam die Maschine als Sturzbomber zum Einsatz, wobei sie unter dem Tragflügel bis zu 250 kg Bomben aufnehmen konnte, aber einen wirklichen Namen machte sich die Hayate als Jagdflugzeug. Der Prototyp flog im März 1943; im August, fünfzehn Monate nach Konstruktionsbeginn, kam

214

Ki-84-Ia

die Ki.84-Ia in die Serienfertigung. Die darauffolgenden Ki.84-Ib und Ic unterschieden sich in der eingebauten Bewaffnung, das letztere Muster war mit zwei 30 mm und zwei 20 mm-Kanonen für ein japanisches Jagdflugzeug ziemlich schwer bewaffnet. Die Gesamtproduktion der Ki.84-I Reihe umfaßte 3513 Maschinen einschließlich der von der Manchurian Aircraft Manufacturing Co. hergestellten 100 Stück. Der Mangel an kriegswichtigen Werkstoffen im letzten Stadium des Krieges führte zur Untersuchung einer Reihe von Entwicklungen und Abwandlungen der ursprünglichen Ki.84, um beim Bau dieses Flugzeugs Holz und/oder nicht kriegswichtige Metalle zu verwenden. Zu diesen Projekten gehören die Ki.84-II, Ki.106 und Ki.113. Keines dieser Projekte wurde verwirklicht. Sie wurden entweder aufgegeben oder kamen zu spät, um über die Prototypphase hinauszukommen. Die Ki.84-III, die einen aufgeladenen 2000 PS Ha.45ru Motor erhalten sollte, erschien ebenfalls zu spät, um noch vor Kriegsende gebaut zu werden, was auch für die Ki.116, Ki.117 (Ki.84N), Ki.84P und Ki.84R, für die ebenfalls ein Triebwerkwechsel vorgesehen war, zutraf.

Kurze technische Einzelheiten: (Ki.84-Ia)

Triebwerk: Ein 1900 PS Nakajima
  Ha.45/II Typ 4 Doppelsternmotor
Spannweite: 11,26 m
Länge: 9,91 m
Höhe: 3,61 m
Leergewicht: 2640 kg
Fluggewicht: 3620 kg

Besatzung: 1 Mann
Höchstgeschwindigkeit: 621 km/h in
  6000 m Höhe
Dienstgipfelhöhe: 10500 m
Größte Reichweite: 2900 km
Bewaffnung: Zwei 20 mm Typ 5
  Kanonen und zwei 12,7 mm
  Typ 103 Maschinengewehre;
  bis zu 500 kg Bombenzuladung

North American AT-6 Texan

Ursprungsland: USA
Einsatzzweck: Mehrzweck-Schul-
  flugzeug
Hersteller: North American Aviation
  Inc.

Andere US-Bezeichnungen: AT-16,
  SNJ.
Im Kriegseinsatz: 1941/45

Als billig zu unterhaltendes Schulflugzeug mit den typischen Merkmalen eines Hochleistungs-Jagdflugzeuges wurde die North American Texan oder Harvard in den späten dreißiger Jahren konstruiert und war seitdem das »Fliegende Klassenzimmer« für hunderttausende von Piloten in etwa vierzig Ländern, wo sie vielfach bis zum heutigen Tage eingesetzt wird. Sie wurde aus dem Muster BC-1 mit festem Fahrgestell zur Kampfflieger-Grundschulung entwickelt, welches 1937 für die USAAF hergestellt wurde, und erstmals 1939 in Auftrag gegeben. So verschiedenartige Ausrüstung wie Bombenraks, Blindfluginstrumente, MG-Kameras und Standard-Kameras sowie feste und schwenkbare Maschinengewehre machten die Texan zum Allzweck-Trainer; einige Maschinen wurden für Einsätze in der Arktis mit Schneekufen ausgerüstet, andere wurden zum Zielschleppen verwendet, und wenigstens eine Texan konnte die Vernichtung eines U-Bootes für sich verbuchen. Amtliche Angaben unterscheiden sich in der Anzahl der hergestellten Flugzeuge, doch lag sie sicherlich in der Größenordnung von etwa 15000 Stück; schätzungsweise ein Drittel dieser Maschinen kam zur Royal Air Force, bei der sie als die »Harvard« sechzehn Jahre lang von 1938 bis 1955 im Dienst

AT-6C

waren, die restlichen Flugzeuge waren zu mehr oder weniger gleichen Teilen auf die Armee- und Marineluftwaffe verteilt. In Kanada wurden unter der Bezeichnung AT-16 von der Firma Noorduyn 1500 Stück mit kleineren Abweichungen in der Ausrüstung gebaut. Die Unterschiede zwischen den verschiedenen Serien-Mustern der Texan waren hauptsächlich auf die Innenausrüstung oder kleinere Abänderungen des Triebwerks beschränkt, die am meisten hergestellten Versionen waren die AT-6A (identisch mit der SNJ-3 der Marine), AT-6C (= SNJ-4), AT-6D (= SNJ-5) und die SNJ-6.

Kurze technische Einzelheiten: (AT-C6)

Triebwerk: Ein 600 PS Pratt & Whitney R-1340-AN-1 Wasp Sternmotor
Spannweite: 12,80 m
Länge: 8,85 m
Höhe: 3,88 m
Leergewicht: 1890 kg
Fluggewicht: 2410 kg

Besatzung: 2 Mann (Fluglehrer und Schüler)
Dienstgipfelhöhe: 6550 m
Normale Reichweite: 1200 km
Bewaffnung: Drei 7,62 mm-Maschinengewehre

B-25J

North American B-25 Mitchell

Ursprungsland: USA
Einsatzzweck: Mittelschwerer Bomber
und Tiefangriffsflugzeug
Hersteller: North American Aviation
Inc.

Andere US-Bezeichnungen: F-10,
PBJ-1
Im Kriegseinsatz: 1941/45

Die Mitchell wurde im September 1939 »vom Reißbrett weg«
bestellt, sie stellte eine Weiterentwicklung der von North American 1938 konzipierten NA-40 dar. Es gab also keine XB-25,
und die erste Maschine (von 24 B-25) machte am 19. August
1940 mit zwei 1700 PS Double Cyclone Motoren als Antrieb
ihren Erstflug. Die nachfolgende B-25A war, abgesehen von
Verbesserungen im Flugzeuginnern, identisch, und vierzig Maschinen dieser Version wurden fertiggestellt. Zur Zeit von Pearl
Harbour waren diese Flugzeuge im US Truppendienst, und die
Herstellung von 119 B-25B (Bewaffnungsänderungen) war im
Gange. Im März 1942 wurden 72 Mitchell nach Rußland geliefert, die ersten von insgesamt 870 in dieses Land geschickten Flugzeugen. Die wenigen Mitchell I (B-25B) der Royal Air
Force wurden hauptsächlich als Schulflugzeuge verwendet;
spätere Auslieferungen waren 500 Mitchell II (B-25C und D)
und 300 Mitchell III (B-25J). Die B-25C und D waren weitgehend identisch, abgesehen von Änderungen des Triebwerks
und im Flugzeuginnern, obschon bei einigen dieser Maschinen
Vorrichtungen für sechs oder acht kleine Bomben oder einen
908 kg-Torpedo als Außenlast eingebaut waren. 1960 B-25C

218

und 2290 B-25D wurden fertiggestellt, zehn D-Muster wurden 1943 in Photo-Aufklärer mit der Bezeichnung F-10 umgebaut. Viele C und D-Muster wurden in die Niederlande, nach Brasilien und Kanada überführt, und eine große Anzahl wurde auch von der US Navy unter der Bezeichnung PBJ-1 zur U-Boot-Bekämpfung eingesetzt. Die XB-25E und XB-25F waren jeweils abgestellte Forschungsflugzeuge; die XB-25G und 405 Serienmaschinen B-25G hatten ab Ende 1943 die berühmte 75 mm-Kanone in einem »festen« Rumpfbug. Die nachfolgende B-25H (von der 1000 Maschinen gebaut wurden) verwendete eine weniger schwere 75 mm-Kanone zusammen mit vierzehn weiteren 12,7 mm MG's und einer Vorrichtung zum Tragen eines Torpedos oder 1450 kg-Bomben, was diese Mitchell zu einem der am schwersten bewaffneten Flugzeuge der Welt machte — obschon im Sommer 1944 die schwere Kanone weggelassen wurde. Die Hauptversion der Mitchell war die B-25J, die von 1943 bis 1945 gefertigt wurde und eine Gesamtzahl von 4318 hergestellten Maschinen erreichte. Dieses Muster kehrte wieder zum Bombereinsatz zurück, war aber, abgesehen vom verglasten Rumpfbug und der abgewandelten Bewaffnung, sonst identisch mit der B-25H. Einige B-25J wurden später im Felde umgebaut, um einen festen Rumpfbug mit acht Maschinengewehren für Tiefangriffe zu erhalten. Vor dem Tage der japanischen Kapitulation wurde eine Anzahl »kampfmüder« B-25 zur Verwendung als AT-24 Trainer in der Heimat umgebaut.

Kurze technische Einzelheiten: (B-25J)

Triebwerke: Zwei 1850 PS Wright R-2600-29 Cyclone Doppelsternmotoren
Spannweite: 20,57 m
Länge: 16,12 m
Höhe: 4,80 m
Leergewicht: 9580 kg
Fluggewicht: 15200 kg

Besatzung: 6 Mann
Höchstgeschwindigkeit: 440 km/h in 4580 m Höhe
Dienstgipfelhöhe: 7620 m
Normale Reichweite: 2040 km
Bewaffnung: Dreizehn 12,7 mm-Maschinengewehre; bis zu 1820 kg Bombenzuladung

P-51

North American P-51 Mustang

Ursprungsland: USA
Einsatzzweck: Langstrecken-Begleit-
jäger und Tiefangriffsflugzeug

Hersteller: North American Aviation
Inc.
Andere US-Bezeichnungen: A-36, F-6
Im Kriegseinsatz: 1942/45

Als ursprünglich aufgrund britischer Ausschreibungen im Jahre 1940 konzipiertes Flugzeug wurden seine Möglichkeiten von den US Behörden nicht gleich richtig eingeschätzt. 1944 jedoch wurde es vom »Truman Senate War Investigating Committee« als »das aerodynamisch am besten durchgebildete Jagdflugzeug, das existierte« eingeschätzt, und wenn man auch über die genauen Werte dieser Aussage diskutieren könnte, war die Mustang zweifellos einer der besten und vielseitigsten Jäger des Zweiten Weltkrieges. Der Erstflug fand im Oktober 1940 statt, und die RAF erhielt schließlich 620 Mustang I und IA und 50 Mustang II. Es wurde ein US Auftrag für 150 P-51 Apache erteilt, die der Mustang IA entsprachen und 310 -51A, die mit der Mk.II identisch waren; der wichtigste Unterschied betraf die Bewaffnung sowie das verbesserte Allison-Triebwerk in einigen der P-51A Mustern. 1942 entsprachen die Vereinigten Staaten den Empfehlungen, die Zelle der Mustang für den Einbau des Rolls-Royce Merlin Motors einzurichten: vier Maschinen wurden in England umgebaut und zwei unter der Bezeichnung XP-51B in den Vereinigten Staaten, wo sie bei Packard hergestellte Merlin Triebwerke erhielten. Das Ender-

220

gebnis waren 1199 P-51B und 1750 P-51C, die ähnliche Triebwerke verwendeten; etwa 887 dieser Maschinen wurden
später als Mustang III an die RAF ausgeliefert, wo sie vergrößerte Cockpit-Hauben erhielten. Die P-51D war die am weite-
sten verbeitete Version; sie war auch das erste Muster mit
der Vollsichtkanzel, spätere D-Muster erhielten noch zusätzlich
eine kleine Ausgleichsflosse auf dem Rumpfrücken. Die gesamte P-51D Fertigung umfaßte 7956 Flugzeuge einschließlich
280 Mustang IV für die RAF und zehn umgebaute Trainer mit
Tandem-Sitzanordnung unter der Bezeichnung TP-51D. Die beiden folgenden Serienmuster der P-51, die P-51H (555 gebaut)
und die P-51K (1337 Flugzeuge) kamen für den Kriegseinsatz
zu spät. Eine Tiefangriffs/Sturzbomberversion wurde unter der
Bezeichnung A-36A bereits zu Anfang hergestellt, 500 Maschinen des Musters wurden gebaut. Foto-Aufklärerabwandlungen
waren 482 Maschinen mit den jeweiligen Bezeichnungen
F-6A/B/C/D/K aus den Mustern P-51/-51A/C/D/K. Die P-82
Twin Mustang bestand aus zwei P-51, die mittels eines gewöhnlichen Flügelmittelstücks und Leitwerksmittelstücks zusammen-
gebaut waren und in jedem Rumpf einen Piloten hatten; sie
wurde in kleinen Stückzahlen vor Kriegsende gebaut, das Muster kam zuletzt auf 250 Flugzeuge und wurde ein Standard-
Langstreckenbegleitjäger.

P-51H

Zweiter Prototyp XP-82 Twin Mustang

Kurze technische Einzelheiten: (P-51D)

Triebwerk: Ein 1490 PS Rolls-Royce/
  Packard-Merlin V-1650-7
  12 Zylinder V-Motor
Spannweite: 11,28 m
Länge: 9,82 m
Höhe: 4,16 m
Leergewicht: 3450 kg
max. Fluggewicht: 5260 kg
Besatzung: 1 Mann

Höchstgeschwindigkeit: 698 km/h in
  7640 m Höhe
Dienstgipfelhöhe: 12500 m
Größte Reichweite: 3325 km
Bewaffnung: Vier oder sechs 12,7 mm
  Maschinengewehre; bis zu 908 kg
  Bomben oder zehn 12,7 cm
  Raketengeschossen

Petljakow Pe-2

Ursprungsland: Rußland
Einsatzzweck: Bomber, Tiefangriffs-
und Aufklärungsflugzeug

Konstruktionsbüro: V. M. Petljakow
Im Kriegseinsatz: 1941/45

Die Pe-2 wurde von vielen als eines der herausragendsten russischen Flugzeuge der Kriegsjahre angesehen und für eine Vielzahl von Einsatzarten mit nicht geringem Erfolg verwendet,
wobei sich die Maschine einen gewissen Ruf als robustes und
anpassungsfähiges Flugzeug erwarb. Die Pe-2 war ursprünglich als leichter Bomber konzipiert und erhielt die Bezeichnung
PB-100; sie diente an allen russischen Fronten vom Jahre 1941
an und leistete auch nach der teilweisen Ablösung durch die
Tu-2 im letzten Kriegsjahr eine Zeitlang noch weiter wertvolle
Arbeit. Eine gute Reichweite und eine brauchbare Maschinen-
gewehrbewaffnung machte sie zu einem geeigneten Muster
zur Erdkampfunterstützung, und ihre Flugleistung reichte auch
aus, um sie als Tag- und Nachtjäger ebenso wie für Aufklärungsflüge einzusetzen; gelegentlich wurde sie sogar als
Sturzbomber verwendet. Eine Weiterentwicklung der Pe-2 war
die Pe-3, die speziell für Nachtjagd und Aufklärung gebaut
wurde. Die Pe-3 wurde von zwei 1310 PS M-105PF Motoren
angetrieben und hatte einen »festen« Rumpfbug und eine kürzere Pilotenkanzel mit rückwärtigem Drehturm. Das Flugzeug
war Mitte 1943 im Truppendienst.

Pe-2, Vorserien-Version

Kurze technische Einzelheiten:

Triebwerke: Zwei 1225 PS Klimow
  WK-105R V 12-Motoren
Spannweite: 17,19 m
Länge: 12,60 m
Leergewicht: 5860 kg
Fluggewicht: 8500 kg
Besatzung: 2 Mann
Höchstgeschwindigkeit: 536 km/h
  in 5000 m Höhe

Dienstgipfelhöhe: 9000 m
Normale Reichweite: 1920 km
Bewaffnung: Ein 12,7 mm Beresin
  und vier 7,62 mm ShKAS Maschi-
  nengewehre; bis zu 1000 kg
  Bombenzuladung

Petljakow Pe-8

Ursprungsland: Rußland
Einsatzzweck: Schwerer Bomber

Konstruktionsbüro: A. N. Tupolew
Im Kriegseinsatz: 1941/45

Im großen und ganzen hatten maßgebliche Stellen in der Sowjetunion im Zweiten Weltkrieg für das Konzept des schweren strategischen Bombers nicht besonders viel übrig, und die
Pe-8 war das einzige Muster dieser Art, das zu jener Zeit weitverbreitete Verwendung im Truppeneinsatz fand. Es entstand
ursprünglich 1936 in einem Konstruktionsbüro von Tupolew
unter Leitung von Petljakow und hatte zu Beginn die Konstruk-
tionsbüro-Bezeichnung ANT-42 und die Bezeichnung TB-7 der
Roten Luftwaffe. Anfangs wurde das Flugzeug — es erschien
zuerst im Jahre 1940 — von vier 1100 PS Mikulin M-105 V12

Die Pe-8, mit welcher Molotow 1942 nach England kam

Motoren angetrieben, jedoch wurden diese in der ersten Serienversion durch AM-35A Sternmotoren ersetzt. Spätere Baumuster waren u. a. eine Maschine, die 1943 erschien, jedoch nicht in großen Stückzahlen, und mit 1500 PS M-40F Diesel-Reihenmotoren angetrieben wurde und die letzte Kriegseinsatzversion, bei der wieder auf einen Sternmotor, den 1700 PS M-82 zurückgegriffen wurde. Die Fertigung lief 1944 aus. Eine Anzahl von Pe-8 Flugzeugen wurde während des Krieges als Triebwerks-Erprobungsträger benutzt und einige weitere Maschinen wurden zu Transporteinsätzen abkommandiert, eine davon flog Molotow im Frühjahr 1942 nach England; als Bomber wurde das Flugzeug hauptsächlich gegen Ziele in Deutschland oder auf dem Balkan eingesetzt. Ein interessantes Konstruktionsmerkmal der Pe-8 war der Einbau handbetätigter Maschinengewehrstände in den verlängerten inneren Triebwerksgondeln.

Kurze technische Einzelheiten:

Triebwerke: Vier 1200 PS Mikulin AM-35A Doppelsternmotoren
Spannweite: 40,06 m
Länge: 24,55 m
Leergewicht: 30800 kg
Besatzung: 11 Mann
Höchstgeschwindigkeit: 438 km/h in 7620 m Höhe

Dienstgipfelhöhe: 10080 m
Größte Reichweite: 3710 km
Bewaffnung: Zwei 20 mm SchWAK-Kanonen, zwei 12,7 mm Beresin und zwei 7,62 mm SchKAS MG und bis zu 4000 kg Bombenzuladung

Piaggio P.108B

Ursprungsland: Italien
Einsatzzweck: Schwerer Bomber

Hersteller: Societa Anonima Piaggio & C.
Im Kriegseinsatz: 1942/43

Als Italien in den Zweiten Weltkrieg eintrat, setzte sich seine zwar starke Bombermacht ganz aus mittelschweren Bombern zusammen. Erst zwei Jahre später besaß das Land einen schweren Langstreckenbomber im Dienst der Truppe. Die Konstruktion dieses Musters, der Piaggio P.108, wurde 1937 begonnen; 1939 machte der Prototyp seinen Jungfernflug. Die P.108 besaß viele fortschrittliche Konstruktionsmerkmale; das zweifellos interessanteste war der Einbau ferngesteuerter Maschi-

P.108B mit der Unterschrift von Bruno Mussolini am Rumpfende

nengewehrtürme in den äußeren Motorverkleidungen. Die MG-Stände waren an der Oberseite der Motorverkleidung angebracht und bestanden aus einem Paar 12,7 mm MG's mit weitem Schußfeld, die von einem Besatzungsmitglied im Rumpf aus bedient wurden. Die erste gebaute Version war die P.108A: nur ein Exemplar dieses Musters wurde hergestellt, das schließlich die deutsche Luftwaffe erwarb. Die einzige Serienversion war die P.108B, die mit der A identisch war außer, daß anstelle des Glattblech-Rumpfbugs des A-Musters ein verglaster Rumpfbug für den Bombenschützen trat, und dieses Muster kam 1942 in den Truppendienst der Regia Aeronautica. Obwohl nur 163 Maschinen des Musters P.108B fertiggestellt wurden, waren die mit diesen Bombern ausgerüsteten Staffeln im Mittelmeergebiet sehr aktiv und flogen verschiedene Angriffe auf die Festung Gibraltar, bei einem davon kam Mussolini's Sohn Bruno in einer P.108B ums Leben. Das Muster war auch an der russischen Front im Kriegseinsatz.

Kurze technische Einzelheiten:

Triebwerke: Vier 1500 PS Piaggio P.XII RC 35 Doppelsternmotoren
Spannweite: 32,00 m
Länge: 22,90 m
Höhe: 5,20 m
Leergewicht: 17300 kg
Fluggewicht: 29400 kg
Besatzung: 7 Mann

Höchstgeschwindigkeit: 432 km/h in 4270 m Höhe
Dienstgipfelhöhe: 6000 m
Normale Reichweite: 2480 km
Bewaffnung: Acht 12,7 mm Breda-SAFAT Maschinengewehre; bis zu 3500 kg Bomben oder drei 45,6 cm Torpedos

Republic P-47 Thunderbolt

Ursprungsland: USA
Einsatzzweck: Jäger und Jagdbomber

Hersteller: Republic Aviation
Corporation
Im Kriegseinsatz: 1943/45

Als die offiziellen US-Ausschreibungen für diesen Jäger im Juni 1940 herausgegeben wurden, hatte die Firma Republic bereits den XP-47-Entwurf eines leichten Jagdflugzeuges auf dem Reißbrett; die Thunderbolt, welche zum Schluß die Bezeichnung P-47 trug, war jedoch der größte und schwerste einmotorige Jagdeinsitzer, welcher damals gebaut wurde; er wog in seiner Endform so viel wie ein Beaufighter. Der wirkliche Thunderbolt-Prototyp war die XP-47B, eine völlig neue Konstruktion, um den 2000 PS Double Wasp Doppelsternmotor herumgebaut; er machte am 6. Mai 1941 seinen Jungfernflug. Die erste im November 1942 in den Truppendienst gelangende Version war die P-47B, die von einem Double Wasp-Serien-Doppelsternmotor angetrieben wurde und eine verschiebbare Cockpithaube besaß; 171 Maschinen dieses Musters wurden gebaut, die im April 1943 ihren ersten Kriegseinsatz flogen. Die P-47C, von der 602 Maschinen hergestellt wurden, war ein etwas verlängertes Flugzeug mit unter dem Rumpf angebrachten Aufhängevorrichtungen für einen zusätzlichen Kraftstofftank. Die P-47D war mit 12 602 Stück, die in vier Fertigungs-Losen von Republic gebaut wurden, die häufigste Version. Ihre Varianten umfaßten Vorrichtungen für Außentanks oder 227 kg oder 454 kg Bomben und Triebwerke mit Wassereinspritzung,

RAF Thunderbolt Mk.I, aus der Anfangsproduktion der P-47D Serie

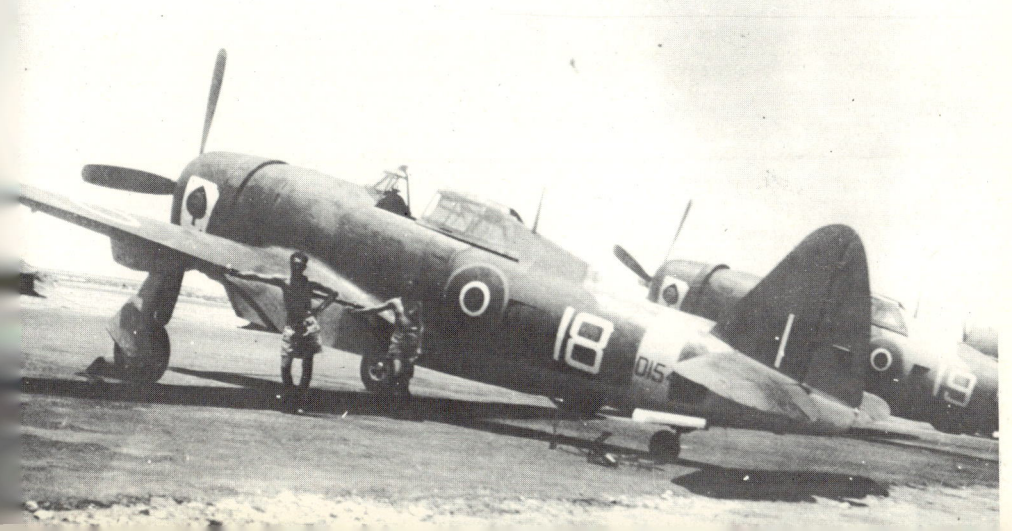

P-47D aus der späteren Produktion

was die Höchstgeschwindigkeit auf 692 km/h brachte. Curtiss-Wright baute weitere 354 P-47D als P-47G; 340 Maschinen der ersten D-Reihe wurden als Thunderbolt I an die RAF ausgeliefert. Weitere 590 Flugzeuge der letzten D-Muster und der späteren Baureihen wurden die Thunderbolt II der RAF. Ein D-Muster erhielt (als die XP-47K) einen verkürzten hinteren Rumpf

P-47N

und eine Vollsichthaube, und diese Änderung wurde zusammen mit einer zusätzlichen Rückenflosse — zur Wiedererlangung der vollen Stabilität — das Standard-Merkmal vieler P-47D. Die nächste größere Version war die P-47M, von der 130 (plus drei YP-47M) mit einem verstärkten 2700 PS Motor hergestellt wurden, die dem Flugzeug eine Höchstgeschwindigkeit von 753 km/h gaben. Die letzte Produktionsvariante der Thunderbolt war die P-47N, von der 1816 Maschinen gebaut wurden. Dieses hauptsächlich für den pazifischen Kriegsschauplatz gebaute Muster verband Triebwerk und Rumpf der P-47M mit einem verstärkten und vergrößerten Tragflügel und hatte ein Höchstgewicht von 9640 kg im Vergleich von 5480 kg der XP-47B. Thunderbolt Versuchmuster waren das Hochleistungsflugzeug XP-47H (2500 PS Chrysler Motor) sowie die XP-47J.

Kurze technische Einzelheiten: (P-47D)

Triebwerk: Ein 2535 PS Pratt & Whitney R-2800-59 Double Wasp Doppelsternmotor
Spannweite: 12,42 m
Länge: 11,01 m
Höhe: 4,32 m
Leergewicht: 4860 kg
max. Fluggewicht: 7950 kg
Besatzung: 1 Mann

Höchstgeschwindigkeit: 686 km/h in 9150 m Höhe
Dienstgipfelhöhe: 12800 m
Normale Reichweite: 944 km
Bewaffnung: Sechs oder acht 12,7 mm-Maschinengewehre; bis zu 1175 kg Bombenzuladung oder zehn Raketengeschossen

Savoia-Marchetti S.M.79 Sparviero

Ursprungsland: Italien
Einsatzzweck: Mittelschwerer Bomber

Hersteller: Societa Italiana Aeroplani Idrovolanti Savoia-Marchetti
Im Kriegseinsatz: 1940/45

Trotz ihrer häßlichen dreimotorigen Auslegung und des schwergewichtigen »buckligen« Aussehens war die S.M.79 in Wirklichkeit in ihrer Klasse ein sehr leistungsfähiges Flugzeug und wurde von vielen Stellen als der beste landgestützte Torpedo-Bomber des Krieges eingeschätzt. Der Prototyp der S.M.79 erschien Ende 1934 als eine kommerzielle Transportflugzeugentwicklung der S.M.81 Pipistrello und stellte ein Jahr später zwei Rundflug-Weltrekorde auf. Als Auftrag für die Re-

S.M. 79-II

gia Aeronautica war das erste Serienmuster S.M.79-I von drei
780 PS Alfa Romeo 126 Sternmotoren angetrieben. Im Innern
des Flugzeugs konnten maximal 1250 kg Bomben mitgeführt
werden, und die Bewaffnung bestand aus verschiedenen 12,7
mm und 7,7 mm MG; mit voller Bombenlast hatte die S.M.79-I
eine Reichweite von 1890 km. Das für jedes größere Kriegsflugzeug der Achsenmächte unschätzbare Versuchsfeld des
spanischen Bürgerkrieges sah eine große Anzahl von S.M.79
in erfolgreichem Einsatz auf Seiten der Nationalisten; inzwischen hatte das italienische Luftfahrtministerium bereits 1937
Erprobungsflüge der S.M.79 als Torpedoträgerflugzeug befür-
wortet, und gegen Ende 1939 trat die S.M.79-II für diese Einsatzart in Serienfertigung. Im Juni 1940, als Italien in den Krieg eintrat, bildeten S.M.79-Maschinen beider Versionen gut über die
Hälfte des Flugzeugbestandes bei den Bomberverbänden der
Regia Aeronautica, und das Muster wurde in großem Ausmaß
im Mittelmeergebiet für Schiffsbekämpfungs-, Aufklärungs- und
konventionelle Bombeneinsätze verwendet. Die Sparviero blieb
nach der Kapitulation Italiens auf beiden Seiten weiter in
Dienst; die auf der deutschen Seite verbliebenen italienischen
Streitkräfte flogen ein »bereinigtes« Muster, bekannt unter der
Bezeichnung S.M.79-III, welches zum größten Teil aus umge-
bauten S.M.79-II hervorging. Eine weitere bemerkenswerte Variante war ein zweimotoriges Muster mit stromlinienförmigem
»Glashaus«-Rumpfbug und abgeändertem Leitwerk, das als

230

die S.M.79B bekannt wurde. Als Exportmodell wurde die S.M.79B an verschiedene Balkanländer und andere Staaten mit verschiedenen Triebwerken italienischer oder deutscher Herkunft verkauft.

Kurze technische Einzelheiten: (S.M.79-II)

Triebwerke: Drei 1000 PS Piaggio
    P.XI RC 40 Doppelsternmotoren
Spannweite: 21,18 m
Länge: 16,21 m
Höhe: 4,08 m
Leergewicht: 7600 kg
Fluggewicht: 11300 kg
Besatzung: 4 Mann

Höchstgeschwindigkeit: 432 km/h
    in 3660 m Höhe
Dienstgipfelhöhe: 7000 m
Normale Reichweite: 1990 km
Bewaffnung: Drei 12,7 mm Breda-
    SAFAT und ein 7,7 mm Lewis
    MG; bis zu 1250 kg Bomben-
    zuladung oder zwei Torpedos

Savoia-Marchetti S.M.81 Pipistrello (Fledermaus)

Ursprungsland: Italien
Einsatzzweck: Bomber und Transport-
    flugzeug

Hersteller: Societa Italiana Aeroplani
    Idrovolanti Savoia-Marchetti
Im Kriegseinsatz: 1940/45

Die S.M.81 Pipistrello war bereits zum Zeitpunkt der italienischen Invasion in Abessinien im Jahre 1935 im Truppendienst bei der Regia Aeronautica und schon einige Jahre vorher während des spanischen Bürgerkrieges im Kampfeinsatz. Als direkte Weiterentwicklung des kommerziellen Linienflugzeugs S.M.73 der frühen dreißiger Jahre war die S.M.81 trotz ihrer höheren Bezeichnungs-Nummer bereits vor der S.M.79 Sparviero (siehe vorige Seite) im Truppendienst, und bei Eintritt Italiens in den Zweiten Weltkrieg gehörten etwa 100 Maschinen dieses Musters zum Bestand der italienischen Bomberverbände. Die meisten dieser Maschinen flogen beim italienischen Ost-Afrika-Kommando. Mit Fortschreiten des Krieges veraltete die Pipistrello und wurde der zweiten Linie zugewiesen für Fallschirmjäger-Transport und allgemeine Transportaufgaben, für die sie bis Kriegsende weiter flog. Obschon die meisten Maschinen dieses Musters auf den Kriegsschauplätzen im Mittelmeer und Nordafrika eingesetzt waren — einige waren beim Angriff auf Griechenland im Oktober 1940 beteiligt —

S.M. 81 mit Motoren von Alfa Romeo

wurde eine kleine Anzahl im Juli 1941 zur Unterstützung der deutschen Luftwaffe an die russische Front geschickt. Nach Italiens Kapitulation wurde eine Anzahl S.M.81 in den Dienst der Aviazione della Repubblica Sociale Italiana gestellt, und einige Maschinen überstanden den Krieg und waren in den Nachkriegsjahren bei der italienischen Luftwaffe im Dienst. Die S.M.81-B war eine Entwicklung eines zweimotorigen Bombers, die (ebenso die S.M.79-B) nach Rumänien geliefert wurde.

Kurze technische Einzelheiten:

Triebwerke: Drei 560 PS Piaggio
    P.IX RC 40 Sternmotoren
Spannweite: 24,02 m
Länge: 18,30 m
Höhe: 4,89 m
Leergewicht: 6500 kg
Fluggewicht: 10000 kg

Besatzung: 6 Mann
Höchstgeschwindigkeit: 314 km/h
    in 4000 m Höhe
Dienstgipfelhöhe: 7000 m
Größte Reichweite: 1990 km
Bewaffnung: Vier oder fünf 12,7 mm-
    Maschinengewehre

Stirling Mk.III

Short Stirling

Ursprungsland: Großbritannien
Einsatzzweck: Schwerer Bomber
Hersteller: Short Bros. Ltd.

Spezifikation: B.12/36
Im Kriegseinsatz: 1940/45

Obwohl die Stirling für sich den Ruf in Anspruch nehmen konnte, der erste viermotorige alliierte Bomber im Zweiten Weltkrieg gewesen zu sein, wurde sie ein Opfer der Fehleinschätzung des Luftwaffenstabes, der die Anforderungen der vorausliegenden Jahre genau bestimmen wollte; das Muster erreichte später nicht die Bedeutung seiner »Mannschaftskameraden« Halifax und Lancaster. Im Unterschied zu diesen Maschinen war die Stirling jedoch von Anfang an eine viermotorige Konstruktion. Ihr ging im Jahre 1938 die S.31 voraus, ein Versuchsmodell in halber Maßstabsgröße. Der von Hercules II Motoren angetriebene S.29 Stirling Prototyp (L 7600) machte im Mai 1939 seinen Jungfernflug, ging jedoch bei der Landung zu Bruch. Die erste Serien-Stirling Mk.I, die jetzt von stärkeren Hercules XI Motoren angetrieben wurde, flog zwölf Monate später und trat im August 1940 in den Truppendienst, obschon nur wenige Flugzeuge in jenem Jahr ausgeliefert wurden. Im Jahre 1941 wurde die Produktion allmählich erhöht, der erste schwere Bombenangriff mit Maschinen dieses Musters auf besetztes Feindgebiet wurde im Februar durchgeführt. Obwohl die Stirling eine ziemlich gute Abwehrbewaffnung besaß und auch zahlreiche Einschüsse verkraften konnte, führte die zunehmende Luftabwehr über dem europäischen Kontinent dazu, sie mit Beginn des Jahres 1942 fast nur noch für Nachtangriffe einzusetzen. 1941 wurden drei Stirling unter der Bezeichnung Mk.II mit amerikanischen Wright Cyclone Motoren erprobt, um gegen mögliche Lieferschwierigkeiten der Hercules Motoren gesichert zu sein, dieses Vorgehen erwies sich jedoch als unnötig. Die nächste größere Serien-Version war die Mk.III mit leistungsstärkeren Hercules-Motoren, verbesserten Flugeigenschaften und einem neuen Drehturm auf dem Rumpfrücken. Obwohl große Stückzahlen dieser Version hergestellt wurden, war die Stirling 1943 als Bomber bereits veraltet und wurde als Mk.IV Transporter und Schleppflugzeug für die »Horsa« verwendet. Die letzte Version war die Mk.V, ebenfalls ein Transportflugzeug mit verlängertem Glattblech-Rumpfbug. Die Stirling-Produktion umfaßte 756 Mk.I, 875 Mk.III, 577 Mk.IV und 160 Mk.V und erreichte eine Zahl von insgesamt 2375 Flugzeugen.

Kurze technische Einzelheiten: (Mk.I)

Triebwerke: Vier 1590 PS Bristol Hercules XI Doppelsternmotoren
Spannweite: 30,22 m
Länge: 26,32 m
Länge: 6,93 m
Leergewicht: 20000 kg
Fluggewicht: 27000 kg
Besatzung: 7 oder 8 Mann

Höchstgeschwindigkeit: 416 km/h in 3200 m Höhe
Dienstgipfelhöhe: 6250 m
Normale Reichweite: 3090 km
Bewaffnung: Acht 7,7 mm-Browning Maschinengewehre; bis zu 6350 kg Bombenzuladung

Short Sunderland

Ursprungsland: Großbritannien
Einsatzzweck: See-Überwachung und Aufklärung

Spezifikation: R.2/33
Im Kriegseinsatz: 1939/45

Die S.25 Sunderland wurde als Eindecker zur Ablösung der Doppeldecker-Flugboote der frühen dreißiger Jahre entwickelt und war eigentlich eine militärische Weiterentwicklung der berühmten Empire Flugboote der »C«-Klasse aus der Vorkriegs-

Sunderland G.R. Mk.V

zeit. Sie behielt die Doppeldeck-Auslegung mit Offiziersmesse, Besatzungs- und Schlafräumen, Kombüse und Werkraum bei, und der Prototyp (K 4774) machte im Oktober 1937 seinen Erstflug. Die Mk.I (Pegasus XXII Triebwerke) kam im folgenden Sommer in den Dienst der Truppe und 75 Maschinen dieser Version wurden gebaut. Bei Ausbruch des Zweiten Weltkrieges wurden drei Staffeln mit dem Muster ausgerüstet; sie lieferten sehr wertvolle Arbeit bei der See-Überwachung; aber die Sunderland leisteten auch beträchtliche Transportarbeit bei der Evakuierung von Hunderten von Personen aus Norwegen, Griechenland und Kreta. Die Sunderland spielte bei der U-Boot-Abwehr eine bemerkenswerte Rolle, eine erste Versenkung wurde im Januar 1940 gemeldet. Das Muster konnte auch in der Luft mit guten Leistungen aufwarten. Die Bewaffnung — bei Nachfolgeversionen zunehmend verstärkt — brachte ihr den Spitznamen »Fliegendes Stachelschwein« ein; auf der beeindruckenden Abschußliste standen viele Ju 88. Als Nachfolgemuster der Mk.I kam Ende 1941 die Mk.II in die Serienfertigung, von der 58 Maschinen gebaut wurden. Spätere Muster besaßen einen Drehturm mit Zwillings-MG auf dem Rumpfrücken, und diese Version wurde auch mit dem Pegasus XVIII Triebwerk ausgerüstet. Die Mk.III, deren Prototyp im Juni 1942 flog, war das bei weitem am häufigsten gebaute Muster (407 Stück) und hatte verschiedene Verbesserungen, darunter einen überarbeiteten Schwimmkörper. Die Sunderland IV, von der 31 Maschinen gebaut wurden, wurde die Seaford; die letzte Sunderland-Fertigung umfaßte 143 Maschinen des Musters Mk.V. Die gesamte Sunderland-Produktion, die im Oktober 1945 auslief, erreichte über 700 Flugzeuge, von denen 250 von Blackburn Aircraft Ltd. fertiggestellt wurden. In den ersten Kriegsjahren wurde der Mangel an Sunderland Flugbooten von einigen Empire Booten der British Airways ausgeglichen; diese wurden wieder zurückgegeben, als sich die Lage gebessert hatte. 1943 verliefen die Dinge genau umgekehrt, als eine Anzahl »entmilitarisierter« Sunderland für den zivilen Halter freigegeben wurden.

Kurze technische Einzelheiten: (Mk.V)

Triebwerke: Vier 1200 PS Pratt & Whitney Twin Wasp R-1830 Doppelsternmotoren
Spannweite: 34,43 m
Länge: 26,00 m
Höhe: 9,87 m
Leergewicht: 16800 kg
Fluggewicht: 27200 kg

Besatzung: 13 Mann
Höchstgeschwindigkeit: 340 km/h in 1525 m Höhe
Dienstgipfelhöhe: 5460 m
Normale Reichweite: 4760 km
Bewaffnung: Zwei 12,7 mm und acht oder zwölf 7,7 mm-Maschinengewehre; bis zu 908 kg Bomben

Siebel Si 204

Ursprungsland: Deutschland
Einsatzzweck: Schul- und Verbindungsflugzeug und leichtes Transportflugzeug

Hersteller: Siebel Flugzeugwerke AG.
Im Kriegseinsatz: 1941/45

Der Prototyp der Si 204, die 1940 aus dem Mittelstrecken-Transportflugzeug Fh 104 Hallore der Vorkriegszeit entwickelt wurde, machte 1941 ihren Erstflug und war als leichtes Verbindungsflugzeug geplant. Abgesehen von einigen Si 204A (360 PS Argus As 410 Motoren) konzentrierte sich die Hauptproduktion der Si 204 auf die 204D, welche die Fw 58 als Schulflugzeug für Flugzeugbesatzungen ablösen sollte. In dieser Rolle war die Maschine zusätzlich zu den beiden Besatzungsmitgliedern mit fünf Schülern besetzt. Um die Fertigungskapazität der deutschen Flugzeugindustrie für wichtigere Militärmaschinen freizuhalten, wurde die Produktion der Si 204D an Flugzeugwerke in den besetzten Ländern Tschechoslowakei und Frank-

Si 204D

reich delegiert. Nach dem Kriege setzte die französische Firma SNCA du Centre den Bau des Flugzeugs als Militärmaschine unter ihrer eigenen Bezeichnung N.C.701 fort und in weiterentwickelter Form als das zivile Transportflugzeug N.C.702 Martinet; die tschechische Firma Aero stellte nach dem Kriege ebenfalls zivile und militärische Versionen in beträchtlichen Stückzahlen her.

Kurze technische Einzelheiten: (Si 204 D)

Triebwerke: Zwei 575 PS Argus As 411 luftgekühlte, hängende 12 Zylinder V-Motoren
Spannweite: 21,22 m
Länge: 11,95 m
Höhe: 4,24 m
Leergewicht: 3920 kg

Fluggewicht: 5400 kg
Besatzung: —
Höchstgeschwindigkeit: 350 km/h in 3000 m Höhe
Dienstgipfelhöhe: 7500 m
Normale Reichweite: 1800 km
Bewaffnung: Normalerweise keine

Seafire Mk.III

Supermarine Seafire

Ursprungsland: Großbritannien
Einsatzzweck: Trägergestütztes Jagd-
und Aufklärungsflugzeug

Hersteller: Vickers-Armstrongs Ltd.
(Supermarine Division)
Im Kriegseinsatz: 1942/45

In Ermangelung eines Marinejägers mit guter Flugleistung entschied die Royal Navy nach dem erfolgreichen See-Einsatz der
Hurricane, auch die Spitfire für den Trägereinsatz umzubauen.
Erste Decklandeversuche wurden Ende 1941 an Bord der »Illu-
strious« mit einer normalen Spitfire VB gemacht, die mit einem
Fanghaken und einer Katapult-Starteinrichtung versehen war,
und es folgte ein Auftrag zum Umbau von 140 »mit Haken versehenen« Spitfire VB, die den neuen Namen Seafire IB erhielten. Ebenso wurden zusätzliche 48 Maschinen des Musters
Mk.IB auf diese Weise umgebaut, und diese Version trat im
Juni 1942 in den Truppendienst. Dieses Muster und auch die
Mk.IIC erhielten keine Faltflügel, der Umbau entsprach dem
der Spitfire VC (außer, daß der Tragflügel des C-Musters und
nicht des B-Musters verwendet wurde). Es wurden 372 Mk.IIC
gebaut. Die Seafire III war bei weitem die wichtigste Version
(1200 gebaute Maschinen), die 1943 zur Truppe kam und sowohl als Foto-Aufklärer- als auch als Jagdflugzeug-Variante ge-

baut wurde. Die Mk.III war verglichen mit früheren Seafire eine beträchtliche Verbesserung, ihre Faltflügel ermöglichten eine Erleichterung der Unterbringung und Handhabung der Flugzeuge an Bord, und das Muster wurde von manchen Stellen als der beste Marinejäger der Welt in der damaligen Zeit angesehen. Parallel mit der Weierentwicklung der Spitfire verlief auch die der Seafire unter der Spezifikation N.4/43 mit Übernahme des Griffon Triebwerkes; diese Serie begann mit der vom Griffon VI angetriebenen Seafire XV, die 1944 ihren Erstflug machte, und von der schließlich 384 Maschinen gebaut wurden. Die Mk.XV trat im Mai 1945 in den Truppendienst, wurde aber noch für den Kriegseinsatz im Pazifik bearbeitet, als das Kriegsende kam. Die Nachkriegsentwicklung wurde mit den Mk.XVII, 45, 46 und 47 fortgesetzt. Seafire standen weiter bis zum Korea-Krieg im Dienst der Truppe. Von 1951 an wurden sie ersetzt, obschon die letzte FAA-Staffel erst 1954 aufgelöst wurde.

Kurze technische Einzelheiten: (F.Mk.III)

Triebwerk: Ein 1470 PS Rolls-Royce Merlin 55 12 Zylinder V-Motor
Spannweite: 11,19 m
Länge: 9,15 m
Höhe: 3,40 m
Leergewicht: 2450 kg
Fluggewicht: 3220 kg
Besatzung: 1 Mann

Höchstgeschwindigkeit: 563 km/h in 3800 m Höhe
Dienstgipfelhöhe: 10300 m
Normale Reichweite: 744 km
Bewaffnung: Zwei 20 mm-Kanonen und vier 7,7 mm-Maschinengewehre; Eine 227 kg oder zwei 113 kg Bomben wahlweise

Supermarine Spitfire

Ursprungsland: Großbritannien
Einsatzzweck: Jäger, Jagdbomber und Aufklärungsflugzeug

Hersteller: Vickers-Armstrongs Ltd. (Supermarine Division)
Spezifikation: F.37/34
Im Kriegseinsatz: 1939/45

Reginald Mitchell's klassische Spitfire wurde mit mehr Superlativen belegt als jedes andere geflogene Flugzeug und wurde in größeren Stückzahlen als irgend ein anderes britisches Flugzeug gebaut; sie erschien in etwa vierzig größeren Versionen und war das einzige britische Flugzeugmuster, das über den ganzen Zweiten Weltkrieg hinweg ununterbrochen produziert wurde. Die neue Spitfire war eine private Weiterentwicklung

Spitfire Mk.I

der erfolglosen Supermarine F.7/30, einer mit Goshawk Motor angetriebenen Maschine mit Knickflügel und festem Fahrgestell. Die Spitfire war der Spezifikation F.5/34 des Luftfahrtministeriums für ein mit acht MG's ausgerüstetes Eindecker-Jagdflugzeug weit voraus, denn die spätere Spezifikation von 1934 wurde »um dieses Flugzeug herum« ausgeschrieben. Am 5. März 1936 startete Chef-Testpilot »Mutt« Summers von den Vickers-Werken mit dem Spitfire-Prototyp (K 5054) in Eastleigh Hampshire zum Jungfernflug; der neue Merlin C Motor gab der Maschine eine Höchstgeschwindigkeit von fast 560 km/h. Bevor die Laufbahn der Spitfire zu Ende ging, kamen zu dieser Leistung aufgrund der hervorragenden Grundkonstruktion der Maschine in Verbindung mit der bemerkenswerten Entwicklung des Merlin-Motors und seines Nachfolgers, des Griffon, mehr als 160 km/h hinzu. Mitchell starb, bevor sein Werk in den Truppendienst kam, aber vorher erlebte er noch im Jahre 1937, daß zwei große Aufträge für das Muster erteilt wurden. Auslieferungen der Spitfire Mk.I begannen 1938, und bei Kriegsausbruch waren neun Staffeln damit ausgerüstet, und die Auftragszahl betrug damals beachtliche 2160 Maschinen. Als die Mk.I ausgeliefert wurde, war bereits ein intensives Entwicklungsprogramm im Gange. 1940 trat die Mk.II (1175 PS Merlin XII) in Dienst; den 920 Maschinen dieser Version folgte die P.R.IV (es gab nur eine Mk.III) und die Mk.V, eine der am stärksten verbreiteten Varianten. Die Spitfire verwendeten je-

Spitfire H.F. Mk. VII

weils eine der drei grundlegenden Tragflügelbauarten: den A-Flügel mit acht 7,7 mm MG, den B-Flügel mit vier 20 mm-Kanonen und den »Universal« C-Flügel, der erstmals bei der Mk.VC verwendet wurde. Die erste Höhenflugentwicklung war die mit großer Spannweite (12,25 m) und Druckkabine versehene Mk.VI. Ein weiteres Höhenmuster, die Mk.VII, wies einen weitgehend überarbeiteten Rumpf und das Merlin 60 Triebwerk auf, welches die Höchstgeschwindigkeit zum erstenmal auf über 640 km/h schraubte. Nur 140 Maschinen dieses Musters wurden gebaut, doch stieg die Gesamtzahl der fertiggestellten Mk.VIII, einschließlich der Höhen- und Tiefangriffsjäger, auf 1658. Bevor die Mk.VIII in den Truppendienst kam, brachte eine »Vernunftehe« zwischen dem Merlin 60 Motor und der Mk.VC-Zelle im Jahre 1942 die Spitfire IX hervor. Die Gesamtproduktion der Muster V und IX kam auf 5609 Flugzeuge. Während des Krieges wurden zahlreiche von Packard gebaute Merlin Motoren aus den Vereinigten Staaten geliefert; diese waren jedoch nicht mit den britischen Merlin Motoren austauschbar und ließen so eine Reihe neuer »Mark«-Zahlen entstehen. Die erste davon war die Mk.XVI, eine Maschine, die sonst der IX entsprach, und von der 1054 Stück gebaut wurden. Die Einführung des neuen Griffon Motors war ein weiterer Markstein der Spitfire-Entwicklung, die ersten dieser Reihe waren 100 mit Griffon II angetriebene Mk.XII. Das Mu-

241

Spitfire L.F. Mk. XII

ster Mk.XIV (1055 gebaute Maschinen einschließlich einer Anzahl F.R.XIVE mit Faltflügeln) basierte auf der Standardzelle
der Mk.VIII, die für den Griffon 65 verstärkt wurde und ein ver-
größertes Höhenleitwerk besaß; die letzten Mk.XIV Maschinen
waren die ersten Flugzeuge mit verkürztem hinteren Rumpf
und stromlinienförmiger Cockpithaube. Eine Spitfire XIV der

Spitfire F. Mk.XIV

401. Staffel konnte sich rühmen, die erste Me 262 vernichtet zu haben, und sie war auch die erste Version, die einen größeren Erfolg gegen V1-Flugbomben hatte. Spitfire Foto-Aufklärer waren die Mk.IV, VII, X, XI, XIII und XIX, wobei das letzte dieser Muster mit einer Höchstgeschwindigkeit von 736 km/h das schnellste war. Andere Versionen, die zu spät für den Kriegseinsatz kamen, waren die Mk.XVIII, XX, 21, 22 und 24. Die Spitfire war, obwohl sie in der Luftschlacht um England nach der Hurricane noch den zweiten Platz einnahm, eine weitaus vielseitigere Maschine. Sie hatte viele guten Flugeigenschaften und es bestehen Zweifel, ob jemals ein Kriegsflugzeug konzipiert wurde, das bei seinen Piloten beliebter — und beim Feind unbeliebter! — war. Während ihrer zwölfjährigen Laufbahn wurden mehr als 20 000 Spitfire aller Versionen gebaut.

Kurze technische Einzelheiten: (Mk.VB)

Triebwerk: Ein 1440 PS Rolls-Royce-Merlin 45 12 Zylinder V-Motor
Spannweite: 11,24 m
Länge: 9,12 m
Höhe: 3,48 m
Leergewicht: 2280 kg
Fluggewicht: 2990 kg
Besatzung: 1 Mann
Höchstgeschwindigkeit: 598 km/h in 4000 m Höhe
Dienstgipfelhöhe: 11300 m
Größte Reichweite: 1800 km
Bewaffnung: Zwei 20 mm-Kanonen und vier 7,7 mm-Maschinengewehre; eine 227 kg oder zwei 113 kg Bomben wahlweise

(Mk.XIV)

Triebwerk: Ein 2050 PS Rolls-Royce Griffon 65
Spannweite: 11,24 m
Länge: 9,96 m
Höhe: 3,88 m
Leergewicht: 2970 kg
Fluggewicht: 3820 kg
Besatzung: 1 Mann
Höchstgeschwindigkeit: 717 km/h in 8000 m Höhe
Dienstgipfelhöhe: 13600 m
Größte Reichweite: 1360 km
Bewaffnung: bis zu 454 kg Bombenzuladung

Supermarine Walrus

Ursprungsland: Großbritannien
Einsatzzweck: Aufklärungs- und Seenotrettungsflugzeug
Hersteller: Supermarine Aviation Works (Vickers) Ltd.

Spezifikation: 2/35 (erste Produktion)
Im Kriegseinsatz: 1939/45

Wenige Leute, denen die ansprechende Linienführung von Reginald Mitchell's wundervoller Spitfire vertraut ist, würden es

Walrus Mk.I

für möglich halten, daß ein derartiger ästhetischer Mißgriff, wie das Amphibien-Flugzeug Walrus, vom gleichen Konstrukteur stammt. Aber in ihrer Art wurde die rumpelnde »Shagbat« (zottige Fledermaus), wie die Walrus im Volksmund hieß, mit ebenso viel Wohlwollen betrachtet wie ihr berühmter Stallgefährte. Sie begann ihre Laufbahn als die Seagull V, die private Entwicklung eines früheren Supermarine-Amphibienflugzeugs. Der Prototyp (K 4797) machte am 21. Juni 1933 seinen Erstflug. Das Flugzeug wurde unmittelbar darauf von der australischen Regierung bestellt, und im August 1935 wurde der erste Auftrag des Luftfahrtministeriums für zwölf Maschinen des Musters Mk.I erteilt, die von Pegasus II M.2 angetrieben wurden. Diesem folgte bald ein erheblich größerer Anschlußauftrag, und schließlich wurden 287 Walrus Mk.I fertiggestellt. Diese Version trat im Juli 1936 in den Dienst des Fleet Air Arm und wurde das erste Amphibienflugzeug, das von einem Kriegsschiff aus katapultiert wurde. Das Muster diente an Bord von Schlachtschiffen und Kreuzern der britischen Marine als Seeaufklärer, Geleitzug-Überwachungs- und U-Boot-Bekämpfungsflugzeug. Zu den von Supermarine gebauten Mk.I kamen 453 von Saunders-Roe gebaute Walrus Mk.II. Diese Maschinen hatten einen Holzrumpf und wurden von verschiedenen Varianten des Pegasus Motors angetrieben. In der ersten Kreigshälfte wurden sie bei der RAF hauptsächlich für den Seenotrettungsdienst eingesetzt. In ihrer Laufbahn, die erst mit der japani-

244

schen Kapitulation zu Ende ging, wurde die Walrus in praktisch jeder Ecke der Welt geflogen, von Ostafrika bis Island, von Hongkong bis zu den Westindischen Inseln. Abgesehen von den zahllosen Menschenleben, die durch dieses Flugzeug gerettet wurden, leistete es bei Aufklärung und anderen Aufgaben im ganzen Zweiten Weltkrieg unschätzbare Arbeit für die alliierte Sache.

Kurze technische Einzelheiten: (Mk.II)

Triebwerk: Ein 775 PS Bristol
    Pegasus VI Sternmotor
Spannweite: 13,96 m
Länge: 11,46 m
Höhe: 4,87 m
Leergewicht: 2220 kg
Fluggewicht: 3265 kg

Besatzung: 4 Mann
Höchstgeschwindigkeit: 216 km/h
    in 1450 m Höhe
Dienstgipfelhöhe: 5640 m
Normale Reichweite: 960 km
Bewaffnung: Zwei Vickers K Maschinengewehre

Tupolew SB-2

Ursprungsland: Rußland
Einsatzzweck: Mittelschwerer Bomber

Konstruktionsbüro: A. N. Tupolew
Im Kriegseinsatz: 1941/45

Die SB-2 oder ANT-40 wurde aus Tupolew's früherer SB-1 entwickelt, und beide Muster sahen sich in den späteren dreißiger Jahren im spanischen Bürgerkrieg und 1939 in Finnland im Einsatz. Die ursprüngliche SB-2 (860 PS M-100A 12 Zylinder V-Motoren) kam 1936 in die Fertigung, und ein Flugzeug dieses Baumusters holte sich 1937 den F.A.I. Höhenrekord mit 12 700 Metern und 1000 kg Zuladung. Die Fertigung dieser Version lief 1941 aus, und die Entwicklung wurde mit der stark verbesserten SB-2bis weitergeführt, die hauptsächlich während der Kriegsjahre von den Einheiten der Roten Luftwaffe geflogen wurde. Die SB-2bis leistete wertvolle Arbeit, besonders in der ersten Hälfte des Rußland-Feldzuges bei Angriffen rund um die Uhr gegen feindliche Stellungen und war noch 1943 einer der mittelschweren Standard-Bomber der Russen, wenn sie auch 1945 als veraltet gelten mußte. Unter anderen weiterentwickelten Versionen des Grundmusters sei das Sturzbomberprojekt von Archangelski genannt, das die Bezeichnung Ar-2 oder SB-2RK erhielt. Trotz der größeren Trieb-

SB-2

werksleistung seiner 1100 PS M-105R Motoren hatte es keinen Erfolg und wurde schließlich aufgegeben. Die SB-3 war eine Schulflugzeug-Version für Flugzeugbesatzungen, in welcher der Schüler in einer offenen Kanzel im Rumpfbug vor der Kabine der Besatzung untergebracht war. Die PS-41 war eine Transportflugzeugvariante mit Glattblech-Rumpfbug und ohne Maschinengewehrstände.

Kurze technische Einzelheiten: (SB-2bis)

Triebwerke: Zwei 990 PS M-103 12 Zylinder V-Motoren
Spannweite: 21,54 m
Länge: 12,65 m
Leergewicht: 4250 kg
Fluggewicht: 6500 kg
Besatzung: 3 Mann

Höchstgeschwindigkeit: 448 km/h in 5000 m Höhe
Dienstgipfelhöhe: 8500 m
Größte Reichweite: 2290 km
Bewaffnung: Vier 7,62 mm-Maschinengewehre; bis zu 600 kg Bombenzuladung

246

Vickers Wellington

Ursprungsland: Großbritannien
Einsatzzweck: Mittelschwerer Bomber
    und Aufklärungsflugzeug
Hersteller: Vickers Armstrongs Ltd.

Spezifikation: B.9/32
Im Kriegseinsatz: 1939/45

Die Wellington war eines der hervorstechendsten Flugzeuge des Zweiten Weltkrieges und bemerkenswert für ihre Fähigkeit, ungeheure Beschädigungen bei Beschuß dank der revolutionären geodätischen Bauweise einstecken zu können, die der berühmte Konstrukteur der »Damm«-Bomben, Barnes Wallis, entworfen hatte. Der von zwei 850 PS Bristol Pegasus X angetriebene Prototyp (K 4049) machte am 15. Juni 1936 seinen Erstflug; im selben Jahr noch wurde ein Produktionsauftrag erteilt. Die Mk.I war bereits zur Aufnahme der zweifachen ursprünglichen Bombenzuladung ausgelegt und wurde von zwei 1000 PS Pegasus XVIII angetrieben; das Muster trat im Oktober 1938 in den Dienst der Truppe; es folgten die IA und IC (das IB-Muster wurde nicht hergestellt). Wellington-Bomber flogen den ersten englischen Luftangriff des Krieges am 4. September 1939 gegen Wilhelmshaven; vom September 1939 an wurden sie für Nachtangriffe eingesetzt und waren bis zum Erscheinen der »schweren Bomber« die wichtigsten Nachtbomber der RAF. Wellingtons waren die ersten Maschinen, welche

Wellington Mk.I

Wellington Mk.IC

die 1816 kg schwere Luftmine zum Einsatz brachten. Die nächsten Serienmuster waren die Mk.II (Merlin X, 400 Flugzeuge gebaut), die Mk.III (Hercules XI, 1519 gebaut) und die Mk.IV (Pratt & Whitney Twin Wasp, 221 gebaut). Die Wellington V, VI und VII waren größtenteils Versuchsmuster, die nächste große Serienversion war die Mk.VIII für das Küstenkommando. Bereits 1940 waren einige abgewandelte Mk.I erfolgreich bei Verminungseinsätzen und beim »Entmagnetisieren« von Minen; nun erschien die Mk.VIII, von der 394 Maschinen fertiggestellt wurden, als Torpedo-Bomber und Aufklärungsflugzeug, das einen Leigh-Scheinwerfer im Bombenschacht tragen konnte und Bordradar besaß. Daraus wurde das Muster G.R.XI mit verkleidetem »Kinn«-Radom entwickelt und das reine Aufklärermuster G.R.XII. Die G.R.XIII und XIV waren parallele

Wellington Mk.II

Versionen mit leistungsstärkeren Hercules-Triebwerken. Die bedeutendste Serien-Wellington war die Mk.X, von der 3804 Maschinen von 1943 an gebaut wurden. Transporterumbauten der Mk.I, IA und IC mit ausgebauten Drehtürmen, verschlossenem Bombenschacht und eingebauten Sitzen wurden die Muster C.I, C.XV und C.XVI. Die Mk.IX war eine aus der IC-Serie genommene Maschine, die als Truppentransporter umgebaut wurde. Nachtjäger-Schulversionen der Mk.XI und XIII wurden die Muster T.XVII und T.XVIII. Die gesamte Wellington-Produktion erreichte 11 461 Flugzeuge, von denen viele als Erprobungsträger für Triebwerke und Bewaffnung dienten.

Wellington Mk.VIII

Kurze technische Einzelheiten: (Mk.X)

Triebwerke: Zwei 1585 PS Bristol Hercules VI Doppelstern-motoren
Spannweite: 26,25 m
Länge: 19,67 m
Höhe: 5,34 m
Leergewicht: 11500 kg
Fluggewicht: 14300 kg

Besatzung: 6 Mann
Höchstgeschwindigkeit: 408 km/h in 4425 m Höhe
Dienstgipfelhöhe: 7325 m
Normale Reichweite: 2125 km
Bewaffnung: Sechs 7,7 mm Browning Maschinengewehre; bis zu 2720 kg Bombenzuladung

A-31 (Vultee V-72) ursprünglich als RAF Vengeance Mk.II gebaut

Vultee A-35 Vengeance

Ursprungsland: USA
Einsatzzweck: Sturzbomber und
   Zielschleppflugzeug
Hersteller: Vultee Aircraft Inc.

Andere US-Bezeichnungen: A-31,
   TBV-1
Im Kriegseinsatz: 1942/45

Die Vengeance wurde ursprünglich auf einen im Sommer 1940 erteilten britischen Auftrag hin als »Antwort« auf den deutschen Sturzbomber Ju 87 hergestellt, und es war das erste für diesen speziellen Einsatzzweck konstruierte Flugzeug der RAF. Weitere Jahre vergingen, bis die USAAF nachzog und das zu einer Zeit, als sich der Ruhm des »Stuka« als Kampfflugzeugtyp so stark gemindert hatte, daß die Verwendung der Vengeance für diese Einsatzart eingeschränkt wurde. Sie lieferte jedoch weiterhin nützliche Dienste beiderseits des Atlantik in der wichtigen, wenn auch nicht so eindrucksvollen Rolle als Zielschleppflugzeug. Die Auslieferung der erstmals im Juli 1941 geflogenen Vengeance an die RAF begann etwa ein Jahr später; 32 Maschinen der ersten Lieferung wurden an die australische Luftwaffe weitergeleitet. Der Kriegseinsatz des Musters bei der RAF beschränkte sich auf den Kriegsschauplatz Indien—Burma. Die USAAF bestellte für sich selbst 300 Flugzeuge, die den britischen Vengeance II entsprachen und die Bezeichnung A-31A erhielten, doch letztlich behielt man dort nur einige Maschinen für Testzwecke und lieferte die übrigen an die RAF als Vengeance IA und III aus. Die erste reine US-Version der Vengeance war die A-35; von diesen Maschinen wurden 100 Stück fertiggestellt, die alle außer einer später in das Muster A-35A durch Ersatz der ursprünglichen 7,7 mm MG mit 12,7 mm Maschinengewehren umgebaut wurden. Es folgten 831 Maschinen des Musters A-35B, einer etwas verbesserten Version, von der 562 Flugzeuge als Vengeance IV an die RAF zur Auslieferung kamen, doch wurde der größte Teil dieser Maschine als Zielschleppflugzeug verwendet. Die Vengeance wurde in sehr geringem Umfang als Marineflugzeug verwendet, obwohl eine kleine Anzahl als TBV-1 zur US Navy kam und die Royal Navy einige Vengeance IV als Zielschleppflugzeuge einsetzte. Die Serienfertigung der Vengeance lief im Mai 1944 nach Herstellung von etwas über 1900 Flugzeugen aus.

Kurze technische Einzelheiten: (A-35A)

Triebwerk: Ein 1700 PS Wright R-2600-19 Cyclone Doppelsternmotor
Spannweite: 14,65 m
Länge: 12,12 m
Höhe: 4,67 m
Leergewicht: 4560 kg
Fluggewicht: 6125 kg

Besatzung: 2 Mann
Höchstgeschwindigkeit: 437 km/h in 3360 m Höhe
Dienstgipfelhöhe: 6550 m
Normale Reichweite: 960 km
Bewaffnung: Fünf 12,7 mm-MG; bis zu 908 kg Bombenzuladung

Westland Lysander

Ursprungsland: Großbritannien
Einsatzzweck: Verbindungsflugzeug
Hersteller: Westland Aircraft Ltd.

Spezifikation: A.39/34
Im Kriegseinsatz: 1939/44

Allen liebevoll als »Lizzie« bekannt, war die Lysander mit ihren rautenförmigen hochangesetzten Tragflächen und dem außerordentlich breiten »Gamaschen«-Fahrgestell in den ersten Jahren des Zweiten Weltkrieges ein vertrauter Anblick am Himmel Europas. Entsprechend der ursprünglichen Spezifikation des Luftfahrtministeriums wurden zwei Prototypen gebaut, und der erste davon, K 6127, machte im Juni 1936 seinen Jungfernflug. Drei Monate später wurde ein erster Fertigungs-

Lysander Mk.I, finnische Luftwaffe

auftrag für 144 Maschinen erteilt, und gegen Ende 1938 kamen die ersten Lysander Mk.I in den Truppendienst der RAF. In den ersten Kriegsjahren fand das Muster weitverbreitete Verwendung in Frankreich und Nordafrika; allerdings, als die Curtiss Tomahawk sie 1941 als Verbindungsflugzeug zu ersetzen begann, lief die Serienfertigung aus und endete im Januar 1942. Danach wurde die Lysander allmählich anderen Einsätzen zugewiesen. Einige Mk.I und II (905 PS Perseus XII in der letzteren) wurden als Zielschleppflugzeuge abgewandelt, und viele andere Mk.II als Seenotrettungsflugzeuge oder Schleppflugzeuge für Segelflugzeuge. Eine ansehnliche Zahl von Mk.III (870 PS Mercury 20 oder 30) wurden als Zielschleppflugzeuge gebaut; ebenso erwähnenswert ist die abgewandelte Lysander III für den Special Air Service. Diese Version war für die Aufnahme abwerfbarer Kraftstofftanks unter dem Rumpf ausgestattet und diente deshalb dazu, britische Agenten über dem besetzten Feindgebiet abzusetzen. Die Lysander wurde gelegentlich auch als leichter Bomber mit geringer Bombenlast eingesetzt oder zum Abwurf von Versorgungsbehältern, die auf Flügelstummeln an der Fahrgestellverkleidung befestigt waren. Die gesamte Fertigung umfaßte 1593 Flugzeuge, darunter 131 Mk.I, 433 Mk.II und 804 Mk.III, die in Großbritannien gebaut wurden, sowie 225 von der National Steel Car Corporation in Kanada hergestellt wurden.

Triebwerk: Ein 890 PS Bristol
    Mercury III Sternmotor
Spannweite: 15,25 m
Länge: 9,30 m
Höhe: 3,50 m
Leergewicht: 1845 kg
Fluggewicht: 2690 kg

Besatzung: 2 Mann
Höchstgeschwindigkeit: 366 km/h
    in 3048 m Höhe
Dienstgipfelhöhe: 8090 m
Normale Reichweite: 800 km
Bewaffnung: Vier 7,7 mm-MG;
    bis zu 6 kleinen Bomben

Yakovlev Yak-9 (Jakowlew Jak-9)

Ursprungsland: Rußland
Einsatzzweck: Jäger

Konstruktionsbüro: A. S. Jakowlew
Im Kriegseinsatz: 1942/45

Die Jak-9 war das am häufigsten hergestellte Muster von allen
Jakowlew-Jagdflugzeugen der Kriegsjahre und war besonders
ein »Flugzeug für den Piloten«: leicht, einfach zu handhaben
und mit ausgezeichneter Wendigkeit und Flugleistung in Höhen
bis zu etwa 4900 m. Es wurden einige Tausend Jak-9 gebaut,
die bei polnischen Einheiten und der berühmten französischen
Normandie-Staffel ebenso wie bei der Roten Luftwaffe eingesetzt waren. Die Jak-9 war das Ergebnis weiterer Verbesse-

Jak-9D

rungen in Konstruktion und Bau der Jak-7B, darunter Änderung des Tragflügels (zur Unterbringung zusätzlichen Kraftstoffes) und Verlegung der Pilotenkanzel weiter nach hinten. Das Muster kam erstmals 1942 in die Serienfertigung und gab sein Einsatzdebut in der Schlacht um Stalingrad im Oktober jenes Jahres. 1943 erschienen zwei weitere Versionen, die Jak-9D und Jak-9T. Erstere war hauptsächlich für Bomberbegleitflüge vorgesehen und hatte reduzierte Bewaffnung und genügend zusätzlichen Kraftstoff für eine größte Reichweite von 1410 km. Die Jak-9T erschien in zwei Versionen, die Daten des ersten Fertigungsloses werden unten genannt. Die zweite Version war mit einer einzelnen 75 mm-Kanone bewaffnet, mit der das Muster mit beträchtlichem Erfolg gegen Schiffsziele eingesetzt wurde. Spätere Varianten, die sich hauptsächlich in der Bewaffnung und Ausrüstung unterschieden, waren die Jak-9L und die Jak-9M. Die Jak-9U war eine wesentlich verbesserte Maschine mit gefälligerem Aussehen, die von einem 1600 PS M-107A Motor angetrieben wurde und vor Kriegsende zusammen mit der Jak-9P (der letzten Version) in die Serienfertigung ging. Diese Muster rüsteten noch viele Jahre später sowjetische Jagdstaffeln und solche von Satelliten-Ländern aus.

Kurze technische Einzelheiten: (Jak-9T)

Triebwerk: Ein 1260 PS Klimow WK-105 PF 12 Zylinder V-Motor
Spannweite: 10,00 m
Länge: 8,56 m
Höhe: 2,44 m
Leergewicht: 2755 kg
Fluggewicht: 3210 kg
Besatzung: 1 Mann

Höchstgeschwindigkeit: 580 km/h in 5000 m Höhe
Dienstgipfelhöhe: 11000 m
Normale Reichweite: 825 km
Bewaffnung: Eine 37 mm-Nudelmann-Kanone und ein 12,7 mm-Beresin-Maschinengewehr

D4Y1

Yokosuka D4Y Suisei (Komet)

Ursprungsland: Japan
Einsatzzweck: Sturzbomber und
   Aufklärungsflugzeug

Konstrukteure: Yokosuka Naval
   Air Depot
Im Kriegseinsatz: 1942/45

Die Suisei (»Judy« im alliierten Codenamensystem) war unter
den Kriegsflugzeugen von 1939 bis 1945 eine verhältnismäßige
Rarität: ein Flugzeug, das in der Mengenfertigung sowohl als
Version mit V-Motor — als auch mit Sternmotor hergestellt
wurde. Im großen und ganzen wurden erstere von Flugzeugträgern aus und letztere von Küstenflugplätzen aus eingesetzt.
Die erste Serien-Version war die D4Y1, Modell 11, die von
einem 1185 PS Aichi Atsuta 21 Zwölfzylinder V-Motor angetrieben wurde, praktisch ein Nachbau des deutschen DB 601 Motors. Das Modell 21 war im allgemeinen identisch, aber in der
D4Y2 (Modell 22) wurde anstelle des vorhergehenden Triebwerks der leistungsstärkere Atsuta 32 (1400 PS) eingebaut,
der die Höchstgeschwindigkeit auf 576 km/h ansteigen ließ;
Flosse und Ruder wurden abgeändert und in der Fläche vergrößert. Die Suisei-Version, von der schließlich die größten Stückzahlen gebaut wurden, war die mit Doppelsternmotor angetriebene D4Y3 Modell 33; gegen Ende des Krieges wurden alle

Versionen zur Teilnahme an Kamikazeangriffen herangezogen, und in begrenztem Umfange kam das Muster auch als Nachtjäger zum Einsatz. Die Suisei wurde hauptsächlich als Ersatz für die Aichi D3A1 Val entwickelt, und bei der Firma Aichi wurde auch der größte Teil der Fertigung (aller Versionen) von 2319 Flugzeugen abgewickelt. Diese Gesamtzahl umfaßte auch 500 von Hiro Arsenal hergestellte Maschinen.

Kurze technische Einzelheiten: (D4Y3)

Triebwerk: Ein 1560 PS Mitsubishi Kinsei 62 Doppelsternmotor
Spannweite: 11,52 m
Länge: 10,18 m
Höhe: 3,28 m
Leergewicht: 2500 kg
Fluggewicht: 3760 kg
Besatzung: 2 Mann

Höchstgeschwindigkeit: 560 km/h in 5900 m Höhe
Dienstgipfelhöhe: 10500 m
Größte Reichweite: 1510 km
Bewaffnung: Ein 7,9 mm und zwei 7,7 mm-Maschinengewehre; bis zu 750 kg Bombenzuladung

Yokosuka MXY-7 Ohka (Kirschblüte)

Ursprungsland: Japan
Einsatzzweck: Bemannte Flugbombe

Konstrukteure: Yokosuka Naval Air Depot
Im Kriegseinsatz: 1944/45

In Anbetracht des Einsatzzweckes, für den die Ohka konstruiert war, hielt die öffentliche Meinung den alliierten Codenamen »Baka« — japanisch für »Narr« für zutreffender als den ihr vom eigenen Land gegebenen; aber die Kamikaze-Angriffe von Piloten der japanischen Armee und Marine im Zweiten Weltkrieg wurden von den Japanern nicht als Narrheit betrachtet. In Wirklichkeit waren sie anfangs das ausschließliche Vorrecht eines besonderen Kamikaze- (»Götterwind«) Korps, dem anzugehören eine große Ehre war — obschon sie später auch für normale Piloten obligatorisch wurden, von denen viele mit Gewalt auf ihren Pilotensitzen festgeschnallt werden mußten. Der Prototyp MXY-7 flog im Frühherbst 1944, eine Segelversion zur Schulung folgte kurze Zeit später. Im September 1944 begann die Fertigung der Ohka Modell 11, der einzigen Version, die zum Kriegseinsatz kam, und von der bis März 1945 755 Stück fertiggestellt wurden, bevor spätere Mu-

Ohka Modell 22

ster sie auf den Fließbändern ablösten. Diese waren die etwas kleinere Ohka 22, von der fünfzig Stück mit einem 110 PS Motor gebaut wurden, der einen Kompressor ähnlich dem von Campini antrieb, welcher 200 kp Schub abgab; die Ohka 33 (sollte von dem G8N1 Renzan Bomber getragen werden, Antrieb durch eine Gasturbine mit 475 kp Schub) wurde zugunsten der mit einem ähnlichen Antrieb versehenen Ohka 43 aufgegeben, die für Katapultstarts entworfen war und im Oktober 1945 in Serienfertigung gehen sollte. Die Ohka 11 wurde von einem Mutter-Flugzeug getragen, nomalerweise einer G4M2e »Betty«, unter deren offenem Bombenschacht sie während des Fluges aufgehängt war. Das Ausklinken fand in etwa 8250 m Höhe bei einer Fluggeschwindigkeit von 320 km/h statt, von wo aus die Ohka auf etwa 80 km mit 370 km/h sich dem Ziel im Gleitflug näherte, bevor ihre Raketentriebwerke zum letzten tödlichen 50°-Sturzflug eingeschaltet wurden.

Kurze technische Einzelheiten: (Modell 11)

Triebwerke: Drei Feststoff-Raketentriebwerke, Type 4, Mk.I, Modell 20 mit 267 kp Schub
Spannweite: 5,00 m
Länge: 6,01 m
Leergewicht: 440 kg
Fluggewicht: 2140 kg

Besatzung: 1 Mann
Höchstgeschwindigkeit: 912 km/h im letzten Teil des Sturzfluges
Normale Reichweite: etwa 88 km
Bewaffnung: 1200 kg Sprengstoff im Rumpfbug-Sprengkopf

P1Y1

Yokosuka P1Y Ginga (Milchstraße)

Ursprungsland: Japan
Einsatzzweck: Bomber, Nachtjäger
und Aufklärungsflugzeug

Konstrukteure: Yokosuka Naval
Air Depot
Im Kriegseinsatz: 1944/45

Für die japanische Marine war die P1Y1 (»Frances«) in der Einsatzaufgabe wenn auch nicht an Berühmtheit das, was die Ju 88 der deutschen Luftwaffe oder die Mosquito der Royal Air Force bedeutete. Obwohl sie hauptsächlich für die Bomberrolle eingeführt wurde, war sie in der Lage, mit beinahe gleichem Erfolg als Torpedo-Bomber, Nachtjäger und Aufklärungsflugzeug zu fliegen. Die Konstruktion der Ginga wurde 1940 durch das Erste Flugtechnische Arsenal im Yokosuka Marine-Fliegerdepot begonnen, aber als das Muster unter der Bezeichnung P1Y1 für den Truppendienst akzeptiert war, wurde die Serienfertigung der Firma Nakajima zugewiesen, die schließlich 1002 Maschinen dieser Version fertigstellte. Als sich der Krieg seinem Ende näherte, hatte Japan einen größeren Bedarf an Abwehrjägern als an Angriffsbombern, und es wurden Maßnahmen getroffen, um eine Nachtjägerversion der Ginga zu produzieren. Den Auftrag dafür erhielt Kawanishi, deren P1Y2-S Kyokko (Morgenröte) den weniger anfälligen 1850 PS Kasei 25 Doppelsternmotor als Triebwerk verwendete, mit elementarem A.I.-Radar ausgerüstet war und eine Bewaffnung

258

von drei 20 mm-Kanonen trug. Jedoch nur 97 P1Y2-S wurden fertiggestellt, und diese hatten vor dem Tag der japanischen Kapitulation die Flugerprobung vor dem Truppendienst noch nicht abgeschlossen, obschon einige P1Y1-S-Umbauten von Nakajima noch zum Einsatz kamen. Die vorgeschlagene von Homare-Motoren angetriebene P1Y3-S Entwicklung kam über das Projektstadium nicht hinaus.

Kurze technische Einzelheiten: (P1Y1)

Triebwerke: Zwei 1850 PS Nakajima Homare 2 Doppelsternmotoren
Spannweite: 20,00 m
Länge: 15,01 m
Höhe: 4,29 m
Leergewicht: 6700 kg
Fluggewicht: 10500 kg
Besatzung: 3 Mann

Höchstgeschwindigkeit: 552 km/h in 5900 m Höhe
Dienstgipfelhöhe: 10230 m
Größte Reichweite: 2560 km
Bewaffnung: Eine 20 mm-Kanone und ein 13,2 mm MG; bis zu 800 kg Bomben oder ein 850 kg Torpedo im Flugzeuginnern

Aeronca L-3 Grasshopper

Die Daten beziehen sich auf die L-3B.

Einsatzzweck: Verbindungs- und
 Beobachtungsflugzeug
Triebwerk: Ein 65 PS Continental
 0-170-3

Spannweite: 10,68 m
Höchstgeschwindigkeit: 128 km/h

In seiner anfänglichen Form wurde dieses zweisitzige Schul-flugzeug unter der Bezeichnung YO-58 Defender bekannt. Für den Einsatz als Beobachtungsflugzeug entwickelt, wurden mit O-58 Bezeichnungen insgesamt 409 Maschinen einschließlich der Prototypen gebaut. Mit der Festlegung der Grasshopper-Klasse für Leichtflugzeuge erhielten sie Bezeichnungen in der L-3 Serie, und weitere 1030 Flugzeuge wurden von Anfang an als L-3B und -3C gebaut. Zusätzlich erhielten 26 Maschinen des privaten Aeronca Modells 65 die Musterbezeichnungen L-3B bis J für den Truppendienst. Die meisten Versionen des Krie-ges waren äußerlich identisch und unterschieden sich nur in der Ausrüstung, einige private L-3 hatten jedoch Franklin oder Lycoming Motoren.

Aichi B7A Ryusei (Sternschnuppe)

Einsatzzweck: Torpedo-Bomber
Triebwerk: Ein 1875 PS Nakajima
    Homare 11 Doppelsternmotor

Spannweite: 14,40 m
Höchstgeschwindigkeit: 540 km/h
    in 6200 m Höhe

Die zweisitzige Ryusei erhielt von den Alliierten den Codenamen »Grace«, machte ihren Erstflug im Mai 1942 und kam im
April 1944 in die Serienfertigung. Als einmotoriges Flugzeug
hatte sie eine Nutzlast von 1000 kg oder einen Torpedo und
war mit zwei 20 mm-Kanonen und einem 12,7 mm MG bewaffnet. Die Produktion der Ryusei wurde durch Triebwerksschwierigkeiten und später durch ein Erdbeben verzögert. Nur
etwas über 100 Flugzeuge gelangten zu den Staffeln der japanischen Marine-Luftwaffe.

B7A1

Aichi E13A

Einsatzzweck: Aufklärungsflugzeug
Triebwerk: Ein 1080 PS Mitsubishi
    Kinsei 43 Doppelsternmotor

Spannweite: 14,49 m
Höchstgeschwindigkeit: 374 km/h
    in 2180 m Höhe

Ein Flugzeug dieses Musters — später erhielt es den Codenamen »Jake« durch die Alliierten — flog den ersten Aufklärungseinsatz vor dem japanischen Luftangriff auf Pearl Harbour;
die E13A1 blieb bis zum Kriegsende im Truppendienst. Das
Flugzeug wurde 1938 entworfen und ging 1941 in die Serienfertigung, aber die Mutterfirma stellte nur 132 Stück fertig, bevor die Produktion an die Firma Kyushu weitergegeben wurde,

E13A1

die 1100 Maschinen baute. Die Jake war ein führendes schiffsgestütztes Aufklärungsflugzeug und wurde weitgehend im Pazi-
fikkrieg verwendet. Sie nahm an den Kämpfen im Korallen-
Meer, bei Midway und den Salomonen teil.

Aichi E16A Zujun (Günstige Wolke)

Einsatzzweck: Aufklärungsflugzeug
Triebwerk: Ein 1300 PS Mitsubishi
   Kinsei 54 Doppelsternmotor

Spannweite: 12,80 m
Höchstgeschwindigkeit: 446 km/h
   in 5600 m Höhe

Die Zujun, Codenamen »Paul«, wurde vom Aichi-Konzern als
Nachfolgemuster ihres Wasserflugzeuges E13A1 »Jake« produziert. Sie war hauptsächlich für den Aufklärungseinsatz ge-

E16A1

dacht, obwohl das Muster häufiger als Sturzbomber, der ein Paar 250 kg-Bomben trug, verwendet wurde. Als Dreisitzer hatte die Zujun ein Fluggewicht von 3900 kg, eine Reichweite von 960 km und eine Bewaffnung von zwei 20 mm, einer 13,2 mm und zwei 7,7 mm MG; insgesamt wurden von diesem Flugzeug 259 Stück gebaut.

Airspeed Horsa

Einsatzzweck: Lastensegler   *Spannweite:* 26,85 m

Die A.S.51 Horsa war der erste britische Lastensegler mit Dreibeinfahrgestell und trat im Spätherbst des Jahres 1942 in den Truppendienst. Das Hauptfahrgestell wurde nach dem Start abgeworfen, die Landung mit dem Bugrad und einem Gleitrad durchgeführt. Mit einer Zuladungskapazität von 30 Mann oder entsprechender Fracht hatte die Horsa ein Fluggewicht von 7050 kg. Erstmals wurde sie bei der Invasion Siziliens im Sommer 1943 eingesetzt und später mit großem Erfolg bei der Invasion der Normandie und bei Arnheim. Zeitweilig wurden 400 Horsa von den US Streitkräften benutzt, als eine Art »umgekehrtes Pacht- und Leihabkommen«. Die gesamte Horsa-Produktion betrug 3655 Maschinen.

Horsa Mk.I

Antonow A-7

Einsatzzweck: Lastensegler   *Länge:* 11,55 m
Spannweite: 19,00 m

Die Rote Luftwaffe benutzte Lastensegler im Zweiten Weltkrieg nur in geringem Umfang; jedoch siegte die A-7 in einem
Entwurfspreisausschreiben, das im Dezember 1940 für einen
»Lastensegler zum Partisanentransport« durchgeführt wurde,
und etwa 400 Maschinen dieses Musters wurden später gebaut. Schleppflugzeuge waren normalerweise die russischen
SB-2 oder DB-3 Bomber, obwohl erwähnenswert ist, daß eine
Anzahl von Armstrong Whitworth »Albemarle« Schleppflugzeu-
gen vor dem Tag der Normandie-Invasion nach Rußland exportiert wurden.

Arado Ar 96B

Einsatzzweck: Fortgeschrittenen-   *Spannweite:* 11,00 m
    Schulflugzeug   *Höchstgeschwindigkeit:* 338 km/h
Triebwerk: Ein 465 PS Argus As 410A   in 3000 m Höhe
    luftgekühlter hängender 12 Zylin-
    der V-Motor

Die zweisitzige Ar 96B wurde 1940 von der Luftwaffe als
Standard-Schulflugzeug übernommen und kam kurz darauf in

die Mengenfertigung. Es wurden zwei Versionen für Elementar- und Fortgeschrittenen-Schulung gebaut, die sich nur in der Ausrüstung voneinander unterschieden. Weiterentwickelte Versionen waren die Ar 199 und Ar 296, letztere wurde nach dem Kriege von der französischen Firma SIPA unter der Bezeichnung S.10 hergestellt.

Arado Ar 232

Einsatzzweck: Transporter
Triebwerk: Zwei 1600 PS BMW 801E
   Doppelsternmotoren (Ar 232A);
   Vier 1000 PS BMW Bramo 323R-2
   Sternmotoren (Ar 232B)

Spannweite: 31,85 m (Ar 232A)
   33,47 m (Ar 232B)
Höchstgeschwindigkeit: 338 km/h
   in 4600 m Höhe (Ar 232B)

Abgesehen von Unterschieden bei Triebwerk und Spannweite waren die Ar 232A und Ar 232B in Wirklichkeit gleich. Das Flugzeug hatte eine Besatzung von vier Mann und eine Nutzlast von etwa 4500 kg; es wurde allerdings nur begrenzt eingesetzt; nur 40 Maschinen wurden gebaut, und die meisten Einsätze, für die sie vorgesehen waren, wurden weiterhin von Ju 52/3m, Me 323 und Go 242/244 geflogen. Ein interessantes Konstruktionsmerkmal war das feste Dreibeinfahrgestell, das »gebrochen« werden konnte, um das Gewicht des Flugzeuges

Ar 232A

auf zehn Paar kleinerer Räder zu verlagern, die an der Unter-
seite des Hauptrumpfes angebracht waren und das Be- und
Entladen erleichterten. Ein späteres Projekt, die Ar 432, entsprach im Aussehen der Ar 232B, war jedoch in Holz/Metall-
Gemischtbauweise anstelle der Ganzmetallbauweise gefertigt.

Arado Ar 234 Blitz

Die Daten beziehen sich auf die Ar 234B-2

Einsatzzweck: Schnell-Bomber und
    Aufklärer
Triebwerke: Zwei Junkers Jumo 004B
    Strahltriebwerke mit 890 kp Schub

Spannweite: 14,20 m
Höchstgeschwindigkeit: 737 km/h
    in 6000 m Höhe

Mit einer Dienstgipfelhöhe von 11 000 m und einer Reichweite
von mehr als 1520 km mit 1000 kg-Bombenzuladung hätte die
Ar 234 — der erste Düsenbomber der Welt — ein wertvoller

Ar 234B-1

Beitrag zu der Schlagkraft der deutschen Luftwaffe sein müssen. Das war jedoch nicht der Fall, und sie wurde nur in geringem Maße zu Feindflügen eingesetzt. Die erste Serienversion war der Aufklärer Ar 234B-1, der im Dezember 1943 flog und im folgenden Juni in die Mengenfertigung kam; er kam später über der Westfront im Jahre 1944 zum Einsatz. Die Ar 234B-2, ein Bomber, kam etwa zum selben Zeitpunkt in die Serienfertigung und erschien zu Beginn des Jahres 1945 im Kriegseinsatz. In den ersten Monaten des Jahres 1944 fand der Erstflug der Ar 234C statt: dieses Muster hatte vier BMW 003 A-1 Strahltriebwerke, die paarweise angeordnet waren; dieses Flugzeug stellte insgesamt eine wesentliche Weiterentwicklung dar mit seiner Höchstgeschwindigkeit von 875 km/h. Wie viele im Grunde gute Konstruktionen kam das Flugzeug jedoch zu spät, um einen wirksamen Beitrag bei den deutschen Kriegsanstrengungen zu leisten.

Ar 240 V3

Arado Ar 240

Die Daten beziehen sich auf die Ar 240C-0

Einsatzzweck: Zerstörer
Triebwerke: Zwei 1750 PS DB 603A
    hängende 12 Zylinder V-Motoren

Spannweite: 16,62 m
Höchstgeschwindigkeit: 726 km/h
    in 11200 m Höhe

Die Ar 240 war ursprünglich für den Einsatz als Zerstörer,

Schnellbomber, Aufklärer und Nachtjäger vorgesehen und wurde 1938 konzipiert. Der erste Prototyp flog, von zwei 1175 PS DB 601A 12 Zylinder V-Motoren angetrieben, im Juni 1940. Die ganze Entwicklung wurde jedoch durch Änderungen der offiziellen Dringlichkeiten und allgemeine Unentschlossenheit in bezug auf ihren besten Einsatzzweck gelähmt, und nur 15 Maschinen des Musters wurden fertiggestellt. Die weiterentwickelte Ar 440 entsprach im allgemeinen der Ar 240C, abgesehen von den DB 603G hängenden 12 Zylinder V-Motoren, doch wieder schwand das offizielle Interesse, und nur fünf Prototypen wurden fertiggestellt.

Armstrong Whitworth Albemarle

Einsatzzweck: Spezialtransportflugzeug und Schleppflugzeug für Lastensegler
Triebwerke: Zwei 1590 PS Bristol Hercules XI Doppelsternmotoren

Spannweite: 23,50 m
Höchstgeschwindigkeit: 424 km/h in 3200 m Höhe

Die Albemarle wurde von Armstrong Whitworth mit der von Taurus angetriebenen Bristol 155 übernommen, die aufgrund der Spezifikation B.18/38 für einen mittelschweren Bomber konzipiert worden war (was eine gewisse Ähnlichkeit mit der Beaufort — Seite 59 erklärt) und diente zum Schluß nur noch als Spezialtransporter und Schleppflugzeug für Lastensegler. Als erstes britisches Militärflugzeug mit Dreibeinfahrgestell

Albemarle Prototyp

trat sie im Januar 1943 in den Truppendienst und erlebte Einsätze in Sizilien, der Normandie und bei den Luftlandungen von Arnheim. 600 Albemarle wurden gebaut und annähernd im Verhältnis von 2 : 1 für Transport- und Schleppflugzeugeinsätze verwendet. Wichtigste Einsatzversionen waren die Mk.I, II, V und VI.

Manchester Mk.I

Avro Manchester

Einsatzzweck: Schwerer Bomber
Triebwerke: Zwei 1760 PS Rolls-Royce
   Vulture 12 Zylinder V-Motoren

Spannweite: 27,50 m
Höchstgeschwindigkeit: 424 km/h
   in 5180 m Höhe

Die Manchester wurde entsprechend der A.M. Spezifikation P.13/36 für einen zweimotorigen mittelschweren Bomber als Zelle um zwei der neuen Rolls-Royce Vulture Motoren herumgebaut und besaß eine gute Flugleistung, darunter eine Reichweite von 1920 km mit einer größten Bombenzuladung von 4700 kg. Der Prototyp (L.7246) flog am 25. Juli 1939, und die 200 Serien-Manchester waren vom November 1940 bis Juni 1942 im Kriegseinsatz. Der erste Prototyp und die Mk.IA hatten ein doppeltes Seitenleitwerk, der zweite Prototyp und die Mk.I besaßen eine zusätzliche dritte Stabilisierungsflosse in Leitwerksmitte. Die kurze glücklose Einsatzlaufbahn der Manchester war nicht auf einen Konstruktionsfehler zurückzuführen, die Zelle wurde zu der erfolgreichen Lancaster weiterentwickelt) sondern auf die nicht ausentwickelten und unzuverlässigen Vulture Motoren.

York C Mk.I

Avro York

Einsatzzweck: Transportflugzeug
Triebwerke: Vier 1280 PS Rolls-Royce
Merlin XX 12 Zylinder V-Motoren

Spannweite: 31,10 m
Höchstgeschwindigkeit: 477 km/h
in 6400 m Höhe

Die York wurde entsprechend der A.M. Spezifikation C.1/42 auf der Grundlage des Tragflügels und der Triebwerke der Lancaster 1942 mit vollständig neuem Rumpf und Leitwerk entworfen und machte ihren Jungfernflug im selben Jahr. Bedingt durch die Abhängigkeit von den Vereinigten Staaten bei der Lieferung von Transportflugzeugen im Kriege hatte die York eine sehr geringe Fertigungspriorität und bis 1945, als die erste voll ausgerüstete Transportstaffel gebildet wurde, dienten die wenigen ausgelieferten Maschinen als fliegende Konferenzzimmer und zum Transport sehr wichtiger Personen. Der größe Teil der 257 gebauten York wurde nach dem Kriege ausgeliefert, und das Muster spielte eine hervorragende Rolle bei der Berliner Luftbrücke im Jahre 1949.

Beechcraft AT-10 Wichita

Einsatzzweck: Schulflugzeug
Triebwerke: Zwei 295 PS Lycoming
R-680-9 Sternmotoren

Spannweite: 13,81 m
Höchstgeschwindigkeit: 304 km/h

Die Beechcraft Wichita erschien etwa zur selben Zeit wie die

270

Cessna Bobcat (Seite 290), der sie sowohl in der äußeren Form als auch in der Einsatzaufgabe ähnelte. Die in Sperrholzbauweise hergestellte Wichita war ein »Übergangs«-Schulflugzeug für Flugzeugbesatzungen und fand in der ersten Kriegshälfte breite Verwendung. Insgesamt wurden für die USAAF 2371 Stück gebaut, 1771 davon durch Beech und 600 von der Globe Aircraft Corporation, bevor die Produktion 1944 auslief. Eine Maschine wurde versuchsweise mit dem Schmetterlings-Leitwerk versehen, das später das Bonanza Leichtflugzeug erhielt.

Beechcraft UC-43 Traveler

Einsatzzweck: Leichtes Transportflugzeug
Triebwerk: Ein 450 PS Pratt & Whitney R-985-AN-1 Wasp Junior Sternmotor

Spannweite: 9,76 m
Höchstgeschwindigkeit: 312 km/h in 1525 m Höhe

Die Beechcraft Traveler war eine militärische Abwandlung des fünfsitzigen zivilen »Model 17«, von dem viele Varianten während des Zweiten Weltkrieges bei den US Streitkräften verwendet wurden. Drei Model-D-17-S erhielten bei der USAAF die Musterbezeichnung YC-43, und es wurden Aufträge für 207 UC-43 und 63 BG-1 für die Luftwaffe und Marine ausgeführt. Dazu kamen 118 kommerzielle Model 17, die für den Kriegseinsatz die Bezeichnungen von UC-43A bis K erhielten. Unter dem Pacht- und Leihabkommen wurden dreißig UC-43

US Navy GB-2

und 75 GB-2 aus US Aufträgen an die Royal Navy ausgeliefert: diese Maschinen wurden Traveler I genannt und für leichte Transportaufgaben und als Verbindungsflugzeuge einge- setzt.

Beechcraft UC-45 Expediter

Die Daten beziehen sich auf die UC-45F

Einsatzzweck: Leichtes Transport-
flugzeug
Triebwerke: Zwei 450 PS Pratt &
Whitney R-985-AN-1 Wasp
Junior Sternmotoren

Spannweite: 14,54 m
Höchstgeschwindigkeit: 329 km/h
in Meereshöhe

Verschiedene weiterentwickelte Versionen von Beechcraft's Zubringerflugzeug aus dem Jahre 1936 (Model 18) waren wäh-

SNB-2 Navigator

rend des Krieges für eine Vielzahl von Aufgaben bei den alliierten Luftstreitkräften eingesetzt. Transport- und Mehrzweckversionen wurden in großen Stückzahlen für die USAAF unter der Bezeichnung UC-45, und die US Navy, Musterbezeichnung JRB, die RAF und Royal Navy (Expediter I und II) hergestellt, und einige JRB Maschinen hatten für Beobachtungszwecke eine domartige Vergrößerung der Passagierkabine. Besondere Weiterentwicklungen war die AT-7 Navigator (Navigations-Schulflugzeug), von der 1112 Flugzeuge gebaut wurden, und die AT-11 Kansas (1582 Stück gebaut), ein Schulflugzeug zum Bomben- und Bordschützentraining; beide Muster wurden von der US Navy unter der Bezeichnung SNB verwendet. Einige AT-7A konnten auf Schwimmer und Schneekufen umgerüstet werden.

Bell P-59 Airacomet

Einsatzzweck: Strahltrainer
Triebwerke: Zwei General Electric
    J 31-GE-3 Düsentriebwerke
    mit 908 kp Schub

Spannweite: 13,88 m
Höchstgeschwindigkeit: 660 km/h
    in 9150 m Höhe

Als erstes in den Vereinigten Staaten gebaute Düsenflugzeug war die Airacomet die Antwort auf eine im September 1941

P-59A

herausgegebene Forderung nach einer Jagdflugzeugzelle für zwei Düsentriebwerke der Bauart Whittle. Die erste von drei XP-59A (diese Bezeichnung war unzweifelhaft eine Sicherheitsmaßnahme, da die ursprüngliche XP-59 ein ganz verschiedenes Projekt mit Sternmotor und Druckpropeller war) flog erstmals am 1. Oktober 1942; ihnen folgten 13 Vorserienmuster-Flugzeuge YP-59A, von denen zwei unter der Bezeichnung XF2L-1 an die US Navy gingen. Die Auslieferung des ersten Serienflugzeuges mit der Bezeichnung P-59A begann im Herbst 1944 und wurde damals mit P-80 (Strahltrainer) bezeichnet; es wurden zwanzig P-59A gebaut, denen dreißig Maschinen des Musters P-59B mit etwas längerem Rumpf folgten.

Bell P-63 Kingcobra

Die Daten beziehen sich auf die RP-63C

Einsatzzweck: Jäger und Zielflugzeug
Triebwerk: Ein 1510 PS Allison
    V-1710-117 12 Zylinder V-Motor

Spannweite: 11,70 m
Höchstgeschwindigkeit: 456 km/h
    in 7625 m Höhe

Auf der Grundlage einer abgewandelten Airacobra (XP-39E) wurden zwei XP-63 Prototypen und eine Mustermaschine XP-63A gebaut, von denen die erste am 7. Dezember 1942 flog. Die P-63 sollte die P-39 als Jäger und Jagdbomber ablösen, wurde aber von der USAAF für diesen Einsatzzweck nie verwendet. Von den insgesamt 3303 hergestellten Maschinen

P-63A

waren 1725 P-63A und 1227 P-63C, die zum größten Teil unter dem Pacht- und Leihabkommen an die sowjetischen und Freien Französischen Luftstreitkräfte ausgeliefert wurden, wo sie ausgezeichnete Dienste leisteten. Die Verwendung bei der USAAF beschränkte sich auf die RP-63A (100 gebaute Maschinen), RP-63C (200 gebaut) und RP-63G (32 gebaut), die als Zielflugzeuge für Luftkampftraining verwender wurden. Das XP-63B Projekt (Packard Motoren) wurde gestrichen, andere Versionen waren eine P-63D (konstruktive Überarbeitung und anderes Triebwerk) 13 P-63E (ähnlich der D mit zusätzlichen Ausrüstungsänderungen) und zwei P-63F (auf der Grundlage der E mit abgewandelter Flosse und ebenfalls geändertem Triebwerk).

Berijew Be-2

Einsatzzweck: Mehrzweckflugzeug
Triebwerk: Ein 680 PS M-17
12 Zylinder V-Motor

Spannweite: 13,39 m
Höchstgeschwindigkeit: 218 km/h

Die Be-2 oder MBR-2 war während des Zweiten Weltkrieges eine der wenigen einheimischen Flugboot-Konstruktionen im Dienste der russischen Streitkräfte. Eine weitere Konstruktion

war die zweimotorige MDR-6 (Seite 377). Sie erschien 1931 und wurde anfangs für Küstennahaufklärungseinsätze gebaut, lieferte jedoch trotz ihres Alters sowohl während als auch nach dem Kriege wertvolle Arbeit bei verschiedenen Küsten-Flugeinsätzen. Einige Maschinen wurden als Transportflugzeuge bei der Aeroflot verwendet. Es wurden über 1500 Maschinen hergestellt, darunter eine große Anzahl der MBR-2bis, die eine stark verbesserte Version darstellte, und von einem 810 PS-M-34 Motor angetrieben wurde.

Blackburn Botha

Einsatzzweck: Aufklärer und Torpedo-
Bomber
Triebwerke: Zwei 880 PS Bristol
Perseus X oder 930 PS Perseus
XA Sternmotoren

Spannweite: 18,00 m
Höchstgeschwindigkeit: 398 km/h in
1680 m Höhe

Die Botha war im Herbst 1939 mit der Beaufort und Lerwick (Seiten 59 und 369) für das Erneuerungsprogramm des Küstenkommandos ausgewählt worden, war jedoch beträchtlich untermotorisiert und hatte eine kurze und nicht gerade erfolgreiche Laufbahn. Sie wurde aufgrund der A.M. Spezifikation M.15/35 konstruiert und kam kurze Zeit nach Kriegsbeginn in den Truppendienst, wurde jedoch etwa 18 Monate später wieder aus dem Kriegseinsatz genommen. Die verbleibenden Botha blieben weiter bis 1944 als Schulflugzeuge für Navigatoren und Bordschützen bei der Truppe.

Blackburn Roc

Einsatzzweck: Jäger
Triebwerk: Ein 905 PS Bristol Perseus
 XII Sternmotor

Spannweite: 14,03 m
Höchstgeschwindigkeit: 313 km/h in
 1980 m Höhe

Als erster Marinejäger mit kraftbetätigtem Drehturm hatte die
Roc ebenso wie ihr RAF-Gegenstück, die Defiant, nur eine
kurze Einsatzperiode in ihrer vorgesehenen Rolle und wurde
schnell Schulungszwecken bzw. Schleppflügen zugewiesen.
Aufgrund der Spezifikation 0.30/35 konstruiert, flog die erste
Roc am 23. Dezember 1938; das Muster trat im Februar 1940
in den Dienst des Fleet Air Arm. Die Firma Boulton Paul, die
den Vierlingsdrehturm entworfen hatte, stellte auch die 166 gebauten Roc her.

Blackburn Skua

Einsatzzweck: Jäger und Sturzbomber
Triebwerk: Ein 830 PS Bristol Perseus
 XII Sternmotor

Spannweite: 14,08 m
Höchstgeschwindigkeit: 360 km/h in
 1980 m Höhe

Die Skua steht im Ruf, im Dienst des Fleet Air Arm das erste
deutsche Flugzeug (eine Do 18) im Zweiten Weltkrieg vernichtet zu haben. Wie die Roc, der sie in vieler Hinsicht entsprach,
war sie als erster einsatzfähiger Eindecker so etwas wie ein
Pionierflugzeug des Fleet Air Arm. Die Skua wurde entsprechend der A.M. Spezifikation 0.27/34 entworfen und trat im No-

vember 1938 in den Truppendienst; beim Ausbruch des Krieges waren drei Staffeln mit diesem Muster ausgerüstet. Im Jahre 1941 wurde sie als Frontlinienflugzeug ersetzt, blieb aber einige weitere Jahre als Schul- und Schleppflugzeug im Einsatz. Es wurden zwei mit Mercury Motoren angetriebene Prototypen und 190 Serienflugzeuge gebaut.

Blohm und Voss Bv 222 Wiking

Die Daten beziehen sich auf die BV 222C-0

Einsatzzweck: Transportflugzeug
Triebwerke: Sechs 1000 PS Junkers
    Jumo 207C Sechszylinder-
    Gegenkolben-Schweröl-Reihen-
    motoren

Spannweite: 45,98 m
Höchstgeschwindigkeit: 388 km/h in
    4880 m Höhe

Der erste Prototyp der Bv 222 machte am 7. September 1940 seinen Erstflug, nachdem das Muster bereits vor dem Kriege für den Transatlantik-Dienst der Deutschen Lufthansa konstruiert worden war. Fünf weitere Prototypen (B-Reihe) und sechs Serienmaschinen (Bv 222C) wurden fertiggestellt und für den Militäreinsatz als Fracht- und Truppentransporter abgewandelt. Die ersten Kriegsberichte über diese Maschinen kamen im Herbst 1942 aus dem Mittelmeerraum, wo sie bei den Kämpfen in Nordafrika oft gesehen wurden. Die Bv 222 hatte eine größte Reichweite von 6070 km und konnte erstaunlich große Lasten tragen, hatte eine Besatzung von elf Mann und eine Un-

278

terbringskapazität für über 110 voll ausgerüstete Soldaten, ein größtes Fluggewicht von über 45 t und eine Flugdauer von 28 Stunden. Eine projektierte Weiterentwicklung war die noch größere Bv 238 mit einer Spannweite von 60 m und einem Fluggewicht von über 79 t, von der jedoch nur ein Exemplar fertiggestellt wurde.

Boeing C-75 Stratoliner

Einsatzzweck: Langstrecken-
   Transporter
Triebwerke: Vier 1100 PS Wright
   GR-1820-G102A Cyclone Stern-
   motoren

Spannweite: 32,70 m
Höchstgeschwindigkeit: 386 km/h in
   1880 m Höhe

Die Boeing 307 Stratoliner wurde 1936 als Passagierflugzeug mit 33 Sitzen und Druckkabine konstruiert, und 1937 stellte Boeing eine Fertigungslinie für zehn dieser Flugzeuge auf. Die erste Maschine (die schließlich zur Pan American Airways gehen sollte) flog am 31. Dezember 1938, ging jedoch drei Monate später zu Bruch. Drei Stratoliner kamen schließlich an die PAA, von deren Piloten sie auf Militärtransporteinsätzen während des Krieges geflogen wurden; 1944 wurden die Maschinen der Luftfahrtgesellschaft zurückgegeben. Fünf der restlichen sechs Flugzeuge (das andere wurde von Howard Hughes erworben) gingen an die TWA und wurden später unter der

TWA C-75

Bezeichnung C-75 vom Transportkommando der USAAF übernommen. Diese Maschinen wurden ebenfalls im Jahre 1944 »demobilisiert«.

Boeing-Stearman Kaydet

Die Daten beziehen sich auf die PT-17

Einsatzzweck: Anfänger-Schulflugzeug
Triebwerk: Ein 220 PS Continental R-670-5 Sternmotor

Spannweite: 9,81 m
Höchstgeschwindigkeit: 198,5 km/h

Diese ursprüngliche Stearman Konstruktion wurde nach Beginn des Zweiten Weltkrieges von Boeing übernommen und aufgrund der größeren Möglichkeiten der jetzt dahinterstehenden Großfirma in großem Maßstab als eines der Standard-Anfänger-Schulflugzeuge des Krieges gebaut. Über 10 000 Stück wurden für die amerikanische Armee- und Marine-Luftwaffe un-

PT-13

ter den Bezeichnungen PT-13, -17, -18 und -27 und N2S gebaut. Diese Maschinen waren (außer im Triebwerk) identisch. Viele Flugzeuge dieses Musters wurden an Länder außerhalb der Vereinigten Staaten wie Peru, Venezuela, Großbritannien und China geliefert.

Boulton Paul Defiant

Die Daten beziehen sich auf die Mk.II

Einsatzzweck: Nachtjäger und Ziel-
schleppflugzeug
Triebwerk: Ein 1280 PS Rolls-Royce
Merlin XX 12 Zylinder V-Motor

Spannweite: 12,00 m
Höchstgeschwindigkeit: 501 km/h in
5800 m Höhe

Bei ihrem Erscheinen am 11. August 1937 stellt die Defiant ein neues Jagdflugzeug-Konzept dar: als erstes Flugzeug der Welt besaß es anstelle der nach vorn gerichteten festen Bewaff-

Defiant Mk.I

nung einen kraftbetätigten Drehturm hinter der Pilotenkanzel. Das Konzept war jedoch kurzlebig. Entsprechend der Spezifikation F.9/35 konstruiert, trat die Defiant Anfang 1940 in den Truppendienst, und nach einer kurzen ruhmreichen Einsatzperiode wurde sie im August 1941 dem Nachtjägereinsatz zugewiesen. Obwohl bei dieser Rolle ein gewisser Erfolg erzielt wurde, war er jedoch nie vergleichbar mit anderen damaligen Jagdmaschinen, und im Frühjahr 1942 wurde das Muster zum Einsatz als Schleppflugzeug eingeteilt. Die Mk.III wurde tatsächlich für diesen Zweck gebaut, und die meisten Mk.II Muster und eine Anzahl Mk.I wurden schließlich für diese Rolle umgebaut. Eine Anzahl dieser Maschinen war auch beim Fleet

Air Arm im Truppeneinsatz in Übersee. Bis Februar 1943 wurden insgesamt 1060 Defiant Maschinen gebaut.

Breda Ba 65

Einsatzzweck: Tiefangriffs- und Aufklärungsflugzeug
Triebwerk: Ein 1000 PS Fiat A.80 RC41 oder Piaagio P.XIRC 40 Sternmotor

Spannweite: 12,35 m
Höchstgeschwindigkeit: 360 km/h in 4300 m Höhe

Als Vorkriegskonstruktion sah sich die Ba 65 bei der Regia Aeronautica zur Erdkampfunterstützung beim italienischen Einmarsch in Abessinien im Dienst. Eine kleine Anzahl blieb bei Eintritt Italiens in den Zweiten Weltkrieg im Truppendienst; die meisten davon wurden zu Aufklärungs- und leichten Bombeneinsätzen in Nordafrika verwendet, obwohl von einigen Maschinen über dem Balkan berichtet wurde. Die Ba 65 konnte zusätzlich zum Piloten einen Beobachter aufnehmen.

RAF Buffalo Mk.I

Brewster F2A

Die Daten beziehen sich auf die F2A-3

Einsatzzweck: Trägergestütztes
    Jagdflugzeug
Triebwerk: Ein 1200 PS Wright
    R-1820-40 Cyclone Sternmotor

Spannweite: 10,69 m
Höchstgeschwindigkeit: 514 km/h in
    5040 m Höhe

Dieses kleine faßförmige Flugzeug war der erste Eindecker der US Navy und trat 1939 in den Truppendienst. Es war eine im Grunde solide Konstruktion, wurde aber das Opfer offizieller Unschlüssigkeit bezüglich verschiedener Ansichten bei Bau und Ausrüstung, und eine der wenigen US Fehlentwicklungen des Krieges. Die Maschine war jedoch ziemlich erfolgreich im Einsatz bei der finnischen Luftwaffe gegen die Russen, wo 44 Maschinen des Musters F2A-2 geflogen wurden. Der Prototyp XF2A-1 flog im Januar 1938 mit einem etwas leistungsschwachen Cyclone-Motor von nur 850 PS. Die wichtigste US Version war die F2A-3, von der im Januar 1941 108 Stück bestellt wurden. Exportmuster wurden von Belgien (40) und Großbritannien (170) bestellt. Letztere Maschinen erhielten den Namen Buffalo. Die deutsche Besetzung verhinderte die Auslieferung der meisten Maschinen der belgischen Bestellung, aber schließlich wurden 38 Flugzeuge dieses Auftrages von Großbritannien erworben. Eine kleine Anzahl kam mit einer FAA-Staffel 1941 nach Kreta, doch die meisten britischen Buffalos wurden der RAF zugewiesen, die sie als landgestützte Flugzeuge im Fernen Osten einsetzte. Die Verluste der

Buffalo auf diesem Kriegsschauplatz waren groß, ebenso die unter den etwa 50 F2A, die 1942 im Dienst des Königlich-Niederländisch-Indischen Armee-Luftwaffen-Korps flogen.

Brewster SB2A Buccaneer

Einsatzzweck: Sturzbomber und
   Aufklärungsflugzeug
Triebwerk: Ein 1700 PS Wright
   R-2600-8 Double Cyclone
   Doppelsternmotor

Spannweite: 14,34 m
Höchstgeschwindigkeit: 435 km/h in
   3660 m Höhe

Die SB2A-1 war unter ihrem RAF-Namen »Bermuda« bekannt und gehörte als trägergestützter Sturzbomber zu den weniger erfolgreichen amerikanischen Flugzeugen des Zweiten Weltkrieges. Das Muster flog erstmals 1941 und ging im folgenden Jahr für die US Navy, Großbritannien und Niederländisch-Ostindien in die Serienfertigung. Es entsprach jedoch nicht den Erwartungen, und nur eine geringe Zahl kam bei der Marine zum Kriegseinsatz; ein Auftrag für die Armee-Luftwaffe wurde vor Auslieferung eines Flugzeuges gestrichen. Von 750 fertiggestellten Flugzeugen wurden 450 Maschinen der RAF zugewiesen, die ebenfalls unbefriedigend beurteilt und als Schul- und Schleppflugzeuge verwendet wurden.

SB2A-2

Bristol Bombay

Einsatzzweck: Bomben- und
   Transportflugzeug
Triebwerke: Zwei 1010 PS Bristol
   Pegasus XXII Sternmotoren

Spannweite: 29,22 m
Höchstgeschwindigkeit: 307 km/h in
   1980 m Höhe

Die Bombay wurde entsprechend einer Spezifikation von 1931
(C.26/31) entworfen, flog erst 1935 und wurde im März
1939 an die RAF zu einem Zeitpunkt ausgeliefert, in dem sie
praktisch veraltet war. Trotzdem leisteten die etwa 50 fertiggestellten Flugzeuge nützliche Dienste für Transportaufgaben in
den Kriegsschauplätzen im Mittelmeer und Mittleren Osten,
und einige Maschinen wurden sogar für nächtliche Bombeneinsätze in Nordafrika verwendet.

Bristol Buckingham

Einsatzzweck: Leichter Bomber
   und Transportflugzeug
Triebwerke: Zwei 2520 PS Bristol
   Centaurus VII oder XI Doppelsternmotoren

Spannweite: 21,90 mm
Höchstgeschwindigkeit: 538 km/h in
   3660 m Höhe

Die Buckingham entstand 1941 aus der Idee heraus, eine Tag-
bomberversion der Beaufighter zu schaffen, die Maschine erreichte jedoch nicht den beabsichtigten Einsatzzweck, weil zu
der Zeit die Mosquito in großen Stückzahlen zur Verfügung

stand, die eine bessere Flugleistung aufwies und bereits sichtbaren Erfolg hatte. Die Serienfertigung, die für 400 Buckingham-Muster vorgesehen war, wurde auf 119 Flugzeuge gekürzt, von denen die ersten 65 Maschinen schließlich als Transporter abgewandelt und die letzten 54 von Anfang an als solche gebaut wurden. Als schnelles Kurier- und Transportflugzeug trug die Buckingham eine Besatzung von vier Mann und vier Passagieren. Die Reichweite war 3768 km.

Bristol Buckmaster

Einsatzzweck: Fortgeschrittenen-
    Schulflugzeug
Triebwerke: Zwei 2520 PS Bristol
    Centaurus VII Doppelstern-
    motoren

Spannweite: 21,90 m
Höchstgeschwindigkeit: 564 km/h in
    3660 m Höhe

Als eins der schnellsten und leistungsstärksten Schulflugzeuge ihrer Zeit wurde die Buckmaster 1943 nach der Reduzierung des Buckingham-Serien-Fertigungsprogramms und des Auftrages für Prototypen des Tiefangriffsflugzeuges Brigand konzi-

Buckmaster Prototyp

piert. Zu den tatsächlich fertiggestellten 119 Buckingham waren Bauteile für weitere 110 Maschinen verfügbar und durch Einbau von Doppelsteuern, Ausbau des Drehturms auf dem Rumpfrücken und der Bodenwanne entstand die Buckmaster. Die erste wurde 1945 an die RAF ausgeliefert, und das Muster blieb bis 1955 in Dienst.

British Taylorcraft Auster

Die Daten beziehen sich auf die Mk.IV

Einsatzzweck: Artillerie-Beobachtungs- und Verbindungsflugzeug
Triebwerk: Ein 130 PS Lycoming 0-290-3

Spannweite: 10,98 m
Höchstgeschwindigkeit: 208 km/h in Meereshöhe

Von vierzehn in Lizenz gebauten Muster-Maschinen der American Taylorcraft Plus C, die bei Kriegsausbruch übernommen

Auster Mk.V

worden waren, stieg die Zahl der von der Taylorcraft Aeroplanes (England) Ltd. gebauten Auster-Flugzeuge auf über 1600 Stück. Es waren die ersten Flugzeuge für die inzwischen vertraut gewordene Rolle eines Nahaufklärers, und sie waren auf allen europäischen Kriegsschauplätzen im Mittelmeer und Nordafrika im Einsatz. Die meistgebaute Version war die Mk.V (780 Maschinen), der die Muster Mk.I (100 gebaut), II (2), III (467) und IV (255) vorausgingen; die Mk. I und III hatten den Cirrus Minor bzw. den Gipsy Major als Triebwerk.

Cant Z. 501 Gabbiano (Möwe)

Einsatzzweck: See-Überwachungs-
flugzeug
Triebwerk: Ein 900 PS Isotta-Fraschini
„Asso" XI R2 C15 12 Zylinder
V-Motor

Spannweite: 22,50 m
Höchstgeschwindigkeit: 274 km/h in
2500 m Höhe

Als Italien im Jahre 1940 in den Krieg eintrat, besaß die Regia Aeronautica 15 Staffeln des Musters Z.501 mit insgesamt etwa 200 Flugzeugen. Sie wurden zur See-Aufklärung oder zu leichten Bombenangriffen während des ganzen Krieges eingesetzt; einige Maschinen flogen nach der italienischen Kapitulation bei der verbündeten Luftwaffe weiter.

Ca 311

Caproni Ca 310 bis 314

Die Daten beziehen sich auf die Ca 313

Einsatzzweck: Aufklärungsflugzeug
 und leichter Bomber
Triebwerke: Zwei 650 PS Isotta-
 Fraschini „Delta" RC 35 Sternmotoren

Spannweite: 16,23 m
Höchstgeschwindigkeit: 446 km/h in
 4600 m Höhe

Vor und während des Krieges erschien eine Reihe zweimotoriger Caproni-Konstruktionen, die von dem Vorkriegs-»Polizei«-
Flugzeug Ca 309 Ghibli (Wüstenwind) stammten, obschon
keine dieser Maschinen in großem Maßstab während des Krieges selbst eingesetzt wurde. Das Aufklärungsflugzeug Ca 310
Libeccio (Südwestwind) entsprach der Ca 309 außer ihren leistungsstärkeren Triebwerken: die Ca 311 und 311M (Aufklärer/
leichter Bomber) hatten einen abgeänderten und stark verglasten Rumpfbug; die Ca 312 und 312M entsprachen diesen Mustern weitgehend außer den Motoren; die Ca 312bis war eine
Wasserflugzeugversion mit zwei Schimmern; die Ca 313
und 314 waren weiter verbesserte Versionen mit anderen
Triebwerken. Exportversionen der Ca 311 und Ca 313 wurden
nach Rußland und Schweden geliefert. Als Italien kapitulierte,
war eine weitere Version, die Ca 331, die auf der Ca 311 basierte, in der Entwicklung.

Cessna AT-17 und UC-78 Bobcat

Die Daten beziehen sich auf die AT-17

Einsatzzweck: Fortgeschrittenen-
   Schulflugzeug
Triebwerke: Zwei 225 PS Jacobs
   R-755-9 Sternmotoren

Spannweite: 12,77 m
Höchstgeschwindigkeit: 280 km/h in
   Meereshöhe

Dieses Flugzeug basierte auf dem privaten Kabinen-Eindecker
T-50 aus der Zeit vor dem Kriege und wurde zuerst für den Militäreinsatz unter der Musterbezeichnung AT-8 für die USAAF
mit Lycoming Triebwerken gebaut, sowie mit Jacobs Triebwerken unter dem Namen »Crane« für die kanadische Luftwaffe.
Das Muster wurde später mit den Standard-Jacobs-Triebwer-
ken in AT-17 umgebaut, und diese Version kam für US Einsatz
in die Mengenfertigung. Beträchtliche Stückzahlen wurden als
Standard-Schulflugzeuge für den Commonwealth Joint Air Training Plan hergestellt, obwohl die Crane ursprünglich nur als
Notbehelf bestellt worden war. In den Jahren 1942/43 wurde
die Bobcat als leichtes vier- bis fünfsitziges Reiseflugzeug unter der Bzeichnung UC-78 (Marinebezeichnung JRC-1) umgebaut; gut über 3000 Maschinen dieser Transportversion wurden fertiggestellt.

AT-17

PB2Y-5

Consolidated PB2Y Coronado

Die Daten beziehen sich auf die PB2Y-3

Einsatzzweck: Langstrecken-
Patrouillenbomber oder
Transporter
Triebwerke: Vier 1200 PS Pratt &
Whitney R-1830-88 Twin Wasp
Doppelsternmotoren

Spannweite: 35,20 m
Höchstgeschwindigkeit: 358 km/h in
5950 m Höhe

Als Sieger eines 1935 ausgetragenen Entwurf-Wettbewerbs
der US Navy für einen viermotorigen Patrouillen-Bomber
machte die PB2Y-1 Coronado im Dezember 1937 ihren Jung-
fernflug und wurde im darauffolgenden August der Marine zur
Erprobung übergeben. Die erste Kriegseinsatzversion, die
PB2Y-2, trat 1941 in den Truppendienst und im selben Jahr
folgte die PB2Y auf den Fertigungsbändern. Eine Passagier/
Frachtflugzeug-Version des letztgenannten Musters war die
PB2Y-3R mit R-1830-92 Motoren, einer Besatzung von fünf
Mann (statt zehn beim Bomber) und einer Passagierkapazität
von 44 Personen oder 7250 kg Frachtzuladung. Einige PB2Y-3
Bomber wurden mit den -92 Motoren in PB2Y-5 Muster umge-
baut. Die PB2Y-5H war eine »Lazarettschiff«-Variante, die 25
Tragbahren aufnehmen konnte. Zehn Coronado waren 1944
auf verschiedenen Transatlantik-Strecken beim Transportkom-
mando der RAF eingesetzt.

Consolidated PB 4 Y-2 Privateer

Einsatzzweck: See-Überwachungs-
bomber
Triebwerke: Vier 1350 PS Pratt &
Whitney R-1830-94 Twin Wasp
Doppelsternmotoren

Spannweite: 33,55 m
Höchstgeschwindigkeit: 395 km/h in
4260 m Höhe

Der ursprüngliche Auftrag für die Privateer wurde im Mai 1943 erteilt, der erste der drei Prototypen flog am 20. September desselben Jahres. Die Privateer wurde ziemlich unabhängig von der Liberator mit einfachem Seitenleitwerk aus der PB4Y-1 entwickelt und ausschließlich auf dem pazifischen Kriegsschauplatz eingesetzt, obwohl verhältnismäßig wenige der 740 insgesamt gebauten Maschinen vor dem Tage der japanischen Kapitulation im Kriegseinsatz standen. Eine Transporterversion erhielt die Bezeichnung RY-3, 46 Maschinen dieses Musters gingen zur US Navy und 27 Stück Anfang 1945 als die Liberator IX zur RAF. Churchills Reiseflugzeug LB-30 Commando wurde schließlich auf RY-3 Standard umgebaut, wobei allerdings die ursprünglichen Triebwerke beibehalten wurden.

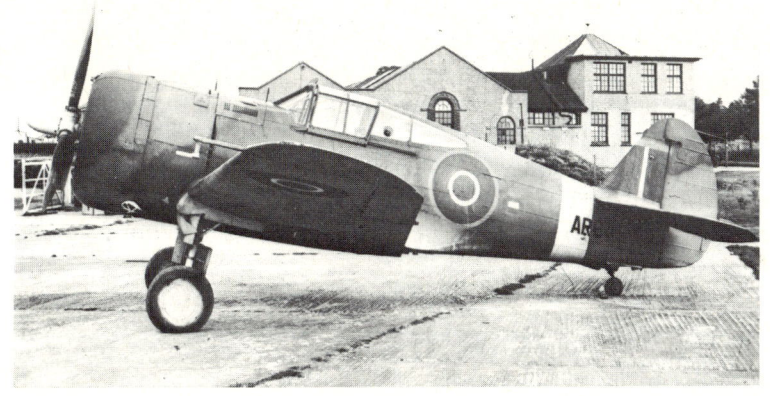

Curtiss P-36 Mohawk

Die Daten beziehen sich auf die P-36A

Einsatzzweck: Jäger
Triebwerk: Ein 1050 PS Pratt &
   Whitney R-1830-13 Twin Wasp
   Doppelsternmotor

Spannweite: 11,38 m
Höchstgeschwindigkeit: 480 km/h in
   3048 m Höhe

Die Mohawk diente bei der USAAF hauptsächlich in der Form des Musters P-36A, von dem 177 Stück fertiggestellt wurden, und wurde erstmals 1938 ausgeliefert. Die gesamte Inlandsproduktion erreichte 210 Maschinen, die einzige andere größere Variante war die P-26C (31 gebaut) mit überarbeiteter Flügelbewaffnung. Als Hawk 75 war die P-36 Gegenstand verschiedener Vorkriegsexportaufträge, und viele Maschinen aus Frankreich dienten bei der RAF als Mohawk III. Zu diesen Flugzeugen kamen später eine Anzahl Mohawk IV, die besonders von Großbritannien bestellt worden waren und im Mittleren Osten und in Indien eingesetzt wurden.

293

RAF Cleveland Mk.I

Curtiss SBC Cleveland

Die Daten beziehen sich auf die SBC-4

Einsatzzweck: Sturzbomber
Triebwerk: Ein 950 PS Wright
    R-1820-34 Cyclone Sternmotor

Spannweite: 10,38 m
Höchstgeschwindigkeit: 379 km/h in
    4650 m Höhe

Als eine aus dem ersten Curtiss Helldiver, der F8C aus dem Jahre 1928 entwickelten Maschine war die SBC-3, von der 83 Exemplare gebaut wurden, in den ersten Kriegsjahren an Bord verschiedener US Flugzeugträger anzutreffen. Die SBC-4 kam 1939 in den Truppendienst der amerikanischen Marineluftwaffe, war mit einem Zwillings-MG bewaffnet und besaß eine Vorrichtung zum Mitführen einer 500 kg Bombe oder eines zusätzlichen Kraftstofftanks an der Rumpfunterseite. Von insgesamt 50 von Frankreich bestellten Maschinen fanden fünf ihren Weg nach Großbritannien und wurden dort die Cleveland I der RAF.

Curtiss SC-1 Seahawk

Einsatzzweck: Schiffsgestütztes
    Beobachtungsflugzeug
Triebwerk: Ein 1350 PS Wright
    R-1820-62 Cyclone Sternmotor

Spannweite: 12,50 m
Höchstgeschwindigkeit: 501 km/h
    in 8200 m Höhe

Die Konstruktion des Seahawk wurde im Juni 1942 begonnen, um die SO3C Seamew abzulösen. Im August jenes Jahres wurde ein Auftrag für sieben Flugzeuge erteilt und das erste

294

von zwei XSC-1 machte am 16. Februar 1944 seinen Jungfernflug; Ende April 1944 waren alle sieben Maschinen fertiggestellt, doch kam das Muster erst im Juni 1944 kurz vor der Invasion Borneos zum Kriegseinsatz. Etwa 566 Land- und Wasserflugzeugversionen der einsitzigen SC-1 wurden gebaut, denen nach dem Kriege noch neun Maschinen des zweisitzigen Musters SC-2 folgten.

SC-1

Curtiss S 03 C Seamew

Einsatzzweck: Beobachtungsflugzeug
Triebwerk: Ein 520 PS Ranger
  V-770-6 Reihenmotor

Spannweite: 11,60 m
Höchstgeschwindigkeit: 304 km/h in
  2290 m Höhe

Die Seagull, wie dieses Muster ursprünglich genannt wurde, gehörte nicht zu den erfolgreichsten Flugzeugen der Vereinigten Staaten, doch wurden etwa 800 Stück von der Mutterfirma und der Firma Ryan als SOR-1 gebaut. Die XSO3C-1 flog erstmals 1940, und die Seamew blieb im Truppendienst der US Streitkräfte, bis sie Anfang 1944 zurückgezogen wurde; es waren sowohl Land- als auch Wasserflugzeugversionen im Einsatz. 100 SO3C-2 wurden an die Royal Navy ausgeliefert, deren Flugzeugbezeichnung »Seamew« später von der US Navy übernommen wurde. Die Seamew-Maschinen des Fleet Air Arm wurden nur für Schulungszwecke verwendet, ebenso

SO3C-1

auch weitere dreißig »Queen Seamew«, die zu funkgesteuerten Zielflugzeugen umgebaut wurden.

de Havilland Flamingo

Einsatzzweck: Transportflugzeug
Triebwerke: Zwei 930 PS Bristol
   Perseus XVI Sternmotoren

Spannweite: 21,35 m
Höchstgeschwindigkeit: 382 km/h in
   1980 m Höhe

Die D.H.95 Flamingo wurde als ziviles Verkehrsflugzeug für die Jersey Airways hergestellt, machte 1938 ihren Erstflug und trat im folgenden Jahr in den Liniendienst. Bei Kriegsausbruch wurden die bis dahin fertiggestellten Flugzeuge der Royal Air Force übergeben und die übrigen der insgesamt 16 Maschinen wurden nach militärischen Spezifikationen fertiggestellt. Sie

Royal Navy Flamingo

wurden in der »King's Flight« der RAF in Benson, Oxfordshire, zusammen mit einem echten Militärmuster verwendet, welches den Namen Hertfordshire erhalten hatte.

de Havilland Dominie

Einsatzzweck: Schul- und
    Verbindungsflugzeug
Triebwerke: Zwei 200 PS de
    Havilland Gipsy Six Reihen-
    motoren

Spannweite: 14,65 m
Höchstgeschwindigkeit: 251 km/h in
    305 m Höhe

Als militärische Version der berühmten Dragon Rapide der mittleren und späten dreißiger Jahre waren verschiedene Dominie bereits vor dem Zweiten Weltkrieg im Truppendienst der RAF, obwohl sie diesen Namen erst nach Ausbruch des Krieges erhielten. Die Navigations- und Funkschulflugzeugversion war die Mk.I, die Verbindungsflugzeugversion die Mk.II. Die Kriegsproduktion der Dominie betrug 475 Maschinen, wozu noch eine Anzahl »Rapide« kam, die zum Truppendienst geholt wurden. Das Muster war auch beim Fleet Air Arm eingesetzt, und nach dem Kriege wurden verschiedene Dominie wieder auf den zivilen Rapide-Standard umgerüstet.

Dominie C. Mk.I

de Havilland Tiger Moth

Einsatzzweck: Anfänger-Schulflugzeug
Triebwerk: Ein 130 PS de Havilland
   Gipsy Major Reihenmotor

Spannweite: 8,95 m
Höchstgeschwindigkeit: 174,5 km/h in
   305 m Höhe

Mehr als 15 Jahre nach ihrem Eintritt in den Truppendienst der RAF im Februar 1932 war die Tiger Moth immer noch im weitverbreiteten Einsatz, und sie ist sicher eines der berühmtesten und beliebtesten Flugzeuge, die je gebaut wurden. Mehr als 1000 waren im September 1939 im Dienst der RAF, und die Kriegsproduktion im Vereinigten Königreich stieg auf 4005 Stück, von denen die meisten von Morris Motors gebaut wurden. Viele Maschinen waren auch bei der britischen Marine eingesetzt. Unter dem Commonwealth Air Training Plan wurden annähernd 3000 weitere Flugzeuge in Kanada, Australien und Neuseeland gebaut, und unter der Musterbezeichnung PT-24 wurden einige Tiger Moth kanadischer Herkunft bei der USAAF eingesetzt. Die MK.II war die wichtigste Serienversion und unterschied sich hauptsächlich im Triebwerk, die Mk.I hatte einen 120 PS Gipsy III Motor. Die Queen Bee war eine funkgesteuerte Zielflugzeugversion, von der annähernd 420 Maschinen gebaut wurden.

Tiger Moth Mk.II

DFS 230

Einsatzzweck: Lastensegler

Spannweite: 20,90 m

Die DFS 230 A trug einen Piloten und bis zu acht vollbewaffnete Soldaten. Zum ersten Mal wurde sie im Mai 1940 gegen

DFS 230B-1

Ziele in Belgien eingesetzt. Sie wurde verschiedentlich von den Flugzeugmustern He 111, HS 126, Ju 52/3m, Ju 87 und Bf 110 geschleppt und hatte ein größtes Fluggewicht von 2045 kg einschließlich einer beweglichen Last von 1270 kg. Für den Start wurde ein abwerfbares Räderfahrwerk angebaut, die Landung erfolgte mit Hilfe von Gleitschuhen an der Rumpfvorderseite. Die DFS 230B und C waren äußerlich identisch, die letztere Maschine besaß kleine nach vorn gerichtete unterhalb der Maschine angebrachte Bremsraketen.

Dornier Do 18

Die Daten beziehen sich auf die Do 18G

Einsatzzweck: Aufklärungsflugzeug
Triebwerke: Zwei 700 PS Junkers Jumo 205D 6 Zylinder Zweitakt-Diesel-Gegenkolben-Reihenmotore

Spannweite: 23,66 m
Höchstgeschwindigkeit: 258 km/h in 1770 m Höhe

Als Aufklärungsflugzeug mit den typischen langen und schlanken Konturen der Dornierflugboote aus der Vorkriegszeit war

Do 18D-1

die Do 18 ein Entwurf von 1937 für den transatlantischen Postdienst der Deutschen Lufthansa und eine Weiterentwicklung des berühmten »Wal«. Die zivile Version war die Do 18E, aus der die erste militärische Baureihe, die Do 18D, entwickelt wurde. Die wichtigste Bauserie, die Do 18G, war im Kriege ziemlich weit verbreitet und wurde zur Aufklärung und für Seenotrettungsdienst eingesetzt. 71 Maschinen dieses Musters wurden gebaut. Andere weniger verwendete Muster waren die unbewaffnete Do 18H (Schulflugzeug) und die Do 18N, eine weitere Seenotrettungsflugzeugversion.

Dornier Do 24

Die Daten beziehen sich auf die Do 24T

Einsatzzweck: Aufklärungs- und Transportflugzeug
Triebwerke: Drei 1000 PS BMW Bramo 323 R-2 Sternmotoren

Spannweite: 27,27 m
Höchstgeschwindigkeit: 303 km/h in 2000 m Höhe

Die niederländische Luftwaffe setzte als erste die Do 24 im Truppendienst ein; das Muster wurde in Holland von Aviolanda gebaut; diese Flugzeuge wurden vom dritten Prototyp an von amerikanischen 760 PS Wright Cyclone-Motoren angetrieben. 1940 bauten die einmarschierenden deutschen Streitkräfte eine Anzahl dieser Maschinen zur eigenen Verwendung als Seenotrettungsflugzeuge um und gaben ihnen die Bezeichnung Do 24N. 1941 wurde die deutsche Produktion des Transport- und Aufklärungsflugzeuges Do 24T beschlossen, und die

Do 24K-1

Herstellung dieses Nachfolgemusters wurde auch von Aviolanda, De Schelde, SNCAN und Weserflug unternommen. Die 146 fertiggestellten Do 24-Maschinen umfaßten auch die nach Schweden gelieferten Flugzeuge. Das Muster wurde auch in Spanien in Lizenz gebaut.

A-26B

Douglas A-26 Invader

Die Daten beziehen sich auf die A-26B

Einsatzzweck: Leichtes Bomber- und Tiefangriffsflugzeug
Triebwerke: Zwei 2000 PS Pratt & Whitney R-2800-27 oder -79 Double Wasp Doppelstern- motoren

Spannweite: 21,35 m
Höchstgeschwindigkeit: 596 km/h in 3048 m Höhe

Als Weiterentwicklung der bereits erfolgreichen A-20 Konstruktion von Douglas (Seite 89) übertraf die A-26 Invader alle ihre Anforderungen bezüglich Gewicht und Flugleistung und wäre zu einem anderen Kriegszeitpunkt in noch größeren Stückzahlen produziert worden. Dem Erstflug der XA-26 am 10. Juli 1942 folgten die des Nachtjägerprojektes XA-26A und der XA-26B mit einer 75 mm-Kanone im Rumpfbug. Die erste größere Serienversion war die A-26B mit Glattblech-Rumpfbug und sechs 13,7 mm MG zusätzlich zu denen in den Drehtürmen an Rumpfrücken und Rumpfunterseite; 1355 Maschinen dieser Version wurden hergestellt. Die A-26C »Leitschiff«, von der 1071 Stück gebaut wurden, hatte einen verglasten Rumpfbug für den Bombenschützen und war mit dem B-Muster als einziges Modell im Kriegseinsatz. Einige A-26 wurden unter der Bezeichnung JD-1 als Zielschleppflugzeug für die US Navy umgebaut.

Douglas B-18 Bolo

Die Daten beziehen sich auf die B-18A

Einsatzzweck: Mittelschwerer Bomber
Triebwerke: Zwei 1000 PS Wright
   R-1820-53 Cyclone Sternmotoren

Spannweite: 27,30 m
Höchstgeschwindigkeit: 344 km/h in
   3050 m Höhe

Die B-18 Konstruktion basierte auf dem zivilen Transport-Flugzeugmuster DC-3, gewann 1936 einen USAAC Wettbewerb und wurde in Serie bestellt. Den ersten Auslieferungen von 133 B-18 (930 PS Wright R-1820-45) folgten 217B-18A, von denen die ersten 44 Maschinen entsprechend dem A-Muster fertiggestellt wurden, nachdem sie ursprünglich als B-18 bestellt worden waren. Die B-18A hatte einen überarbeiteten und verlängerten Rumpfbug, der die Position des Bombenschützen verbesserte und verfügte über einen kraftbetätigten Drehturm im Rumpfrücken; 122 B-18A wurden 1939/40 in B-18B durch Einbau einer Funkausrüstung für die Seeaufklärung und in einigen Fällen einer Verbreiterung des hinteren Rumpfteiles, in dem eine Ausrüstung zum Aufspüren von U-Booten untergebracht war, umgebaut. Die B-18 wurde im Zweiten Weltkrieg nie als Bomber eingesetzt, meist wurde sie der Küsten-Überwachung oder Fallschirmjägerschulung zugewiesen. 20 B-18A wurden bei den kanadischen Luftstreitkräften als Digby I auch für See-Einsätze verwendet.

B-18

TBD-1

Douglas TBD-1 Devastator

Einsatzzweck: Torpedo-Bomber
Triebwerk: Ein 900 PS Pratt &
   Whitney R-1830-64 Twin Wasp
   Doppelsternmotor

Spannweite: 15,25 m
Höchstgeschwindigkeit: 330 km/h in
   2440 m Höhe

Die Douglas Devastator flog in Prototypform im Jahre 1935, später wurden 129 Flugzeuge dieses Musters hergestellt, von denen die ersten Maschinen 1937 in den Truppendienst eintraten. Obwohl ihre Abwehrbewaffnung von einem 12,7 mm MG und einem 7,62 mm MG unzureichenden Schutz gab und die Verluste schwer waren, bildeten die Davastator einen sehr wichtigen Teil der trägergestützten Torpedo-Bomberverbände in der US Navy während der ersten Phasen des Krieges im Pazifik und fügten der japanischen Schiffahrt großen Schaden zu. Halb als Außenlast konnte ein 64 cm Tropedo oder eine 454 kg Bombe getragen werden.

XAT-21

Fairchild AT-21 Gunner

Einsatzzweck: Schulflugzeug für
    Bordschützen
Triebwerke: Zwei 520 PS Ranger
    V-770-11 oder -15 Reihenmotoren

Spannweite: 16,05 m
Höchstgeschwindigkeit: 360 km/h in
    3660 m Höhe

1942 wurde die Maschine in Serienfertigung gegeben, wobei 150 Gunner gebaut wurden, 106 von der Mutterfirma, 39 von Belanca und 30 von McDonell. Das Flugzeug war ein Fünfsitzer, der auf den früheren Fairchild-Konstruktionen mit den Musterbezeichnungen XAT-13 und XAT-14 basierte und Änderungen der Innenausrüstung aufwies, um für die Bordschützenschulung eingesetzt zu werden.

Fairchild PT-19, -23 und -26

Die Daten beziehen sich auf die PT-19A

Einsatzzweck: Anfänger-Schulflugzeug
Triebwerk: Ein 200 PS Ranger L-440-3
    Reihenmotor

Spannweite: 10,98 m
Höchstgeschwindigkeit: 209 km/h

Trotz drei verschiedener Bezeichnungen lagen die Unterschiede der Flugzeuge in der Hauptsache nur in der Innenaus-

PT-19A

rüstung, mit Ausnahme der Verwendung des 320 PS Continental Motors im Muster PT-23. Die Serienfertigung lief von Februar 1940 bis Mai 1944; in dieser Zeit verließen annähernd 8000 Stück dieses Flugmusters die Werke Aeronca, Howard, St. Louis und Fleet (Kanada) zusätzlich zur Mutterfirma, die selbst fast 5000 Maschinen baute. Die PT-23 und PT-26 Cornell wurden von der kanadischen Regierung als Anfänger-Schulflugzeuge für den Commonwealth Joint Air Training Plan übernommen, und 1150 Maschinen dieses Musters wurden von der Firma Fleet in Kanada fertiggestellt. Normalerweise hatte das Flugzeug offene Pilotenkanzeln, doch wurden einige PT-23A und PT-26 mit verschiebbaren Cockpithauben ausgerüstet. Einige PT-23 wurden zur Unterbringung von zwei Tragbahren umgebaut.

Fairchild UC-61 Forwarder

Die Daten beziehen sich auf die UC-61A

Einsatzzweck: Leichtes Transport- und Verbindungsflugzeug
Triebwerk: Ein 165 PS Warner R-500-1 Super Scarab Sternmotor

Spannweite: 11,10 m
Höchstgeschwindigkeit: 208 km/h

Die Forwarder war eine Abwandlung des viersitzigen Model 24 von Fairchild und ursprünglich als Argus I in seiner Form als leichtes Militärtransportflugzeug für die Royal Air Force

UC-61

hergestellt. Später wurde es unter den Musterbezeichnungen UC-61 und UC-61A von der USAAF übernommen, wobei das zuletztgenannte Muster der Argus II von der RAF gleichkam. Anfang 1944 ging die UC-61K (Argus III) mit einem 200 PS Ranger L-440-7 Reihenmotor anstelle des Warner Sternmotors in die Mengenfertigung. Die Hauptfertigung konzentrierte sich auf diese drei Versionen — es wurden 163 Maschinen des Musters UC-61 und 512 UC-61A (plus einige Hundert für die RAF) und 306 UC-61K fertiggestellt. Weitere Muster der Forwarder von B bis J, insgesamt nur 14, waren Zivilflugzeuge aus zweiter Hand, die zur militärischen Verwendung erworben wurden. Neun Flugzeuge des Musters Model 24R-40 mit Ranger Motor wurden ebenfalls unter der Bezeichnung UC-86 in den Kriegsdienst genommen, und bei der US Navy war eine Anzahl Forwarder unter der Bezeichnung GK-1 eingesetzt.

Battle Mk.I

Fairey Battle

Einsatzzweck: Leichter Bomber
Triebwerk: Ein 1030 PS Rolls-Royce
    Merlin I, II, III oder IV
    12 Zylinder-V-Motor

Spannweite: 16,50 m
Höchstgeschwindigkeit: 386 km/h in
    3998 m Höhe

Obwohl diese Maschine gegenüber den Hawker Doppeldeckern, die sie ablöste, einen ziemlichen Fortschritt darstellte, war die Battle 1939 bereits veraltet und blieb nur noch ein Jahr im Truppeneinsatz der ersten Linie. Die Battle wurde entsprechend der Spezifikation P.27/32 entworfen, und der Prototyp

(K 4303) flog im März 1936, ein Jahr später trat das erste Serienflugzeug in den Dienst der Truppe. Der Bordschütze einer
Battle beanspruchte für sich, das erste deutsche Flugzeug im
Zweiten Weltkrieg abgeschossen zu haben, und zwei Battle-Pi-
loten waren die ersten RAF-Angehörigen, die das Viktoria-
Kreuz, die höchste britische Auszeichnung, erhielten, doch war
das Flugzeug untermotorisiert und zu schwach bewaffnet, und
wurde bald der Verwendung als Schul- und Zielschleppflugzeug
zugewiesen. Insgesamt wurden 2419 Battle gebaut, über die
Hälfte davon durch die Austin Motors Ltd.

Fairey Seafox

Einsatzzweck: Aufklärungsflugzeug
Triebwerk: Ein 395 PS Napier
   Rapier VI H-Motor

Spannweite: 12,20 m
Höchstgeschwindigkeit: 198,5 km/h in
   1780 m Höhe

Katapult-Wasserflugzeuge wurden im Zweiten Weltkrieg von
der Royal Navy nur in geringem Umfang eingesetzt, doch erinnert man sich der Fairey Seafox als Seeaufklärer der H.M.S.
Exeter, die täglich während der Schlacht vom Rio de la Plata
im Dezember 1939 Beobachtungsflüge durchführte. Die Seafox
wurde aufgrund der A.M. Spezifikation 11/32 konstruiert, trat
im April 1937 in den Truppendienst des Fleet Air Arm und rüstet bei Ausbruch des Krieges verschiedene britische Kreuzer
aus. Ein ungewöhnliches Merkmal der Seafox infolge der Forderungen für den Katapultbetrieb war die geschlossene Kanzel des Beobachters, während die des Piloten offen war. Die
Gesamtproduktion betrug 64 Flugzeuge.

Fiat G. 12

Einsatzzweck: Truppentransporter
und Frachtflugzeug
Triebwerke: Drei 770 PS Fiat A.74
RC 42 Sternmotoren

Spannweite: 28,71 m
Höchstgeschwindigkeit: 387 km/h

Die Fiat G.12T war eines von verschiedenen dreimotorigen Transportflugzeugtypen, die bei den italienischen Luftstreitkräften während des Zweiten Weltkrieges verwendet wurden. Sie stammte von der G.12C, trat 1941 in den Dienst der Truppe, und eine geringe Anzahl von Maschinen diente nach dem Waffenstillstand sowohl bei den auf alliierter Seite kämpfenden Luftstreitkräften als auch bei der Aviazione della RSI. Spätere Versionen der italienischen Nachkriegsluftwaffe waren die G.12LA und G.12LP.

G.12 LGA

Fiat G. 55 Centauro

Einsatzzweck: Jagdflugzeug
Triebwerk: Ein in Lizenz gebauter
1475 PS DB 605A hängender
1B V 12-Motor

Spannweite: 11,81 m
Höchstgeschwindigkeit: 615 km/h
in 7000 m Höhe

Als 1942 für die G.50 übernommenes Nachfolgemuster war die Centauro eins der besten von Italien während des Zweiten Weltkrieges produzierten Jagdflugzeuge. Es kam jedoch erst 1943 in die Serienfertigung, was zur Folge hatte, daß nur sehr wenige Maschinen an die Regia Aeronautica ausgeliefert waren, bevor Italien im Juni jenes Jahres kapitulierte. Die Ferti-

gung ging danach jedoch weiter, und die meisten der etwas über 100 Maschinen dieses Musters, die noch fertiggestellt wurden, kamen bei den weiter auf deutscher Seite kämpfenden italienischen Luftstreitkräften zum Kriegseinsatz.

Fiat R. S. 14

Einsatzzweck: Torpedo-Bomber und Aufklärer
Triebwerke: Zwei 840 PS Fiat A.74 RC 38 Sternmotoren

Spannweite: 19,55 m
Höchstgeschwindigkeit: 406 km/h in 4000 m Höhe

Italiens letzter im Kriege eingesetzter Wasserflugzeug-Torpedo-Bomber, die Fiat R.S.14, begann ihre Laufbahn unter der Bezeichnung A.S.14 als landgestützter Bomber. Zunächst wurde sie für die Küstenüberwachung übernommen und schließlich als Torpedo-Bomber, kam aber aufgrund des Erfolges der Cent Z.506B und S.M.79 in der letztgenannten Rolle nicht in sehr großen Stückzahlen zum Einsatz.

Fleet Finch, nach dem Krieg restauriertes Exemplar

Fleet Finch und Fort

Die Daten beziehen sich auf die Finch II

Einsatzzweck: Anfänger-Schulflugzeug   *Spannweite:* 8,55 m
Triebwerk: Ein 125 PS Kinner B-5   *Höchstgeschwindigkeit:* 181 km/h
     Sternmotor

Die Model 16 Finch I war eine Weiterentwicklung des Anfängerschulflugzeugs Consolidated Fleet, dessen Fertigung 1930 in Kanada von Fleet Air Craft begonnen wurde, wobei die kanadische Firma schließlich alle Rechte des Flugzeugs übernahm. Zwischen 1939 und 1941 wurden insgesamt 606 Finch I und Model 16B Finch II für die Verwendung bei den kanadischen Luftstreitkräften unter dem Commonwealth Joint Air Training Plan gebaut. Die Model 60 Fort war ein Fortgeschrittenen-Schulflugzeug, das ebenfalls beim CJATP verwendet wurde. Die Fort wurde in zwei Versionen gebaut, die »Model 60-L« mit 250 PS Jacobs Motor und die 60-K mit einem 330 PS Jacobs. Die Spannweite betrug 10,99 m und die Höchstgeschwindigkeit 305 km/h. Die Serienfertigung der Fort lief, nachdem 101 Maschinen gebaut worden waren, zugunsten der Fairchild Cornell aus.

Focke-Wulf Ta 152

Die Daten beziehen sich auf die Ta 152C-1

Einsatzzweck: Jagdbomber
Triebwerk: Ein 2000 PS Daimler-Benz
  DB 603L hängender 12 Zylinder
  V-Motor mit zweistufigem Höhen-
  lader und ringförmiger Motor-
  verkleidung

Spannweite: 11,00 m
Höchstgeschwindigkeit: 747 km/h
  in 10390 m Höhe

Die TA 152 (die Buchstabenbezeichnung wurde aus dem Namen ihres Konstrukteurs, Kurt Tank, gebildet) war eine — logische und vielversprechende — Weiterentwicklung der erfolgreichen »Langnasen« — Fw 190D. Mit ihrer ausgezeichneten Flugleistung, einer Dienstgipfelhöhe von über 12 200 m und einer Bewaffnung von vier 20 mm- und einer 30 mm-Kanone wäre die Ta 152 eine äußerst nützliche zusätzliche Verstärkung der Luftwaffenverbände gewesen, hätte sie früher zur Verfügung gestanden; aber nur wenige Staffeln waren zur Zeit der Kapitulation mit dieser Maschine (der Ta 152C) ausgerüstet.

Ta 152H-O

FZG-76 (Fieseler Fi 103) „V 1"

Einsatzzweck: Unbemanntes Kurz-
  streckenflugzeug mit Sprengkopf
Triebwerk: Ein Argus As 014 Pulso-
  Schubrohr mit 335 kp Maximal-
  schub

Spannweite: 5,71 m
Typische Geschwindigkeit: 576 km/h
  in 760 m Höhe

Bekannt entweder unter dem Namen Vergeltungswaffe 1 oder

311

einfacher V1, war die FZG-76 ein sinnreicher Apparat nach dem Stand der damaligen Technik und erstmals Mitte Juni 1944 im Kriegseinsatz gegen England. Sie war, obschon durch die hastige Entwicklung benachteiligt, keineswegs so einfach, wie manche annahmen und erwies sich als schlagkräftige, wenn auch manchmal unzuverlässige Waffe. Vor dem Einsatz bei der Truppe wurden Probeflüge mit bemannten Versionen durchgeführt, einer der Piloten war die berühmte deutsche Fliegerin Hanna Reitsch. Die FZG-76 wurde von einem einfachen Pulso-Schubrohr (Verpuffungstriebwerk) angetrieben; der Prototyp dieses Flugkörpers wurde von den Fieseler Werken G.m.b.H. unter der Bezeichnung Fi 103 gebaut. Die Serienversion, die sich davon erheblich unterschied, trug 850 kg Sprengstoff im Rumpfbug sowie etwa 680 Liter Kraftstoff, der zu 2,84 l pro km verbraucht wurde. Das Gesamtgewicht war 2160 kg; zur Innenausrüstung gehörte eine automatische Kreisel-Kurssteuerung und eine Reichweitenkontrolle durch einen Zählpropeller in der Rumpfspitze.

General Aircraft Hamilcar

Einsatzzweck: Lastensegler zum Transport von Truppen und Panzern

Spannweite: 33,50 m
Höchste Schleppgeschwindigkeit: 240 km/h

Die Hamilcar wurde entsprechend der A.M. Spezifikation X.27/40 konstruiert, mit großem Erfolg bei der Invasion der

312

Normandie im Jahre 1944 eingesetzt und war der erste alliierte Lastensegler, der einen 7 t Panzer transportieren konnte. Mögliche Zuladungen waren ein Tetrarch Mk.IV oder ein US Locust Panzer, zwei Bren Landungsboote oder Spähwagen oder eine Bofors Selbstfahrlafette. Nachdem ein Versuchsmuster mit halbem Maßstab hergestellt worden war, flog der Prototyp in Originalgröße erstmals am 27. März 1942, und 390 Hamilcar I wurden gebaut — alle, außer den ersten 22, von verschiedenen Holzbearbeitungsfirmen in Großbritannien. Die Bezeichnung Hamilcar X betraf 22 Mk.I Lastensegler, die entsprechend der Spezifikation X.4/44 für eine mit Hilfstriebwerken versehene Version umgebaut waren. Mit zwei eingebauten 965 PS Bristol Mercury 31 Sternmotoren hatte die Hamilcar X ein Fluggewicht von 21 350 kg (vergleichsweise hatte die reine Lastensegler-Version ein Fluggewicht von 16 350 kg), eine Höchstgeschwindigkeit von 232 km/h und eine Reichweite von 2545 km. Normalerweise wurde die Lastensegler-Version von der Halifax geschleppt.

General Aircraft Hotspur II

Einsatzzweck: Schul-Segelflugzeug   *Spannweite:* 13,01 m

Die G.A.L. 48 Hotspur I, welche entsprechend der A.M. Spezifikation 10/40 konstruiert wurde, besaß einen Spitzflügel mit einer Spannweite von 18,90 m. Diese Version kam nicht in die Serienfertigung, und von der Hauptversion, der Mk.II wurden von jeder Flügelspitze etwa 2,40 m weggenommen, um die Flugleistung und die Handhabung zu verbessern. Ursprünglich als Truppentransporter für den Kriegseinsatz vorgesehen,

313

überließ die Hotspur diese Rolle der Horsa und wurde hauptsächlich für das Einsatztraining der Luftlande-Division verwendet. Schleppflugzeuge waren normalerweise die Hawker Hector oder Audax. Versuchsweise wurde ein Muster G.A.L. 48B Twin Hotspur, bestehend aus zwei Standardrümpfen und Außenflügeln, die mit einem neuen Mittelstück und einem gewöhnlichen Leitwerk verbunden wurden, fertiggestellt.

Gotha Go 242 und Go 244

Die Daten beziehen sich auf die Go 244

Einsatzzweck: Truppentransporter und Frachtflugzeug
Triebwerke: Zwei 740 PS Gnôme-Rhône 14M Doppelsternmotoren

Spannweite: 24,51 m
Höchstgeschwindigkeit: 288 km/h in 3050 m Höhe

Die Gothaer Waggon-Fabrik A.G. war im Zweiten Weltkrieg hauptsächlich mit der Serienfertigung von Flugzeugen beschäf-

Go 242A-0

tigt, die von anderen Firmen konstruiert waren; von ihren eigenen Konstruktionen waren die einzigen, welche die Serienreife erlangten, die Muster Go 242 und Go 244. Die Go 242A-1 (Fracht) und A-2 (Truppen) Lastensegler hatten zur Landung Gleitkufen, die 242B ein festes Dreibein-Fahrgestell und die Go 244 war grundsätzlich eine mit Triebwerken versehene Version der Go 242B. Die Lastensegler, welche normalerweise von der Ju 52/3m oder dem »Siamesischen Zwilling« He 111Z geschleppt wurden, waren ab 1941 in bescheidenen Stückzahlen im Kriegseinsatz, doch wurden die Muster Go 244 nach kurzer Gastrolle in Nordafrika Übungseinsätzen zugewiesen.

Grumman J 2 F Duck

Die Daten beziehen sich auf die J2F-5

Einsatzzweck: Mehrzweckflugzeug
Triebwerk: Ein 900 PS Wright
    R-1820-54 Cyclone Sternmotor

Spannweite: 11,90 m
Höchstgeschwindigkeit: 304 km/h

Von 1935 an wurden zahlreiche Baureihen dieses kleinen zweisitzigen Amphibienflugzeuges von Grumman für die Marine und Küstenwache der Vereinigten Staaten hergestellt, die letzte Version war die von Columbia gebaute J2F-6, die einige Jahre nach dem Kriege im Einsatz blieb.

J2F-5

J4F-1

Grumman J 4 F Widgeon

Die Daten beziehen sich auf die J4F-1

Einsatzzweck: Allgemein
Triebwerke: Zwei 200 PS Ranger
    L-440C-5 Reihenmotoren

Spannweite: 12,20 m
Höchstgeschwindigkeit: 245 km/h

Dieses vier- bis fünfsitzige Amphibienflugzeug für allgemeine Einsatzzwecke erschien zuerst als ziviles Muster im Jahre 1940 unter der Modell-Nr. G-44 der Herstellerfirma. 1941 kam eine Militärversion bei der US Küstenwache unter der Bezeichnung J4F-1 für Küstenüberwachungsflüge in den Einsatz. Die J4F-2 für die US Navy erschien 1942, und eine geringe Stückzahl wurde an die USAAF (Musterbezeichnung OA-14), Großbritannien und Kanada geliefert. Die Maschinen der Royal Navy erhielten ursprünglich den Namen Gosling und wurden hauptsächlich als Verbindungsflugzeuge in den Westindischen Inseln eingesetzt, und die Maschinen der kanadischen Luftstreitkräfte machten ähnliche Einsatzflüge in Kanada.

Grumman JRF

Die Daten beziehen sich auf die JRF-5

Einsatzzweck: Mehrzweck-Amphibien-
    Flugzeug
Triebwerke: Zwei 450 PS Pratt &
    Whitney R-985-AN-6 Wasp
    Junior Sternmotoren

Spannweite: 14,95 m
Höchstgeschwindigkeit: 302,15 km/h
    in 1525 m Höhe

RAF Goose

Dieses Flugzeug trat unter der Bezeichnung JRF-1 in den Dienst der US Navy bzw. JRF-2 der amerikanischen Küstenwache und war das für den Militäreinsatz umgebaute Muster des achtsitzigen zivilen Amphibienflugzeugs, Model G-21, von Grumman aus dem Jahre 1937. Weiterentwickelte Versionen waren die JRF-4 bzw. JRF-3. In ihrer Laufbahn flogen die JRF-Muster (275 Stück wurden für die amerikanische Marine und Küstenwache fertiggestellt) Einsätze als leichte Transporter, Zielschleppflugzeuge, Navigationsschulflugzeuge, Foto-Aufklärer und Seenotrettungsflugzeuge. Die USAAF erhielt 31 Maschinen des Musters OA-9 und fünf 0A-13, beide Muster entsprachen im allgemeinen der JRF-Reihe; eine Anzahl JRF-5 wurde an die kanadische Luftwaffe ausgeliefert und sowohl JRF-5 als auch -6 an die RAF, die ihnen den Namen »Goose« gab.

G.S.T.

Einsatzzweck: Aufklärungs- und Rettungsflugzeug
Triebwerke: Zwei 1000 PS Schwezow ASch-621R Doppelsternmotoren

Spannweite: 31,75 m
Höchstgeschwindigkeit: 304 km/h in 3200 m Höhe

Die G.S.T. (Anfangsbuchstaben der staatlichen russischen Flugzeugfabrik, welche für ihre Fertigung verantwortlich zeich-

317

nete) war eine Lizenzbauversion des Flugbootes Consolidated PBY Catalina, das den amerikanischen und britischen Streitkräften während des Krieges so wertvolle Dienste leistete. Wie bei der Li-2 wurden die amerikanischen Twin Wasp Motoren von Triebwerken, die in Rußland gebaut waren, ersetzt, trotzdem blieb die Flugleistung annähernd gleich. Die Bewaffnung der GST bestand aus drei 12,7 mm oder 7,62 mm MG. Zu den in der Sowjetunion gebauten Maschinen wurden unter dem Pacht- und Leihabkommen in den Jahren 1943/44 138 in Amerika gebaute PBN-1 nach Rußland geliefert.

Handley Page Harrow

Einsatzzweck: Transportflugzeug
Triebwerke: Zwei 925 PS Bristol
 Pegasus XX Sternmotoren

Spannweite: 26,97 m
Höchstgeschwindigkeit: 320 km/h
 in 3050 m Höhe

Die Handley Page Harrow wurde ursprünglich entsprechend der A.M. Spezifikation 29/35 als Transportflugzeug konstruiert, und im gleichen Jahr erfolgte die Bestellung von 100 Maschinen. 1936 wurde unter dem RAF-Erweiterungsplan beschlos-

Harrow Transporter

sen, das Muster als Bomber umzubauen, und im April 1937 kam die Maschine als solche in den Truppendienst. Bei Ausbruch des Zweiten Weltkrieges wurden alle Harrow Staffeln neu mit Wellington Bombern ausgerüstet, und die Harrow wurden ihrem ursprünglichen Einsatzzweck zugewiesen, obschon einige von ihnen 1940/41 Verminungseinsätze geflogen hatten. Als Transporter konnten die Harrow (manchmal auch Sparrow genannt) 20 Soldaten oder eine entsprechende Frachtzuladung aufnehmen. Die ersten Flugzeuge erhielten die Musterbezeichnung Mk.I (830 PS Pegasus X) und die übrigen Maschinen, auf die sich die obengenannten Aufgaben beziehen, Mk.II.

Handley Page Hereford

Einsatzzweck: Mittelschwerer Bomber
und Schulflugzeug
Triebwerke: Zwei 955 PS Napier
Dagger VIII H-Motoren

Spannweite: 21,15 m
Höchstgeschwindigkeit: 425 km/h
in 4740 m Höhe

Die Hereford war praktisch identisch mit der Hampden (Seite 129) außer ihren Triebwerken, die eine etwas bessere Flugleistung erbrachten. Jedoch beschränkten Kinderkrankheiten der Dagger-Motoren die Hereford-Produktion auf die 100 ursprünglich bestellten Maschinen, die von Short Bros. & Harland in Belfast nach der Spezifikation 44/36 gebaut wurden. Diese

Flugzeuge waren in Wirklichkeit nicht als Bomber im Kriegseinsatz, und die Maschinen, welche nicht entsprechend der Hampden umgebaut wurden, dienten ab 1940 als Schulflugzeuge für Bomberbesatzungen.

Hawker Audax und Hardy

Die Daten beziehen sich auf die Audax

Einsatzzweck: Heeres-Kooperation
Triebwerk: Ein 530 PS Rolls-Royce
    Kestrel 1B V 12-Motor

Spannweite: 11,37 m
Höchstgeschwindigkeit: 272 km/h
    in 725 m Höhe

Obwohl die Audax erstmals 1931 in den Dienst der RAF trat, und zwei Jahre vor Ausbruch des Zweiten Weltkrieges nicht produziert wurde, war das Muster in den ersten beiden Kriegsjahren im Mittleren Osten eingesetzt. Größtenteils machte sie Einsatzflüge als Heeres-Kooperationsflugzeug, für die sie ursprünglich vorgesehen war, im letzten Stadium ihres Kriegseinsatzes wurde sie jedoch normalerweise als Schul- oder Schleppflugzeug von Flugplätzen in Großbritannien aus verwendet. Als Weiterentwicklung der Hawker Hart wurde die Audax gemäß der A.M. Spezifikation 7/31 gebaut. Eine weitere Hart-Variante war die Hardy, welche der Audax entsprach, aber von einem leistungsstärkeren Kestrel-Motor angetrieben wurde und vielseitiger einzusetzen war. Ende 1941 wurde auch dieses Muster von moderneren Typen abgelöst.

Audax

Hawker Hector

Einsatzzweck: Heeres-Kooperation
Triebwerk: Ein 805 PS Napier
   Dagger III H-Motor

Spannweite: 11,28 m
Höchstgeschwindigkeit: 299 km/h
   in 2000 m Höhe

Die Hector kam im Februar 1937 in den Truppendienst der Royal Air Force als Nachfolgemuster der Hawker Audax. Wie ihr Vorgänger war sie in den ersten Kriegsjahren von Nutzen und verschwand schließlich, nachdem sie eine Zeilang in der Heimat als Schleppflugzeug für Segler eingesetzt war. Die Fertigung der Hector kam auf 178 Flugzeuge und wurde von Westland Aircraft Ltd. in Yeovil durchgeführt.

Hawker Henley

Einsatzzweck: Zielschleppflugzeug
Triebwerk: Ein 1030 PS Rolls-Royce
   Merlin II 12 Zylinder V-Motor

Spannweite: 14,58 m
Höchstgeschwindigkeit: 435 km/h
   in 5350 m Höhe

Die Hawker Henley wurde entsprechend der Spezifikation P.4/34 für einen schnellen leichten Bomber in Eindecker-Auslegung konstruiert, aus der schließlich die Fairy Fulmar hervor-

Henley Mk.II

ging (Seite 105), war offensichtlich von ihrem Stallgefährten, der Hurricane, inspiriert und verwendete tatsächlich ähnliche äußere Tragflächen und Leitwerksteile. Infolge einer Änderung der Beschaffungspolitik wurde die Henley zuletzt überhaupt nicht für den Einsatz als leichter Bomber angefordert, und der Fertigungsauftrag wurde im Mai 1937 von 350 auf 200 Flugzeuge reduziert. Diese Maschinen wurden (von der Gloster Aircraft Co.) für die weniger ruhmreiche aber sehr notwendige Arbeit des Zielschleppens bei hoher Geschwindigkeit unter der Bezeichnung TT Mk.III fertiggestellt und blieben solange im Einsatz, bis sie ab 1942 von der Defiant oder Martinet abgelöst wurden.

Heinkel He 162 Salamander („Volksjäger")

Einsatzzweck: Jagdflugzeug
Triebwerk: Ein Strahltriebwerk BMW
   003E-1 mit 800 kp Schub

Spannweite: 7,15 m
Höchstgeschwindigkeit: 835 km/h
   in 6000 m Höhe

Als vorschnell in den Truppendienst geworfene Waffe im Endstadium des Krieges in Europa kam die einsitzige He 162 in zehn Wochen vom Reißbrett zum Erstflug. Obwohl es sich um eine sinnvolle Konstruktion mit ziemlich ansprechendem Äußeren handelte, konnte man nicht erwarten, daß eine so schnelle Entwicklung ein voller Erfolg war, und die He 162 flog sich wie eine perfekte kleine Nervensäge. Der Volksjäger, wie

322

He 162A-2

diese Maschine später auch genannt wurde, war aus leichten nicht kriegswichtigen Werkstoffen hergestellt und wurde ab Februar 1945 an die Einheiten der Luftwaffe ausgeliefert. Die Gesamtproduktion der He 162A erreichte bis zum Tage der Kapitulation nur 116 Maschinen. Nur sehr wenige Maschinen kamen in den Einsatz, aber auch wenn es mehr gewesen wären, scheint es unwahrscheinlich, daß sie die Lage ernstlich hätten beeinflussen können.

Heinkel He 219 Uhu

Die Daten beziehen sich auf die He 219A-7

Einsatzzweck: Nachtjäger
Triebwerke: Zwei 1900 PS Daimler-
  Benz DB 603G hängende
  12 Zylinder V-Motoren mit ringförmiger Motorverkleidung

Spannweite: 18,51 m
Höchstgeschwindigkeit: 665 km/h
  in 7000 m Höhe

He 219A-5/R1

Die He 219 wurde 1940 als Fernaufklärer konzipiert, kam aber nicht zur Ausführung. 1942 wurde der Entwurf aufgenommen, als die Forderung des RLM nach einem spezialisierten Nachtjäger erfolgt war. Erste Flugversuche waren erfolgreich; die volle Serienproduktion begann im August 1943 mit dem Muster He 219A-1; allerdings wurden nur 268 Flugzeuge verschiedener Baumuster hergestellt. Die He 219 hatte eine gute Flugleistung und war mit zwei 30 mm- und vier 20 mm-Kanonen sowie zwei 15 mm MG schwer bewaffnet, sie wurde aber ein weiteres Opfer persönlicher und politischer Auseinandersetzungen, die sie aus der vollen Serienproduktion heraushielten, bis es zu spät war, einen wirksamen Beitrag zu leisten.

Henschel Hs 123

Die Daten beziehen sich auf die Hs 123A-1

Einsatzzweck: Schlachtflugeug
Triebwerk: Ein 725 PS BMW 132 Sternmotor

Spannweite: 10,47 m
Höchstgeschwindigkeit: 342 km/h in 1220 m Höhe

Entworfen im Jahre 1934, Erstflug 1935, 1937, im spanischen

Hs 123A-1

Bürgerkrieg eingesetzt, 1939 veraltet, doch 1945 noch immer im Kriegseinsatz: das war die Geschichte der Hs 123. Ursprünglich als Sturzbomber konzipiert, wurde sie später als Tiefangriffsflugzeug, zum Abwurf von Versorgungsgütern und als Schleppflugzeug verwendet. Am häufigsten wurde die Hs 123A während des Krieges als Erdkampfunterstützungsflugzeug eingesetzt, und zwar hauptsächlich an der Rußlandfront. Obwohl Prototypen für Hs 123B und C-Versionen gebaut und erprobt wurden, kam keins dieser Muster in die Serienfertigung.

Hs 126B

Henschel Hs 126

Die Daten beziehen sich auf die Hs 126B

Einsatzzweck: Aufklärungsflugzeug
Triebwerk: Ein 830 PS BMW-Bramo 323 Sternmotor

Spannweite: 14,50
Höchstgeschwindigkeit: 354 km/h in 3000 m Höhe

Ursprünglich 1937 als Aufklärungs- und Artillerie-Beobachtungsflugzeug konstruiert, wurde die Hs 126 in beträchtlichen Stückzahlen vom RLM bestellt, und in den ersten Kriegsjahren in großem Umfang für diese beiden Einsatzarten verwendet. Von 1942 an gab sie jedoch den Weg frei für die Fw 189 und ihr wurden solche Nebenaufgaben wie Pilotenschulung und Schleppen von Segelflugzeugen zugewiesen, wobei es die übrige Zeit des Krieges blieb. Etwa 600 Hs 126 aller Baumuster wurden hergestellt, die Maschine war an allen Fronten anzutreffen. Die Haupteinsatzversion war die Hs 126B.

Henschel Hs 129

Die Daten beziehen sich auf die Hs 129B

Einsatzzweck: Panzerbekämpfung und Erdkampfunterstützung
Triebwerke: Zwei 740 PS Gnôme-Rhône 14 M 04/05 Doppelsternmotoren

Spannweite: 13,56 m
Höchstgeschwindigkeit: 405 km/h in 3800 m Höhe

Der erste Prototyp (zwei 465 PS Argus As 410A) flog 1939 gefolgt von dem Vorserienmuster Hs 129A-0 und dem von Gnôme-Rhône Motoren angetriebenen ersten Serienmuster der Hs 129B. Dieser Flugzeugtyp wurde hauptsächlich als Schlachtflugzeug an der russischen Front eingesetzt. Eine besondere Variante war die mit einer 30 mm- und zwei 20 mm-Kanonen, zwei 7,9 mm MG und zwei 50 kg-Bomben bewaffnete Hs 129B-1/R2. Anstelle der 30 mm-Kanone hatte die B-2/R4 eine gewaltige Bodenwanne, in der eine 75 mm-Panzerabwehrkanone untergebracht war. Die Fertigung der Hs 129 lief 1944, nachdem mehr als 800 Flugzeuge hergestellt worden waren, aus.

Hs 129B

Ju 86D-1

Junkers Ju 86

Die Daten beziehen sich auf die Ju 86P

Einsatzzweck: Aufklärer und Bomber
Triebwerke: Zwei 880 PS Junkers
  Jumo 207 6 Zylinder Zweitakt-
  Diesel-Höhenflugmotoren

Spannweite: 25,59 m
Höchstgeschwindigkeit: 387 km/h
  in 11900 m Höhe

Die Ju 86 war ursprünglich als Verkehrsflugzeug konzipiert und
erst später als Bomber gedacht; die Ju 86 E mit Jumo 205 Doppel-
kolben-Diesel-Zweitakt-Reihenmotoren wurden für diese Einsatzart hergestellt. Die Flugleistung genügte jedoch den Anforderungen nicht, und das Muster wurde zunächst als Transport-
und Schulflugzeug (Ju 86G) und später als Aufklärer (Ju 86P)
umgebaut. Die letztere Maschine besaß eine Druckkabine und
ein anderes Triebwerk (6 Zylinder Diesel-Zweitakt-Doppelkol-
ben-Reihenmotoren) sowie eine von 22,50 m auf 25,60 m vergrößerte Spannweite. Die Ju 86R zeigte mit einer vergrößerten
Spannweite von 32,06 m und leistungsstärkeren Jumo 207B-3
Höhenflugmotoren (mit Abgasturbolader und Spülluftkühler)
eine bessere Flugleistung einschließlich einer Dienstgipfelhöhe
von 13 750 m, welche die Maschine außerhalb der Reichweite
von beinahe allen alliierten Abfangjägern brachte. Ju 86 Aufklärungsflugzeuge unterrichteten erfolgreich das deutsche Ober-
kommando über russische Truppenbewegungen im Jahre 1941,
doch über England wurden nur wenige Maschinen angetroffen.

Ju 252 V1

Junkers Ju 252 und Ju 352 Herkules

Die Daten beziehen sich auf die Ju 352A

Einsatzzweck: Transportflugzeug
Triebwerke: Drei 1000 PS BMW-
    Bramo 323R-2 Sternmotoren

Spannweite: 34,26 m
Höchstgeschwindigkeit: 328 km/h
    in 2400 m Höhe

Die Junkers Ju 252 (Antrieb durch drei 1300 PS Jumo 211J) wurde auf eine 1939 erhobene Forderung für ein Nachfolgemuster der veralteten Ju 52/3m konstruiert, und Prototypen waren bei Ausbruch des Krieges im Bau. Obwohl es sich um eine durchaus erfolgreiche Konstruktion handelte, war sie als Ganzmetallflugzeug ein unnötig starker Verbraucher kriegswichtiger Werkstoffe. Der Fertigungsauftrag wurde deshalb auf 15 Maschinen gekürzt, und das spätere Interesse konzentrierte sich auf die Ju 352 Herkules, ein im Grunde ähnliches Flugzeug (obschon mit größerer V-Stellung), das Werkstoffe von geringerer Wichtigkeit verwendete. Die erste Ju 352 flog im Oktober 1943, und innerhalb eines Jahres wurden sechs weitere Prototypen und 43 Serienmuster Ju 352A-1 fertiggestellt. Weder die Ju 252 noch die Ju 352 konnten sich jedoch mit der Leistung der alternden Ju 52/3m messen, die sie ablösen sollten, die aber bis zum Kriegsende weiterflog.

Junkers Ju 388

Die Daten beziehen sich auf die Ju 388L-1

Einsatzzweck: Höhenfernaufklärer
Triebwerke: Zwei 2000 PS BMW 801TJ
    Doppelsternmotoren

Spannweite: 22,04 m
Höchstgeschwindigkeit: 612 km/h
    in 12300 m Höhe

Als Weiterentwicklung der Ju 188, der sie äußerlich entsprach, sollte die Ju 388 ein Vielzweckflugzeug sein. Wie sich jedoch herausstellte, wurde nur eine Version — das Höhenfernaufklärungsflugzeug Ju 388L — rechtzeitig vor Kriegsende fertiggestellt, um in den Truppendienst der Luftwaffe zu kommen. Diese Version hatte eine gute Höchstgeschwindigkeit und eine größte Reichweite von über 3200 km und war mit zwei 13 mm MG 131 Maschinengewehren im Heckstand als Abwehrbewaffnung ausgerüstet. Andere, dicht vor der Serienfertigung stehende Maschinen waren der Höhen-Nachtjäger Ju 388J Störtebeker und der Höhen-Bomber Ju 388K.

Ju 388K-1

Kawanishi H 6 K

Die Daten beziehen sich auf die H6K4

Einsatzzweck: See-Aufklärung und
    Transporter
Triebwerke: Vier 1070 PS Mitsubishi
    Kinsei 46 Doppelsternmotoren

Spannweite: 40,07 m
Höchstgeschwindigkeit: 377 km/h
    in 4000 m Höhe

H6K5

Von einem Flugboot aus der Vorkriegszeit abstammend, von dem die H6K2 das wichtigste militärische Muster war, blieb dieses veraltende Flugzeug als H6K4 in den ersten Kriegsjahren in der Produktion; 174 Stück wurden fertiggestellt. Das Flugzeug wurde hauptsächlich für Langstrecken-Patrouillenflüge über See verwendet, wobei es sieben Mann Besatzung hatte, dann auch als Transporter mit der Bezeichnung H6K4-L, sowie gelegentlich als Torpedo-Bomber. Der alliierte Codename war »Mavis«. Die Maschine konnte eine maximale Bombenzuladung von 1602 kg tragen und verfügte über die eindrucksvolle Reichweite von 4960 km. Die H6K Fertigung lief Mitte des Krieges aus, und die Maschine wurde im Truppendienst von der stark verbesserten H8K »Emily« abgelöst.

Kawanishi H 8 K

Einsatzzweck: Marine-Bomber und
   -Aufklärer
Triebwerke: Vier 1850 PS Mitsubishi
   Kasei 22 Doppelsternmotoren

Spannweite: 37,98 m
Höchstgeschwindigkeit: 452 km/h
   in 4725 m Höhe

Die 1941 als Ablösung der veralteten H6K in Serienfertigung gegangene H8K1 kam zu einem Zeitpunkt, als Japan ein so gu-

330

tes Langstrecken-Patrouillenflugzeug dringend benötigte; trotzdem kam die »Emily« nicht in sehr großen Stückzahlen zum Truppeneinsatz. Die verbesserte H8K2 erschien 1943 zusammen mit einem Fertigungslos von 36 Transportmaschinen der Musterbezeichnung H8K2-L, in Japan bekannt unter dem Namen Seiku (Klarer Himmel); die Gesamtproduktion erreichte 167 Maschinen. Trotz einer oberflächlichen Ähnlichkeit mit der britischen Sunderland war die »Emily« eine eigene Konstruktion mit einer Reichweite von 6400 km, einer Besatzung von zehn Mann und einem Fluggewicht von 24 600 kg. Es wurde eine Abwehrbewaffnung von fünf 20 mm-Kanonen und vier 7,7 mm MG mitgeführt, dazu kam eine maximale Bombenzuladung von 2000 kg.

H8K2

Kawanishi N1K1 Kyofu (Starker Wind)

Einsatzzweck: Jagdflugzeug
Triebwerk: Ein 1460 PS Mitsubishi
   Kasei 15 Doppelsternmotor

Spannweite: 12,01 m
Höchstgeschwindigkeit: 483 km/h
   in 5700 m Höhe

Als erstklassige Konstruktion mit hervorragender Flugleistung erschien die N1K1, Codename »Rex«, im August 1942. Drei Monate später jedoch ging man daran, die Grundkonstruktion in ein landgestütztes Jagdflugzeug umzuwandeln — die N1K1-J, die auf Seite 156 beschrieben wird — und als Folge davon wurden nur 97 Kyofu fertiggestellt. Diese Flugzeuge

waren mit zwei 20 mm-Kanonen und zwei 7,7 mm MG bewaffnet und kamen gegen Ende des Krieges zur Verteidigung des Mutterlandes noch einmal zu ausgedehnten Einsätzen.

Kawasaki Ki. 48

Die Daten beziehen sich auf die Ki.48-IIa

Einsatzzweck: Leichter Bomber
Triebwerke: Zwei 1130 PS Nakajima
    Ha.115 Doppelsternmotoren

Spannweite: 17,49 m
Höchstgeschwindigkeit: 502 km/h
    in 5600 m Höhe

Obwohl sie von Juli 1940 bis Oktober 1944 in Serienfertigung blieb, wobei annähernd 2000 Stück gebaut wurden, war die Ki.48 (»Lily«) kein herausragender Erfolg. Das Flugzeug sah sich über den meisten Fronten des Pazifik-Krieges im Einsatz, seine Manövrierfähigkeit und allgemeine Flugleistung entsprachen den Erwartungen jedoch nicht. Nach der Flugerprobung im Sommer 1939 wurden bis 1942 550 Ki.48-I hergestellt, die von Ha.25 Motoren angetrieben wurden. Diesem Muster folgten die Ki.48-IIa und eine Sturzbomberversion Ki.48-IIb. Einige Maschinen des zuletzgenannten Musters hatten eine auf dem Rumpfrücken auslaufende Seitenflosse. Eine Anzahl Ki.48 wurde versuchsweise abgewandelt, eine davon diente als Erprobungsträger für ein Staustrahl-Triebwerk, andere waren Trägerflugzeuge für Lenkwaffen. Ein Leitflugzeugprojekt mit stark vergrößerter Bewaffnung, das aber nicht verwirklicht wurde, erhielt die Bezeichnung Ki.81.

Kawasaki Ki. 56

Einsatzzweck: Transportflugzeug
Triebwerke: Zwei 990 PS Mitsubishi
   Ha.25 Sternmotoren

Spannweite: 19,64 m
Höchstgeschwindigkeit: 398 km/h
   in 3400 m Höhe

Die Lockheed Super Electra gehörte zu einer Anzahl amerikanischer Transportflugzeuge, die vor dem Kriege von der japanischen Luftfahrtgesellschaft Japan Airways geflogen wurden;

zu Beginn der Feindseligkeiten wurde das Muster von der japanischen Luftwaffe übernommen. 1940/41 wurden 56 dieser Flugzeuge von Kawasaki für die Armee nachgefertigt; dann wurde die Fertigung der Firma Tachikawa überstellt, die weitere 688 Flugzeuge in den folgenden drei Jahren baute. 1938 hatte Kawasaki damit begonnen, die japanische Konstruktion entsprechend japanischen Normen abzuwandeln, und 119 dieser abgewandelten Maschinen wurden als die Ki.56 (Thalia) produziert.

Kawasaki Ki. 100

Die Daten beziehen sich auf die Ki.100-Ia

Einsatzzweck: Jäger und Jagdbomber
Triebwerk: Ein 1500 PS Mitsubishi Ha.112-II Typ 4 Doppelsternmotor

Spannweite: 12,01 m
Höchstgeschwindigkeit: 586 km/h in 10000 m Höhe

Die Ki.100 war das Ergebnis einer »Vernunftehe« im letzten Jahr des japanischen Krieges und erwies sich als eins der besten Jagdflugzeuge der japanischen Landluftstreitkräfte. Um etwa 270 Zellen des Musters Ki.61 Tony zu verwenden, die vergeblich auf die Lieferung der für sie vorgesehenen Ha.140 V12-Motoren warteten, wurde aus zweckdienlichen Gründen

Ki-100-Ib

334

entschieden, den sofort zur Verfügung stehenden Ha. 112-II Doppelsternmotor einzubauen, und die erste so umgebaute Ki.61 flog am 1. Februar 1945. Ende Mai waren 256 solcher Umbauten durchgeführt worden, und das »neue« Flugzeug erhielt die Bezeichnung Ki.100-Ia. Der Erfolg war derart, daß das Muster Ki.100-Ib mit einer verbesserten Kabinenhaube (mit besseren Sichtverhältnissen nach hinten) unmittelbar darauf in die Serienfertigung gebracht wurde; 99 Maschinen dieser Version wurden fertiggestellt, ebenso wie einige Prototypen der Ki.100-II. Das letztere Muster sollte mit einem aufgeladenen Motor zur Verbesserung der Höhenleistung im September 1945 in Produktion gehen. Obwohl die Maschine hauptsächlich als Jagdflugzeug zur Heimatverteidigung verwendet wurde, besaß die Ki.100 auch eine Vorrichtung zum Mitführen von zwei 250 kg-Bomben als Außenlast.

Ki-102b

Kawasaki Ki. 102

Die Daten beziehen sich auf die Ki.102b

Einsatzzweck: Schweres Jagdflugzeug
Triebwerke: Zwei 1500 PS Mitsubishi
   Ha.112-II Doppelsternmotoren

Spannweite: 15,27 m
Höchstgeschwindigkeit: 575 km/h
   in 6000 m Höhe

Obwohl vor der japanischen Kapitulation nur eine kleine Anzahl Maschinen gebaut und in den Dienst der Truppe gestellt wurde, erwies sich der schwere Angriffsjäger Ki.102 — Codename »Randy« — schnell als nützliche Bereicherung bei den Staffeln der japanischen Armeeluftwaffe. Der erste von drei Prototypen wurde im März 1944 fertiggestellt, ihnen folgten 20 Ki. 102b mit der beeindruckenden Bewaffnung von einer 57 mm- und zwei 20 mm-Kanonen, einem 12,7 mm MG und der Möglichkeit für 500 kg Bomben. Die größte Reichweite war 2000 km und die Dienstgipfelhöhe etwas über 11 000 m. Sechs Ki.102b wurden später als Prototypen für den Höhenabfangjäger Ki.102a mit 1370 PS Ha.112-IIru versehen. Doch Anlaufschwierigkeiten begrenzten die Produktion dieser Version auf 15 Flugzeuge. Nur zwei Maschinen des Musters Ki.102c, eines mit Radar ausgerüsteten Nachtjägers mit geringfügig vergrößerten Abmessungen und zwei zusätzlichen Bordkanonen, wurden fertiggestellt.

Kyushu Q1W1 Tokai (Östliches Meer)

Einsatzzweck: U-Boots-Bekämpfungs- und See-Überwachungsflugzeug
Triebwerke: Zwei 610 PS Hitachi Tempu 31 Sternmotoren

Spannweite: 16,00 m
Höchstgeschwindigkeit: 320 km/h in 1340 m Höhe

Die Tokai (Codename »Lorna«) war eine bescheidene Konstruktion, von der während des Krieges die Firma Kyushu, vormals Watanabe, 143 Maschinen gebaut hat. Normalerweise bestand die Besatzung aus drei Mann; einige Tokai wurden mit einfachen Radar-Geräten und U-Boot-Suchgeräten ausgerüstet. Zu den Flugleistungen der Maschine gehörte eine Dienstgipfelhöhe von 4500 m und eine Reichweite von 1460 km. Das Fluggewicht war 4800 kg, und die Bewaffnung bestand aus einer

20 mm-Kanone und einem 7,7 mm MG. Es konnten bis zu 500 kg Bomben mitgeführt werden.

Lissunow Li-2

Einsatzzweck: Transportflugzeug
Triebwerke: Zwei 1000 PS Schwezow ASch-62 IR Sternmotoren

Spannweite: 28,95 m
Höchstgeschwindigkeit: 360 km/h

Die Li-2 wurde ursprünglich unter der Einsatzbezeichnung PS-84 bekannt und war das mit gewissen Änderungen in der Sowjetunion in Lizenz gebaute Transportflugzeugmuster Douglas DC-3 mit in Rußland gebauten Lizenzausführungen des Wright Cyclone. Überzählige Maschinen des Musters Li-2 wurden nach dem Kriege den Luftfahrtgesellschaften der Satellitenländer zur Verfügung gestellt.

Lockheed C-69 Constellation

Einsatzzweck: Truppentransporter
Triebwerke: Vier 2200 PS Wright R-3350-35 Cyclone Doppelstern-motoren

Spannweite: 37,51 m
Höchstgeschwindigkeit: 526 km/h in 5000 m Höhe

Als 1939 für die TWA begonnene Konstruktion eines Verkehrs-

C-69 Prototyp

flugzeuges wurde die Constellation bei Eintritt Amerikas in den Krieg als militärisches Projekt übernommen, und der Erstflug des Flugzeuges wurde am 9. Januar 1943 von einer militärischen Mustermaschine C-69 durchgeführt. Nur 20 Constellation wurden vor Ende des Zweiten Weltkrieges ausgeliefert. Sie setzten sich aus neunzehn 65sitzigen C-69 und einer 43sitzigen C-69C zusammen. Andere Aufträge für die 100sitzige C-69A, die 94sitzige C-69B und das Muster C-69D mit 57 Sitzen wurden nach dem Tag der japanischen Kapitulation gestrichen, und die Serienfertigung auf zivile Constellation für die Luftfahrtgesellschaften umgestellt.

Lockheed PV-2 Harpoon

Einsatzzweck: Marine-Aufklärungs-
    bomber
Triebwerke: Zwei 2000 PS Pratt &
    Whitney R-2800-31 Double Wasp
    Doppelsternmotoren

Spannweite: 22,85 m
Höchstgeschwindigkeit: 450 km/h
    in 4200 m Höhe

Die Harpoon war eine Weiterentwicklung der PV-1 Ventura

338

(Seite 177) mit überarbeiteten Tragflächen, größerer Spannweite, neuem Leitwerk und größerer Reichweite und Bombenzuladung. Sie konnte mit bis zu zehn 12,7 mm MG bewaffnet
werden und besaß auch eine Vorrichtung für Raketengeschosse; im Rumpfinnern konnten 1850 kg Bomben oder Minen oder ein 816 kg-Torpedo mitgeführt werden; die Reichweite der Harpoon lag über 3200 km. Die US Navy erhielt insgesamt etwa 535 Harpoon, die im Endstadium des Krieges in
weitverbreitetem Einsatz standen.

Macchi C. 205 V Veltro (Windhund)

Einsatzzweck: Jäger und Jagdbomber   *Spannweite:* 10,60 m
Triebwerk: Ein in Lizenz gebauter   *Höchstgeschwindigkeit:* 638 km/h
    1475 PS DB 605A hängender   in 7200 m Höhe
    12 Zylinder V-Motor

Die Veltro bestand im Grunde aus der Zelle der Macchi C.202
Folgore (siehe Seite 180) mit dem leistungsstärkeren DB 605A
Motor aus Deutschland. Sie war sehr wendig und ein erfreu-
lich gut zu fliegendes Flugzeug, kam aber unglücklicherweise
erst Mitte 1943 für Italien in den Truppendienst und war wenig
im aktiven Kriegseinsatz. Die Veltro war mit zwei 20 mm-Flü-

339

gelkanonen und zwei 12,7 mm MG im Rumpfbug bewaffnet und konnte als Jagdbomber zwei Bomben mit je 150 kg tragen.

Martin A-30 Baltimore

Die Daten beziehen sich auf die A-30A (Baltimore V)

Einsatzzweck: Mittelschwerer Bomber
Triebwerke: Zwei 1700 PS Wright
R-2600-29 Double Row-Cyclone
Doppelsternmotoren

Spannweite: 18,70 m
Höchstgeschwindigkeit: 512 km/h
in 3540 m Höhe

Die Baltimore wurde 1940 entsprechend RAF Ausschreibungen für einen mittelschweren Bomber, der die A-22 Maryland ablösen sollte (siehe Seite 448) konstruiert, kam aber nie bei den US Streitkräften zum Einsatz. Die erste A-30 flog am 14. Juni 1941, und die gesamte Produktion von 1575 Flugzeugen wurde an Großbritannien ausgeliefert. Baltimore-Flugzeuge wurden ab 1942 für Bombenangriffe und Aufklärungsflüge der RAF und der alliierten Luftstreitkräfte unter dem Kommando der RAF ausschließlich im Mittelmeerraum eingesetzt. Verschiedene Mark-Ziffern von I bis V bezogen sich auf verschiedene Ausrüstungen in der Bewaffnung.

PBM-3R

Martin PBM Mariner

Die Daten beziehen sich auf die PBM-3C

Einsatzzweck: Patrouillen-Bomber
  und Transportflugzeug
Triebwerke: Zwei 1700 PS Wright
  Cyclone R-2600-12 Doppelsternmotoren

Spannweite: 36,00 m
Höchstgeschwindigkeit: 316 km/h
  in 3970 m Höhe

Dem 1937 von der US Navy bestellten Versuchsmuster XPBM Mariner, welches 1939 seinen Erstflug machte, ging ein Modell im Maßstab 1 : 4 voraus. Die spätere Serienfertigung der Mariner, die bis 1947 andauerte, konzentrierte sich auf die Muster PBM-1, PBM-3 und PBM-5, einschließlich des Amphibienflugzeuges PBM-5A. Die wichtigsten Kriegsversionen waren die PBM-1 und -3, die hauptsächlich für die US-Küstenüberwachung eingesetzt wurden; eine Anzahl Maschinen wurde in ähnlicher Weise vom RAF-Küstenkommando verwendet. Die PBM-3R war eine abgewandelte Version aus dem Jahre 1942 mit verstärktem Rumpfboden und Unterbringungsmöglichkeiten für 20 Passagiere oder einer Frachtzuladung von 4080 kg.

341

Meridionali Ro 37

Einsatzzweck: Aufklärungs- und
   Mehrzweckflugzeug
Triebwerk: Ein 550 PS Fiat A.30
   V 12-Motor

Spannweite: 11,08 m
Höchstgeschwindigkeit: 294 km/h
   in 3000 m Höhe

Als einer von Italiens Veteranen im spanischen Bürgerkrieg war die Ro 37 (deren Bezeichnung sich aus der Firma Romeo, die sie konstruiert hatte, ableitet) bereits veraltet, als Italien in den Krieg eintrat. Ursprünglich als Aufklärer gebaut, war die Maschine zu langsam, um alliierten Abfangjägern zu entkommen, und sie wurde Einsätzen der zweiten Linie wie Schul- und Verbindungsflügen und Heereskooperation zugewiesen.

Messerschmitt Bf 108 Taifun

Die Daten beziehen sich auf die Bf 108B

Einsatzzweck: Verbindungs- und
   leichtes Transportflugzeug
Triebwerk: Ein 240 PS Argus As 10C
   luftgekühlter, hängender 8 Zylinder V-Motor

Spannweite: 10,51 m
Höchstgeschwindigkeit: 314 km/h
   in 2440 m Höhe

Als viersitziger Kabinen-Eindecker, der 1933 konstruiert wurde, hatte die Bf 108 eine lange Lebensdauer, und Maschinen dieses Musters fliegen noch heute. Vor dem Kriege erfreute sich das Muster als Sportflugzeug eines beträchtlichen Erfolges und erwies sich bei Kriegsausbruch als ideales Transportmittel für Verbindungseinsätze und als Reiseflugzeug. Die Produktion während des Krieges wurde im Jahre 1942 an die S.N.C.A. du Nord-Werke im besetzten Frankreich delegiert, und die gleiche Firma fertigte nach dem Tage der deutschen Kapitulation weitere 285 Maschinen mit den Musterbezeichnungen Nord 1000, 1001 und 1002 Pingouin, die von französischen Motoren angetrieben wurden.

Mikojan/Gurewitsch MiG-1 und MiG-3

Die Daten beziehen sich auf die MiG-3

Einsatzweck: Jäger und Jagdbomber
Triebwerk: Ein 1350 PS Mikulin AM-35A V-Motor

Spannweite: 10,32 m
Höchstgeschwindigkeit: 640 km/h in 7000 m Höhe

Die heute berühmte Partnerschaft von Mikojan und Gurewitsch begann 1940 mit der Konstruktion der I-61 (MiG-1), die ihren Jungfernflug im März jenes Jahres machte, von einem 1200 PS A.M.-35 Motor angetrieben. Dieser Jagd-Einsitzer mit

MiG-3

offener Pilotenkanzel war eine nicht besonders erfolgreiche Konstruktion, obwohl über 2000 Maschinen gebaut wurden, bevor sie 1941 von der verbesserten MiG-3 ersetzt wurde, die ihren Konstrukteuren einen Stalin-Preis einbrachte. Doch selbst die MiG-3 hatte trotz ihrer hervorragenden Höchstgeschwindigkeit verschiedene Mängel und wurde, obwohl auch sie in beträchtlichen Stückzahlen produziert wurde, größtenteils Ende 1943 Aufklärungseinsätzen zugewiesen.

Miles Magister

Einsatzzweck: Anfänger-Schulflugzeug
Triebwerk: Ein 130 PS de Havilland Gipsy Major I Reihenmotor

Spannweite: 10,33 m
Höchstgeschwindigkeit: 212 km/h in 300 m Höhe

Magister Mk.I

Die Magister war das erste Eindecker-Schulflugzeug der RAF und auch eines ihrer berühmtesten. Aufgrund der A.M. Spezifikation T.40/36 konstruiert, trat die »Maggie« im Oktober 1937 in den Truppendienst und war dort den ganzen Zweiten Weltkrieg hindurch voll eingesetzt. Über 1200 Magister wurden gebaut, viele von ihnen kehrten nach dem Kriege unter dem Namen Hawk Trainer Mk.III zur Privatfliegerei zurück.

Miles Martinet

Einsatzzweck: Zielschleppflugzeug
Triebwerk: Ein 870 PS Bristol Mercury XX oder XXX Sternmotor

Spannweite: 11,90 m
Höchstgeschwindigkeit: 380 km/h in 4580 m Höhe

Martinet Mk.I

Im Gegensatz zu Flugzeugmustern wie Henley, Defiant und Battle, die für andere Einsatzzwecke vorgesehen waren und zu Zielschleppflugzeugen abgewandelt wurden, war die Miles Martinet von Anfang an als Zielschleppflugzeug konstruiert. Die Martinet war dem Schulflugzeug Master III, auf dem sie basierte, sehr ähnlich, löste dieses 1942 in der Serienfertigung ab und wurde in der übrigen Zeit des Krieges umfassend eingesetzt, insgesamt wurden 1724 Stück fertiggestellt. Das Muster blieb einige Jahre nach Beendigung des Zweiten Weltkrieges im Dienst der Truppe.

Master Mk.III

Miles Master

Die Daten beziehen sich auf die Mk.II

Einsatzzweck: Fortgeschrittenen-
    Schulflugzeug
Triebwerk: Ein 870 PS Bristol
    Mercury XX Sternmotor

Spannweite: 11,90 m
Höchstgeschwindigkeit: 388 km/h
    in 3050 m Höhe

Der Prototyp der Master, einer Weiterentwicklung des früheren und vielversprechenden Kestrel Schulflugzeuges von F. G.
Miles machte seinen Erstflug im Jahre 1938, und die ersten Serienmaschinen wurden im Frühjahr des folgenden Jahres an
die RAF ausgeliefert. Die Muster Mk.I und IA, von denen 900
Stück gebaut wurden, hatten den 715 PS Rolls-Royce Kestrel
XXX V 12-Motor als Antrieb, aber spätere Versionen besaßen
einen Sternmotor. Das erste und häufigste dieser Muster war
die Mk.II, deren Produktion insgesamt 1799 Maschinen erreichte; die letzte Version, von der 602 Stück gebaut wurden,
war die Master III, die von einem 825 PS Pratt & Whitney
Wasp Junior Motor angetrieben wurde, und eine auf 10,85 m
verkürzte Spannweite hatte.

346

Miles Mentor

Einsatzzweck: Schul- und Verbin-
  dungsflugzeug
Triebwerk: Ein 200 PS de Havilland
  Gipsy Six Reihenmotor

Spannweite: 10,59 m
Höchstgeschwindigkeit: 250 km/h

Die M.16 Mentor trat 1938 in den Truppendienst der RAF und
insgesamt 45 dieser Flugzeuge wurden zur Funk-Schulung und
für leichte Verbindungseinsätze ausgeliefert. Viele dieser Maschinen waren 1944 nach fünf Jahren intensiven Kriegseinsatzes noch immer im Dienst.

Mentor Mk.I

Miles Messenger

Einsatzzweck: Luftraum-Beobach-
  tungs- und Verbindungsflugzeug
Triebwerk: Ein 140 PS de Havilland
  Gipsy Major ID Reihenmotor

Spannweite: 11,03 m
Höchstgeschwindigkeit: 184 km/h

Die M.38 Messenger wurde auf die Forderung des Kriegsmini-
steriums nach einem leichten und wendigen zweisitzigen Luft-
Beobachtungsflugzeug hin produziert und war eine Weiterentwicklung der M.28 mit Doppelseitenleitwerk, die in geringen
Stückzahlen bei der RAF als Verbindungsflugzeug eingesetzt
wurde. Der Messenger Prototyp machte am 12. September

1942 seinen Erstflug und wurde in wenigen Exemplaren auf die A.M. Spezifikation 17/43 hin gebaut. Mit seiner leichten Handhabung und einem Fluggewicht von etwa einer Tonne war es offensichtlich ein »Club«-Flugzeug und einige M.48 Muster (eine weiterentwickelte Version) stehen noch heute im britischen Zivilflugzeug-Zulassungsregister.

Mitsubishi A6M2-N

Einsatzzweck: Jäger und Aufklärer
Triebwerk: Ein 925 PS Nakajima
    Sakae 12 Sternmotor

Spannweite: 12,01 m
Höchstgeschwindigkeit: 432 km/h
    in 4320 m Höhe

348

Die A6M2-N hatte den alliierten Codenamen »Rufe« und war, wie die Bezeichnung aussagt, eine Wasserflugzeugversion des A6M2-Zero-Jägers. Dieses Projekt wurde an die Firma Nakajima übergeben, die im Februar 1941 die Arbeit begann und zwischen April 1942 und September 1943 327 dieser Flugzeuge fertigstellte. Obwohl die A6M2-N über den Aleuten und Guadalcanal angetroffen wurde, erfolgte der Haupteinsatz bei Aufklärungsflügen und in der Heimatverteidigung, und nicht zur Unterstützung der Bodentruppen, wofür die Maschine ursprünglich vorgesehen war.

Mitsubishi F1M2

Einsatzzweck: Aufklärungsflugzeug
Triebwerk: Ein 780 PS Mitsubishi
    Zuisei 13 Sternmotor

Spannweite: 11,01 m
Höchstgeschwindigkeit: 350 km/h
    in 3000 m Höhe

524 Flugzeuge dieses Musters, den Alliierten unter dem Namen »Pete« bekannt, wurden von der Mutterfirma und dem Sasebo Naval Arsenal fertiggestellt, von denen alle außer vier die F1M2 Version waren. Die zweisitzige F1M2 hatte eine mäßige Triebwerksleistung und wurde in ziemlich großem Um-

fang im gesamten pazifischen Raum von Küstenbasen oder Flugzeugmutterschiffen aus eingesetzt. Das Muster konnte zwei 60 kg Bomben tragen und wurde trotz der leichten Bewaffnung von nur drei 7,7 mm MG gelegentlich als Jagdflugzeug verwendet.

Mitsubishi J2M Raiden (Blitz)

Einsatzzweck: Jagdflugzeug
Triebwerk: Ein 1820 PS Mitsubishi
   Kasei 23a Doppelsternmotor

Spannweite: 10,82 m
Höchstgeschwindigkeit: 594 kmh
   in 5900 m Höhe

Dieser einsitzige Jäger — Codename »Jack« — war eine weitere im Grunde gute Konstruktion, die niemals ganz zum Zuge kam. Der Entwurf Horikoshi's, des Konstrukteurs der Zero, war mit Fehlern der Zelle sowie Triebwerks- und Produktionsschwierigkeiten behaftet, und anstelle der ursprünglich geplanten drei- oder viertausend Flugzeuge wurden schließlich nur etwa 500 verwirklicht. Drei J2M1 Prototypen (1460 PS Kasei 13), von denen der erste am 20. März 1942 flog, folgten 155 Maschinen des Musters J2M2 (Kasei 23), deren Standard-Bewaffnung aus zwei 20 mm-Kanonen und zwei 7,7 mm MG bestand. Letztere wurden in dem Muster J2M3 durch zwei weitere 20 mm-Kanonen ersetzt. Nur zwei J2M4 wurden fertiggestellt, wobei es sich um Höhenflugzeuge mit Turbo-Aufladung und einer Bewaffnung von sechs Kanonen handelte. Im Mai 1944 wurde die erste J2M5 (1820 PS, Kasei 26, zwei 20

J2M3, von US Streitkräften erbeutet

350

mm-Kanonen und 610 km/h Höchstgeschwindigkeit) geflogen und schließlich 30 bis 40 Maschinen dieser Version gebaut. Die J2M6 und J2M7 waren Abwandlungen früherer Serien. Das erstere Muster war eine mit Vollsichthaube versehene J2M3 und das letztere eine J2M2 mit Kasei 26 Motor.

Mitsubishi K3M

Einsatzzweck: Funk- und Navigations-
    Schulflugzeug
Triebwerk: Ein 580 PS Nakajima
    Kotobuki II-Kai-1 Sternmotor

Spannweite: 15,79 m
Höchstgeschwindigkeit: 234 km/h

K3M3 mit grünen Kreuzen auf weißem Hintergrund als Zeichen der
Übergabebereitschaft

Diese Maschine erschien zuerst 1931/32 als die mit einem 300 PS Hispano-Suiza Motor angetriebene K3M1 und war ein Umbau der Fokker »Universal« für Übungszwecke. Die wichtigste Einsatzversion bei der japanischen Marineluftwaffe war das Muster K3M2 (300 PS Amakaze 11 Sternmotor), von dem 317 Stück bei Mitsubishi gebaut wurden. Ein starker Konkurrent war jedoch die von Watanabe gebaute K3M3, die 1939 in Serie ging und auf 301 gefertigte Maschinen kam. Einige Flugzeuge des letzteren Musters wurden unter der Bezeichnung K3M3-L zu Transportflügen eingesetzt. Die K3M3, während

des Krieges unter dem Codenamen »Bine« bekannt, war drei/
fünfsitzig mit einem normalen Fluggewicht von 2200 kg. Es
konnten zwei 60 kg-Bomben bei »Guerilla«-Angriffen mitgeführt werden, als Abwehrbewaffnung diente ein einzelnes 7,7
mm MG.

Mitsubishi Ki.51

Einsatzzweck: Aufklärer und Sturz-
   bomber
Triebwerk: Ein 950 PS Mitsubishi
   Ha.26-II Doppelsternmotor

Spannweite: 12,11 m
Höchstgeschwindigkeit: 421 km/h
   in 3000 m Höhe

Als Weiterentwicklung der Ki.30 trat die Ki.51 »Sonja« 1939 in
die Serienfertigung und wurde in zwei Grundversionen hergestellt: Die Ki.51a als Aufklärungsflugzeug und die Ki.51b als
Sturzbomber. Das letztere Muster trug 200 kg-Bomben. Die
Ki.51, deren Produktion auf 1472 Maschinen kam, war ein sehr
wendiges Flugzeug und erwies sich als sehr geschickt im Aus-
kurven von Abfangjägern. Normalerweise bestand die Bewaffnung aus drei 7,7 mm MG.

Mitsubishi Ki.57

Die Daten beziehen sich auf die Ki.57-2

Einsatzzweck: Transportflugzeug
Triebwerke: Zwei 1050 PS Mitsubishi
   Ha.102 Doppelsternmotoren

Spannweite: 22,60 m
Höchstgeschwindigkeit: 467 km/h
   in 5890 m Höhe

Die aus dem zivilen Transportflugzeug MC-20 entwickelte
Ki.57 (Codenamen »Topsy«) war ihrem Stallgefährten, dem
Bomber Ki.21 »Sally«, sehr ähnlich und das Standard-Trans-
portflugzeug der japanischen Luftstreitkräfte im Zweiten Weltkrieg. Annähernd 500 Maschinen der Topsy wurden in zwei
Versionen, dem von Ha.5 Motor angetriebenen Muster Ki.57-1
und dem Muster Ki.57-2, von der Firma Mitsubishi fertiggestellt;
normalerweise konnten außer der Besatzung von vier Mann
elf Passagiere untergebracht werden.

Nakajima B5N

Einsatzzweck: Torpedo-Bomber
Triebwerk: Ein 1000 PS Nakajima
   Sakae II Doppelsternmotor

Spannweite: 15,53 m
Höchstgeschwindigkeit: 376 km/h
   in 3600 m Höhe

Die Nakajima »Kate« wurde 1936 konzipiert, und der Prototyp
(707 PS Ikari) machte im Januar 1937 seinen Erstflug. Die B5N1
kam erstmals als leichter Bomber in China zum Kriegseinsatz,

B5N2

doch wurden die meisten Flugzeuge dieser Version in B5N1-K Schulflugzeuge umgebaut, da sie 1939/40 von dem Muster B5N2 abgelöst wurden. Über 1200 Maschinen beider Versionen wurden gebaut, und in den Verbänden, welche Pearl Harbour angriffen, waren 40 B5N1 Torpedo-Bomber vom Flugzeugträger Soryu. Obwohl die B5N in Luftkämpfen verwundbar war, leistete sie in späteren Jahren nützliche Arbeit in der U-Boot-Bekämpfung.

Nakajima E8N1

Einsatzzweck: Aufklärungsflugzeug
Triebwerk: Ein 580 PS Nakajima
    Kotobuki II-KAI Sternmotor

Spannweite: 10,10 m
Höchstgeschwindigkeit: 294 km/h

Als ein weiteres Flugzeug der endlos scheinenden Reihe japanischer Aufklärungswasserflugzeuge wurde die E8N1 (Dave) hauptsächlich als »Späh«-Flugzeug beschäftigt und von Kriegsschiffen aus mittels Katapult gestartet. Von der 1933 konstruierten Maschine bauten die Mutterfirma und Kawanishi 550

Stück. Das Flugzeug wurde in den ersten Kriegsjahren in ziemlichem Umfang eingesetzt. Die E8N1 war ein Zweisitzer mit 2050 kg Fluggewicht, einer Bewaffnung von zwei 7,7 mm-MG und 60 kg Bombenzuladung.

Nakajima Ki.44 Shoki

Die Daten beziehen sich auf die Ki.44-IIb

Einsatzzweck: Jäger und Jagdbomber
Triebwerk: Ein 1520 PS Nakajima Ha.109 Typ 2 Doppelsternmotor

Spannweite: 9,45 m
Höchstgeschwindigkeit: 602 km/h in 5200 m Höhe

Die Shoki oder Tojo war ein Flugzeug, das, obwohl in ziemlich großen Stückzahlen gebaut (1223 Maschinen aller Versionen), zu Anfang bei den Piloten der japanischen Luftstreitkräfte, die an leichte und wendige Jäger gewöhnt waren und sich um ihre schwere Handhabung nicht viel kümmerten, ziemlich unbeliebt war. Erst als ihre guten Eigenschaften — hohe Flug- und Steiggeschwindigkeit — verwirklicht wurden, wurde sie beliebter, obwohl die Verluste nach wie vor schwer waren. In den späteren Kriegsjahren wurde das Muster verbreitet als Abfangjäger zur Verteidigung des japanischen Mutterlandes eingesetzt. Der erste von zehn Shoki Prototypen flog im August 1940, und Versionen der Serienfertigung waren die Ki.44-Ia (40 Stück gebaut, die in der zweiten Hälfte 1942 in den Truppendienst kamen), die Ki.44-Ib und Ic, IIb und IIc.

Nakajima Ki.49 Donryu (Drachenschlucker)

Einsatzzweck: Mittelschwerer Bomber
Triebwerke: Zwei 1450 PS Nakajima
Ha. 109 Typ 2 Doppelstern-
motoren

Spannweite: 20,43 m
Höchstgeschwindigkeit: 490 km/h
in 5200 m Höhe

Anfangs im Schatten der Ki.21 und dann der stark überlegenen Ki.67 erschien die »Helen«, wie die Ki.49 von den Alliierten genannt wurde, nicht in sehr großen Stückzahlen, obwohl sie eine keineswegs schlechte Konstruktion war. Es wurden verhältnismäßig wenige Exemplare der Ki.49-I gebaut, die meisten der 754 Serienflugzeuge bestanden aus dem Muster Ki.49-II, auf die sich auch obige Daten beziehen. Die Ki.49 trat im Februar 1942 erstmals in den Truppendienst, und viele Maschinen wurden später zu Transportflügen und U-Boot-Bekämpfungseinsätzen verwendet. Das normale Fluggewicht betrug einschließlich 1000 kg Bombenzuladung 10 140 kg und die größte Reichweite 2380 km. Schwerbewaffnete Jagdflugzeugversionen, die jedoch keine Serienreife erlangten, waren die Muster Ki.58 und Ki.80.

Nippon Ku. 8

Einsatzzweck: Lastensegler für
   Truppen- und Frachttransport

Spannweite: 22,85 m

Der wichtigste unter den von Japan während des Krieges in
sehr geringer Anzahl verwendeten Lastensegler-Typen war
die Ku.8, die ursprünglich den Codenamen »Goose« erhielt.
(Dieser wurde später in »Gander« abgeändert, um Verwechslungen mit dem von der RAF eingesetzten Grumman Amphibien-Flugzeug zu vermeiden). Die Ku.8 trug eine Besatzung
von zwei Mann und 15 bis 20 ausgerüstete Soldaten und warf
nach dem Start ihr Hauptfahrgestell ab, die Landung erfolgte
auf Gleitschuhen, die an der Rumpfunterseite befestigt waren;
das Spornrad war auch fest angebracht. Kleine Fahrzeuge
oder Artillerie-Ausrüstung wurden von der Vorderseite aus
eingeladen, zu diesem Zweck war der Rumpfbug nach rechts
ausschwenkbar. Soldaten bestiegen das Flugzeug über eine
nach außen zu öffende Tür der Rumpfseite. Die Vorsilbe »Ku«
der offiziellen Bezeichnung kam von »Kakku«, dem japanischen
Wort für »segeln«. Normales Schleppflugzeug für die Gander
war die Mitsubishi Ki.21.

UC-64A

Noorduyn C-64 Norseman

Einsatzzweck: Leichtes Transport-
und Verbindungsflugzeug
Triebwerk: Ein 600 PS Pratt & Whitney
R-1340-AN-1 Wasp Sternmotor

Spannweite: 15,70 m
Höchstgeschwindigkeit: 259 km/h
in 1524 m Höhe

Die 1935 für Kanada erstmals konstruierte »Norseman« wurde
gegen Ende 1942 für das USAAC als leichtes Transportflugzeug bestellt, die Produktion konzentrierte sich hauptsächlich
auf die Version C-64A, der ein kleines Fertigungslos des im allgemeinen identischen Musters YC-64 fogte. Die C-64A, von
der 746 Maschinen gebaut wurden, hatte eine Besatzung von
zwei Mann und konnte acht Passagiere oder eine entsprechende Frachtzuladung unterbringen; die obigen Daten beziehen sich auf diese Version. Die C-64A wurde auch von der kanadischen Luftwaffe (als die Norseman IV und VI) zur Funker-
und Navigator-Schulung verwendet, und drei C-64A kamen unter der Bezeichnung JA-1 zur US Navy. Sechs C-64B mit nur
sechs Passagiersitzen wurden als Wasserflugzeuge für das
Pionier-Corps hergestellt.

Northrop A-17

Die Daten beziehen sich auf die A-17A

Einsatzzweck: Leichter Bomber
Triebwerk: Ein 825 PS Pratt & Whitney
  R-1535-13 Wasp Junior Stern-
  motor

Spannweite: 14,56 m
Höchstgeschwindigkeit: 352 km/h
  in 763 m Höhe

Das A-17 Kampfflugzeug wurde über das Muster YA-13 (später XA-16) aus dem Postflugzeug Gamma der Firma Northrop aus den Vorkriegstagen entwickelt. 1935/36 wurden 110 Flugzeuge des Musters A-17 für das USAAC gebaut, denen 129 Maschinen des Musters A-17A mit größerer Triebwerksleistung und einziehbarem Fahrgestell folgten. Zwei Flugzeuge des zuletzt genannten Musters wurden später als dreisitzige Reiseflugzeuge mit der Musterbezeichnung A-17AS umgebaut. Großbritannien und Frankreich erhielten 61 bzw. 32 Maschinen des Musters A-17A, die zuerstgenannten erhielten den Namen »Nomad«. Zum Schluß genügten diese Maschinen den RAF-Anforderungen nicht mehr und alle, außer einer, wurden an die südafrikanischen Luftstreitkräfte weitergegeben.

RAF Nomad Mk.I

YP-61

Northrop P-61 Black Widow

Die Daten beziehen sich auf die P-61B

Einsatzzweck: Nachtjäger
Triebwerke: Zwei 2250 PS Pratt &
   Whitney R-2800-65 Double Wasp
   Doppelsternmotoren

Spannweite: 18,30 m
Höchstgeschwindigkeit: 585 km/h
   in 6100 m Höhe

Die Black Widow war im Kriege aus zwei Gründen bemerkenswert: sie war das erste US Flugzeug, das speziell als Nachtjäger konstruiert und gebaut wurde; nach Jahren strenger Geheimhaltung wurde seine Existenz der Welt durch eine Karikatur »angekündigt«, nachdem sie an einer militärischen Vorführung im Januar 1944 teilgenommen hatte. Die erste von zwei XP-61 flog am 21. Mai 1942; im Sommer 1944 war das Muster im Truppendienst und flog Ende jenes Jahres von Flugstützpunkten in Frankreich aus über Europa. Die P-61 war mit Radar ausgerüstet und führte eine ungewöhnliche Bewaffnung von vier 20 mm-Kanonen und vier 12,7 mm-Maschinengewehren mit. Die wichtigsten im Truppendienst befindlichen Muster vor der japanischen Kapitulation waren die P-61-1/5, die P-61A, B und C. Diese Maschinen waren im allgemeinen identisch außer im verwendeten Triebwerk und im Fehlen eines Drehturms auf dem Rumpfrücken bei der P-61A und B und einigen P-61-1 Mustern. Eine Foto-Aufklärungsversion erhielt die Bezeichnung F-15.

360

Percival Petrel

Einsatzzweck: Verbindungs- und
  leichtes Transportflugzeug
Triebwerke: Zwei 205 PS de Havilland
  Gipsy Six II Reihenmotoren

Spannweite: 14,21 m
Höchstgeschwindigkeit: 312 km/h
  in 305 m Höhe

Das leichte Transportflugzeug Percival Q.6 erschien 1937 und war bis zum Sommer 1939 das schnellste Flugzeug der britischen Inlandluftlinien. 1938 wurden sieben Maschinen der Mk.V-Version für die Royal Air Force gemäß Spezifikationen 25/38 fertiggestellt. Diese Flugzeuge erhielten im Truppendienst den Namen »Petrel« und flogen neben den zivilen Mustern Q.6 im gesamten Zweiten Weltkrieg, einige Flugzeuge kamen später ins Zivilflugzeugregister zurück. Es wurden Versionen mit festem oder einziehbarem Fahrgestell geflogen.

Percival Proctor

Die Daten beziehen sich auf die Mk.IV

Einsatzzweck: Flugfunk-Schulflugzeug
Triebwerk: Ein 210 PS de Havilland
  Gipsy Queen II Reihenmotor

Spannweite: 12,05 m
Höchstgeschwindigkeit: 256 km/h
  in Meereshöhe

Der erste Prototyp der militärisch eingesetzten Proctor (P 5998), dem 15 für den Truppeneinsatz umgebaute Vega Gulls voraus-

Proctor Mk.III

gingen, flog am 8. Oktober 1939. Die RAF erhielt 147 Mk.I und
der Fleet Air Arm 100 Maschinen des Musters Mk.IA. Außer
dem nicht vorhandenen Doppelsteuer war die Mk.II im allgemeinen identisch, 50 Maschinen gingen an die RAF und 150 an
die Royal Navy. Die Mk.III war ausschließlich bei der RAF im
Einsatz, 437 Flugzeuge wurden von F. Hills and Sons in Manchester gebaut, und die letzte Version war die längere viersitzige Proctor IV (ursprünglich Preceptor genannt). Die meisten
der 258 Maschinen des Musters Mk.IV wurden ebenfalls von
Hills gebaut. Viele Proctor-Flugzeuge kamen nach dem Kriege
auf den zivilen Markt. Das Muster blieb jedoch auch in abnehmender Zahl bis 1945 im Dienst der RAF.

Piper L-4 Grasshopper

Die Daten beziehen sich auf die L-4B

Einsatzzweck: Leichtes Verbindungs-
und Beobachtungsflugzeug
Triebwerk: Ein 65 PS Continental
0-170-3

Spannweite: 10,76 m
Höchstgeschwindigkeit: 142 km/h
in Meereshöhe

Als eines der verbreitetsten Flugzeuge der »L«-Kategorie war

L-4H

die Piper Grasshopper auf den europäischen und pazifischen Kriegsschauplätzen für eine Reihe von Einsätzen wie Postflüge, Transport von Lebensmitteln und Ausrüstung, Abwerfen von Rauchbomben und Verlegung von Feldtelefonkabeln im Dienst der Truppe. Die Gesamtproduktion betrug über 5500 Stück, von denen die Hauptversionen die L-4A (die meisten dieser Maschinen wurden ursprünglich mit O-59A bezeichnet), L-4B, L-4H und L-4J waren. Ein dreisitziges Übungssegelflugzeug, die Piper TG-8 — wurde 1942/43 aus der L-4 entwickelt; 243 Stück wurden für die USAAF fertiggestellt.

J-153 mit finnischen Hoheitszeichen

Polikarpow I-15

Die Daten beziehen sich auf die I-15bis

Einsatzzweck: Jäger und Jagdbomber
Triebwerk: Ein 750 PS M-25B
    Sternmotor

Spannweite: 10,00 m
Höchstgeschwindigkeit: 370 km/h
    in 5000 m Höhe

Die I-15 (700 PS M-25) hatte ihren Ursprung 1932, machte im Oktober 1933 ihren Erstflug, und eine abgewandelte Maschine dieses Musters stellte im November 1935 von Wladimir Kokkinaki geflogen, einen Höhenweltrekord von 14 580 m auf. Sowohl die I-15 als auch die weiterentwickelte I-15bis wurden in großem Maßstab im spanischen Bürgerkrieg und im russisch-finnischen Krieg verwendet, und obwohl das Muster im Zweiten Weltkrieg veraltet war, wurde eine kleine Anzahl Maschinen in den ersten Kriegstagen noch eingesetzt. Es folgte die I-153, eine von Schtscherbakow weiterentwickelte abgewandelte Version mit einziehbarem Fahrgestell, aber auch diese Maschine war bis Ende 1941 größtenteils verschwunden.

Polikarpow I-16 („Rata")

Einsatzzweck: Jäger und Jagdbomber
Triebwerk: Ein 1000 PS Schwezow M-62 Sternmotor

Spannweite: 9,00 m
Höchstgeschwindigkeit: 522 km/h in Meereshöhe

Die I-16 wurde etwa zur selben Zeit wie die I-15 konstruiert, war eine viel durchgreifendere Konzeption für ihre Zeit und leistete weiterhin bis zu ihrer Ablösung durch modernere Maschinen im Jahre 1943 wertvolle Dienste, obwohl sie bereits zu Beginn des Zweiten Weltkrieges veraltet war. Als schnelles und robustes kleines Flugzeug erregte sie vor dem Kriege starkes ausländisches Interesse und wurde von den Russen in Spanien und Finnland verbreitet eingesetzt. Die normale Bewaffnung waren zwei 20 mm SchWAK und zwei 7,62 mm SchKAS Maschinengewehre, dazu kam eine Aufhängevorrichtung für kleine Bomben oder sechs Raketengeschosse unter der Tragfläche.

Polikarpow Po-2

Einsatzzweck: Mehrzweckflugzeug
Triebwerk: Ein 110 PS Schwezow
  M-11 Sternmotor

Spannweite: 11,44 m
Höchstgeschwindigkeit: 149 km/h

Wenige Flugzeuge können dem Namen »Mädchen für alles« so gerecht werden, wie dieses russische Leichtflugzeug, das erstmals im Jahre 1928 erschien. Damals wurde es als U-2 bekannt und war als Anfänger-Schulflugzeug vorgesehen. Spätere zivile und militärische Einsätze umfaßten beinahe jeden Aspekt des Fliegens, darunter Lufttaxi, Verwundeten-Transport, Landwirtschaftsflugzeug, das Absetzen von Agenten, Schleppen von Segelflugzeugen, Verbindungs-, Versorgungs- und Aufklärungsflüge, Mitführen von Raketengeschossen und sogar Nachtbombenangriffe. Es gab Versionen mit zwei oder drei offenen Sitzen, und es konnten Skier zur Landung anmontiert werden. Die ersten Sanitätsflugzeuge transportierten ihre Tragbahren auf der Innenseite der unteren Tragfläche, bei späteren Mustern wurden diese Tragbahren im geschlossenen Teil der hinteren Kanzel transportiert.

Reggiane Re 2000 Falco I (Falke)

Die Daten beziehen sich auf die Reihe I

Einsatzzweck: Jagdflugzeug
Triebwerk: Ein 1000 PS Piaggio P.XI
RC 40 Doppelsternmotor

Spannweite: 11,01 m
Höchstgeschwindigkeit: 537 km/h
in 5500 m Höhe

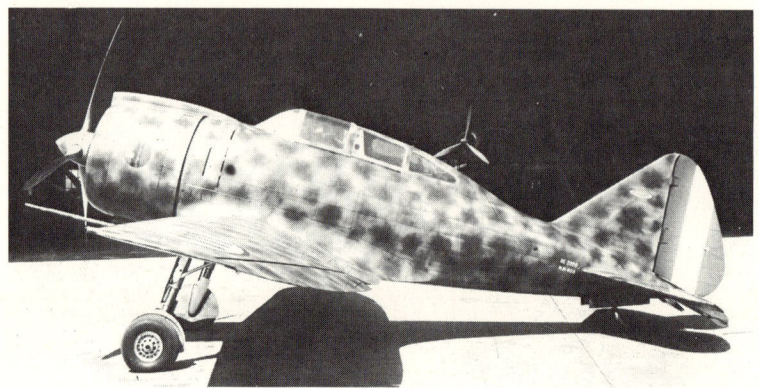

Die Re 2000, die zuerst im Jahre 1938 erschien, war ein attraktiv aussehendes kleines Flugzeug mit großer Ähnlichkeit zum amerikanischen Jäger Seversky P-35. Sie wurde für die gleiche Ausschreibung konstruiert wie die Macchi C.200 Saetta (siehe Seite 178) und wurde schließlich für den Export hergestellt, nachdem die zuletztgenannte Maschine von der Regia Aeronautica übernommen war, obwohl die italienische Marine später eine kleine Zahl verbesserter Muster Re 2000, Serie II und III, flog.

Reggiane Re 2001 Falco II
und Re 2005 Sagittario (Bogenschütze)

Die Daten beziehen sich auf die Re 2001

Einsatzzweck: Jäger und Jagdbomber
Triebwerk: Ein 1150 PS Daimler-Benz
DB 601A hängender 12 Zylinder
V-Motor

Spannweite: 11,00 m
Höchstgeschwindigkeit: 560 km/h
in 5450 m Höhe

Die einsitzige Re 2001 wurde im Jahre 1941 auf den Import flüssigkeitsgekühlter Flugzeugmotoren aus Deutschland hin entwickelt, war eine von verschiedenen brauchbaren italienischen Konstruktionen und bestand im Grunde aus der Re 2000, die zur Aufnahme des neuen Triebwerkes umgebaut war. Die Flugleistung der Falco, besonders ihre Wendigkeit, war gut,

Re 2001

doch kam die Kapitulation Marschall Badoglio's, als erst 252 Stück fertiggestellt waren, und diese Maschinen waren nicht verbreitet im Einsatz. Die Re 2005 war eine verstärkte und etwas kleinere Weiterentwicklung des Musters 2001. Die Re 2005 war mit dem 1475 PS DB 605A (der Kühler wurde von der Tragfläche weg unter den Rumpf verlegt) ausgerüstet und unterschied sich weiterhin durch ein nach außen einziehbares Fahrgestell. Nur 48 Flugzeuge waren am Kapitulationstage fertiggestellt.

Republic P-43 Lancer

Einsatzzweck: Jäger und Aufklärer
Triebwerk: Ein 1200 PS Pratt & Whitney R-1830-35 Twin Wasp Doppelsternmotor

Spannweite: 10,99 m
Höchstgeschwindigkeit: 561 km/h in 6100 m Höhe

Die Lancer war offensichtlich von der Familienähnlichkeit zur Seversky P-35 und XP-41, denen ihre Konstruktion viel verdankte, sowie zu der späteren P-47 Thunderbolt (Seite 227) gekennzeichnet, und ihre Laufbahn begann mit den ersten Auslieferungen eines Fertigungsloses von 13 YP-43 im September 1940 an die USAAF. Am nachfolgenden Fertigungslos von 54 P-43 wurden keine Änderungen als notwendig erachtet, die erste wesentliche Änderung war der Einbau des verbesserten und leistungsstärkeren R-1830-49 Motors in das Muster P-43A; 80 Maschinen dieser Version wurden fertiggestellt. Die nachfolgenden 125 Flugzeuge des Musters P-43A verwendeten den R-1830-57. Später wurden 150 Maschinen der Muster P-43A und A-1 durch Einbau von Aufklärungs-Kameras zu P-43B abgewandelt, und eine Anzahl von Maschinen dieser Version wurde an die australische Luftwaffe geliefert. Die chinesische Luftwaffe erhielt 100 Jagdflugzeuge des Musters P-43A und A-1 unter dem Pacht- und Leihabkommen.

Saro Lerwick

Einsatzzweck: See-Überwachungs-
    flugzeug
Triebwerke: Zwei 1375 PS Bristol
    Hercules II Doppelsternmotoren

Spannweite: 24,65 m
Höchstgeschwindigkeit: 345 km/h in
    1220 m Höhe

Die für die A.M. Spezifikation R.1/36 entworfene Lerwick war eines der Flugzeuge, die kurz vor dem Kriege zur Neuausrüstung des Küstenkommandos ausgewählt wurden. Sie erschien erstmals 1938, die letzten von 21 Flugzeugen wurden im Mai 1941 ausgeliefert, doch im Jahre 1942 wurde das Muster für veraltet erklärt. Die Ursache dafür blieb offiziell unbegründet, obschon die kurze zweijährige Laufbahn der Lerwick offensichtlich nicht überaus erfolgreich war. Sie beendete ihre Tage im Truppendienst mit Schulflügen und wurde im Kriegseinsatz durch die amerikanische Catalina ersetzt.

Saro London

Einsatzzweck: See-Aufklärungs-
    flugzeug
Triebwerke: Zwei 920 PS Bristol
    Pegasus X Sternmotoren

Spannweite: 24,40 m
Höchstgeschwindigkeit: 248 km/h
    in 2000 m Höhe

Der Prototyp der London (K 3560) machte 1934 (entsprechend der A.M. Spezifikation R.24/31 konstruiert) seinen Jungfernflug, und die ersten Mk.I (Pegasus III) kamen 1936 zur Auslieferung an das Küstenkommando. Nach zehn Mustermaschinen Mk.I wurde die Produktion mit Mk.II fortgesetzt (weitere 38 Maschinen gebaut). London-Flugzeuge waren noch im Frontlinieneinsatz, als der Zweite Weltkrieg begann; sie blieben bei der RAF, bis sie 1941 von der Catalina abgelöst wurden, und waren danach bei der kanadischen Luftwaffe im Einsatz.

Savoia-Marchetti S.M.82 Canguro (Känguruh)

Die Daten beziehen sich auf die S.M.82T

Einsatzzweck: Schweres Transportflugzeug
Triebwerke: Drei 850 PS Alfa Romeo
128 RC 18 Sternmotoren

Spannweite: 29,72 m
Höchstgeschwindigkeit: 338 km/h
in 2500 m Höhe

Als Italiens größtes Transportflugzeug wurde die Canguro aus der früheren S.M.75 Marsupiale entwickelt, und es handelte sich dabei um eine der besser aussehenden dreimotorigen Konstruktionen, die von den Achsenmächten herausgebracht wurden. Die Zuladungen waren sehr verschiedenartig, von Kraftstoffvorräten bis zu voll ausgerüsteten Soldaten, von denen 50 in der Maschine Platz fanden, bis zu zerlegten Jagdeinsitzern. Einige S.M.82 wurden nach der italienischen Kapitulation im Jahre 1943 unter dem Befehl der deutschen Luftwaffe geflogen.

Savoia-Marchetti S.M.84

Einsatzzweck: Torpedo-Bomber
Triebwerke: Drei 1000 PS Piaggio
    P.XI RC 40 Doppelsternmotoren

Spannweite: 21,21 m
Höchstgeschwindigkeit: 466 km/h
    in 5000 m Höhe

Als Weiterentwicklung der S.M.9 Sparviero (siehe Seite 229) war die S.M.84, was Zelle und Äußeres anbetraf, ähnlich, abgesehen vom freitragenden Doppelseitenleitwerk und kleineren Änderungen in der Bewaffnung. Das Flugzeug wurde nicht in sehr großen Stückzahlen produziert.

Short Singapore III

Einsatzzweck: See-Aufklärer
Triebwerke: Zwei 560 PS Rolls-Royce
    Kestrel III MS (Motor für Zug-
    schraube) und zwei 560 PS
    Kestrel II MS (Druckschrauben-
    motore)

Spannweite: 27,43 m
Höchstgeschwindigkeit: 232 km/h
    in 610 m Höhe

Die ursprüngliche Singapore mit der Musterbezeichnung Mk.I erschien erstmals im Jahre 1926, und das Exemplar, welches Sir Alan Cobham auf seinem Afrika-Rundflug benutzte, wurde weltberühmt. Die Mk.II von 1930 wurde nicht in Serie herge-stellt, aber im März 1935 ging eine Weiterentwicklung dieser Maschine, die Mk.III, in die Mengenfertigung und 37 Stück wurden für die RAF gebaut. Einige Maschinen blieben eine Zeitlang nach Ausbruch des Krieges begrenzt im Einsatz.

Sikorsky R-4

Die Daten beziehen sich auf die R-4B

Einsatzzweck: Beobachtungs- und
    Rettungshubschrauber
Triebwerk: Ein 200 PS Warner R-550-3
    Super Scarab Sternmotor

Spannweite: 11,60 m
    (Rotordurchmesser)
Höchstgeschwindigkeit: 131 km/h

1939 führte Igor Sikorsky seinen VS-300 vor, den ersten voll-einsatzfähigen und erfolgreichen Hubschrauber der Welt. Dar-aus entwickelte er später den VS-316, der unter der Militärbe-zeichnung XR-4 erstmals am 13. Januar 1942 flog. 1943 wurden umfassende Erprobungsflüge mit diesem Muster und drei Ma-schinen des Musters YR-4A durchgeführt, und mit der Fertig-stellung von 27 YR-4B und 100 Maschinen des Musters R-4B wurde dieser Typ der erste Serienhubschrauber der Welt. Er wurde während des Krieges sowohl von der US Army als auch unter der Bezeichnung HNS-1 von der US Navy einge-setzt und bildete die Grundlage für die R-5 und R-6 Konstruk-tionen, die bei Kriegsende die Fertigungsreife erreichten.

R-4B

Stinson AT-19 und UC-81

Die Daten beziehen sich auf die AT-19

Einsatzzweck: Navigations-Schulung
Triebwerk: Ein 280 PS Lycoming
  R-680-1 Sternmotor

Spannweite: 12,78 m
Höchstgeschwindigkeit: 216 km/h

Während des Krieges wurden etwa 47 fünfsitzige Privatma-schinen der Bezeichnung Model SR-9 und SR-10, die mit ver-schiedenen Triebwerken ausgestattet waren, für leichte Trans-portflüge und Verbindungseinsätze ihren zivilen Eignern abge-kauft und unter einer Reihe von UC-81 Bezeichnungen, die bis zu UC-81N reichte, verwendet. Die Kriegsproduktion umfaßte

Royal Navy Reliant Mk.I

500 ähnliche Flugzeuge, die für die Navigationsschulung ausgerüstet waren, die US-Bezeichnung AT-19 erhielten und unter
dem Pacht- und Leihabkommen an den Fleet Air Arm als die
Reliant ausgeliefert wurden.

Stinson L-5

Die Daten beziehen sich auf die L-5E

Einsatzzweck: Verbindungs- und
    leichtes Transportflugzeug
Triebwerk: Ein 185 PS Lycoming
    0-435-1

Spannweite: 10,36 m
Höchstgeschwindigkeit: 189 km/h

Die zweisitzige L-5 basierte auf dem Kabinen-Eindecker Voya-
ger aus der Vorkriegszeit, machte 1941 seinen Erstflug und erhielt ursprünglich die Bezeichnung O-62. Insgesamt wurden

L-5

374

3500 Exemplare gebaut, darunter die Muster L-5B (Sanitäts- und Frachttransportflugzeug), L-5C (Luftaufnahme), L-5E, L-5G (verbesserte E mit anderem Triebwerk) und etwa 306 L-5, die für die US Navy unter der Bezeichnung OY-1 gebaut wurden. Eine beträchtliche Anzahl Maschinen des Musters L-5 wurde unter dem Pacht- und Leihabkommen an die RAF ausgeliefert, bei der sie unter dem Namen Sentinel verbreitet für Verbindungsflüge, Artilleriebeobachtung und Verwundeten-Transport an der Burma-Front verwendet wurden.

Supermarine Sea Otter

Einsatzzweck: Seenotrettungsflugzeug
Triebwerk: Ein 855 PS Bristol Mercury XXX Sternmotor

Spannweite: 14,01 m
Höchstgeschwindigkeit: 240 km/h in 1520 m Höhe

Als letzter von Supermarine konstruierter Doppeldecker und auch als letzter Doppeldecker im Dienst der Royal Air Force war die Sea Otter die Nachfolgerin der berühmten Walrus (Seite 244). Sie wurde entsprechend der A.M. Spezifikation S.7/38 entworfen, enthielt aerodynamische Verbesserungen und hatte ein leistungsstärkeres Triebwerk, das ihr eine ihrem Vorgänger überlegene Flugleistung verlieh. Die Herstellung der 290 gebauten Flugzeuge wurde zwischen 1943 und 1946 von Saunders Roe Ltd. übernommen, Ende 1944 kam die erste Maschine in den Truppendienst. Das Muster wurde in heimat-

Sea Otter A.S.R. Mk.II

lichen Gewässern und im Fernen Osten in der noch verbleibenden Kriegszeit eingesetzt und blieb danach noch einige Jahre
im Dienst der Truppe.

Supermarine Stranraer

Einsatzzweck: See-Aufklärung
Triebwerke: Zwei 920 PS Bristol
    Pegasus X Sternmotoren

Spannweite: 25,90 m
Höchstgeschwindigkeit: 264 km/h
    in 1830 m Höhe

Stranraer Prototyp

Eine kleine Anzahl von Stranraer-Flugbooten verblieb im September 1939 bei zwei RAF Staffeln und leistete noch einige
Monate lang nützliche Dienste, bis sie von moderneren Mustern abgelöst wurde. Die Maschine wurde von R. J. Mitchell
konstruiert, der Prototyp erschien 1935, und im folgenden
Jahr kam die Stranraer zum Küstenkommando. Zwischen 1938
und 1941 wurden 40 Maschinen von Canadian-Vickers für die
kanadische Luftwaffe gebaut.

Tachikawa Ki.54

Einsatzzweck: Fortgeschrittenen-
    Schulflugzeug und Transporter
Triebwerke: Zwei 450 PS Hitachi
    Ha.13A Stermotoren

Spannweite: 17,92 m
Höchstgeschwindigkeit: 265 km/h
    in 2000 m Höhe

Dieses zweimotorige Flugzeug erschien erstmals im Jahre

1940 und erhielt von den Alliierten den Codenamen »Hickory«. In Anbetracht der bescheidenen Motorleistung war die Flugleistung deutlich besser als die vieler ihrer Vorgänger, und bald tauchten Versionen auf, die für Navigations-, Bomben- und Bordschützenschulung ausgerüstet waren. Gegen Ende des Krieges wurden einige Ki.54 als 5/9sitzige Transportflugzeuge umgebaut, und einige Maschinen wurden auch zu Kamikaze-Einsätzen benutzt. Die gesamte Produktion des Musters betrug annähernd 1200 Stück.

Tschetwerikow Tsche-2 (MDR-6)

Einsatzzweck: Überwachungs- und Aufklärungsflugzeug
Triebwerke: Zwei 960 PS M-63 Sternmotoren

Spannweite: 19,80 m
Höchstgeschwindigkeit: 358 km/h in 5000 m Höhe

Dieses Flugboot von mittlerer Größe wurde 1936/39 als Aufklärer gebaut, wurde aber nicht in großen Stückzahlen herge-

stellt. Während des Krieges war es meist in der Küstenüberwachung und bei der Minensuche eingesetzt sowie als Begleitflugzeug für Geleitzüge nach Murmansk. Die normale Besatzung betrug vier oder fünf Mann, und im Normalfall wurde eine Abwehrbewaffnung von zwei 7,62 mm MG mitgeführt. Spätere Versionen waren die MDR-6A (1941) und MDR-6B (1944), die von Klimow WK-105 12 Zylinder V-Motoren angetrieben waren und einziehbare Stützschwimmer an den Flügeln besaßen.

Taylorcraft L-2 Grasshopper

Die Daten beziehen sich auf die L-2B

Einsatzzweck: Leichtes Verbindungs- und Beobachtungsflugzeug
Triebwerk: Ein 65 PS Continental 0-170-3

Spannweite: 10,80 m
Höchstgeschwindigkeit: 144 km/h

Die L-2 gehörte zu einer langen Reihe von Flugzeugmustern, die von der USAAF unter dem Herkunftsnamen Grasshopper geflogen wurden, und zahlreiche Maschinen wurden während des Krieges zur Verwendung bei der Truppe geliefert. Die aus dem Taylorcraft Tandem-Trainer der Vorkriegszeit entwickelte

Maschine unterschied sich prinzipiell durch eine stark vergrößerte Fensterfläche, und die ausdrücklich für den Truppendienst gebauten Maschinen erhielten die Bezeichnungen L-2,
-2A, -2B und -2M. Für den Militäreinsatz erworbene Privatflug-
zeuge erhielten die Bezeichnungen L-2C bis -2L, und sie brachten die Gesamtzahl der verwendeten Maschinen auf annähernd 2000 Stück.

TB-3 mit AM-34-Motoren

Tupolew ANT-6 (TB-3)

Einsatzzweck: Transportflugzeug
Triebwerke: Vier 850 PS AM 34
   12 Zylinder V-Motoren

Spannweite: 40,29 m
Höchstgeschwindigkeit: 248 km/h

Ursprünglich im Jahre 1930 als Bomber erschienen, blieb diese
ehrwürdige Maschine in den nächsten sechs Jahren in der Serienfertigung, und viele Exemplare dienten unter der Bezeichnung B-2 während des Krieges als 30sitzige Fallschirmjäger-
transporter. Einige Flugzeuge wurden sogar im Anfangsstadium der Feindseligkeiten in ihrer ursprünglichen Einsatzart,
bei der sie bis zu 3000 kg Bomben trugen, verwendet.

Tupolew Tu-2

Einsatzzweck: Bomber und Tief-
angriffsflugzeug
Triebwerke: Zwei 1850 PS Schwezow
ASch-82FNV Doppelsternmotoren

Spannweite: 18,87 m
Höchstgeschwindigkeit: 572 km/h
in 3680 m Höhe

Als eine der besten russischen Konstruktionen, die während
der Kriegsjahre auftauchten, löste die Tu-2 im großen Ausmaß
von 1944 bis 1945 die Petljakow Pe-2 ab. Die Tu-2 hatte eine
Besatzung von vier Mann, war mit zwei 23 mm-Kanonen und
fünf 12,7 mm Beresin MG bewaffnet und konnte bis zu 2270
kg Bomben aufnehmen. Die Dienstgipfelhöhe betrug über
10 990 m und das Fluggewicht 12 800 kg.

Vickers Valentia

Einsatzzweck: Truppentransporter
Triebwerke: Zwei 650 PS Bristol
Pegasus II Sternmotoren

Spannweite: 26,65 m
Höchstgeschwindigkeit: 208 km/h
in 1525 m Höhe

Die aus der Victoria — viele der ersten Valentia waren in Wirklichkeit umgebaute Victoria Mk.V — entwickelte Valentia war als Transportflugzeug in der Mitte der dreißiger Jahre im Mittleren Osten sehr aktiv im Einsatz. Sie trat 1934 in den Truppendienst und blieb, obschon in abnehmender Anzahl, bis Ende 1943 bei der RAF in Dienst.

Vickers Warwick

Die Daten beziehen sich auf die A.S.R. Mk.I

Einsatzzweck: Seenotrettungsflugzeug
Triebwerke: Zwei 1850 PS Pratt & Whitney Double Wasp R-2800 Doppelsternmotoren

Spannweite: 29,46 m
Höchstgeschwindigkeit: 358 km/h

Warwick A.S.R. Mk.I

Die ursprünglich als Ablösung der Wellington (entsprechend Spezifikation B.1/35) vorgesehene Warwick kam erst 1942 in die Serienfertigung, als sie nicht länger als Bomber erforderlich war. Das Seenotrettungsflugzeug Mk.I (399 Stück gebaut) trat 1943 in den Dienst der Truppe, gefolgt von 130 von Centaurus angetriebenen Mustern Mk.II, die ähnlich verwendet wurden, vierzehn als Transporter umgebaute Mk.I kamen zur BOAC und 1944 zum Transportkommando. Ihnen folgten 100 Mk.III Transportflugzeugversionen, die letzte Version war die von Centaurus angetriebene Mk.V (210 Stück gebaut), welche erst nach dem Kriege in den Truppendienst kam.

Wellesley Mk.I

Vickers Wellesley

Einsatzzweck: Bomber
Triebwerk: Ein 925 PS Bristol Pegasus
    XX Sternmotor

Spannweite: 22,76 m
Höchstgeschwindigkeit: 365 km/h
    in 6000 m Höhe

Die Wellesley gehörte zu den einmotorigen Flugzeugen mit der größten Spannweite, die je in Serie gebaut wurden, und war das erste Flugzeug, welches in der geodätischen Bauweise von Barnes Wallis hergestellt wurde. Als private Entwicklung begonnen, trat das Muster 1937 entsprechend der A.M. Spezifikation 22/35 in die Mengenfertigung, und im Mai des folgenden Jahres waren 176 Wellesley fertiggestellt. Obwohl die Wellesley bei Kriegsausbruch von moderneren Typen abgelöst wurde, diente sie trotzdem 1940 im Mittleren Osten als Bomber und bis 1941 bei Aufklärungseinsätzen.

Vought-Sikorsky OS2U

Die Daten beziehen sich auf die OS2U-3

Einsatzzweck: Aufklärungsflugzeug
Triebwerk: Ein 450 PS Pratt & Whitney R-985-SB3 Wasp Junior
    Sternmotor

Spannweite: 10,95 m
Höchstgeschwindigkeit: 274 km/h
    in 1525 m Höhe

Die OS2U wurde zur Ablösung des älteren Erkundungsflugzeuges Seagull konstruiert und sowohl als Land- als auch als Wasserflugzeugversion hergestellt. Die XOS2U-1 flog 1939, und das OS2U-1 Serienmuster trat im folgenden Jahr als erstes Katapultflugzeug in Eindecker-Auslegung in den Dienst der US Navy. Die zweisitzige OS2U war ein vielseitiges kleines Flugzeug, das während seiner Laufbahn als Sturzbomber (mit zwei 45 kg oder acht 13,6 kg Bomben), Küstenüberwachungs- und Seenotrettungsflugzeug zusätzlich zu seiner ursprünglichen Funktion verwendet wurde. Der größte Teil seines Einsatzes erfolgte auf dem pazifischen Kriegsschauplatz. Im allgemeinen identisch zur OS2U-1 waren die Wasserflugzeugmuster OS2U-2 und -3, von allen drei Versionen wurden 1525 Flugzeuge während des Krieges von Vought-Sikorsky gebaut. Dazu kamen 300 von der Naval Aircraft Factory gebaute Flugzeuge einer Landversion der OS2U-3 unter der Bezeichnung OS2N-1, und weitere 100 OS2U-3 wurden 1942 an die Royal Navy als Kingfisher I geliefert.

OS2U-3

Vought-Sikorsky SB2U Vindicator

Die Daten beziehen sich auf die SB2U-3

Einsatzzweck: Erkundungsflugzeug und Sturzbomber
Triebwerk: Ein 750 PS Pratt & Whitney R-1535-02 Wasp Sternmotor

Spannweite: 12,81 m
Höchstgeschwindigkeit: 389 km/h in 2900 m Höhe

Die Vindicator war Vought-Sikorsky's erste Eindecker-Entwicklung, wurde im Jahre 1935 konstruiert und machte unter der Bezeichnung XSB2U-1 am 5. Januar 1936 ihren Erstflug. Die SB2U-1 trat 1937 in den Dienst der US Navy, und die nachfolgenden SB2U-2 und -3 des Marine-Corps waren im allgemeinen identisch. Im Verlauf des Jahres 1938 wurde eine Anzahl dieser Flugzeuge von der französischen Regierung bestellt, doch wurden die meisten im Anfangsstadium des Krieges von den Deutschen zerstört oder erbeutet. Die letzten 50 Flugzeuge der Bestellung wurden 1941 von Großbritannien übernommen und erhielten von der Royal Navy den neuen Namen Chesapeake I. Sie waren jedoch kein großer Erfolg und wurden schnell auf Schulflugzeuge umgestellt.

BT-13

Vultee BT-13 und BT-15 Valiant

Die Daten beziehen sich auf die BT-13A

Einsatzzweck: Anfängerschulflugzeug
Triebwerk: Ein 450 PS Pratt & Whitney R-985-AN-1 Wasp Junior Sternmotor

Spannweite: 12,86 m
Höchstgeschwindigkeit: 250 km/h in Meereshöhe

Als Vultee's erstes wirklich erfolgreiches Flugzeug am Ende einer Reihe ziemlich enttäuschender Konstruktionen war die Valiant eines der Standard-Anfängerschulflugzeuge der Kriegsjahre: Einige Maschinen blieben noch bis 1950 in Dienst, zehn Jahre, nachdem das erste Serienflugzeug ausgeliefert worden war. Insgesamt wurden mehr als 11 000 Valiant, von denen alle — außer etwa 2000 Maschinen — zur USAAF gingen, gebaut. Die US Navy-Version erhielt die Bezeichnung SNV-1.

Vultee Stinson L-1 Vigilant

Die Daten beziehen sich auf die L-1A

Einsatzzweck: Leichtes Verbindungs- und Beobachtungsflugzeug
Triebwerk: Ein 295 PS Lycoming R-680-9 Sternmotor

Spannweite: 15,52 m
Höchstgeschwindigkeit: 195 km/h

Ursprünglich als die O-49 von Stinson konstruiert und gebaut, wurde die Vigilant von Consolidated-Vultee übernommen und

erhielt schließlich die erste Bezeichnung der neuen »Verbindungsflugzeug«-Kategorie. Die wichtigsten Einsatzversionen
waren die L-1 (142 Stück gebaut, vormals O-49) und die größere und etwas verbesserte L-1A (182 Stück gebaut, vormals
O-49A). Drei Flugzeuge des Musters O-49/L-1 wurden zum Sanitätsflugzeug L-1B umgebaut. Und weitere L-1A wurden für ähnliche Einsätze und für das Schleppflugzeugtraining unter den
Musterbezeichnungen L-1C/D/E/F übernommen. Etwa 100 Vigilant Maschinen wurden bei der RAF für Verbindungsflüge und
Artillerie-Beobachtung eingesetzt.

Waco CG-4 A

Einsatzzweck: Transporter und Lastensegler für Luftlandetruppen

Spannweite: 25,50 m
Größte Schleppgeschwindigkeit:
240 km/h

Ein Konsortium aus 16 über die ganzen Vereinigten Staaten
verteilten Herstellerwerken baute während der Kriegsjahre

13 909 CG-4A — die größte Produktionsserie eines Lastenseglers in diesem Zeitraum. Mit einem Fluggewicht von 4080 kg konnte die CG-4A (bei der RAF unter dem Namen Hadrian) 15 vollbewaffnete Soldaten unterbringen, von denen zwei Pilot und Copilot waren, oder eine entsprechende Fracht aufnehmen. Die meiste Zeit des Krieges war die Maschine der Standard-US-Lastensegler, und sie trat bei den alliierten Landungen in Sizilien und der Normandie hervor; Schleppflugzeuge waren normalerweise die Muster C-46 und C-47. Eine weiterentwickelte Version, die CG-15A hatte nicht denselben Erfolg, obwohl Waco 427 Maschinen dieses neuen Musters herausbrachte.

XCG-13

Waco CG-13 A

Einsatzzweck: Lastensegler für Truppen- und Frachttransport

Spannweite: 26,06 m
Größte Schleppgeschwindigkeit: 304 km/h

Die CG-13A war grundsätzlich eine vergrößerte Version des Musters CG-4A derselben Herstellerfirma und hatte einen sich nach oben öffnenden Rumpfbug, durch den 30 Soldaten (42 im letzten Muster) oder 4 t Fracht aufgenommen werden konnten.

387

Außer den beiden von Waco gebauten Mustern XCG-13 führten die Firmen Northwestern Aeronautical Corporation und die Ford Motor Co. die Herstellung von fünf YCG-13/13A und 132 CG-13A durch. Normalerweise war die Douglas C-54 das Schleppflugzeug, obwohl die Muster C-46 und C-47 ebenfalls gelegentlich dafür verwendet wurden.

Westland Whirlwind

Einsatzzweck: Langstreckenjäger und Jagdbomber
Triebwerke: Zwei 885 PS Rolls Royce Peregrine I V 12-Motoren

Spannweite: 13,72 m
Höchstgeschwindigkeit: 576 km/h in 4570 m Höhe

Die Whirlwind wurde für die A.M. Spezifikation F.37/35 konstruiert und machte ihren Erstflug (L 6844) am 11. Oktober 1938, kam aber erst im Juni 1940 in den Dienst der Royal Air Force. Unglücklicherweise wurde sie für ein Triebwerk entworfen, das unter vielen Kinderkrankheiten litt und als Folge davon nicht in großen Stückzahlen hergestellt wurde. Als Langstreckenbegleitjäger und abgeändert als Jagdbomber hatte die Whirlwind beträchtliche Erfolge. Doch erreichten die 112 gebauten Maschinen niemals größere Höhen und wurden 1943 von anderen Flugzeugen abgelöst.

Whirlwind Mk.I

Amiot 143 M

Einsatzzweck: Bomber und Aufklärer
Triebwerke: Zwei 870 PS Gnôme-
    Rhône 14 K Sternmotoren
Spannweite: 26,56 m
Länge: 18,21 m
Leergewicht: 8600 kg

Fluggewicht: 9400 kg
Höchstgeschwindigkeit: 302 km/h
    in 4000 m Höhe
Dienstgipfelhöhe: 8000 m
Normale Reichweite: 1195 km

Die Amiot 143M wurde erstmals 1935 an die Armée de l'Air ausgeliefert und sollte als Jagdmehrsitzer, Tag- und Nachtbomber sowie Fernaufklärer verwendet werden; als Bomber konnte die Maschine eine Bombenlast von 1800 kg tragen. Sie war bereits bei ihrem Eintritt in den Truppendienst veraltend und bei Ausbruch des Zweiten Weltkrieges veraltet. Einige wenige Maschinen wurden jedoch zusammen mit dem Muster Farman 222 zu Aufklärungs- und Propagandaflügen, zum Abwurf von Flugblättern über Deutschland und der Tschechoslowakei eingesetzt, da diese Maschine das einzige französische Flugzeug im Truppendienst mit einer für diesen Zweck angemessenen Reichweite war. Nach der Kapitulation Frankreichs wurde eine kleine Anzahl von der Vichy-Luftwaffe als Transporter verwendet, die Verbesserungen wie z. B. ein einziehbares Fahrgestell aufwiesen.

Avia Av-135

Einsatzzweck: Jagdflugzeug
Triebwerk: Ein von Avia gebauter
   890 PS Hispano-Suiza
   12 Zylinder V-Motor
Spannweite: 10,86 m
Länge: 8,51 m
Leergewicht: 1920 kg

Fluggewicht: 2460 kg
Höchstgeschwindigkeit: 531 km/h
Normale Reichweite: 547 km
Dienstgipfelhöhe: 8500 m
Bewaffnung: Eine 20 mm-Kanone und
   zwei 7,9 mm-MG

Die Av-135 war von dem Jagdflugzeugmuster Av-35 abgeleitet, welches 1938 für die tschechische Regierung hergestellt wurde. Als die Deutschen das Land besetzten, erlaubten sie die Weiterentwicklung der Av-135, und 1941 wurden schließlich zwölf Maschinen gebaut und an die bulgarische Luftwaffe ausgeliefert.

Avia B-534

Einsatzzweck: Jagdflugzeug
Triebwerk: Ein von Avia gebauter
   850 PS Hispano-Suiza
   12 Zylinder V-Motor
Spannweite: 9,40 m
Länge: 8,21 m

Leergewicht: 1460 kg
Fluggewicht: 1980 kg
Höchstgeschwindigkeit: 392 km/h
   in 4380 m Höhe
Dienstgipfelhöhe: 10650 m
Bewaffnung: Vier 7,7 mm-MG

Der aus dem Muster B-34 von 1932 entwickelte Prototyp B-534 des Jagdeinsitzers machte 1933 seinen Erstflug und kam kurze Zeit später für die tschechische Luftwaffe in die Serienfertigung. Die ersten Maschinen hatten offene Cockpits. Nach dem Einmarsch in die Tschechoslowakei wurden zahlreiche B-534 von der deutschen Luftwaffe erworben und als Schul- und Schleppflugzeuge benutzt, obschon einige Maschinen an der russischen Front in ihrem ursprünglichen Einsatzzweck verwendet wurden.

Bloch 150 und davon abgeleitete Muster

Die Daten beziehen sich auf die MB-152

Einsatzzweck: Jagdflugzeug
Triebwerk: Ein 1080 PS Gnôme-Rhône 14N-25 Doppelsternmotor
Spannweite: 10,53 m
Länge: 9,11 m
Leergewicht: 2035 kg
Fluggewicht: 2680 kg (max.)

Höchstgeschwindigkeit: 512 km/h in 3980 m Höhe
Dienstgipfelhöhe: 10000 m
Normale Reichweite: 600 km
Bewaffnung: Vier 7,5 mm-MG oder zwei 7,5 mm-MG und zwei 20 mm-Kanonen

Die MB-150 Jagdflugzeugkonstruktion von Marcel Bloch machte im Oktober 1937 ihren Erstflug und im Mai 1938 kam eine weiterentwickelte Version, die MB-151 für die Armée de l'Air in die Serienfertigung; 85 Maschinen dieses Musters wurden fertiggestellt. Die Bloch war ein erstklassiges kleines Jagdflugzeug, und der MB-151 folgten schnell etwa 700 Exemplare des Musters MB-152, spätere Flugzeuge dieser Serie hatten den leistungsstärkeren 1100 PS Gnôme-Rhône 14N-49 als Triebwerk. 1940 wurde ein Fertigungslos von neun MB-151 nach Griechenland geliefert, und schließlich fanden sowohl Maschinen des Musters 151 als auch 152 ihren Weg zur rumänischen Luftwaffe, ebenso dienten sie nach dem französischen Zusammenbruch bei der Vichy-Luftwaffe weiter. Eine weitere Entwicklung aus dem Muster 152, von dem ein abgewandeltes Exemplar als Prototyp diente, war die MB-155; diese Maschine wurde erstmals 1940 geflogen und war auch vom Gnôme-Rhône 14N-49 angetrieben. Etwa 30 MB-155 wurden gebaut, wovon die meisten bei der Vichy-Luftwaffe oder später bei der deutschen Luftwaffe eingesetzt waren. Die Fertigstellung des

Bloch 155

MB-157 Prototyps (1700 PS Gnôme-Rhône 14R-4) wurde von den deutschen Behörden genehmigt, und dieses Flugzeug flog im März 1942 und erreichte eine Höchstgeschwindigkeit von 704 km/h; die Maschine kam jedoch nicht in die Serienfertigung.

Bréguet 690 und davon abgeleitete Muster

Die Daten beziehen sich auf die Br.691

Einsatzzweck: Leichter Bomber, Sturzbomber, Jäger und Aufklärer
Triebwerke: Zwei 680 PS Hispano-Suiza 14AB Sternmotoren
Spannweite: 15,40 m
Länge: 10,22 m
Leergewicht: 3620 kg
Fluggewicht: 5300 kg
Höchstgeschwindigkeit: 458 km/h in 4000 m Höhe

Normale Reichweite: 1190 km
Bewaffnung: (B.2) Eine 20 mm-Kanone und ein 7,5 mm-MG plus acht 50 kg Bomben; (AB.2) Eine 20 mm-Kanone und zwei 7,5 mm-MG plus acht 50 kg Bomben; (A.3) Drei 7,5 mm-MG; (C.4) Zwei 20 mm-Kanonen und ein 7,5 mm-MG

1938 erschien die von zwei 680 PS Hispano-Suiza 14AG Sternmotoren angetriebene Bréguet 690 als Mehrzweckflugzeug der französischen Luftwaffe. Das erste Serienmuster war die BR.691, die sich hauptsächlich durch eine aerodynamisch bessere Form und ein höheres Gesamtgewicht unterschied; diese Maschine wurde in vier Versionen produziert, als leichter Bomber (Br.691-B.2), Sturzbomber (AB.2), Aufklärer (A.3) und Jäger (C.3). Alle, außer der BR.691-AB.2, machten im Anfangsstadium des Krieges einige Einsatzflüge, die AB.2 Muster wurden als Sturzbomber im April 1940 von der BR.693 abgelöst. Andere Weiterentwicklungen waren die BR.692, ein Versuchsmuster für den geplanten BR.700 Jäger; die BR.694, von der nur 1 Prototyp fertiggestellt wurde — dies war die Bezeichnung des von Belgien für die Lizenzherstellung akzeptierten Musters; und die BR.695, eine geplante Version mit Pratt & Whitney Hornet Motoren.

Caudron 714

Einsatzzweck: Jagdflugzeug
Triebwerk: Ein 450 PS Renault
   Rol V 12-Motor
Spannweite: 8,97 m
Länge: 8,53 m
Leergewicht: 1365 kg

Fluggewicht: 1750 kg
Höchstgeschwindigkeit: 485 km/h
   in 4000 m Höhe
Dienstgipfelhöhe: 9100 m
Normale Reichweite: 895 km
Bewaffnung: Vier 7,5 mm-MG

Die C.714 Konstruktion eines leichten Jagdflugzeuges erschien erstmals im Sommer 1938 und stammte von den Versuchsmustern C.710 aus dem Jahre 1936 und C.713 von 1937. Die C.714 trat Mitte 1939 in die Serienfertigung und bis Februar 1940 wurden 90 von 100 Maschinen der Anfangbestellung fertiggestellt. Fünfzig davon wurden an die finnische Luftwaffe umgeleitet, obwohl schließlich nur einige wenige an ihrem Bestimmungsort ankamen. Die übrigen Maschinen wurden an die Staffeln der Armée de l'Air ausgeliefert einschließlich der aus polnischen Piloten bestehenden Staffel. Zwei Weiterentwicklungen, die in Zusammenarbeit mit der Renault-Motor-Gesellschaft gebaut wurden, erhielten die Bezeichnungen CR.760 und 770. Zwei Prototypen des erstgenannten Musters und einer des letzteren wurden fertiggestellt, jedoch nach einigen Flügen zerstört, um zu vermeiden, daß sie von den vorrückenden deutschen Streitkräften erbeutet wurden.

Caudron Goeland

Einsatzzweck: Transport- und Schul-
   flugzeug
Triebwerke: Zwei 220 PS Renault
   Bengali 6-Zylinder-Reihenmotoren
Spannweite: 17,63 m
Länge: 13,64 m

Leergewicht: 2725 kg
Fluggewicht: 3820 kg
Höchstgeschwindigkeit: 333 km/h
Dienstgipfelhöhe: 5600 m
Größte Reichweite: 1690 km

Die Caudron Goeland erfreute sich einer langen und abwechslungsreichen Einsatzlaufbahn, und einige Exemplare sind noch heute über dem europäischen Kontinent zu sehen. Sie erschien erstmals 1934 und wurde vor dem Kriege in verschiedenen Versionen produziert. Die wichtigste davon war das leichte Militärtransport- und Schulflugzeug C.445 der Armée de l'Air.

Eine Variante mit abgewandelten zusätzlichen Fenstern wurde als Sanitätsflugzeug verwendet. Bei der Besetzung Frankreichs wurden 55 Goeland Flugzeuge von der deutschen Luftwaffe erbeutet, und die Serienfertigung des Musters durfte zur Ausrüstung der Vichy-Luftwaffe, der deutschen Luftwaffe und der Lufthansa weitergeführt werden. Eine Bomberschulflugzeugversion erhielt einen verglasten Rumpfbug.

Commonwealth CA-12 Boomerang

Einsatzzweck: Jäger und Jagdbomber
Triebwerk: Ein 1200 PS Pratt & Whitney R-1830-S3C4G Twin Wasp Doppelsternmotor
Spannweite: 11,07 m
Länge: 7,77 m
Leergewicht: 2475 kg
Fluggewicht: 3180 kg

Höchstgeschwindigkeit: 474 km/h in 2320 m Höhe
Dienstgipfelhöhe: 8850 m
Größte Reichweite: 1488 km
Bewaffnung: Zwei 20 mm-Kanonen und vier 7,7 mm-MG; eine 226 kg-Bombe wahlweise

Dieser einsitzige Jäger/Jagdbomber wurde für den Noteinsatz unter Verwendung vieler Bauteile des Wirraway Schulflugzeugs von der australischen Luftwaffe konstruiert und gebaut. Der Prototyp machte am 29. Mai 1942 seinen Erstflug, und etwa 12 Monate später war die Boomerang im Truppendienst. Insgesamt wurden 250 Maschinen gebaut und auf den Kriegsschauplätzen im Südwest-Pazifik für Einsätze wie Tiefangriffsflüge, Heereskooperation, Erkundung und Aufklärung, verwendet. Die Produktion lief 1944 aus.

Commonwealth CA-6 Wackett

Einsatzzweck: Schulflugzeug
Triebwerk: Ein 175 PS Warner
    Super Scarab Sternmotor
Spannweite: 11,29 m
Länge: 7,93 m

Leergewicht: 865 kg
Fluggewicht: 1178 kg
Höchstgeschwindigkeit: 176 km/h
    in Meereshöhe
Dienstgipfelhöhe: 4880 m

Die von Oberstleutnant L. J. Wackett der australischen Luftwaffe konstruierte Maschine wurde nach ihm benannt und erhielt die Serienmusterbezeichnung CA-6. Der Prototyp, die CA-2, machte am 19. Oktober 1939 ihren Erstflug und wurde anfangs vom Gipsy Major II und später von einem 200 PS 6-Zylinder Gipsy Reihenmotor angetrieben. Die CA-6 war von Mai 1941 bis April 1942 in der Serienfertigung, und in dieser Zeit wurden insgesamt 200 Maschinen für verschiedene Schulungszwecke bei der australischen Luftwaffe gebaut, die Schulungsflüge lagen ihrer Art nach zwischen der Anfängerschulung mit der Tiger Moth und der Fortgeschrittenenschulung mit der Wirraway.

Commonwealth Wirraway

Einsatzzweck: Mehrzweckflugzeug
Triebwerk: Ein in Australien gebauter
    600 PS Pratt & Whitney
    SIHI-G Wasp Sternmotor
Spannweite: 13,11 m

Leergewicht: 1810 kg
Fluggewicht: 2890 kg
Höchstgeschwindigkeit: annähernd
    320 km/h

Die Wirraway war eine Version des Musters North American NA-33, das für den Lizenzbau in Australien ausgewählt worden war, und der australische Prototyp machte am 27. März 1939 seinen Erstflug; erste Auslieferungen an die australische Luftwaffe erfolgten im Juli jenes Jahres, das Muster wurde für verschiedene Einsatzzwecke verwendet. Die Produktion lief erst 1946 aus, nachdem 755 Wirraway ausgeliefert worden waren. Ursprünglich waren sie als Übungsflugzeuge geplant, und ihre Verwendung für aktivere Einsätze war teilweise dafür verantwortlich, daß dann beim Empire Air Training Scheme das Wackett Schulflugzeug eingesetzt wurde.

DAR-10F

Einsatzzweck: Leichter Bomber und
   Stuka
Triebwerk: Ein 950 PS Fiat A.74R
   Sternmotor

Höchstgeschwindigkeit: 472 km/h

Die ursprüngliche DAR-10 wurde 1939 von der Darjawna Aero-
planna Rabotilniza (staatl. bulgarische Flugzeugfabrik) als von
einem einzelnen Sternmotor angetriebenes Mehrzweckflugzeug mit festem Fahrgestell konstruiert. Die DAR-10F, welche
nur in kleinen Stückzahlen produziert wurde, war eine abgewandelte Zweisitzerversion für leichte Bombenangriffe und
Sturzangriffe, sie konnte eine 250 kg Bombe und vier 50 kg
Bomben tragen.

Dewoitine 520

Einsatzzweck: Jagdflugzeug
Triebwerk: Ein 910 PS Hispano-Suiza
   12 Y-45 Reihenmotor
Spannweite: 10,20 m
Länge: 8,76 m
Leergewicht: 2095 kg
Fluggewicht: 2780 kg

Höchstgeschwindigkeit: 526 km/h in
   6000 m Höhe
Dienstgipfelhöhe: 11000 m
Normale Reichweite: 992 km
Bewaffnung: Eine 20 mm-Kanone und
   vier 7,5 mm-MG.

Als Frankreichs zweifellos bester und erfolgreichster Jäger der
Zeit vor der französischen Kapitulation wurde die D.520 für
eine Ausschreibung von 1937 gebaut, und die ersten drei Pro-

totypen machten am 2. Oktober 1938 von einem 890 PS Hispano-Suiza 12Y-21 Motor angetrieben, ihren Erstflug. Die D.520 wurde vom Beginn des Jahres 1939 an in Serie produziert, die ersten Auslieferungen wurden noch in jenem Jahre gemacht. Nach der Kapitulation Frankreichs erlaubten die deutschen Behörden die Weiterführung der D.520 Produktion und eine Zeitlang rüsteten viele dieser Maschinen die Staffeln der Vichy-Luftwaffe aus; Ende 1942 wurde eine Anzahl der Jagdflugzeuge von den Deutschen eingezogen, die sie als Jagdschulflugzeuge für die deutsche Luftwaffe einsetzten, und andere Maschinen für den gleichen Zweck der Regia Aeronautica übergaben. Andere Flugzeuge kamen bei der rumänischen und bulgarischen Luftwaffe zum Kriegseinsatz. Ende 1944 wurden viele übriggebliebene D.520 von den Freien Französischen Streitkräften zurückverlangt. Die Besetzung Frankreichs hatte eine Anzahl geplanter Weiterentwicklungen der D.520 gekürzt oder gestrichen. Darunter waren die D.250T mit einem 1200 PS Hispano-Suiza 12Z-89; die D.520Z mit einem 1600 PS Hispano-Suiza 12Z; die D.521 mit einem 1030 PS Rolls-Royce Merlin III; und die HD-780, eine Wasserflugzeugentwicklung mit zwei Schwimmern, mit einem 1050 PS Hispano-Suiza 12Y-51. Die Gesamtproduktion der D.520 betrug etwas über 600 Maschinen. Einige der zurückverlangten Flugzeuge wurden nach dem Kriege in zweisitzige Schulflugzeuge des Musters D.520DC abgewandelt.

Farman 222

Eine Anzahl dieser veralteten französischen Bomber wurde in

Farman 222

den allerersten Kriegstagen zu Aufklärungsflügen und Flugblatt-
abwürfen über Deutschland und der Tschechoslowakei benutzt zusammen mit der Amiot M (siehe oben). Einige Maschinen wurden auch von der Vichy-Luftwaffe als Transporter verwendet.

Fokker C. X

Einsatzzweck: Aufklärungsbomber
Triebwerk: Ein 650 PS Rolls-Royce
  Kestrel V 12-Motor

Höchstgeschwindigkeit: 320 km/h
Normale Reichweite: 800 km

Fokker C.X. der finnischen Luftwaffe

Dieser einmotorige Doppeldecker erschien erstmals 1935, und
1938 kamen 20 Maschinen an die niederländische Luftwaffe
zur Auslieferung, zehn davon wurden später Niederländisch-
Ostindien zugewiesen. Die verbleibenden zehn Flugzeuge waren noch im niederländischen Truppendienst, als Holland im
Mai 1940 überrannt wurde, und weitere 35 von Bristol Mercury Motoren angetriebene Flugzeuge im Dienst der finnischen
Luftwaffe, diese letzteren Maschinen verwendeten manchmal
Schneekufen statt des Fahrgestells. Die ersten fünf C.X Muster wurden mit offenem Cockpit gebaut, aber die späteren
Maschinen erhielten die genormte geschlossene Pilotenkabine.
Die Bombenzuladung der C.X betrug 408 kg, und normaler-
weise bestand die Verteidigungsbewaffnung aus zwei MG.

Fokker C. XI-W

Ein mit Schwimmern ausgestatteter Doppeldecker für Aufklärungseinsätze mit zwei Mann Besatzung, von dem 1938 achtzehn Maschinen an die niederländische Marine-Luftwaffe zur Verwendung als schiffsgestütztes Beobachtungsflugzeug geliefert wurden. Die Hr.N.M.S. »Tromp« und »De Ruyter« wurden zum Starten dieser Flugzeuge mit Katapulten ausgerüstet, aber an Bord anderer Schiffe wurde praktisch so vorgegangen, daß die Flugzeuge aufs Meer zu einem normalen Start vom Wasser aus herabgelassen wurden.

Fokker C. XIV-W

Einsatzzweck: Aufklärungsflugzeug *Triebwerk:* Ein 425 PS Wright Whirlwind Sternmotor

Einundzwanzig dieser zweisitzigen Doppeldecker wurden im Mai 1940 an die holländische Marine ausgeliefert, elf davon wurden Ostindien zugewiesen. Infolge der schwachen Triebwerksleistung des Whirlwind-Motors, der keine hohe Flugleistung erbrachte, wurde die C.XIV-W hauptsächlich als Schulflugzeug verwendet.

Fokker D-XXI

Einsatzzweck: Jagdflugzeug
Triebwerk: Ein 830 PS Bristol Mercury VIII Sternmotor
Spannweite: 11,01 m
Länge: 8,20 m
Leergewicht: 1450 kg
Fluggewicht: 2045 kg
Höchstgeschwindigkeit: 456 km/h
Dienstgipfelhöhe: 9550 m
Normale Reichweite: 943 km
Bewaffnung: Vier 7,9 mm-MG.

Der Prototyp der D.XXI machte am 27. März 1936, von einem 645 PS Mercury VI-S Motor angetrieben, seinen Erstflug. 1937 bestellte die niederländische Regierung 36 Serienflugzeuge, die von Mercury VII oder VIII angetrieben werden sollten, und im selben Jahr bestellte die finnische Regierung sieben Maschinen und erhielt eine Fertigungslizenz. Nur 29 der ursprünglich

Fokker D.XXI der finnischen Luftwaffe

36 niederländischen Maschinen waren beim deutschen Einmarsch im Dienst der Truppe, und die Mehrzahl der hergestellten D.XXI wurden anderswo gebaut. Die staatliche finnische
Flugzeugfabrik baute insgesamt 93 Maschinen, wovon 55 den
amerikanischen Twin Wasp Motor anstelle des britischen Mercury verwendeten. Die dänische Regierung kaufte drei und
baute weitere zehn Maschinen, die vom Mercury VI-S Motor
wie beim ersten niederländischen Prototyp angetrieben wurden. Die spanische Regierung erwarb ebenfalls eine Lizenz,
obwohl keins der Flugzeuge, mit deren Bau begonnen wurde,
tatsächlich fertiggestellt wurde.

Fokker G. I

Einsatzzweck: Schweres Jagdflugzeug
    und Tiefangriffsflugzeug
Triebwerke: Zwei 830 PS Bristol
    Mercury VIII Sternmotoren
Spannweite: 17,18 m
Länge: 11,51 m
Leergewicht: 3325 kg

Fluggewicht: 4800 kg
Höchstgeschwindigkeit: 472 km/h in
    4250 m Höhe
Dienstgipfelhöhe: 9300 m
Normale Reichweite: 1510 km
Bewaffnung: Neun 7,8 mm-MG.

Als eine der wenigen Doppelrumpfflugzeugkonstruktionen,
welche im Zweiten Weltkrieg zum Einsatz kamen, wurde die
Fokker G.I als private Entwicklung durchgeführt, und sie

400

machte am 16. März 1937, von zwei 750 PS Hispano-Suiza 80-02 Motoren angetrieben, in Eindhoven ihren Erstflug; das Triebwerk wurde später durch zwei Twin Wasp Junior SB4G mit ähnlicher Leistung ersetzt. Ein Produktionsauftrag wurde im Jahre 1937 für die G.I erteilt, und die Auslieferung der ersten Maschinen eines aus 36 Stück bestehenden Fertigungsloses begann 1938. Davon waren 23 beim deutschen Einmarsch in Holland noch einsatzbereit, viele wurden jedoch am Boden zerstört, und die übrigen von der deutschen Luftwaffe als Schuljagdflugzeuge übernommen. Zwölf von Spanien bestellte G.Ib waren zur Zeit der Invasion in Holland und weder diese noch zwei andere ausländische Bestellungen — 26 für Dänemark und 18 für Schweden — konnten ausgeliefert werden. Die bei der Luftvaartafdeling (Armeeluftwaffe) oder LVA im Dienst befindlichen Maschinen hatten eine Besatzung von drei Mann und konnten eine Bombenlast von 400 kg tragen.

Fokker G. Ia

Fokker S. IX

Einsatzzweck: Schulflugzeug

Triebwerk: Ein 165 PS Menasco Buccaneer oder Armstrong Siddeley Genet Major Sternmotor

Dieser zweisitzige Schulflugzeugdoppeldecker wurde zuerst im Jahre 1937 geflogen; 24 Stück wurden 1938 an das Heer und 27 an die Marine ausgeliefert.

Fokker T. V

Einsatzzweck: Mittelschwerer Bomber
Triebwerke: Zwei 925 PS Bristol
    Pegasus Sternmotoren

Höchstgeschwindigkeit: 448 km/h
Größte Reichweite: 1600 km

Sechzehn Stück dieses mittelschweren Bombers wurden 1938
an die LVA ausgeliefert, wovon noch 19 zur Zeit des deutschen Einmarsches eingesetzt waren. Die Bombenzuladung betrug 1000 kg, die Abwehrbewaffnung bestand aus einer Kanone
und vier MG.

Fokker T.V

Fokker T. VIII-W

Einsatzzweck: Torpedobomber und
    Aufklärer
Triebwerke: Zwei 830 PS Bristol
    Mercury XI Sternmotoren
Spannweite: 20,01 m
Länge: 15,20 m

Leergewicht: 4520 kg
Fluggewicht: 6630 kg
Höchstgeschwindigkeit: 355 km/h
Dienstgipfelhöhe: 6800 m
Normale Reichweite: 1690 km
Bewaffnung: Zwei 7,9 mm-MG.

Die zuerst im Jahre 1938 geflogene Fokker T.VIII-W war im
Aussehen nicht unähnlich einer Bristol Beaufort, die auf zwei
Schwimmer montiert war. Bis zum Zeitpunkt des deutschen

Einmarsches in Holland waren zwölf dieser Flugzeuge an die niederländische Marine ausgeliefert worden, und es gelang neun Maschinen, nach England zu entkommen, wo sie die 320. Staffel des RAF Küstenkommandos bildeten. Weitere fünf Maschinen, die sich noch auf den Fertigungsstraßen befanden, wurden unter deutscher Aufsicht fertiggestellt und von der deutschen Luftwaffe gegen Schiffsziele und für Küstenaufklärungsflüge benutzt. Zu dieser Zeit war eine Landflugzeugversion, die T.VIII-L für Finnland im Bau, aber das einzige Exemplar dieser Version wurde für die deutsche Luftwaffe übernommen und fertiggestellt.

Hanriot 232

Einsatzzweck: Fortgeschrittenen-
    Schulflugzeug
Triebwerke: Zwei 220 PS Renault 6 Q
    Reihenmotoren

Spannweite: 12,76 m
Länge: 8,50 m
Fluggewicht: 2240 kg
Höchstgeschwindigkeit: 342 km/h

Der Prototyp dieses zweisitzigen französischen Schulflugzeuges, die H-230, erschien im Jahre 1937 und wurde von zwei 170 PS Salmson Reihenmotoren angetrieben. Mit Tandem-Sitzanordnung und einem festen Fahrgestell war sie im allgemeinen der H-220, dem Vorläufer des Hanriot NC-600 Jägers ähnlich. Die H-231, die am 28. Juli 1937 ihren Erstflug machte, hatte zwei 250 PS Salmson und ein Doppelseitenleitwerk, aber die dritte Maschine, die H-232, die im Jahre 1938 erschien, verwendete wieder ein einfaches Seitenleitwerk und wurde von 220 PS Renault 6 Q angetrieben. Bei der Serienfertigung der H-232 wurde dieses Triebwerk beibehalten, aber wieder auf das Doppelseitenleitwerk übergegangen. Insgesamt wurden etwas über 50 Maschinen des Musters H-232 gebaut.

I.A.R. 37, 38 und 39

Der Bau dieser Reihe dreisitziger Doppeldecker wurde im Jahre 1938 von der Industria Aeronautica Romana begonnen, um veraltende französische Flugzeugmuster, die vorher im

Truppendienst der rumänischen Luftwaffe standen, abzulösen. Ihre Funktion war hauptsächlich leichter Bombenangriff und Aufklärung.

I.A.R. 80

Einsatzzweck: Jagdflugzeug
Triebwerk: Ein in Lizenz gebauter
940 PS Gnôme-Rhône 14K
Sternmotor
Spannweite: 10,01 m
Länge: 8,18 m
Leergewicht: 1780 kg

Fluggewicht: 2285 kg
Höchstgeschwindigkeit: 507 km/h in
3970 m Höhe
Dienstgipfelhöhe: 10550 m
Größte Reichweite: 945 km
Bewaffnung: Zwei 20 mm-Kanonen
und vier 7,7 mm-MG.

Als einziger in Serie produzierter Jäger rumänischer Konstruktion im Zweiten Weltkrieg wies die I.A.R. 80 viele Merkmale des polnischen PZL P-24E Jagdflugzeuges auf, welches die Industria Aeronautica Romana in den späten dreißiger Jahren in Lizenz gebaut hatte. Der Prototyp des Musters I.A.R. 80 flog Ende 1938, und 1941 kam das Muster in die Serienfertigung. Anfang 1942 kam es in den Einsatz bei den Staffeln, und insgesamt wurden etwa 125 Maschinen produziert. Die I.A.R. 81 war eine für Jagdbombereinsätze weiterentwickelte Version, die zwei 100 kg-Bomben tragen konnte, von der jedoch nur einige Maschinen gefertigt wurden.

Ikarus IK-2

Einsatzzweck: Jagdflugzeug
Triebwerk: Ein 860 PS Hispano-Suiza
12 Zylinder V-Motor
Spannweite: 11,42 m
Länge: 7,89 m
Leergewicht: 1440 kg
Fluggewicht: 1940 kg

Höchstgeschwindigkeit: 425 km/h in
5000 m Höhe
Dienstgipfelhöhe: 10500 m
Normale Reichweite: 370 km
Bewaffnung: Eine 20 mm-Kanone
und zwei 7,92 mm-MG.

Die IK-2 war der zweite Prototyp des Ein- und Schulterdecker-Jagdflugzeuges IK-1, welches zuerst im Jahre 1935 erschien. Trotz eines Unfalles der ersten Maschine schritt die IK-2 Konstruktion voran, und der Erstflug erfolgte 1936. Die Serienproduktion der IK-2 betrug nur zwölf Flugzeuge, die 1937 ausgeliefert wurden, und bei Ausbruch des Zweiten Weltkrieges blieben nur acht davon einsatzbereit, sie wurden hauptsächlich zu Tiefangriffen eingesetzt.

Jakowlew Jak-1 (Yakovlev Yak-1)

Die Daten beziehen sich auf die Jak-1

Einsatzzweck: Jäger und Jagdbomber
Triebwerk: Ein 1100 PS Klimov
WK-105PA 12 Zylinder V-Motor

Spannweite: 10,00 m
Höchstgeschwindigkeit: 582 km/h in
5000 m Höhe

Der Prototyp der Jak-1 flog erstmals Mitte 1940 als I-26 zwei Jahre nach Konstruktionsbeginn und brachte Alexander Jakowlew mit 34 Jahren den Lenin-Orden und einige mehr materielle Ehren ein. Nachdem sie im Spätfrühling 1941 in Produktion gegangen war, stand die Jak-1 Anfang 1942 im Dienst der Truppe, und nachfolgende Versionen besaßen eine verbesserte Bewaffnung. Spätere Modifikationen waren Verkürzung des hinteren Rumpfes und Einbau einer Vollsichthaube; anfangs unter dem Namen Jak-1M bekannt, wurde dieses Muster später mit dem 1260 PS M-105PF Motor umgerüstet und erhielt die neue Bezeichnung Jak-1M.

Jak-I

Jakowlew Jak-3 (Yakovlev Yak-3)

Einsatzzweck: Jagd- und Tiefangriffs-
flugzeug
Triebwerk: Ein 1260 PS Klimow M-105
PF 12 Zylinder V-Motor

Spannweite: 9,20 m
Höchstgeschwindigkeit: 645 km/h in
5000 m Höhe

Als Parallel-Entwicklung der Jak-9 (Seite 253) folgte die Jak-3
dieser Maschine 1944 in den Truppendienst trotz der Tatsache,
daß sie eine frühere Entwurfsnummer trug. Die Jak-3 war etwas schmaler als die Jak-9, hatte unterhalb 4880 m eine ausgezeichnete Flugleistung und wurde dank ihrer guten Tiefflug-
eigenschaften ziemlich verbreitet sowohl als Begleitjäger für
die Tiefangriffe der Muster Il-2 und Pe-2 verwendet als auch
Erdkampfunterstützungsflugzeug in eigener Verantwortung. Die
Bewaffnung bestand aus einer einzelnen 20 mm-SchWAK-Ka-
none und zwei 12,7 mm-Beresin-MG.

Koolhoven F.K. 51

Die LVA und die holländische Marine erhielten 44 bzw. 24 dieser zweisitzigen Doppeldecker-Schulflugzeuge vor dem
Kriege, die LVA wies 24 Maschinen davon Niederländisch-

Ostindien zu. Die beim deutschen Einmarsch in Holland verbliebenen einsatzbereiten Maschinen wurden für Beobachtungsflüge eingesetzt.

Koolhoven F.K. 58

Einsatzzweck: Jagdflugzeug
Triebwerk: Ein 1080 PS Hispano-
   Suiza 14 Zylinder Doppelstern-
   motor
Spannweite: 11,02 m
Länge: 8,71 m
Leergewicht: 1800 kg

Fluggewicht: 2550 kg
Höchstgeschwindigkeit: 500 km/h in
   4500 m Höhe
Dienstgipfelhöhe: 10400 m
Normale Reichweite: 745 km
Bewaffnung: Vier 7,5 mm-MG.

Der Prototyp der F.K.58 trug die zivile niederländische Zulassungsbezeichnung PH-ATO, machte seinen Erstflug am 22. September 1938, und die Konstruktion wurde zwei Monate später mit einem Auftrag von 50 Flugzeugen dieses Musters für die französische Regierung bedacht. Diese setzten sich aus zwei Modellen zusammen; die F.K.58 mit dem Hispano-Suiza Motor und die F.K.58A, die vom Gnôme-Rhône 14N/16 angetrieben wurde. Von diesem Auftrag waren im September 1939 achtzehn Stück (sieben F.K.58 und elf F.K.58A) ausgeliefert worden, inzwischen waren vierzig F.K.58 mit einem Bristol Taurus Triebwerk von der niederländischen Regierung für die LVA bestellt worden, wurden aber nie ausgeliefert. Nur die französischen Maschinen waren einsatzbereit — und diese wurden von polnischen Piloten geflogen.

Lioré et Olivier LeO 45

Der mittelschwere Bomber LeO 45 trat ab Herbst 1939 in den Truppendienst der Armée de l'Air und war der einzige wirklich moderne Bomber der französischen Luftwaffe bei Ausbruch des Krieges. Die wenigen ausgelieferten Maschinen wurden bei der Vichy-Luftwaffe weiterverwendet, und einige Flugzeuge dieses Musters wurden auch über dem nordafrikanischen Kriegsschauplatz gesehen.

Lioré-Nieuport LN-40

Dieser französische Kampfbomber ging in den späten dreißiger Jahren in die Serienfertigung und rüstete zwei landgestützte Staffeln der Aéronavale zu Beginn des Zweiten Weltkrieges aus. Zu Anfang wurde er zur U-Boot-Küstenüberwachung verwendet, doch nach dem deutschen Einmarsch in Frankreich wurde er auch zur Erdkampfunterstützung benutzt.

L.W.S. RWD-14 Czapla (Reiher)

Einsatzzweck: Erdkampfunterstützung
Triebwerk: Ein 420 PS PZL G. 1620B Mors II Sternmotor
Spannweite: 11,92 m
Länge: 9,02 m
Leergewicht: 1155 kg

Fluggewicht: 1700 kg
Höchstgeschwindigkeit: 246 km/h in Meereshöhe
Dienstgipfelhöhe: 5000 m
Normale Reichweite: 576 km
Bewaffnung: Zwei 7,7 mm-MG.

Die Czapla flog erstmals im Jahre 1935, kam 1938 in Polen bei den Lubelska Wytwornia Samolotow in die Serienfertigung,

und zu Anfang des nächsten Jahres waren 65 Maschinen dieses Musters gebaut worden. Trotz anfänglicher Kinderkrankheiten und des Verlustes zweier Prototypen war die RWD-14 ein gutes Heeres-Kooperationsflugzeug mit ausgezeichneten Kurzstarteigenschaften und — außer fünf — waren alle Maschinen im September 1939 noch einsatzbereit.

Morane-Saulnier 406

Einsatzzweck: Jagdflugzeug
Triebwerk: Ein 860 PS Hispano-
    Suiza 12Y-31 V 12-Motor
Spannweite: 10,28 m
Länge: 8,17 m
Leergewicht: 1900 kg
Fluggewicht: 2440 kg

Höchstgeschwindigkeit: 481 km/h in
    5000 m Höhe
Dienstgipfelhöhe: 9400 m
Normale Reichweite: 795 km
Bewaffnung: Eine 20 mm-Kanone und
    zwei 7,5 mm-MG.

Bei Kriegsausbruch war die M.S.406 der zahlenmäßig bedeutendste französische Jäger im Truppendienst. Es war eine Weiterentwicklung der M.S.405 von 1934, deren Prototyp am 8. August 1935 seinen Erstflug machte. Ein Jahr später wurde ein Vorserienfertigungslos von 15 Maschinen bestellt, die sich von der ersten Maschine in verschiedenen baulichen Einzelheiten unterschieden. Ein Flugzeug dieses Musters wurde später unter der Bezeichnung D-3801 in der Schweiz in Lizenz gebaut. Die letzte endgültige Version der M.S.405 erhielt die neue Bezeichnung M.S.406, und tausend dieser Jagdmaschinen wurden im März 1938 bestellt; bis zur französischen Niederlage im Sommer 1940 wurden tatsächlich 1037 Stück fertiggestellt, und französische Piloten schossen gut über 250 Feindflugzeuge ab, darunter auch Bf 109. Unter den ausländischen Bestellungen der M.S.406 bei Ausbruch des Krieges waren zwölf Stück für Litauen und 160 für Polen (die nicht ausgeliefert wurden), 45 für die Türkei, 30 für Finnland und 13 für China.

Plage und Laskiewicz Lublin R. XIII

Einsatzzweck: Aufklärung und Erd-kampfunterstützung
Triebwerk: Ein in Lizenz gebauter 220 PS Wright Whirlwind Sternmotor
Spannweite: 13,21 m
Länge: 8,48 m

Leergewicht: 886 kg
Fluggewicht: 1330 kg
Höchstgeschwindigkeit: 194 km/h
Dienstgipfelhöhe: 4450 m
Normale Reichweite: 516 km
Bewaffnung: Ein 7,7 mm-MG.

Lublin R. XIIIB

Zwischen 1932 und 1936 wurden insgesamt 300 Maschinen des Musters R.XIII aller Versionen gebaut, von denen das wichtigste die R.XIIID war, auf die sich die obigen Daten beziehen. Etwa 150 R.XIII blieben zur Zeit des deutschen Einmarsches im Truppendienst, von denen die meisten die D-Version oder die R.XIIIG waren, die von einem 380 PS Mors Motor angetrieben wurden; etwa 30 weitere Wasserflugzeugversionen mit zwei Schwimmern waren im Dienst der polnischen Marine.

Potez 54

Einsatzzweck: Bomber und Auf-
klärungsflugzeug
Triebwerke: Zwei 690 PS Hispano-
Suiza 12X Sternmotoren oder
780 PS Lorraine 12 Zylinder
H-Motoren

Marschgeschwindigkeit: 240 km/h
Normale Reichweite: über 1280 km
Bombenzuladung: 1000 kg

Über 220 Stück dieses zweimotorigen Aufklärungsbombers wurden gebaut, die wichtigsten Versionen waren die Potez 540 mit Hispano-Suiza Motoren und die Potez 542 mit Lorraine Motoren; es wurden 147 bzw. 59 Maschinen dieser Version gebaut. Der mit Doppelseitenleitwerk ausgestattete Prototyp machte am 14. November 1933 seinen Erstflug, doch erhielten die Serienmuster ein genormtes einfaches Seitenleitwerk. Die Potez 54 war ein Eindecker mit abgestrebten Flügeln, bei dem die Motoren an Stummelflügeln, die aus der Rumpfunterseite herausragten, angebracht waren. Eine zivile Variante, die Potez 62, trat 1935 in Dienst der Air France; 35 dieser Maschinen wurden gebaut, eine wurde als Reiseflugzeug des französischen Luftfahrtministers umgebaut. Weitere 50 Flugzeuge auf der Grundlage der Potez 62, jedoch mit der Bezeichnung P.650, wurden als 14sitzige Truppentransporter für die französische Luftwaffe gebaut.

Potez 63

Die Daten beziehen sich auf die P.631-C.3

Einsatzzweck: Jagdflugzeug
Triebwerke: Zwei 670 PS Gnôme-
Rhône 14M3/4 Sternmotoren
Spannweite: 16,00 m
Länge: 11,08 m
Leergewicht: 2960 kg
Fluggewicht: 4500 kg

Höchstgeschwindigkeit: 443 km/h in
4000 m Höhe
Dienstgipfelhöhe: 9000 m
Normale Reichweite: 1190 km
Bewaffnung: Zwei 20 mm-Kanonen
und acht 7,5 mm-MG.

Die Potez 63 war ein Mehrzweckflugzeug, das als Jäger, Kampfflugzeug, leichter Bomber, Sturzbomber und Aufklärer gebaut wurde. Der Prototyp flog am 25. April 1936, und im Mai

Potez 63-II

des folgenden Jahres wurde die erste Fertigungsserie, der dreisitzige Jäger des Musters Potez 630 begonnen: 80 dieser Maschinen wurden mit 640 PS Hispano-Suiza Motoren fertiggestellt, es folgten 214 Potez 631 mit Gnôme-Rhône Motoren. Die anderen Hauptserienversionen waren das zweisitzige Kampfflugzeug Potez 633, von dem 115 Stück gebaut wurden, das dreisitzige Beobachtungsflugzeug Potez 637 (61 gebaut) und der dreisitzige Aufklärer Potez 63/11, von dem 717 Stück fertiggestellt wurden. Bis Mai 1940 hatte die Firma Avions Henry Potez etwa 1250 Maschinen der verschiedenen Versionen fertiggestellt, obschon wahrscheinlich nicht mehr als 500 tatsächlich zum Kriegseinsatz kamen. Unterschiedliche Stückzahlen der verschiedenen Muster kamen zum Export nach Griechenland, Rumänien und der Schweiz, und Aufträge, die nicht ausgeführt wurden, kamen aus Finnland und China. Einige Maschinen der früheren Vichy-Luftwaffe wurden von der deutschen Luftwaffe zu Verbindungsflügen eingesetzt.

P.W.S. 26

Einsatzzweck: Anfänger-Schulflugzeug
Triebwerk: Ein in Lizenz gebauter 220 PS Wright Whirlwind Sternmotor
Spannweite: 8,58 m
Länge: 7,02 m

Leergewicht: 850 kg
Fluggewicht: 1120 kg
Höchstgeschwindigkeit: 216 km/h
Dienstgipfelhöhe: 4620 m
Normale Reichweite: 458 km
Bewaffnung: Ein 7,7 mm-MG.

Zweihundertvierzig dieser zweisitzigen Flugzeuge wurden als

Schul- und Verbindungsflugzeuge bei der polnischen Luftwaffe eingesetzt, und einige Maschinen kamen zu Aufklärungsflügen und leichten Bombenangriffen in den Kriegseinsatz. Eine Weiterentwicklung der P.W.S.26 war der Jagdflugzeug-Trainer P.W.S.35 Ogar, einige erbeutete Maschinen dieses Musters wurden von der deutschen Luftwaffe verwendet.

P.W.S. RWD-8

Einsatzzweck: Anfänger-Schulflug-
   zeug
Triebwerk: Ein 110 PS Walter Junior
   Reihenmotor
Spannweite: 11,01 m
Länge: 8,01 m

Leergewicht: 500 kg
Fluggewicht: 748 kg
Höchstgeschwindigkeit: 170 km/h
Dienstgipfelhöhe: 5000 m
Normale Reichweite: 430 km

Von insgesamt 650 dieses zweisitzigen Anfänger-Schulflugzeuges der polnischen Luftwaffe wurden 400 von der Podlaska Wytwornia Samolotow zum Trainingseinsatz fertiggestellt und weitere vierzig als Vrbindungsflugzeuge. Bei der letztgenannten Einsatzart trug die RWD-8 manchmal ein einzelnes leichtes MG zur Verteidigung.

PZL P-7

Einsatzzweck: Jagdflugzeug
Triebwerk: Ein 485 PS in Lizenz
  gebauter Bristol Jupiter VIIF
  Sternmotor
Spannweite: 10,31 m
Länge: 7,18 m
Leergewicht: 935 kg

Fluggewicht: 1382 kg
Höchstgeschwindigkeit 324 km/h in
  5000 m Höhe
Dienstgipfelhöhe: 10000 m
Normale Reichweite: 695 km
Bewaffnung: Zwei 7,7 mm-MG.

P.7a

Der Prototyp der P-7, einer Weiterentwicklung des Jagdflugzeuges P-1 von 1929, flog erstmals im Jahre 1930. 150 Maschinen wurden insgesamt von der Panstwowe Zaklady Lotnicze
(staatliche polnische Flugzeugfabrik) gebaut, doch bei Ausbruch des Zweiten Weltkrieges waren die meisten davon nur
für Übungszwecke zu gebrauchen, und 27 noch bei den Jagdstaffeln befindliche Maschinen waren zu veraltet, um noch irgend einen Kampfwert zu besitzen.

PZL P-11 und P-24

Die Daten beziehen sich auf die P-11C

Einsatzzweck: Jäger und Jagdbomber
Triebwerk: Ein in Lizenz gebauter
  645 PS Bristol Mercury VI-52
  Sternmotor
Spannweite: 10,73 m
Länge: 7,56 m
Leergewicht: 1146 kg

max. Fluggewicht: 1795 kg
Höchstgeschwindigkeit: 387 km/h in
  5500 m Höhe
Dienstgipfelhöhe: 11000 m
Größte Reichweite: 805 km
Bewaffnung: Zwei oder vier 7,7 mm-
  MG.

414

Die P-11 war ein einsitziger Hochdecker mit abgestrebten Knickflügeln, eine Weiterentwicklung des Musters P-7 und machte ihren Jungfernflug im September 1931. Die P-11A, von der 25 Maschinen gebaut wurden, hatte einen 500 PS Mercury VI-S2 als Antrieb, trat 1933 in die Serienfertigung und 1934 in den Truppendienst. Ein wichtigeres Serienmuster für die polnische Luftwaffe war die P-11C, von der bis 1937 einhundertfünfundsiebzig Stück gebaut wurden. Die P-11A und C machten den größten Teil der Jagdflugzeugstärke der polnischen Luftwaffe im September 1939 aus. Die P-11B war ein Exportmodell für Rumänien: 50 Flugzeuge mit 595 PS Gnôme-Rhône K.9 Motoren wurden von Polen geliefert, und später wurde die P-11B in begrenzten Stückzahlen in Lizenz in Rumänien gebaut. Eine P-11 Zelle mit einem 770 PS Gnôme-Rhône 14K Motor wurde 1933 der Prototyp der P-24. Diese war weitgehend ähnlich der P-11, der wichtigste äußerliche Unterschied war ein verkleidetes Fahrwerk. Die P-24 kam niemals bei der polnischen Luftwaffe zu Einsatz, wurde aber in verschiedene Balkanländer geliefert oder dort in Lizenz gebaut. Darunter waren die Türkei (40 P-24C und Lizenzbau), Rumänien (6 P-24E und Lizenzbau), Griechenland (36 P-24F und G) und Bulgarien (24 P-24G).

P.11c

415

PZL P-23 Karas (Karpfen)

Die Daten beziehen sich auf die P-23B

Einsatzzweck: Bomber und Aufklärungsflugzeug
Triebwerk: Ein 680 PS in Lizenz gebauter Bristol Pegasus VIII Sternmotor
Spannweite: 13,95 m
Länge: 9,65 m

Leergewicht: 1775 kg
Fluggewicht: 3140 kg
Höchstgeschwindigkeit: 316 km/h in 3650 m Höhe
Dienstgipfelhöhe: 7300 m
Größte Reichweite: 1490 km
Bewaffnung: Drei 7,7 mm-MG.

P.23A

Nach ihrem ersten Erscheinen als Prototyp im Jahre 1934 trat die P-23 (Karas A) mit einem Bristol Pegasus II als Motor im folgenden Jahr in die Serienfertigung, um als Übungs-Kampfflugzeug eingesetzt zu werden. Im Jahre 1936 ging die P-23B Karas B (Aufklärungsbomber) als größere Serienversion in die Fertigung, und 210 Maschinen dieses Musters wurden gebaut. Weitere 54 P-23B wurden 1937/39 für Bulgarien unter der Bezeichnung P-43 gebaut, und eine weitere Karas B wurde Erprobungsträger für Bauteile der P-46 Sum, von der beim deutschen Einmarsch große Bestellungen in Polen vorlagen: etwas über 200 P-23 waren derzeit bei der polnischen Luftwaffe einsatzbereit.

PZL P-37 Los (Elch)

Die Daten beziehen sich auf die P-37B

Einsatzzweck: Bomber
Triebwerke: Zwei in Lizenz gebaute
925 PS Bristol Pegasus XX
Sternmotoren
Spannweite: 17,96 m
Länge: 12,91 m
Leergewicht: 4220 kg

Fluggewicht: 8500 kg
Höchstgeschwindigkeit: 436 km/h in
3700 m Höhe
Dienstgipfelhöhe: 6000 m
Größte Reichweite: 2580 km
Bewaffnung: Drei 7,7 mm-MG.

Der Los Prototyp (zwei 873 PS Pegasus XII) flog 1936 und hatte ein Doppelseitenleitwerk. Dreißig Los A wurden für die polnische Luftwaffe bestellt, diese Maschinen hatten einfaches Seitenleitwerk und Pegasus-XX-Motoren; ihnen folgten etwa 70 Los B mit ähnlichen Triebwerken und Doppelseitenleitwerk. Export-Erprobungsmodelle waren im September 1939 die Muster Los C (900 PS Gnôme-Rhône 14N-01) und Los D (1050 PS Gnôme-Rhône 14N-20) und eine vergrößerte Weiterentwicklung der ursprünglichen Konstruktion mit zwei 1300 PS Bristol Hercules III, vier Mann Besatzung, schwerer Bewaffnung und einer Bombenzuladung von 2220 kg, 61 Los B waren zur Zeit des deutschen Einmarsches im Truppendienst der polnischen Luftwaffe, aber etwa 50 davon konnten nach Rumänien entkommen, wurden aber einige Zeit später gegen die russischen Streitkräfte eingesetzt.

P.37Abis

417

Rogozarski IK-3

Einsatzzweck: Jagdflugzeug
Triebwerk: Ein in Lizenz gebauter
    920 PS Hispano-Suiza
    12 Zylinder V-Motor
Spannweite: 10,30 m
Länge: 8,36 m
Leergewicht: 1870 kg

Fluggewicht: 2400 kg
Höchstgeschwindigkeit: 524 km/h in
    5400 m Höhe
Dienstgipfelhöhe: 8000 m
Normale Reichweite: 496 km
Bewaffnung: Eine 20 mm-Kanone und
    zwei 7,92 mm-MG.

Der IK-3 Prototyp wurde von einem 890 PS Hispano-Suiza 12Y Motor angetrieben und erstmals im Frühjahr 1938 geflogen. Ein Produktionsauftrag für zwölf Flugzeuge wurde erteilt. Das erste davon wurde im Sommer 1940 ausgeliefert, und eine Bestellung für weitere 25 war gerade angelaufen, als der deutsche Einmarsch nach Jugoslawien im April 1941 stattfand.

V. L. Myrsky II (Sturm)

Einsatzzweck: Jagdflugzeug
Triebwerk: Ein in Schweden gebauter
    1065 PS Pratt & Whitney SC3G
    Twin Wasp Doppelsternmotor
Spannweite: 11,01 m
Länge: 8,36 m

Leergewicht: 2330 kg
Fluggewicht: 2940 kg
Höchstgeschwindigkeit: 526 km/h
Dienstgipfelhöhe: 9000 m
Normale Reichweite: 496 km
Bewaffnung: Vier 12,7 mm-MG.

Der Myrsky I Prototyp war eine von der Valtion Lentokoneteh-

Myrsky II

das (Staatliche Finnische Flugzeugfabrik) um den von der schwedischen Flugzeugfabrik gebauten Twin Wasp Motor konstruierte Zelle und machte 1942 seinen Erstflug. Diese und die nächsten drei Maschinen gingen alle bei der Erprobung verloren, aber von der fünften Maschine an (Myrsky II) wurden Verbesserungen eingeführt, und bis 1944 wurden insgesamt 47 Myrsky II gebaut. Sie kamen in sehr geringem Umfang während des deutschen Rückzuges aus Finnland zum Einsatz, waren eine etwas unbefriedigende Konstruktion und bei ihren Piloten ziemlich unbeliebt. Zehn Exemplare einer verbesserten Myrsky III waren bei Kriegsende in Europa im Bau und beendeten die weitere Entwicklung.

V. L. Pyry II

Die Pyry II war eine weitere Konstruktion der Staatlichen Finnischen Flugzeugfabrik, erschien als Prototyp etwa zwei bis drei Jahre vor Ausbruch des Zweiten Weltkrieges und sollte als Jagdflugzeug-Trainer eingesetzt werden. 1940 wurde die Fertigung unterbrochen, jedoch wurden 1941 40 Flugzeuge dieses Musters fertiggestellt.

Yokosuka E 14 Y 1

Einsatzzweck: Aufklärungsflugzeug
Triebwerk: Ein 360 PS Hitachi
   Tempu 12 Sternmotor

Spannweite: 10,98 m
Höchstgeschwindigkeit: 167 km/h in
   855 m Höhe

Die E14Y1 erhielt den Codenamen »Glen« und wurde vom Yokosuka Naval Air Arsenal als kleines Aufklärungsflugzeug mit bescheidener Flugleistung konstruiert, das als »Späh«-Flugzeug von Hochsee-U-Booten mitgeführt werden konnte. Es erschien zuerst im Jahre 1940 und wurde im späteren Verlauf des Krieges vor den Küsten der Vereinigten Staaten und Australien gesehen. Die E14Y1 hatte ein Abfluggewicht von nur 1450 kg. Die nicht sehr umfangreiche Produktion des Musters wurde von der Firma Kyushu abgewickelt.

ANDERE TYPEN

(Versuchsflugzeuge und weniger wichtige Kriegsflugzeuge)

Deutschland

Arado Ar 199. Zwei/Dreisitziges Schulflugzeug für Seeflug-zeug-Besatzungen der Marine; ähnlich aber etwas größer als die Ar 96B.

Arado Ar 233. Projekt eines zweimotorigen mittelgroßen Am-phibiums für Reise- und Kurierzwecke, im besetzten Frankreich entwickelt. Nicht hergestellt.

Bachem Ba 349 Natter. Raketengetriebener Abfangjäger mit der phantastischen Steiggeschwindigkeit von 11 300 m/min. Etwa 40 Maschinen bei Kriegsende fertiggestellt.

Blohm und Voss Ha 139. Viermotoriges Wasserflugzeug mit zwei Schwimmern für Langstrecken-See-Aufklärung und Mi-nenlegen. Vorkriegskonstruktion, keine weitverbreitete Ver-wendung.

Blohm und Voss Bv 141. Eines der am merkwürdigsten ausse-henden Flugzeuge des Krieges; bestand aus einem »Rumpf«,

Blohm & Voss Bv 141 Prototyp

der nur einen einzelnen Motor aufwies, der Leitwerksflosse und einer einzigen Höhenleitwerkshälfte auf der linken Seite. Rechts war eine separate Pilotenkabine angebracht. Es wurden nur wenige Versuchsmuster hergestellt und als Beobachtungsflugzeug über Rußland und England eingesetzt.

Blohm und Voss Ha 142. Landgestützte Abwandlung des Musters Ha 139 (siehe oben); auch für Truppentransport und allgemeine Transportaufgaben eingesetzt.

Blohm und Voss Bv 144. Zweimotoriges mittelgroßes Transportflugzeug mit Doppelseitenleitwerk und einer Tragfläche mit veränderlichem Anstellwinkel. Zwei Prototypen von Bréguet in Frankreich fertiggestellt.

Blohm und Voss Bv 155. Das ursprünglich mit Me 155A bezeichnete Muster war eine radikale Weiterentwicklung der Bf 109 für den schiffsgestützten Einsatz als Höhenabfangjäger. 1943 von Blohm und Voss übernommen und weiterentwickelt, wurden nur zwei Prototypen fertiggestellt.

DFS 228. Von einem Raketenmotor angetriebener Höhenaufklärer. Bei Kriegsende noch in Entwicklung, obschon zehn Vorserienmaschinen für 1945 bestellt waren.

Dornier Do 26. Postflugzeug der Deutschen Lufthansa für den Transatlantikdienst aus der Vorkriegszeit, das in geringer Anzahl zu Aufklärungsflügen benutzt wurde. Vier in Tandem-Anordnung montierte Motoren.

Dornier Do 214. Konstruktion eines übergroßen 8-motorigen Passagierflugbootes mit 60 m Spannweite; 1942 aufgegeben.

Dornier Do 335 Pfeil. Unkonventioneller von zwei DB 603 angetriebener Jäger, ein Motor vorn und einer hinten, mit der Pilotenkabine in Flugzeugmitte. Einsitzige (Do 335A) und zweisitzige (Do 335B) Versionen bei Kriegsende für den Truppendienst fast einsatzbereit. Bewaffnung 30 mm-Kanone, Höchstgeschwindigkeit 763 km/h. Do 435: Projekt ähnlich mit leistungsstärkeren Triebwerken.

Dornier Do 635. Zusammenbau von zwei Rümpfen der Do 335 sowie deren Außenflügel mit einem neuen Mittelstück. Nicht im Kriegseinsatz.

Flettner Fl 282 Kolibri und Fl 285. Kleine Beobachtungshubschrauber, die während des Krieges entwickelt wurden, aber nicht in Serienfertigung kamen.

Flettner Fl 339. Großer Transporthubschrauber, bei Ende der Feindseligkeiten noch im Entwurfsstadium.

Focke-Wulf Fw 44 Stieglitz. Einmotoriger Doppeldecker, der in kleinen Stückzahlen als Anfänger-Schulflugzeug verwendet wurde.

Focke-Wulf Fw 58 Weihe. Zweimotoriger Eindecker für Schulung und leichte Verbindungsflüge. Auch als Wasserflugzeug-Version hergestellt.

Focke-Wulf Ta 154. Zweimotoriger, zweisitziger Nachtjäger. Trug dann und wann inoffiziell den Namen »Moskito«; weil er die englische Mosquito jagen sollte, nur ein paar Dutzend gebaut, der bei der Holzbauweise verwendete Kaltleim fraß das Holz an. Weiterentwicklung mit großer Spannweite erhielt die Bezeichnung Ta 254.

Focke-Wulf Ta 183. Jagdflugzeug-Konstruktion mit einem Stahltriebwerk und stark gepfeilten Tragflächen. Entwicklung weit fortgeschritten; das Muster wäre später im Jahre 1945 in den Truppendienst gekommen.

Focke-Wulf Fw 187 Falke. Zweimotoriger Jäger, Erstflug 1937. Nur drei Prototypen, die 1939 — 1943 im Kriegseinsatz waren und später Erprobungsträger der Ta 154, wurden fertiggestellt.

Focke-Wulf Fw 191. Zweimotoriger mittelschwerer Bomber, Erstflug 1942. Sechs Maschinen gebaut, doch das unzureichende Triebwerk und andere Schwierigkeiten führten zur Aufgabe des Projektes im folgenden Jahr.

Focke-Wulf Fw 300 und Ta 400. Nur Konstruktionsentwürfe des Nachfolgemusters der Fw 200.

Gotha Go 345. Entwurf aus dem Jahre 1944 eines mittelschweren Lastenseglers, äußerlich nicht unähnlich dem amerikanischen »Hadrian«.

Heinkel He 59. 1939 veraltet: Großes Doppeldecker-Wasserflugzeug, das eine Zeitlang in wenigen Exemplaren als Seenotrettungsflugzeug verwendet wurde.

Heinkel He 60. Ein weiteres Doppeldecker-Wasserflugzeug, das bei Kriegsbeginn veraltet war und für schiffsgestützte Aufklärungseinsätze durch die Ar 196 ersetzt wurde.

Heinkel He 100D. Einmotoriges Jagdflugzeug, das für dieselbe Ausschreibung wie die Bf 109 konstruiert wurde. Nur wenige Maschinen fertiggestellt.

Heinkel He 100D-1

Heinkel He 114. Einmotoriges Doppeldecker-Wasserflugzeug mit zwei Schwimmern, das in den ersten Kriegsjahren für die Küstenüberwachung sowie Aufklärungsflüge benutzt wurde.

Heinkel He 119. Einmotoriges, zweisitziges Bomben/Aufklärungsflugzeug, dessen Weiterentwicklung zu Kriegsanfang aufgegeben wurde.

Heinkel He 274. Viermotoriger Höhenbomber für dieselbe Ausschreibung wie die Me 264. Zwei Prototypen Ende 1943 begonnen.

Heinkel He 280. Jagdflugzeug mit zwei Düsenantrieben (das erste der Welt), das erstmals 1941 flog. Acht Prototypen fertiggestellt, bevor die Entwicklung 1942 zugunsten der Me 262 aufgegeben wurde.

Heinkel He 343. Projekt eines Tag- und Nachtjägers, Bombers und Aufklärungsflugzeuges mit vier Düsentriebwerken. Ein Prototyp (Nachtjäger) fertiggestellt, der jedoch nie flog.

Henschel Hs 130. Zweimotoriger Eindecker zur Höhenaufklärung aus dem Versuchsflugzeug Henschel 128 entwickelt.

Henschel Hs 132. Projekt eines von einem einzelnen Düsentriebwerk angetriebenen Sturzbombers mit liegendem Piloten, ähnlich der He 162. Drei Prototypen fertiggestellt, aber nie geflogen.

Henschel Hs 293. Funkgesteuerte Gleitbombe mit Flugzeugauslegung und kleiner Rakete zur Erzeugung der Anfangsbeschleunigung nach dem Start vom »Mutter«-Flugzeug. Spannweite etwa 3,05 m, Starthöhe etwa 1500 m in 8 km Entfernung vom Ziel, auf das es mit Hilfe eines Steuergerätes im Mutterflugzeug gelenkt wurde. Gefechtskopf mit 500 kg Sprengstoff.

Horten Ho IX. Interessante Konstruktion eines Nurflügeljagdbombers mit zwei Düsentriebwerken, die im März 1945 als Go 229 im Gothaer Werk in die Fertigung gegeben wurde; nur drei Prototypen fertiggestellt.

Junkers Ju 89. Ursprünglich als schwerer Bomber geplant; nur zwei Maschinen (vor dem Kriege) fertiggestellt, diese wurden als Transporter verwendet.

Junkers Ju 248. Weiterentwicklung der Me 163, später Ju 8-263 bezeichnet; nicht im Kriegseinsatz. (Siehe auch Me 263).

Junkers Ju 287. Bomberkonstruktion mit nach vorn gepfeilten Flügeln und sechs Düsentriebwerken. Nur ein oder zwei Exemplare fertiggestellt.

Junkers Ju 287 V1

Junkers Ju 288. Trotz der Ähnlichkeit der Ziffern gab es keine Verbindung mit der Ju 88 »Familie«. Es handelte sich um ein Bomberprojekt (zwei Jumo 222 Motoren), kam jedoch nicht in die Serienfertigung.

Junkers Ju 390. Sechsmotoriger Bomber/Transporter, im allgemeinen ähnlich der Ju 290; nicht im Kriegseinsatz.

Junkers Ju 488. Vorgeschlagener viermotoriger Bomber, der die äußeren Tragflächen der Ju 188 verwendete. Ein Prototyp fertiggestellt, der jedoch nicht flog.

Kalkart Ka 430. Mehrzwecklastensegler. Nicht im Kriegseinsatz.

Messerschmitt Me 209. Richtige Bezeichnung der sogenannten »109R«, Weltrekordhalter von 1939. War in Wirklichkeit eine völlig neue Konstruktion, auf reinen Rekordflug ausgerichtet.

Messerschmitt Me 261. Zweimotoriges Flugzeug mit übergroßer Reichweite, bekannt unter dem Namen »Adolphine« und ähnlich der Bf 110. 1939 gebaut und 1940 geflogen; nur drei Maschinen fertiggestellt, die als Postflugzeuge benutzt wurden. Bildete auch die Grundlage für die Me 264 Konstruktion.

Messerschmitt Me 263. Weiterentwicklung des Abfangjägers Me 163; nicht im Kriegseinsatz.

Messerschmitt Me 264. Viermotoriger Langstrecken »New-York Bomber«, der erstmals Ende 1942 flog. Nur ein Exemplar fertiggestellt, der Bau zweier anderer begonnen.

Messerschmitt Me 309. Versuchsjagdflugzeug (ein DB 603); Entwicklung aufgegeben.

Messerschmitt Me 328. Konstruktion eines Jagd/Tiefangriffsflugzeuges für billige und schnelle Fertigung. Einige Prototypen (Me 328B) von Verpuffungstriebwerken (Pulso-Schubrohren) angetrieben, nach Art der in die FZG-6 eingebauten Triebwerke; fertiggestellt, aber nicht erfolgreich. Projektierte Me 328C (ein Jumo 004) nicht verwirklicht.

Großbritannien

Airspeed A.S.39 Fleet Shadower. Für dieselbe Ausschreibung (S. 23/37) wie die G.A.L.38 (siehe unten), der sie stark ähnelte. Eine Maschine fertiggestellt und eine weitere begonnen, bevor das Projekt aufgegeben wurde.

Airspeed A.S.45. Fortgeschrittenen-Schulflugzeug-Konstruktion für T.4/39. Zwei Prototypen gebaut, Flugzeug aber nicht in Serienfertigung.

Airspeed Envoy. Äußere Form ähnlich der Oxford (Seite 39), war eine Weiterentwicklung des zivilen »Courier«, verschiedene Maschinen während des Krieges zu Verbindungsflügen benutzt.

Avro Lincoln. »Gestreckte« Weiterentwicklung der Lancaster für B.14/43, ursprüngliche Bezeichnung Lancaster IV und V. Erstflug 1944, und Anfang 1945 im Truppendienst, jedoch zu spät für den Kriegseinsatz.

Avro Rota. In Lizenz gebaute Version des Cierva C.30A Autogiro, der im Kriege eine RAF-Staffel ausrüstete.

Blackburn B.20. Zweimotoriges Flugboot-Projekt, bei dem der ganze Rumpfboden einziehbar war. Nur ein Exemplar gebaut.

Blackburn B.44. Kleines einmotoriges Wasserflugzeug, das mit demselben Prinzip des einziehbaren Rumpfes wie die B.20 konstruiert war, jedoch nicht gebaut wurde.

Blackburn Firebrand. Kampfflugzeug für N.11/40, Erstflug 1942 und Mitte des Krieges in Serienfertigung, doch erst im September 1945 im Truppendienst.

Blackburn Shark. Letzter Doppeldecker von Blackburn, der in begrenzten Stückzahlen als Übungsflugzeug für Verbindungs- und Torpedoeinsätze benutzt wurde.

Boulton Paul Overstrand. Zweimotoriger Doppeldecker-Bomber der mittleren dreißiger Jahre, von dem eine kleine Anzahl bis 1941 als Übungsflugzeuge für Bordschützen verwendet wurde.

Boulton Paul P.92. Jagdflugzeug-Projekt mit zwei Vulture Motoren und Drehturm für F.11/37. Prototyp nur im halben Maßstab (P.92/2) mit Gipsy Major Motoren.

de Havilland Albatross. Zwei Prototypen eines zivilen Verkehrsflugzeuges im RAF Truppendienst; im August 1941 und April 1942 zerstört.

de Havilland Hornet. Weiterentwicklung der Mosquito als Langstreckenjäger, war Ende 1944 in Serienfertigung, aber erst 1946 im Truppendienst. War das schnellste Jagdflugzeug der RAF mit Kolbenmotor.

de Havilland Vampire. Zweiter britischer Seriendüsenjäger, konstruiert für E.6/41, Erstflug 1943, aber erst 1946 im Truppendienst.

Fairey Spearfish. Barracuda Ablösung gemäß Spezifikation O.5/43, Erstflug Juli 1945 und zu spät für den Kriegseinsatz. Nur vier Stück gebaut.

Fane F.O.P. Ultraleichtes Beobachtungsflugzeug, Prototyp nur mit ziviler Zulassungsbezeichnung G-AGDJ.

General Aircraft Cygnet. Einmotoriges Leichtflugzeug mit Doppelseitenleitwerk, das mit wenigen Exemplaren zu Verbindungsflügen benutzt wurde.

General Aircraft G.A.L.38 Fleet Shadower. Spezialflugzeug, von dem für die Spezifikation S.23/37 nur eine Maschine gebaut wurde. Vier Motoren, Langsamflug und Kurzstarteigenschaften.

General Aircraft G.A.L.47. Privat entwickelte Konstruktion eines ultraleichten Beobachtungsflugzeuges, nicht in Serie gefertigt.

General Aircraft G.A.L.55. Kleines zweisitziges Übungssegelflugzeug für TX.3/43. Nur zwei Prototypen.

General Aircraft G.A.L.56. Kleines Forschungssegelflugzeug für »Nurflügel«-Bauweise. Nur drei oder vier Maschinen gebaut, die Ende 1944 zur Flugerprobung kamen.

Gloster E.28/39. Großbritanniens erstes Düsenflugzeug, das am 15. Mai 1941 seinen Erstflug machte. Antrieb durch ein einzelnes Whittle W.2/7000 Düsentriebwerk.

Gloster E.28/39, erster Prototyp

Gloster F.9/39. Ähnelte einem Beaufighter mit Doppelseitenleitwerk, war das Projekt eines schnellen zweimotorigen Jägers. Zwei gebaut, einer mit Taurus und einer mit Peregrine Motor. Keine Serienfertigung.

Hawker Fury. Weiterentwicklung der Tempest II für F.2/43. Wurde zuerst 1944 geflogen, aber zum Schluß nur für den Export in Serie gebaut.

430

Hawker Sea Fury. Gegenstück der Royal Navy zur Fury für N.7/43, war der letzte kolbenmotorgetriebene Jäger des FAA und trat nach Kriegsende in den Truppendienst.

Martin-Baker M.B.5. Einsitziges Jagdflugzeug für F.18/39, das der P-51 Mustang ähnelte. Erstflug Ende 1944, Höchstgeschwindigkeit 744 km/h, doch nur eine Maschine fertiggestellt.

Miles Falcon. Anfängerschulflugzeug, nicht unähnlich dem Mentor (Seite 347). Eine RAF-Staffel für Verbindungseinsätze bis 1940.

Miles M.20. Mehrzweckjäger aus dem Jahre 1940, in etwas über neun Wochen konstruiert, gebaut und geflogen. Festes Fahrgestell, Merlin XX Motor und viele Bauteile der »Master«; war beinahe so schnell wie die Spitfire, aber es wurden nur zwei Maschinen fertiggestellt.

Miles M.35. Forschungsflugzeug für einen revolutionären Marine-Jäger mit Entenflugzeug-Auslegung und einem einzelnen Druckschraubenmotor. In sechs Wochen konstruiert, gebaut und geflogen.

Miles M.39B Libellula. Flugfähiges verkleinertes Modell eines mehrmotorigen Bomben- oder Transportflugzeuges. Entenflugzeug-Auslegung, Doppelmotoren und Dreifach-Leitwerk.

Miles Monitor. Zweimotoriges Spezial-Zielschleppflugzeug für Q.9/42. Prototyp 1944 geflogen, ursprünglich für die RAF vorgesehen, aber nur 20 Stück gebaut, die bei der Royal Navy im Einsatz waren.

Short Seaford. Weiterentwicklung der Sunderland (Seite 235) für R.8/42, und ursprünglich als Sunderland IV bezeichnet. In Serienfertigung (31 Stück gebaut), aber während des Krieges nicht im Einsatz. Später zur zivilen »Solent« umgebaut.

Slingsby Hengist. 15sitziger Lastensegler für Spezifikation X.25/40. Vier Prototypen und nur 18 Serienflugzeuge; Einsatzzweck für Ausrüstungstransport geändert.

Supermarine Seafang. Gegenstück der Royal Navy zur Spiteful (siehe unten) für N.5/45; 150 Stück im Mai 1945 bestellt, aber nur acht ausgeliefert.

Supermarine Spiteful. Spitfire-Weiterentwicklung mit geraden Flügeln für F.1/43. Erstflug 1944, aber zu spät für den Kriegseinsatz und Serienfertigung; nach Fertigstellung von nur wenigen Maschinen gestrichen.

Supermarine Typ 322. Hatte den Spitznamen »Dumbo«, wurde für dieselbe Spezifikation (S. 24/37) wie die Barracuda konstruiert und besaß einen Flügel mit veränderlichem Anstellwinkel. Nur zwei Prototypen.

Vickers-Armstrongs Typ 432. Konstruktion für F.7/41 eines Höhenjägers mit zwei Merlin Motoren und Druckkabine mit dem inoffiziellen Namen »Mayfly«. Kam über das Prototypstadium nicht hinaus.

Vickers-Armstrongs Windsor. Viermotoriger schwerer Bomber mit elliptischer Tragflächenform. Aufgegeben, nachdem nur ein oder zwei Prototypen fertiggestellt worden waren.

Vickers-Armstrongs Windsor, erster Prototyp

Vickers Vildebeest. Doppeldecker-Torpedobomber aus dem Jahre 1930. Einige Maschinen, größtenteils Mk.IV, waren im Anfang des Krieges kurz im Einsatz.

Vickers Vincent. Einsitziges Mehrzweckflugzeug, das 1934 in den Truppendienst kam; einige Maschinen blieben bis 1941 im Einsatz.

Westland Wallace als Zielschleppflugzeug ausgerüstet

Westland Wallace. Einmotoriger Mehrzweck-Doppeldecker von 1934. Wenige Maschinen blieben bis 1943 als Zielschleppflugzeuge umgebaut im Truppendienst.

Westland Welkin. Einsitziger Höhenjäger mit zwei Merlin Motoren. Nur einige Maschinen gebaut, die zu spät für den Kriegseinsatz kamen.

Italien

Breda Ba 25 und Ba 28. Übungsdoppeldecker von Mitte 1930. In begrenzten Stückzahlen während des Krieges verwendet.

Breda Ba 88 Lince (Luchs). Zweimotoriges Jäger/Bomber/Aufklärungsmuster; wenige Maschinen bei der Regia Aeronautica verwendet, die aber kein großer Erfolg waren.

Breda Ba 88 Lince

Caproni-Vizzola F.5. Einsitziger Jäger. Nur eine kleine Anzahl gebaut, die eine Staffel der Regia Aeronautica ausrüstete.

Caproni-Vizzola F.5 Prototyp

Meridionali Ro 43 und Ro 44. Schiffsgestützte Doppeldecker mit weitgehend ähnlichem Äußeren, als Jagd- und Aufklärungsflugzeug konstruiert. Sehr wenige Maschinen bei Eintritt Italiens in den Krieg im Truppendienst und keine verbreitete Verwendung.

Savoia-Marchetti S.M.75 Marsupiale. Dreimotoriges Militärtransportflugzeug aus einem Vorkriegsverkehrsflugzeug abgeleitet und in der allgemeinen Auslegung ähnlich der S.M.79 Sparviero.

Japan

Aichi D1A2-K. Schulflugzeug (ein Hikari 1 Sternmotor), das in begrenzter Stückzahl von der japanischen Marine-Luftwaffe benutzt wurde. Codename »Susi«.

Aichi M6A1 Seiran (Bergdunst). Mit Atsuta-Motor angetriebener Wasserflugzeug-Bomber, der paarweise von Hochsee-U-Booten mitgeführt werden sollte. Nur 28 Stück fertiggestellt, nicht im Kriegseinsatz.

Aichi S1A1 Denko (Blitz). Von Homare 22 angetriebener Nacht-Abfangjäger. Zwei Prototypen begonnen, beide durch Bombenangriffe zerstört.

Kawanishi E7K2. Land- und schiffsgestütztes Aufklärungs-Wasserflugzeug; bis 1941 in Serienfertigung und bis 1942 im Truppendienst. Codename »Alf«.

Kawanishi E15K1 Shiun (Violette Wolke). Aufklärungs-Wasserflugzeug, das seine gesamte Schwimmereinrichtung zur Erhöhung seiner Fluggeschwindigkeit abwerfen konnte. Fünfzehn Stück gebaut, von denen nur sechs in den Kriegseinsatz kamen. Codename »Norm«.

Kawanishi Ki.32. Einmotoriger Bomber, weitverbreitet in China eingesetzt, aber kurz nach Ausbruch des Zweiten Weltkrieges zurückgezogen; etwa 800 Stück gebaut. Codename »Mary«.

Kawanishi Ki.55. Fortgeschrittenen-Schulflugzeug, Abwandlung der Tachikawa Ki.36 mit einem 450 PS Hitachi Ha.13A Sternmotor.

Kawasaki Ki.64. Versuchsflugzeug eines »schweren« Jägers mit Ha.40 Motoren in Tandem-Anordnung vor und hinter der Pilotenkabine. Nur eine Maschine, Erstflug Dezember 1943; Weiterentwicklung später unterbrochen. Codename »Rob«.

Kawasaki Ki.108. Zweimotoriges Höhenjäger-Projekt mit Druckkabine aus dem Jahre 1943, nur vier fertiggestellt, zwei aus der Ki.102b abgewandelt.

Kawasaki Ki.119. Projekt eines einmotorigen Flugzeuges zur Ablösung des K.67 »Peggy«-Bombers. Fertigstellung des Prototyps durch alliierte Bombenangriffe verhindert.

Kyushu E9W1. U-Bootgestütztes Aufklärungsmuster (ein Amakaze 12), ähnlich im Aussehen wie die »Glen«. Auch von Nakajima unter der Bezeichnung E9N1 gebaut, aber nicht verbreitet eingesetzt. Codename »Slim«.

Kyushu J7W1 Shinden (Herrlicher Blitz). Vielversprechende Abfangjägerkonstruktion in Entenbauweise mit Druckmotor. Der erste von zwei Prototypen flog am 3. August 1945, im späteren Verlauf jenes Jahres für ausgedehnte Serienproduktion vorgesehen.

Kyushu J7W1 Shinden, erster Prototyp

Kyushu K11W1 Shiragiku (Weiße Chrysantheme). Einmotoriges Übungsflugzeug für Bomben und Bordschützen, 798 Stück gebaut. Auch zu Aufklärungs- und U-Boot-Bekämpfungsflügen eingesetzt.

Mitsubishi A7M2 Reppu (Orkan). Zero-Weiterentwicklung, Erstflug 6. Mai 1944. Vor der japanischen Kapitulation nur elf Serienflugzeuge fertiggestellt, keines im Kriegseinsatz. Codename »Sam«.

Mitsubishi B5M1. Torpedo-Bomber als Konkurrent der Nakajima »Kate« konzipiert; nur 125 Stück gebaut.

Mitsubishi C5M2. Spätere Version der C5M1 von 1939; nur 30 Stück gebaut, erschien 1941 bei Fernaufklärung. Codename »Babs«.

Mitsubishi J8M1 Shusui (Strenges Schwert). Raketengetriebener Abfangjäger weitgehend auf der Grundlage der Me 163 nach dem Verlust eines Baumusters auf dem Wege nach Japan, welches die Lizenzherstellung in Gang setzen sollte. Erstflug 7. Juli 1945. Absturz infolge Triebwerksversagen; bis zur japanischen Kapitulation nur wenige Maschinen fertiggestellt.

Mitsubishi Ki.30. Einmotoriger Bomber; etwa 700 Stück von Mitsubishi und Tachikawa gebaut. Kurze Zeit in China und auf den Philippinen im Einsatz. Codename »Nann«.

Mitsubishi Ki.109. Weiterentwicklung der Ki.67 »Peggy« als Höhenabfangjäger für die B-29 als Fehlplanung nach 22 fertiggestellten Maschinen aufgegeben.

Nakajima G5N1 Shinzan (Tiefer Berg). Viermotoriger Bomber (Mamoru 11 Sternmotoren) auf der Grundlage des Douglas DC-4 Prototyps. Erstflug 10. April 1941, nach nur fünf fertiggestellten Maschinen aufgegeben. Codename: »Liz«.

Nakajima G8N1 Renzan (Bergkette). Viermotoriger Bomber (Homare 21 Sternmotoren), Erstflug Oktober 1944; nur vier Prototypen fertiggestellt. Codename: »Rita«.

Nakajima G10N1 Fugaka (Fuji-Berg). Riesiges Bomberprojekt mit zwölf Motoren (sechs Motorenpaare gekoppelt), 775 km/h Geschwindigkeit und 14 950 m Gipfelhöhe. In fortgeschrittenem Baustadium am Tage der japanischen Kapitulation.

Nakajima 68N1 Renzan, Prototyp

Nakajima J5N1 Tenrai (Himmlischer Donner). Zweimotoriger Höhenabfangjäger, Erstflug Juli 1944. Von sechs fertiggestellten Maschinen gingen vier bei Abstürzen oder am Boden verloren, keine kam zum Kriegseinsatz.

Nakajima Ki.34. Zweimotoriges achtsitziges Transportflugzeug, 229 Stück gebaut. Codename »Thora«.

Nakajima Ki.115 Tsurugi (Schwert). Von Anfang an für Selbstmordangriffe konstruiert, von einem 1170 PS Ha. 115 Doppelsternmotor angetrieben. Am Kapitulationstage 105 Stück fertiggestellt, doch keine Maschine eingesetzt.

Nippon Ki.59. Zweimotoriges Transportflugzeug; 59 Stück gebaut, später durch die Ki.54 ersetzt. Codename »Theresa«.

Nippon Ki.76. Verbindungsflugzeug ähnlich Fi 156; ein 280 PS Hitachi Ha. 22 Sternmotor. Codename »Stella«.

Nippon Ki.86. Von Nippon und Kyushu in Lizenz gebautes Schulflugzeug des Musters Bücker 131 Jungmann (1037 Stück für die Armee) bzw. (217 als K9W1 Momiji (Ahorn) für die Marine). Spätere Muster hatten den 110 PS Hitachi Ha. 47 Motor. Codename »Cypress«.

Nippon Ku.7 Manazuru (Kranich). Doppelrumpf-Lastensegler, Erstflug 15. August 1944, später mit zwei 950 PS Ha. 26B Sternmotoren als die Ki.105 Ohtori (Großer Vogel) umgebaut. Nur neun fertiggestellt, die bei der Kapitulation Japans noch in Erprobung waren. Codename »Buzzard«.

Rikugun Ki.79, Fortgeschrittenen-Schulflugzeug (ein 450 PS Hitachi Ha. 13A), abgewandelt aus der Ki.27 »Nate«.

Showa L2D2. Abgeänderte Version der Douglas DC-3, 380 Stück von Showa und 30 Stück von Nakajima gebaut. Codename »Tabby«.

Tachikawa Ki.9. Von einem Sternmotor angetriebener Doppeldecker zur Anfängerschulung; in bescheidenen Stückzahlen während der ersten Kriegsjahre eingesetzt. Codename »Spruce«.

Tachikawa Ki.36. Aufklärungs- und Erdkampfunterstützungsflugzeug, das 1938 in China und während der ersten Kriegsjahre zum Einsatz kam. Codename »Ida«.

Tachikawa Ki.70. Projekt eines Aufklärungsflugzeuges mit zwei 1730 PS Mitsubishi Ha.104ru Sternmotoren; zwei Stück fertiggestellt. Codename »Klara«.

Tachikawa Ki.74. Langstrecken-Höhenbomber, Erstflug Mai 1944. Sechzehn Prototypen fertiggestellt, letztere mit zwei 1900 PS Ha.104ru Doppelsternmotoren, aber nicht im Kriegseinsatz. Codename »Patsy«.

Tachikawa Ki.77. Forschungsflugzeug mit großer Flügelstreckung (zwei 1170 PS Ha.115). Erstflug 18. November 1942; stellte während des Krieges zwei Dauerflugrekorde auf. Zwei Prototypen fertiggestellt, zweiter zwei Monate nach der Fertigstellung verlorengegangen.

Yokosuka HSY1. Zweimotoriges Flugboot zum Einsatz als Torpedo-Bomber und See-Aufklärer; nur sechs Maschinen fertiggestellt; nicht im Kriegseinsatz. Codename »Cherry«.

Yokosuka K5Y. Mittelgroßes Übungsflugzeug (ein Amakaze 11 Sternmotor) wurde unter der Bezeichnung K5Y1 als Landflugzeug und K5Y2 als Wasserflugzeug gebaut. Codename »Willow«.

Yokosuka R2Y1. Keiun (Glückliche Wolke). Projekt eines schnellen Aufklärers auf der Grundlage der He 119. Zwei gekoppelte Motoren ermöglichten eine Höchstgeschwindigkeit von 716 km/h, aber diese Version wurde zugunsten des Düsenflugzeuges R2Y2 gestrichen. Flugversuche unbefriedigend, weitere Arbeit bei Kriegsende abgebrochen.

Rußland

Beresniak-Isajew BI-1. Projekt eines raketengetriebenen Abfangjägers, 1941/42 von der Roten Luftwaffe untersucht. Nach Fertigstellung des Prototyps aufgegeben.

Jakowlew Jak-4. Jagdbomber mit ähnlichem Aussehen wie die Pe-2; nicht ganz erfolgreich, und nur verhältnismäßig wenige Maschinen gebaut. Zwei 1100 PS M-105 V12-Motoren.

Jermolajew ER-2 und ER-4. Zweimotoriger mittelschwerer Bomber, der in bescheidenen Stückzahlen von der Roten Luftwaffe eingesetzt wurde.

Mikojan/Gurewitsch MiG-5. Weiterentwicklung der MiG-3 mit Sternmotorantrieb. 1943 in geringen Stückzahlen im Truppendienst, aber von der La-5 ausgestochen.

Nikitin-Sewtschenko IS-1. Neuartiger russischer Doppeldecker-Jagdeinsitzer mit einziehbarem unteren Flügel und Fahrgestell; erwies sich als durchführbar, Projekt jedoch aufgegeben.

Schtscherbakow Schtsche-2. Zur Ablösung des Musters Po-2 gebaut, aber nicht in Serienfertigung gegeben. Während des Krieges zum Ausfliegen von Partisanen und Verwundeten benutzt. Zwei M-11 Sternmotoren.

Suchoj Su-2. Zweisitziger Bomber der Roten Luftwaffe, auch unter der Bezeichnung BB-1 bekannt. Ein 1100 PS M-88 Sternmotor, nicht verbreitet im Einsatz.

Tschetwerikow ARK-3. Flugboot zum Einsatz als Aufklärungsbomber mit zwei hintereinander angeordneten 650 PS M-25 Sternmotoren; vermutlich wurde dieses Muster nicht in großen Stückzahlen eingesetzt.

Tupolew ANT-20bis. Riesiges russisches sechsmotoriges Transportflugzeug; etwa 16 Stück während des Zweiten Weltkrieges als Truppen- und Frachttransporter gebaut.

Tupolew ANT-44. Flugboot mit vier Sternmotoren, nicht in großen Stückzahlen gefertigt.

USA

Aeronca TG-5. Dreisitziges Übungssegelflugzeug aus dem Leichtflugzeug YO-58 Defender entwickelt.

Allied Aviation LRA-1 und -2. Zwölfsitzige Amphibiensegler, die 1943 für die US Navy entwickelt wurden.

Beechcraft XA-38. Zweimotoriges Schlachtflugzeug mit Doppelseitenleitwerk und einer 75 mm-Kanone. Nur Versuchsmuster.

Bell FM-1 Airacuda. Mit zwei Schubmotoren angetriebener Langstreckenbegleitjäger. Nur 13 Maschinen für die USAAF.

Bell XP-77. Konstruktion eines kleinen Jagdflugzeuges in Holzbauweise, nicht für den Kriegseinsatz gefertigt. Nur zwei Prototypen.

Boeing 314A. Viermotoriges Flugboot für den Transatlantikverkehr, das in den Truppendienst gebracht wurde.

Boeing XPBB-1 Sea Ranger. Langstrecken-See-Überwachungsflugboot, Erstflug Juli 1942. 1942 bestellt, gestrichen, 1944 wieder bestellt und wieder gestrichen. Nur eine Maschine gebaut.

Boeing XPBB-1 Sea Ranger

Brewster XA-32. Projekt eines Torpedo- und Sturzbombers: nur zwei Prototypen.

Budd RB-1 Conestoga. Zweimotoriges Transportflugzeug ganz aus rostfreiem Stahl. Erstflug Oktober 1943. Auftrag der Armeeluftwaffe für 600 C-93 gestrichen, derjenige der US Navy für 100 RB-1 auf 25 Maschinen gekürzt. Letztere unter der Bezeichnung JRB-3 fertiggestellt, aber an zivile Halter verkauft und nie bei der US Navy im Dienst.

Consolidated B-32 Dominator. Als »Versicherung« der B-29 konzipiert; trat Januar 1944 in die Serienfertigung, im April 1945 waren die ersten Maschinen über dem Pazifik. Nur etwa zwanzig Einsätze vor der japanischen Kapitulation geflogen, als die Fertigung aufgehoben wurde.

Consolidated Vultee R2Y-1. Langstreckentransporter mit neuem und vergrößertem Rumpf und B-32 Tragflächen, Motoren und Fahrgestell sowie einem Leitwerk, das dem des Musters PB4Y-2 entsprach. Nur eine Maschine, die für den zivilen Gebrauch umgebaut und später aufgegeben wurde.

Curtiss AT-9 Jeep. Zweimotoriges Fortgeschrittenen-Schulflugzeug äußerlich ähnlich der Bobcat.

Curtiss C-76 Caravan. Zweimotoriges, ganz aus Holz gebautes Transportflugzeug für Luftlandeunternehmungen. Nur 25 gebaut, kamen nicht in den Truppendienst.

Curtiss SNC-1 Falcon. Zweisitziges Fortgeschrittenen-Schulflugzeug, ähnlich der Texan, ausgerüstet für das Training von Marineflieger-, Bord- und Bombenschützen sowie für die Instrumentenflug-Schulung.

Curtiss XP-55 Ascender. Versuchsjäger mit Druckschraubenmotor und vornliegendem Leitwerk, Erstflug 13. Juli 1943. Ging nicht in die Serienfertigung.

Douglas XSB2D-1 (Später XBTD-1). Projekt eines trägergestützten Kampfflugzeuges: nur drei Prototypen und vier Vorserienmaschinen. Entwicklung gestrichen.

Douglas XTB2-D1. Projekt eines trägergestützten Torpedo-Bombers: zwei Prototypen geflogen, Serienauftrag für 23 Maschinen am Tage der japanischen Kapitulation gestrichen.

Fisher P-75A Eagle. Jagdflugzeug, ursprünglich 1942 konstruiert (XP-75), um Bauteile anderer Serienflugzeuge zu verwenden. Erster Prototyp hatte das Fahrgestell des Musters F4U, die Tragflächen der P-40 und das Leitwerk der A-25, das Gesamtbild entsprach zusammen mit der nach hinten verlegten Motoranordnung der P-39. Die Weiterentwicklung führte 1944 zu einer völlig neuen Konstruktion, aber ein Serienauftrag für die P-75A wurde später gestrichen.

Fletcher FBT-2. Zweisitziges billiges Mehrzweck-Schulflugzeug in »Einheitsbauweise«, das in den ersten Kriegsjahren gebaut wurde.

Frankfort TG-1A. Zweisitziges Übungssegelflugzeug, militärische Version der »Cinema« aus der Vorkriegszeit.

General Airborne Transport XCG-16A. Experimental-Lastensegler mit Doppelrumpf in »Nurflügel-Auslegung« für 40 Soldaten oder 4 t Fracht.

Grumman F7F Tigercat. Zweimotoriger Tag- bzw. Nachtjäger, zwei Prototypen erschienen 1944, aber nur wenige vor der japanischen Kapitulation im Truppendienst.

Grumman F8F Bearcat. Nachfolger der Hellcat, Erstflug 21. August 1941, aber vor der japanischen Kapitulation nicht im Kriegseinsatz.

Grumman XP-50. Landversion der XF5F-1 Skyrocket. Der einzige Prototyp stürzte beim Erstflug im Mai 1941 ab, und die Entwicklung wurde aufgegeben.

Howard Nightingale. Viersitziges einmotoriges Reiseflugzeug (UC-70/GH-1), Sanitätsflugzeug (GH-2 und -3) und Instrumentenflugtrainer (NH-1) umgebaut aus dem zivilen Kabinenhochdecker-Muster DGA-15.

Interstate L-6 Grasshopper. Zweisitziges leichtes Beobachtungs- und Verbindungsflugzeug aus dem Leichtflugzeug Cadet von 1940 entwickelt. Einige gekaufte zivile Cadet erhielten die Bezeichnung L-8.

Kellett YO-60. Beobachtungstragschrauber, von dem sieben Stück 1943 zur Erprobung fertiggestellt wurden. Entwicklung aufgegeben.

Laister-Kauffmann TG-4A. Zweisitziges Übungssegelflugzeug mit Doppelsteuer.

Laister-Kauffmann XCG-10A. Dreißigsitziger militärischer Lastensegler. 1944 zwei Stück fertiggestellt. Die XCG-7 hatte eine ähnliche Auslegung, war jedoch kleiner.

Lockheed Modell 12. Zweimotoriges sechssitziges Flugzeug, erschien 1936. War in vielen Ländern als Ordonnanzflugzeug im Kriegseinsatz.

Lockheed P-80 Shooting Star. Amerikas erster in Großserie hergestellter Düsenjäger, Erstflug Ende 1943, aber nicht vor der japanischen Kapitulation im Truppendienst.

Lockheed P-80A Shooting Star

McDonnell XP-67. Zweimotoriger Höhenjäger mit Druckkabine und einer Bewaffnung von sechs 37 mm-Kanonen, halb als Nurflügelflugzeug ausgelegt. Nur zwei gebaut.

Martin XA-22. Nur eine Maschine mit US-Bezeichnung. Exportversion für Frankreich nach England umgeleitet, das schließlich 225 Stück als die Maryland Mk.I und II erhielt. Hauptsächlich als Aufklärungsbomber von der RAF im Mittelmeer und Nordafrika eingesetzt; ein Feindflug dieses Musters war der Aufklärungseinsatz, der zum Angriff auf die italienische Flotte bei Taranto im November 1940 führte. Auch bei der südafrikanischen Luftwaffe im Einsatz.

Martin XPB2M-1R Mars. Riesiges Flugboot mit 61 m Spannweite zum Einsatz als Patrouillen-Bomber. In Wirklichkeit ein vergrößerter »Mariner«. Als Transportflugzeug mit einfachem Seitenleitwerk umgebaut, ursprünglicher Auftrag für 20 Maschinen jedoch auf fünf Flugzeuge gekürzt.

North American XB-28. Konstruktion eines zweimotorigen mittelschweren Bombers mit Druckkabine, 1942 geflogen; spielte später eine wichtige Rolle bei der Entwicklung der B-29.

Northrop N-3PB. Einmotoriger Jagdbomber aus dem Jahre 1940 mit zwei Schwimmern. Nicht im US Truppendienst, jedoch 25 Maschinen ab 1941 bei der Königlich-Norwegischen Luftwaffe von Flugbasen in Island aus eingesetzt.

Northrop XP-56. Konstruktion eines kleinen Jagdflugzeuges mit kreuzförmiger Leitwerk-Tragflächen-Anordnung und einem einzelnen Schubmotor, Erstflug 1943. Ging nicht in die Serienfertigung.

Ryan PT-16, -20, -21, -22 und -25. Bauserie eines für die USAAF hergestellten Anfänger-Schulflugzeuges. Zahlreiche PT-16 und -20 kamen zum Export nach Niederländisch-Ostindien, Guatemala, China, Honduras, Mexico und anderen Ländern. Die PT-22 wurde 1942 von der PT-25 in der Serienfertigung abgelöst, die nicht strategisch wichtige Werkstoffe verwendete. Sikorsky JRS-1/OA-8. Bezeichnungen des kommerziellen zweimotorigen Amphibienflugzeuges VS-43B im Truppendienst.

Sikorsky JR2S-1. Bezeichnung des viermotorigen Flugbootes VS-44A Excalibur im Truppendienst.

Vought XTBU Seawolf. Torpedo-Bomber, dessen Serienfertigung unter der Bezeichnung TBV-1 von Vultee übernommen werden sollte, der Auftrag wurde jedoch vor Auslieferung eines Flugzeugs gestrichen.

Vultee XP-54. Konstruktion eines einsitzigen Höhenjägers mit Druckkabine, Schubmotor und Doppelrumpfauslegung. 1943 nur zwei Stück gebaut.

Waco CG-3A. Truppentransporter für neun Mann, zum Schluß als Übungssegelflugzeug benutzt. 100 Stück gebaut.

Waco UC-72. Bezeichnung eines Kabinen-Doppeldeckers aus der Vorkriegszeit, der von der USAAF als leichtes Reiseflugzeug eingesetzt wurde.

Register

Aeronca L-3 Grasshopper	260	Avro Anson	47
Aeronca TG-5	444	Avro Lancaster	43
		Avro Lincoln	428
		Avro Manchester	269
Aichi B74 Ryusei (Stern-		Avro Rota	428
schnuppe)	261	Avro York	270
Aichi D1A2-K	436		
Aichi D3A	37		
Aichi E1 3A	261		
Aichi E1 6A Zujun			
(Günstige Wolke)	262	Bachem Ba Natter	421
Aichi M6A1 Seiran (Bergdunst)	436		
Aichi S1A1 Denko (Blitz)	436		
		Beechcraft AT-10 Wichita	270
Airspeed A.S.39 Fleet		Beechcraft UC-43 Traveler	271
Shadower	428	Beechcraft UC-45 Expediter	272
Airspeed A.S.45	428	Beechcraft XA-38	444
Airspeed Envoy	428		
Airspeed Horsa	263	Bell FM-1 Ariacuda	444
Airspeed Oxford	38	Bell P-39 Airacobra	49
		Bell P-59 Airacomet	273
		Bell P-63 Kingcobra	274
Allied Aviation LRA-1 und -2	444	Bell XP-77	444
Amiot 143M	389	Beresniak-Isajew BI-1	442
Antonow A-7	264	Berijew Be-2	275
Arado Ar 96B	264	Blackburn B.20	428
Arado Ar 196	40	Blackburn B.44	428
Arado Ar 199	421	Blackburn Botha	276
Arado Ar 232	265	Blackburn Firebrand	428
Arado Ar 233	421	Blackburn Roc	277
Arado Ar 234 Blitz	266	Blackburn Shark	429
Arado Ar 240	267	Blackburn Skua	277
Armstrong Whitworth		Bloch 150 und davon ab-	
Albemarle	268	geleitete Muster	391
Armstrong Whitworth			
Whitley	41	Blohm und Voss Bv 138	51
		Blohm und Voss Bv 141	421
Avia Av-135	390	Blohm und Voss Bv 144	422
Avia B-534	390	Blohm und Voss Bv 155	422

Blohm und Voss Bv 222		Cant Z.501 Gabbiano (Möwe)	288
Wiking	278	Cant Z.506B Airone (Reiher)	63
Blohm und Voss Ha 139	421	Cant Z.1007 bis Alcione	
Blohm und Voss Ha 142	422	(Eisvogel)	64
Boeing 314A	444	Chance Vought F4U Corsair	66
Boeing B-17 Flying Fortress	52		
Boeing B-29 Superfortress	55		
Boeing C-75 Stratoliner	279	Caproni Ca 310 bis 314	289
Boeing XPBB-1 Sea Ranger	444	Caproni-Vizzola F.5	434
Boulten Paul Defiant	281	Caudron	714
		Caudron Goeland	393
Boeing-Stearman Kaydet	280		
		Cessna AT-17 und UC-78	
Boulton Paul Overstrand	429	Bobcat	290
Boulton Paul P.92	429		
		Commenwealth CA-6 Wackett	395
Breda Ba 25 und Ba 28	434	Commenwealth CA-12	
Breda Ba 88 Lince (Luchs)	434	Boomerang	394
		Commenwealth Wirraway	395
Bréguet 690 und davon ab-			
geleitete Muster	392	Consolidated B-24 Liberator	68
		Consolidated B-32 Dominator	445
Brewster F2A	283	Consolidated PBY Catalina	72
Brewster SB2A Buccaneer	284	Consolidated PB2Y Coronado	291
Brewster XA-32	445	Consolidated PB4Y-2 Privateer	292
		Consolidated Vultee R2Y-1	445
Bristol Beaufighter	57		
Bristol Beaufort	59	Curtiss AT Jeep	445
Bristol Blenheim	60	Curtiss C-46 Commando	74
Bristol Bombay	285	Curtiss C-76 Caravan	445
Bristol Buckingham	285	Curtiss P-36 Mohawk	293
Bristol Buckmaster	286	Curtiss P-40 Warhawk	76
		Curtiss SBC Cleveland	294
		Curtiss SB2C Helldiver	80
British Taylorcraft Auster	287	Curtiss SC-2 Seahawk	294
		Curtiss SNC-1 Falcon	445
		Curtiss SO3C Seamew	295
Budd RB-1 Conestoga	445	Curtiss XP-55 Ascender	445

DAR-10F	396		Faichild UC-61 Forwarder	305
de Havilland Albatross	429		Fairey Albacore	99
de Havilland Dominie	297		Fairey Barracuda	101
de Havilland Flamingo	296		Fairey Battle	306
de Havilland Hornet	429		Fairey Firefly	103
de Havilland Mosquito	82		Fairey Fulmar	105
de Havilland Tiger Moth	298		Fairey Seafox	307
de Havilland Vampire	429		Fairey Spearfish	429
			Fairey Swordfish	106
Dewoitine 520	396		Fane F.O.P.	429
DFS 228	422			
DFS 230	298		Farman 222	397
Dornier Do 17 und Do 215	86		Fiat B.R. Cicogna (Storch)	108
Dornier Do 18	299		Fiat C.R. 42 Falco (Falke)	109
Dornier Do 24	300		Fiat G. 12	308
Dornier Do 214	422		Fiat G. 50 Freccia (Pfeil)	111
Dornier Do 217	87		Fiat G. 55 Centauro	308
Dornier Do 335 Pfeil	422		Fiat R.A. 14	309
Dornier Do 635	423			
			Fieseler Fi 156 Storch	112
Douglas A-26 Invador	301			
Douglas B-18 Bolo	302		Fisher P-75A Eagle	446
Douglas C-47 Skytrain und				
C-53 Skytrooper	93			
Douglas C-54 Skymaster	96		Fleet Finch und Fort	310
Douglas P-70, A-20 Havoc				
und Boston	89			
Douglas SBD Dauntless	98			
Douglas TBD-1 Devastator	303		Fletcher FBT-2	446
Douglas XSB2D-1				
(später XBTD-1)	445			
Douglas XTB2-D1	446		Flettner Fl 282 Kolibri und Fl	285
			Flettner Fl 339	423
			Focke-Wulf Fw 58 Weihe	423
			Focke-Wulf Fw 187 Falke	424
Fairchild AT-21 Gunner	304		Focke-Wulf Fw 189	114
Fairchild PT-19, -23 und -26	304		Focke-Wulf Fw 190	115

Focke-Wulf Fw 191 424
Focke-Wulf Fw 200 C Condor 117
Focke-Wulf Fw 300 und Ta 400 424
Focke-Wulf Ta 152 311
Focke-Wulf Ta 154 423
Focke-Wulf Ta 183 423

Fokker C.X. 398
Fokker C.XI-W 399
Fokker C.WXIV-W 399
Fokker D-XXI 399
Fokker G. I 400
Fokker S. IX 401
Fokker T.V. 402
Fokker T. VIII-W 402

Frankfort TG-1A 446

FZG-76 (Fieseler Fi 103) „V 1" 311

General Airborne Transport
  XCG-16A 446
General Aircraft Cygnet 429
General Aircraft G.A.L. 38
  Fleet Shadower 429
General Aircraft G.A.L. 47 430
General Aircraft G.A.L. 55 430
General Aircraft G.A.L. 56 430
General Aircraft Hamilcar 312
General Aircraft Hotspur II 313

Gloster E.28/39 430
Gloster F.9/39 430
Gloster Gladiator 118
Gloster Meteor 120

Gotha Go 242 und Go 244 314
Gotha Go 345 424

Grumman F4F Wildcat 121
Grumman F6F Hellcat 123
Grumman F7F Tigercat 446
Grumman F8F Bearcat 446
Grumman J2F Duck 315
Grumman J4F Widgeon 316
Grumman JRF 316
Grumman TBF Avenger 125
Grumman XP-50 446

G.S.T. 317

Handley Page Halifax 126
Handley Page Hampden 129
Handley Page Harrow 318
Handley Page Hereford 319

Hanriot 232 403

Hawker Audax und Hardy 320
Hawker Fury 430
Hawker Hector 321
Hawker Henley 321
Hawker Hurricane 131
Hawker Sea Fury 431
Hawker Tempest 135
Hawker Typhoon 136

Heinkel He 59 424
Heinkel He 60 424
Heinkel He 100D 424
Heinkel He 111 138
Heinkel He 114 425
Heinkel He 115 140
Heinkel He 119 425
Heinkel He 162 Salamander
  („Volksjäger") 322
Heinkel He 177 Greif 141
Heinkel He 219 Uhu 323
Heinkel He 274 425

Heinkel He 280 425
Heinkel He 343 425

Henschel Hs 123 324
Henschel Hs 126 325
Henschel Hs 129 326
Henschel Hs 130 425
Henschel Hs 132 425
Henschel Hs 293 425

Horten Ho IX. 425

Howard Nightingale 446

Junkers Ju 52/3m 146
Junkers Ju 86 327
Junkers Ju 87 147
Junkers Ju 88 149
Junkers Ju 89 426
Junkers Ju 188 153
Junkers Ju 248 426
Junkers Ju 252 und Ju 352
  Herkules 328
Junkers Ju 287 426
Junkers Ju 288 426
Junkers Ju 290 154
Junkers Ju 388 329
Junkers Ju 390 426
Junkers Ju 488 426

I.A.R. 37, 38 und 39 403
I.A.R. 80 404

Ikarus IK-2 404

Iljushin Il-2 143
Iljushin Il 1-4 144

Interstate L-6 Grasshopper 447

Jakowlew Jak-1 (Yakovlev Yak-1) 405
Jakowlew Jak-3 (Yakovlev Yak-3) 406
Jakowlew Jak-4 (Yakovlev Yak-4) 443
Jakowlew Jak-9 (Yakovlev Yak-9) 253

Jermolajew ER-2 und ER-4 443

Kalkart Ka 430 426

Kawanishi E7K2 436
Kawanishi E15K1 Shin
  (Violette Wolke) 436
Kawanishi H6K 329
Kawanishi H8K 330
Kawanishi Ki.32 436
Kawanishi Ki.55 436
Kawanishi N1K1 Kyofu
  (Starker Wind) 331
Kawanishi N1K2-J Shiden
  (Violetter Blitz) 156

Kawasaki Ki.45 Toryu 157
Kawasaki Ki.48 332
Kawasaki Ki.56 333
Kawasaki Ki.61 Hien
  (Schwalbe) 159
Kawasaki Ki.64 436
Kawasaki Ki.100 334
Kawasaki Ki.102 335
Kawasaki Ki.108 437
Kawasaki Ki.119 437

Kellett YO-60   447

Koolhoven F.K.51   406
Koolhoven F.K.58   407

Kyushu E9W1   437
Kyushu JW1 Shinden
(Herrlicher Blitz)   437
Kyushu K1W1 Shiragiku
(Weiße Crysantheme)   437
Kyushu 01W1 Tokai
(Östliches Meer)   336

Laister-Kauffmann TG-4A   447
Laister-Kauffmann XCG-10A   447

Lawotschkin LaGG-3   160
Lawotschkin La-5 und La-7   170

Lioré et Olivier LeO 45   408
Lioré-Nieuport LN-40   408

Lissunow Li-2   337

Lockheed A-28, A-29 und
Hudson   172
Lockheed C-56 Lodestar   173
Lockheed C-69 Constellation   337
Lockheed Modell 12   447
Lockheed P-38 Lightning   175
Lockheed P-80 Shooting Star   447
Lockheed PV-1 Ventura   177
Lockheed PV-2 Harpoon   338

L.W.S. RWD-14 Czapla
(Reiher)   408

Macchi C.200 Saetta
(Lightning)   178
Macchi C.202 Folgore (Blitz)   180
Macchi C.205 V Veltro
(Windhund)   339

Martin A-30 Baltimore   340
Martin B-26 Marauder   181
Martin-Baker M.B.5   431
Martin PBM Mariner   341
Martin XA-22   448
Martin XPB2M-1R Mars   448

McDonnell XP-67   448

Meridionli R.43 und Ro 44   435

Messerschmitt Bf 108 Taifun   342
Messerschmitt Bf 109   183
Messerschmitt Bf 110   186
Messerschmitt Me 163B Komet   188
Messerschmitt Me 209   427
Messerschmitt Me 210 und
Me 410   190
Messerschmitt Me 261   427
Messerschmitt Me 262A
Sturmvogel   191
Messerschmitt Me 263   427
Messerschmitt Me 309   427
Messerschmitt Me 321 Gigant
und Me 323   193
Messerschmitt Me 328   427

Mikojan/Gurewitsch MiG-1 und
  MiG-3   342
Mikojan/Gurewitsch MiG-5   442

Miles Falcon   431
Miles M.20   431
Miles M.35   431
Miles M.39B Libellula   431
Miles Magister   344
Miles Martinet   345
Miles Master   346
Miles Mentor   347
Miles Messenger   347
Miles Monitor   431

Mitsubishi A5M   194
Mitsubishi A6M2-N   348
Mitsubishi A6M Zero-Sen   196
Mitsubishi A7M2 Reppu
  (Orkan)   438
Mitsubishi B5M1   438
Mitsubishi C5M2   438
Mitsubishi F1M2   349
Mitsubishi G3M   199
Mitsubishi G4M   201
Mitsubishi J2M Raiden (Blitz)   350
Mitsubishi J8M1 Shususi
  (Strenges Schwert)   438
Mitsubishi K3M   351
Mitsubishi Ki.21   202
Mitsubishi Ki.30   438
Mitsubishi Ki.46   204
Mitsubishi Ki.51   352
Mitsubishi Ki.57   353
Mitsubishi Ki.67 Hiryu   206
Mitsubishi Ki.109   438

Morane-Saulnier 406   409

Nakajima B5N   353
Nakajima B6N Tenzan
  (Himmlischer Berg)   207

Nakajima C6N Sajun
  (Gemalte Wolke)   209
Nakajima E8N1   354
Nakajima G10N1 Fugaka
  (Fuji-Berg)   438
Nakajima G5N1 Shinzan
  (Tiefer Berg)   438
Nakajima G8N1 Renzan
  (Bergkette)   438
Nakajima J1N Gekko
  (Mondschein)   210
Nakajima J5N1 Tenrai
  (Himmlischer Donner)   439
Nakajima K.27   211
Nakajima Ki.34   439
Nakajima Ki.43 Hayabusa
  (Wanderfalke)   213
Nakajima Ki.44 Shoki
Nakajima Ki.49 Donryu
  (Drachenschlucker)   356
Nakajima Ki.84 Hayate (Sturm)   214
Nakajima Ki.115 Tsurugi
  (Schwert)   439

Nikitin-Sewtschenko IS-1   442

Nippon Ki.59   439
Nippon Ki.76   439
Nippon Ki.86   439
Nippon Ku.7 Manauru (Kranich)   439
Nippon Ku.8   357

Noorduyn C-64 Norseman   358

North American AT-6 Texan   216
North American B-25 Mitchell   218
North American P-51 Mustang   220
North American XB-28   448

Northrop A-17   359
Northrop P-61 Black Widow   360
Northrop XP-56   448

Percival Petrel	361	Republic P-43 Lancer	367
Percival Proctor	361	Republic P-47 Thunderbolt	227
Petljakow Pe-2	223	Rogozarski IK-3	418
Petljakow Pe-8	224		
		Ryan PT-16, -20, -21, -22	
Piaggio P-108B	225	und -25	448
Piper L-4 Grasshopper	362		
Plage und Laskiewicz Lublin			
R.XIII	410	Saro Lerwick	369
		Saro London	369
Polikarpow I-15	363		
Polikarpow I-16 („Rata")	364	Savoia-Marchetti S.M.75	
Polikarpow Po-2	365	Marsupiale	435
		Savoia-Marchetti S.M.79	
		Sparviero	229
Potez 54	411	Savoia-Marchetti S.M.81	
Potez 63	411	Pipistrello (Fledermaus)	231
		Savoia-Marchetti S.M.82	
		Canguro (Känguruh)	370
P.W.S. 26	412	Savoio-Marchetti S.M.84	371
P.W.S. RWD-8	413		
		Schtscherbakow Schtsche-2	442
PZL P-7	414		
PZL P-11 und P-24	414	Short Seaford	431
PZL P-23 Karas (Karpfen)	416	Short Singapore III	372
PZL P-37 Los (Elch)	417	Short Stirling	233
		Short Sunderland	234
		Showa L2D2	440
		Siebel Si 204	236
Reggiane Re 2000 Falco I			
(Falke)	366	Sikorsky JR2S-1	449
Reggiane Re 2001 Falco II und			
Re 2005 Sagittario (Bogen-			
schütze)	366	Sikugun Ki.79	440

Sikorsky R-4   372

Slingsby Hengist   431

Stinson AT-19 und UC-81   373
Stinson L-5   374

Sukhoj Su-2   442

Supermarine Seafang   432
Supermarine Seafire   238
Supermarine Sea Otter   375
Supermarine Spitfire   239
Supermarine Spiteful   432
Supermarine Stranraer   376
Supermarine Typ 322   432
Supermarine Walrus   243

Tachikawa Ki.9   440
Tachikawa Ki.36   440
Tachikawa Ki.54   376
Tachikawa Ki.70   440
Tachikawa Ki.74   440
Tachikawa Ki.77   440

Taylorcraft L-2 Grasshopper   378

Tschetwerikow ARK-3   442
Tschetwerikow Tsche-2
   (MDR-6)   377

Tupolew ANT-6 (TB-3)   379
Tupolew ANT-20bis   442

Tupolew ANT-44   442
Tupolew SB-2   245
Tupolew Tu-2   380

Vickers-Armstrongs Typ   432
Vickers-Armstrongs Windsor   432
Vickers Valentia   380
Vickers Vildebeest   432
Vickers Vincent   433
Vickers Warwick   381
Vickers Wellesley   382
Vickers Wellington   247

V.L. Myrsky II (Sturm)   418
V.L. Pyry II   419

Vought-Sikorsky 0S2U   382
Vought-Sikorsky SB2U
   Vindicator   384
Vought XTBU Seawolf   449

Vultee A-35 Vengeance   250
Vultee BT-13 und BT-15 Valiant   385
Vultee Stinson L-1 Vigilant   385
Vultee XP-54   449

Waco CG-3A   449
Waco CG-4A   386
Waco CG-13A   387
Waco UC-72   449

Westland Lysander   251
Westland Wallace   433
Westland Welkin   433
Westland Whirlwind   388

Yokosuka D4Y Suisei (Komet) 255
Yokosuka E14Y1 420
Yokosuka HSY1 440
Yokosuka K5Y 440
Yokosuka R2Y1 440

Yokosuka MXY-7 Ohka
  (Kirschblüte) 256
Yokosuka P1Y Ginga
  (Milchstraße) 258

Die Militärflugzeuge der Welt — exakt und komplett vorgestellt

John W. R. Taylor / Gordon Swanborough

**Vom weißen bis zum roten Stern
Die Militärflugzeuge der Welt**

240 Seiten, 447 Abbildungen,
davon 12 in Farbe, Leinen, DM 26,—

Das Flugzeug bleibt militärisch so wichtig wie eh und je – auch im Zeitalter der Raketenwaffen. Rund 300 verschiedene Flugzeugtypen beweisen es in diesem Buch. Man findet nicht nur alle derzeit im Dienst stehenden Einsatzflugzeuge der Luftstreitkräfte der Welt, sondern auch Transportflugzeuge, Schulflugzeuge und anderes Fluggerät der zweiten Linie.

Dieses Buch schließt eine Lücke, denn bisher gab es keine Veröffentlichung, die alle wesentlichen Militärflugzeuge in so verständlicher, bis ins einzelne gehender und doch kompakter Beschreibung enthielt. Jagdflugzeuge und Bomber der ersten Linie, Seeaufklärungs- und Bildaufklärungsflugzeuge, Kampfhubschrauber, Kampfzonentransporter, strategische Transportflugzeuge und Tanker werden außer in Fotos auch noch in Dreiseitenrissen gezeigt. Flugzeuge der zweiten Linie, veraltende Typen, leichte Transportflugzeuge, Verbindungsflugzeuge und Schulflugzeuge werden gleich sorgfältig behandelt – lediglich ohne Dreiseitenrisse. So ist mit diesem Buch ein preiswertes Standardwerk entstanden, das sich im besonderen durch Vollständigkeit und Genauigkeit auszeichnet.